伊藤博文

近代日本を創った男

伊藤之雄

講談社学術文庫

伊藤博文は軽佻浮薄な人物か——はじめに

二つの伊藤像の間で

伊藤博文《ひろぶみ》は天保《てんぽう》一二年（一八四一）九月二日、長州に生まれ、初代首相など首相を四回務め、その他、初代枢密院議長、初代貴族院議長など華やかな経歴を歩んだ人物である。その間、大日本帝国憲法（明治憲法）立案の中心となるなど、日本の国のかたちを創った。最後は初代韓国統監を辞めた後、一九〇九年（明治四二）一〇月二六日に、韓国人の民族主義者安重根《アンジュングン》に狙撃され、六八歳の生涯を閉じる（本書ではすべて満年齢で表現する）。

近年、講演会等で、「伊藤博文——近代日本を創る」といった標題で語る機会が多いのは、参加者に人気の高いテーマだからである。参加者の方々に伊藤についてのイメージを尋ねると、多くの場合、相反する二つのイメージに分かれる。

その一つは、伊藤は軽佻浮薄《けいちょうふはく》な人物で、政治家としての理念などはなく、長州出身の木戸《きど》孝允《たかよし》や薩摩出身の大久保利通《としみち》、公家の岩倉具視《いわくらともみ》といった有力者の間をたくみに渡り歩き、出世の階段を上り詰めた、というものである。

伊藤といえば、ドイツ風の保守的な明治憲法を作った中心人物として有名であるが、それとて、佐賀出身の大隈重信《おおくましげのぶ》らに早期国会開設とイギリス風の政党内閣制を迫られたため、やむを得ず作ったものだ。また明治憲法の立案は、むしろ井上毅《こわし》ら法制官僚の力に負う所が多く、井上毅と比べると、伊藤は大して法律の知識などない。憲法調査のため、ドイツ・オーストリア等に約一年半も渡ったのも、箔《はく》を付ける意味はあったが、内実その成果は乏しい、といった評価である。

このイメージが一般に普及しているのは、歴史学・政治学・憲法学などアカデミズムの世界で、法制官僚としての井上毅の才能を高く評価するあまり、伊藤の評価を不当におとしめている著作が少なくないからである。

もう一つのイメージは、最初の首相であり、保守反動的な憲法を作る中心となって、近代日本の民主化の可能性をせばめ、最後には韓国統監として韓国の民族主義を弾圧し、安重根に殺される権力者、というものである。中学・高校のほとんどの歴史教科書が、そのように読めるような叙述である。おそらく、多くの中学・高校で、そうしたイメージでの授業が行われているのだろう。

この二つのイメージに、女性関係の節度のなさを加える人も少なくない。しかし、それらの史料的根拠とされているものは必ずしも信用できない。政治家の女性関係を追及することは、反権力の思想と重なって興味深い。しかし、それらは、何が事実かをきちんと掌握した上で、反権力の言説と区別し、論じられるべきだろう。

なぜ伊藤の本格的伝記が書かれなかったか

伊藤博文は、日本では有名な歴史上の人物であり、中国・韓国などアジア諸国から日本に来た留学生もたいてい、伊藤の名前や簡単な経歴を知っている。

ところが、第二次世界大戦後、歴史研究者や政治学者が、伊藤の生涯を通して描くことはほとんどなかった。中村菊男『伊藤博文』（時事通信社、一九五八年）、岡義武「初代首相・伊藤博文」（同『近代日本の政治家』旧版、文藝春秋新社、一九六〇年。新版、岩波書店、一九七九年所収）が目に付く程度である。

二つの著作が史料とするものは、かつての伊藤の関係者たちが編纂した、春畝公追頌会《しゅんぼこうついしょうかい》編『伊藤博文伝』上・中・下巻（同会、一九四〇年）など、第二次世界大戦前に出版された伝記や、回想録、政治評論など二次的なものである。

しかし、第二次世界大戦後には、国立国会図書館憲政資料室、外務省外交史料館、防衛省防衛研究所図書館などの近代文書館が整備され、伊藤に関わる手紙・日記・書類など政治・外交・軍事等のおびただしい新史料が蓄積されてきた。また、第二次世界大戦後、伊藤の生涯に関わる分野での政治・外交史研究にも、一次史料を用いた膨大な蓄積がある。

それにもかかわらず、これらの新出の一次史料や新しい研究を生かし、事実を確定した上で、伊藤の全生涯をとらえようという著作は、いまだに書かれていない。

その最大の理由は、伊藤が一八七三年（明治六）に三二歳で参議兼工部卿となり、太政官《だじょうかん》制下の内閣の一員となったように、若くして要職に就き、一九〇九年（明治四二）に六八歳で没するまで、政界の中枢にあり続けたことにある。伊藤の全生涯を書くためには、多くの分野の史料を読んだり、新研究を理解したりしなくてはいけない。近年、日本近代史研究の蓄積が増えるに従って、一人の研究者がそれをこなすことは、かなり困難だと思われるようになってきたからである。

時代に左右される伊藤像

右に述べたような史料的な問題も関係して、伊藤博文像は時代に大きく左右されてきた。一九〇九年（明治四二）一〇月二六日、伊藤が暗殺された直後、国民の伊藤人気は高かった（本書第二四章）。それは、自由民権運動期以来、藩閥の権力者伊藤を批判してきた勢力も、日本が立憲国家となり、政党勢力が台頭し、日清・日露の両戦争にも勝利すると、多くは伊藤の「業績」を評価するようになったからである。当時の有力雑誌『太陽』も、「伊藤博文公」と題した臨時増刊号を出している（一五巻一五号、一九〇九年一一月一〇日）。

その中の「伊藤公爵略伝」は、冒頭に次のような趣旨の文章を掲げ、伊藤の生涯を近代日本の発展と重ね、非凡な才能を持った人物として、その死を惜しんでいる。

> 世界から最も「近世的」〔当世的〕な政治家と公認されている伊藤公一代の事業を眺める者は、必ずや「王侯将相《おうこうしょうしょう》 寧《いずくんぞ》 有種《しゅあらん》〔王者・諸侯や将軍・宰相となるのは、家柄や血統で決まっているのではなく、各自の才能・努力などによるものである〕」の古語を連想するだろう。…（中略）…伊藤は、自らの境遇を克服し、世界的大舞台に乗り出し、欧米列強の注目を集めており、〔日露戦争後において〕東西文明が融合して一大潮流をなしつつある今日、「非凡の能力」を発揮していくはずだったと信じる。

また、伊藤の韓国統監時代に、イギリスの外交官が、列強と協調的な韓国統治を高く評価していたように（奈良岡聰智「イギリスから見た伊藤博文統監と韓国統治」）、列強の伊藤評価は高かった。

その約二〇年後、昭和初期になると、日本は政党政治の時代を迎え、日本の近代化と発展、とりわけ立憲政治を形成した明治時代や明治天皇を理想化する、いわば明治ブームが高まってきた。この中で、ハルビンで伊藤の銅像が作られたり、ソウルに博文寺が創建されたりする等、伊藤は引き続き評価されていた（伊藤之雄『昭和天皇と立憲君主制の崩壊』第Ⅱ部第二章1・4節。水野直樹「植民地期朝鮮における伊藤博文の記憶」）。

さらに数年たって、一九三一年（昭和六）九月の満州事変以降、軍部が台頭し、政党政治の時代が終わり、議会の権力が衰退させられていく。すると、伊藤が明治天皇とともに作った憲法や「憲法政治」を顕彰することで、議会政治を守り、少しでも軍部の横暴を抑制しようとする動きが出てくる。すでに挙げた、伊藤にゆかりの人々による『伊藤博文伝』上・中・下巻（一九四〇年）が刊行されるのも、こうした情況と無縁ではない。馬場恒吾『伊藤博文』（一九四二年）や鈴木安蔵『評伝伊藤博文』（一九四四年）も、同様の意図で書かれている。

ところが、一九四五年に日本が敗戦を迎えると、伊藤の評価も大きく変わっていく。その理由は、太平洋戦争の原因の一つとして、「天皇主権」の明治憲法が挙げられ、それを否定する形で、新しい日本国憲法の主権在民等が強調され、新憲法が一九四七年五月に施行されたからである。

たとえば、一九五三年に出版された、阿部眞之助「伊藤博文」（同『近代政治家評伝』）

は、伊藤の立案した明治憲法について、次のように否定的にとらえている。

伊藤は「日本の憲法制定の父として」、日本を漸進的に民主化する経過において、一階段を築き上げたものとして、「不朽の功績が讃えられている。だが彼は民主化という如きことを、夢にも考えてはいなかつた」。その本意は、「君主専制」の実態を、可能な限りにおいて保存しようとするにあった。

「彼は憲法制度調査のため、海外派遣を命ぜられるや、議会政治の祖国といわれるイギリスには一顧もしないで、一路ドイツに直行した。ドイツはカイザー・ウィルヘルム一世の治下にあり、欧州においては君権の最も強力に行われた国だつた。国会はあれども無きが如き有様だつた。彼がこれに範を取ろうとしたことでも、彼の意図を汲みとるに難くない」（一一四〜一一五頁）

阿部氏の著作では、伊藤が明治憲法を制定する前に欧州で行った一年半近くの憲法調査の際に、イギリスに二ヵ月も滞在したこと（本書第九章）は、意図的に無視されている。阿部氏はまた、以下のように、安重根に暗殺された伊藤を、極めて厳しく論じる。

私たちは、韓国人が伊藤の韓国経営の犠牲になったことを、かつて反省してみようともしなかった。「私たちは戦いに破れ、国を滅ぼすようになつてから、独立のない民族が、どんなに不幸であるかを、身をもつて知るようになつた」。伊藤が死に際に、「馬鹿なやつだ」といったその馬鹿なやつは、暗殺者だったか、あくなき征服欲に眼のくらんだ日本人だったかを、思い返してみなければならない。（同前、一〇〇〜一〇一頁）

したがって、伊藤を悪役としたい阿部氏が描く伊藤像は、権勢の維持のために「痩《や》せる思いをし」、「君国を思う至誠と自らを守る狡《こう》智《ち》と、味方に対する至情と敵をやっつける冷酷さが」「心に雑居」しており、「彼の偉大性」はわからない、というものである。さらに、「女に対しても拙速主義で、手っ取り早さを尚《たっと》び、美醜を問わなかった」、「『御前様《ごぜんさま》』の権勢を、笠に着た傾きがあった」等とする。その根拠として、阿部氏は、偶然の機会に会ったという、伊藤の統監時代の「妾」の、事実かどうかははなはだ怪しい話を挙げている（同前、九五〜九九頁）。

この阿部氏の伊藤像は、第二次世界大戦後に新しく形成された伊藤像の一つの典型をなしている。

その後、中村菊男『伊藤博文』（一九五八年）のように「十九世紀後半から二十世紀初頭にかけての日本のおかれた環境から考えれば、そのあげた業績は政治家として最高のものであったと判断せられる」といった観点から、伊藤を論じる著作も出た。

しかし、岡義武「初代首相・伊藤博文」（同『近代日本の政治家』）が基本的に阿部氏のトーンを受け継いでいるように、第二次世界大戦後は、阿部氏的伊藤像が主流となった。*

この伊藤像が元になり、枝分かれした木のように、冒頭で述べた二つの伊藤像が一般に広まっていったのだった。

＊　この他、アメリカ人研究者の手になる伊藤論として、ジョージ・アキタ『明治立憲政と伊藤博文』（一九七一年）があり、伊藤博文の情報に視点を当てた佐々木隆『伊藤博文の情報戦略』（一九九九年）もある。いずれも、伊藤の全生涯を論じたものではなく、必ずしもバランスの良い伊藤評になっていない。

本書のねらい

本書は、伊藤自身や、伊藤と直接関わった政治家や家族たちの手紙・日記・書類などの一次史料を重視し、それらに加えて、彼らの回想録や、当時の新聞・雑誌の報道等にも目を配り、伊藤の実像を探ろうという試みである。

この結果、伊藤が理念を持った政治家であり、「剛凌強直《ごうりょうきょうちょく》」（強く厳しく正直）な性格の人間であることが見えてくるだろう。

「剛凌強直」とは、幕末から伊藤をかわいがった木戸孝允が、一八七三年（明治六）に三二歳の伊藤を評した言葉であるが、地位や命ですらいつでも捨てる覚悟で信念を通す生き方であり、維新に奔走した意気込みや、その過程で志半ばに倒れていった同志たちへの責任感にもつながるものだ。

伊藤は、第二次内閣を組織する一八九二年八月以降、五〇歳くらいの時から、それまで以上に円熟味のある政治行動をとるようになる。しかし、初代韓国統監として苦労の多い仕事を引き受け、寿命を縮めたように、その根底に「剛凌強直」さを、生涯残していた。

伊藤の没後一〇〇年を経て、こうした伊藤の生涯とその時代をじっくりとたどることは、明治維新に始まる日本の激動の近代を再考し、現代の改革について、広い視野で考える機会となるであろう。また、劇的な人生を歩んだ伊藤という人物を通し、私たちは人間の成長や喜怒哀楽、家族愛、青春の希望や円熟期の自信と過信、迫り来る老いとの葛藤《かっとう》を追体験することができる。私たち自身の人生を見つめなおす機会にもなることであろう。

目次

伊藤博文

第六部　老境編 —— 545

凡例

本文中の表記に関しては、以下のように統一した。
一、旧暦の明治五年一二月三日が太陽暦の一八七三年（明治六）一月一日となる。旧暦を西暦で表すと年月日がずれるため、旧暦の時代は日本の年号を主とし、太陽暦採用後は西暦を主として表記した。
一、清国・中華民国の東北地方である「満洲」は、単に満州と表記した。
一、当時混在して使用された「朝鮮」「韓国」の表記は、朝鮮国が一八九七年一〇月一二日に国号を大韓と改める前は朝鮮国、それ以降は原則として韓国とし、韓国併合後はその地域を朝鮮と表記した。
一、登場人物の官職の注記は、前職・元職を区別せず、すべて前職と表記した。

引用史料の文章表記に関しては、読者の読みやすさを第一に考え、以下のように統一した。
一、漢字に関し、旧漢字・異体字は原則として常用漢字に改め、難しい漢字にはふりがなをつけた。また、一般にカタカナ表記されるものを除いてひらがなに統一した。
一、適宜、句読点等をつけた。また、歴史的仮名遣いのひらがなに、必要に応じて濁点を補った。
一、史料中の、史料執筆者による注記は（ ）内に、伊藤之雄による注記は〔 〕内に記した。
なお、史料を現代文で要約した部分についても、同様にした。
一、明白な誤字・誤植等については、特に注記せずに訂正した場合もある。

伊藤博文

近代日本を創った男

第一部　青春編

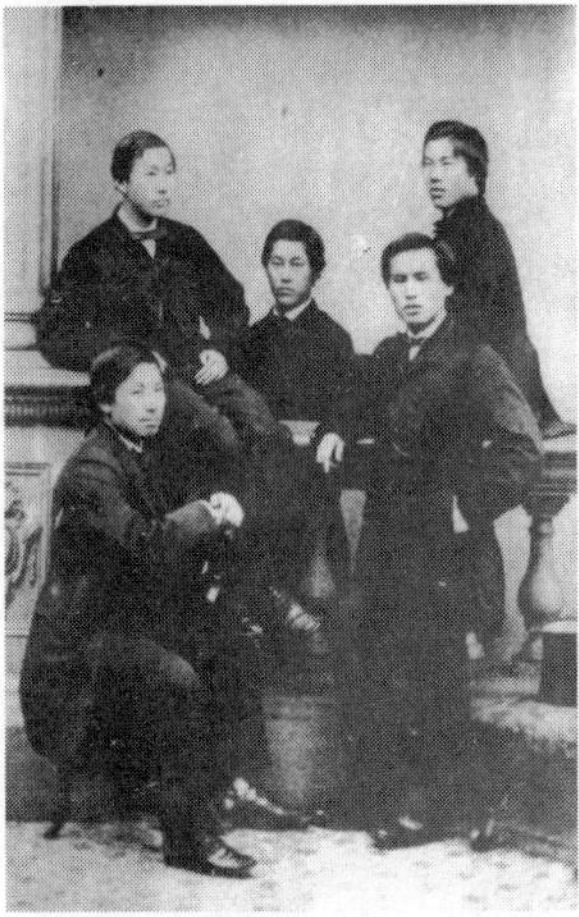

イギリス密航の長州藩士。右上が伊藤博文

第一章　木戸孝允に見出される

――束荷・萩から京都・江戸・イギリスへ

やんちゃな少年の成長

伊藤博文《ひろぶみ》は、天保《てんぽう》一二年（一八四一）九月二日、周防《すおう》国熊毛《くまげ》郡束荷《つかり》村（現・山口県光市）に、林十蔵（のちに重蔵）・琴（のちに琴子）夫婦の長男として生まれた。十蔵夫婦にとっては、結婚後三年も子宝にめぐまれず、「母なる人」が村の天満宮に祈願して生まれた、初めての子である。幼名は林利助《りすけ》（のちに利介・利輔）であった。伊藤の誕生日を太陽暦に換算すると、一八四一年一〇月一六日になる。伊藤が生まれたとき、父は二四歳、母二二歳だった。

父十蔵の本家林惣左衛門が、束荷村の庄屋を務めており、十蔵はその補佐役の畔頭《くろがしら》だった。しかし、十蔵の所有地は田五段《たん》、畑二段、山林六段にすぎなかったので、家計はあまり豊かとはいえなかった（『伊藤博文伝』上巻、五頁。末松謙澄『孝子伊藤公』復刻版、一二〜一三頁）。「五段（反）百姓」とさげすむ言葉があるように、自作農民としてそこそこの生活をするためには、五段の二倍の一町くらいの田が必要だった。

伊藤が生まれる前年に、イギリスと清国の間でアヘン戦争が始まっており、一歳の誕生日を迎える少し前に、戦争はイギリスの勝利に終わり、香港がイギリスに割譲される等した。

伊藤が一二歳になる三ヵ月前に、ペリーが浦賀に来航する。伊藤は列強の極東進出の波が押し寄せる時代の中で成長していったのである。

長州藩では、伊藤の生まれる前の一〇年ほどの間に、幕末維新に活躍した俊英が、次々と生まれている。一一年前に吉田松陰《しょういん》が、八年前に木戸《きど》孝允《たかよし》が、六年前に井上馨《かおる》が、三年前に山県有朋《やまがたありとも》が、二年前に高杉晋作《たかすぎしんさく》が、一年前に久坂玄瑞《くさかげんずい》（のち、禁門の変の指導者となり自刃する）が誕生した。維新と明治国家を指導した人々の年齢は極めて近く、伊藤はその末輩であった。

なお、長門《ながと》・周防両国（現・山口県）を、萩《はぎ》藩が三つの支藩とともに統治していたが、本書では特に必要のない限り、その全体を長州藩とし、その出身者を長州出身と表すことにする。

さて、伊藤の父十蔵は、弘化《こうか》三年（一八四六）に引負《ひきおい》を生じて破産した。引負とは、本来あるべき年貢の玄米が流用されるなどして保管されていなかったことである。十蔵は、体が頑健で頭脳がよく、物事の処理も早く、負けず嫌いの性格だった。この引負の原因が貧困者を助けるためだったか、天災のせいか、あるいは派手な交際の結果なのか、真相はわからない。

十蔵は、破産したまま屈辱に甘んじて束荷村に残るよりも、萩（現・山口県萩市）へ出て身を立てなおす道を選んだ。妻琴と息子の伊藤は、同じ束荷村にある妻の実家秋山家に預けられた。伊藤が五歳になる年のことである。

萩に出た父十蔵は、足軽伊藤直右衛門に仕え、信頼を得た。十蔵は、三年後に、妻琴と息子を束荷村から萩に迎える。伊藤直右衛門老人は数え年八〇歳になろうというのに、跡継ぎがなかった。そこで嘉永《かえい》七年（安政元年）の元旦、十蔵が伊藤直右衛門・もと夫妻の養子となり、琴は一三歳の伊藤を連れて伊藤直右衛門宅に移った。こうして農民に生まれた伊藤博文は、足軽の身分に上昇したのである（『伊藤博文伝』上巻、四～一五頁。古谷久綱『藤公余影』二〇～三二頁。末松謙澄『孝子伊藤公』一二～一八頁）。

少年伊藤は、束荷村や萩で、どのような性格をみせ、どんな生活を送っていたのだろうか。

伊藤より九ヵ月早く生まれ、遊び仲間だった林丑之助《うしのすけ》によると、束荷村時代、二人は相撲をしたり木に登ったり、川で釣りをしたり泳いだりして遊んだが、体力は伊藤の方が上で、相撲は必ず伊藤が勝ったという。また伊藤は幼少の頃から大変な負けず嫌いで、常に武士だと自称し、木切れや竹切れを拾って腰にさしていた。伊藤は普通の農家の子とは違っていた。

これは伊藤の先祖が、一六世紀後半の武将、林淡路守通起《あわじのかみみちおき》にたどれるという自覚があったからだろう。林通起は毛利氏の家老の好意で、熊毛郡内の束荷村など五ヵ村の目代《もくだい》となり、束荷に定住したので、林家が累代、庄屋または畔頭となったといわれていた。

伊藤は八歳で父母と共に萩に出るまで、束荷村の手習師匠《てならいししょう》三隅勘三郎に字を習ったと回想する。

その後、「十一、二歳の頃」入門したのは、萩の長州藩子弟が通った久保五郎左衛門の塾である。久保塾には当時、七〇～八〇人の塾生がおり、伊藤は他の誰にも遅れをとらなかったが、吉田稔麿《としまろ》（長州藩士雇《さむらいやとい》〔準士〕の長男、のちに池田屋事件後、自刃）だけにはかなわなかった。吉田稔麿は、のち吉田松陰の松下村塾《しょうかそんじゅく》に学び、久坂玄瑞・高杉晋作と並び称された人物でもある。

塾長の久保は学究の人であり、単に読書・詩文・習字を教えるだけであったが、熱心に教えるので、長州藩子弟の修学に良い影響を及ぼしたのは間違いない、と伊藤は回想している（『藤公余影』二六〜三一、五二〜五四頁）。

伊藤の少年期をふり返って注目されるのは、父の破産という不幸である。それを親子共に克服したことで、一つには、伊藤の運命が開けてきた。萩へ行き、足軽の子弟になったからこそ、伊藤は優れた塾に入門でき、学問で頭角を現すことができた。また長州藩士として維新に参画する道も、開けてきたのである。

もう一つは、萩へ行った父が、三年後に母と伊藤を呼び寄せることができたことである。このできごとによって、少年伊藤は、困難が起こっても努力すれば必ず何とかなる、という楽天的な人生観と、父（人間）を信じるという性格を育成していったと思われる。元来伊藤は、待ち望まれてようやく生まれた一粒種《ひとつぶだね》の男児であり、両親から可愛がられて育ったことは間違いない。また萩の新しい祖母、伊藤もとも、伊藤を大変可愛がった。祖母もとは、伊藤がうたた寝をして風邪をひかないように、とわざわざ居間まで見に来るのを常としていたという。

伊藤が政治家として大成していくのに、人間を信じる楽天的な性格は大きな財産となった。後に伊藤は、木戸孝允・岩倉具視《いわくらともみ》・大久保利通《としみち》・明治天皇といった、出自のまったく異なる人々から信頼され、井上馨を生涯の親友とし、陸奥宗光《むつむねみつ》・西園寺公望《さいおんじきんもち》・原敬《たかし》らの腹心を得る。多くの人々を引き付けた伊藤の魅力は、本書で具体的に述べていくように、誠実な性格で、遠い将来までをしっかりと考えており、現実的に対応できる柔軟さとともに、容易にぶれない理念があったことである。しっかりした理念があったからこそ、伊藤は時には激しい行動に出る。しかしその一方で、相手を信じる人柄の良さもあり、厳しさとやさしさが相互に補完しあっていたことが、伊藤のもう一つの魅力だった。

来原良蔵に見出される

嘉永六年（一八五三）ペリーが浦賀に来航し、翌年には日米和親条約が締結され、下田・箱館（函館）の二港が開かれた。その後幕府は、同様の条約をイギリス・オランダ・ロシア・フランスと結んだ。この間、幕府は諸藩に、江戸湾内海・相模《さがみ》（現・神奈川県）・房総《ぼうそう》（現・千葉県）沿岸の警備を命じた。

長州藩は相模の鎌倉郡の一部と三浦郡の全部の警備を担当することになった。安政《あんせい》三年（一八五六）九月、一四歳の時、伊藤は手付《てつき》として、相模国宮田御備場《おそなえば》出役《でやく》を命じられ、同輩三十四、五人とともに宮田に赴任し、板小屋を作って駐屯した。手付とは、軽輩の者が上役の人につき従って、その人の用務を行う職務である。

翌安政四年二月、伊藤はそこで作事吟味役《さくじぎんみやく》の来原良蔵《くるばらりょうぞう》に出会い、来原の手付となる。来原は伊藤の才能を見込んで、勤番小屋の中で読書を教えるようになった。

伊藤はのちに来原のことを、「豪胆」で「実に克己心《こっきしん》に富み、学識又深遠、真に文武両道の達人と称すべき人」であり、彼の意志の強さは、その後も彼ほどの人を見たことがないほどだ、と回想している。また伊藤は、読書に精を出して来原から学んでいることや、たくさんの飯を食べていること等、元気で充実した生活をしていると、父十蔵に書き送った（『藤公余影』五四～五六頁。『孝子伊藤公』三〇～三五頁）。

しかし、伊藤の相模での勤番は一年交代であったので、安政四年秋に終わる。来原は伊藤に、萩に帰ってからも吉田松陰についてさらに勉学を進めるように、と紹介状を書いてくれた。萩に帰った伊藤は、こうして、松陰の松下村《しょうかそん》塾に入門を許される。

松陰と木戸との出会い

松下村塾には、久保塾の同窓の秀才吉田稔麿《としまろ》がいた。稔麿は家にある書物を自分が読み終わると、伊藤に与えた。父に問われると、稔麿は、私は一度読めば二度と読む必要がないので「無用の物」で「有用の才を助けた」と答えたという（『伊藤博文伝』上巻、一二三頁）。これは、稔麿の心の広さを伝えるエピソードであるとともに、伊藤が自分よりできる稔麿に敬意を払うので稔麿からも好かれたという、伊藤の性格の素直さを示している。

松下村塾は、伊藤が入塾する前の年から、萩城下の東の端で活動を始めており、松陰の実践的な姿勢と熱意、身分を問わない入塾資格が評判をよんでいた。

伊藤が入塾した翌年の安政五年（一八五八）七月、長州藩では、六人の青年を選んで京都に派遣し、時勢を学ばせることになった。六人のうち四人は、松陰が塾生の中から推薦した。伊藤・杉山松介（池田屋事件で重傷を負って死去）・伊藤伝之輔・岡仙吉である。松陰は、杉山には「才」がある、伊藤伝之輔を「勇敢」に事にあたる、岡を「沈静」で「志」がある、と彼らを門下の逸材として評価していた（『吉田松陰全集』五巻、一八一頁）。

松陰門下に入ったことで、伊藤も四人の一人に選ばれ、長州藩の若手の人材として注目されることになった。松陰は、伊藤のことをどのように見ていたのであろうか。

同年六月に門下の秀才久坂玄瑞に宛てた手紙で、「利介（伊藤博文）亦《また》進む、中々周旋家《しゅうせんか》になりさふな」（伊藤の学問はまた進歩した。彼はかなりの交渉役になりそうだ）と評価した（同前、八巻、六四～六五頁）。

また同年一〇月には、「才劣り学稚《おさな》きも、質直にして華なし、僕頗《すこぶ》る之《こ》れを愛す」（才能は劣っており、学問は未熟であるが、性格は実直で質素である。私はとてもこの弟子を愛している）と紹介している（「轟木《とどろき》武兵衛に復す」同前、四巻、四二七～四二八頁）。

一六歳の伊藤を見た松陰が、伊藤と一緒に京都に派遣された門下生で数歳年上の杉山松介らと比べ、見劣りして未熟であると評価するのは、自然である。しかし松陰は、伊藤が人から好かれ、交渉が上手になりそうだと見抜き、彼の実直な性格を愛した。*

＊ 松陰が伊藤を評するのに使った「周旋家」という言葉を、松陰は伊藤を「英雄豪傑の資」ではなく「常識円満なる政治家の質であることを見抜いていた」とする解釈が、第二次世界大戦中からある（馬場恒吾『伊藤博文』一一頁）。著名な評論家である馬場の解釈に引きずられ、同じように伊藤のことを論じる他の著作も少なくない。しかしこれは、伊藤に関わる一次史料を十分に読まないからである。ここでの「周旋家」とは、人から好かれ交渉が上手といった意味で、本書の冒頭で述べた木戸の伊藤評「剛凌《ごうりょうき》強直《ちょく》」と矛盾するものではない。幕末から維新にかけ、西郷・大久保・木戸や岩倉らが中心になり、近世国

家の古い枠組みを破壊した。しかしたとえば第二次世界大戦後に、アジア・アフリカで旧体制を壊して革命政権が多くできたが、その中で議会政治を定着させ近代化に成功した国は、極めてまれである。このことからもわかるように、伊藤は、明治維新後、近代国家として日本を立て直すという（伊藤のいう「憲法政治の定着」）、維新の第一世代が担ったものよりもっと困難な仕事を、中心となって成し遂げた。その意味で、伊藤は「英雄」である。

さて、伊藤は長州藩から選ばれた六人の青年の一人として、安政五年（一八五八）七月から一〇月初めまで、京都に派遣された。ここで、同じく選ばれてやって来た山県有朋（小《こ》介《すけ》、狂介《きょうすけ》）と、初めて親しく交わった。山県は伊藤より三歳年長で、まだ松陰門下ではなかった。伊藤の身長は、当時の平均より少し高い五尺三寸（約一六〇・六センチメートル）であったが、長身の山県より一〇センチメートルほど低い。山県に対しては、背の高い、真面目で言葉数の少ない男という印象を持ったことであろう。この後、伊藤の死まで、二人は五〇年以上もの交友を続けていく。

京都から戻ると、伊藤は約二〇人の仲間とともに来原良蔵《くるばらりょうぞう》に率いられ、彼の手付として長崎に行き、翌安政六年六月まで練兵や砲術を学ぶなど、充実した日々を送った。

その後、来原は、伊藤を義兄の木戸孝允（桂小五郎）に託して、江戸で修業させようとした。来原は、木戸の妹を妻としていた。同年九月、伊藤は木戸の手付となり、萩を出発、一〇月中旬から木戸と共に江戸の長州藩邸に住んだ。

木戸は長州藩医（二〇石《こく》）の家に生まれたが、七歳になる前に中級藩士桂九郎兵衛の養子となった。桂家はもともと一五〇石であったが、木戸を末期養子《まつご》にせざるを得なかったため、九〇石に削減された。それでも木戸は、優秀であれば藩政の要職に就く可能性を、少年期につかんだのである。事実、木戸は「識力があつて、分別の出来る」、また「和漢の学問に通じ」ており（「木戸孝允」〈直話〉、『伊藤公全集』三巻、三〇頁）、長州藩の出世コースを歩んでいく。伊藤は、来原の紹介でその木戸から目をかけられるようになり、彼の可能性もさらに開け始めた。

また伊藤にとって、木戸との人間関係に優るとも劣らぬほど重要なことは、この江戸で、生涯の友となり後に政治同盟を結ぶことにもなる井上馨（志道《しじ》聞多《もんた》）と出会ったことである（『伊藤公直話』二八四頁）。井上馨は伊藤よりも六歳年長で、中級武士の家柄に生まれ藩校明倫館《めいりんかん》に学んだので、同じ萩にいながら、それまで二人は知りあいではなかった。

松陰の影響

伊藤が木戸に従って江戸に来て半月にもならない安政六年（一八五九）一〇月二七日、吉田松陰は幕府から死罪を申し付けられ、即日、江戸小伝馬町《こでんまちょう》（日本橋の少し北方）の牢内で処刑された。外国密航を企てたり、幕政を批判したりしたからである。

二九日、伊藤は木戸に付いて、松陰門下の二人とともに、遺体の受け取りに、小塚原《こづかはら》の回向院《えこういん》に向かった。

桶《おけ》に入れられた松陰の遺体は、丸裸で、首は胴を離れ、髪が乱れて顔には血が流れついており、伊藤らは憤慨した。さっそく松陰の髪を結び、血を水で洗い落として、柄杓《ひしゃく》の柄《え》で首と体とを接《つ》ぎ合わせようとすると、幕吏に止められた。そこで木戸らの着ていた襦袢《じゅばん》や下着を死体に着せ、伊藤の帯を使って結び、首を胴体に載せて甕《かめ》に収めて、やはり同月七日に処刑されていた橋本左内《さない》（越前藩士）の墓の左方に、とりあえず埋葬した（末松謙澄『孝子伊藤公』五七〜五八頁。『伊藤博文伝』上巻、三一〜三二頁）。以上の行動から見て、松陰が処刑された直後において、一八歳の伊藤は松陰を尊敬していたことは疑いない。

それでは、伊藤は松陰から何を学んだのだろうか。伊藤は特に語っていないので、松陰の思想と行動を、伊藤のそれと比較して考えてみたい。

それは第一に、既存の体制を否定し、変革するために、藩主や天皇という絶対的なものを設定する論理である。

松陰は、藩主への絶対的な「忠誠」の論理を立てた。それは藩主毛利《もうり》敬親《たかちか》への単なる服従ではなく、毛利敬親を「尊攘の大義」に目覚めさせることであった。幕府に従い長州藩や自らの家の保全を藩主の意思よりも優先させるような「俗論派」を、松陰は敵視した。松陰の考えは、近代的意識というより、復古的といえるような封建意識から生まれたものだった。しかし、松陰のいう、藩主―松陰という直接的な「忠誠」関係に対抗する「俗論派」の「家臣団」という構図は、天皇―松陰に対抗する「幕府」という構図と同じものである（桐原健真「吉田松陰における『忠誠』の転回」）。

本書で述べていくように、伊藤はイギリスへ密航してから、西欧の近代文明に圧倒され、攘夷を捨て、しだいに長州藩主や藩をも相対化し、天皇を「忠誠」の対象として、明治初年から廃藩置県を主張し、立憲国家の形成（伊藤のいう「憲法政治」）を目指していく。攘夷を捨て、藩主よりも天皇を「忠誠」の対象とする点では松陰と違うが、松陰がいたからこそ、長州藩において、長州藩や藩士の家の存続を絶対視しない思想が普及したのである。伊藤が西欧文明に触れたとき、それを手がかりに、藩意識を捨て立憲国家を作る考えに、より早く順応できたのである。

伊藤が松陰から学んだことは第二に、天皇の言うことに単に服従して従うのでなく、天皇が「世界の大勢」を踏まえた、あるべき君主になるよう天皇を教育し、明君としての資質を引き出した上で、天皇との信頼関係を基に、政治を行っていこうとする態度であった。

西欧を直接に体験していない松陰の場合は、主に「日本の大勢」と藩主の関係になる。幕末期の長州藩では、藩主の「意志」の下に、木戸孝允ら「有司」グループが藩政を指導（井上勝生『幕末維新政治史の研究』一八〇頁）し、特別な場合を除き、藩主は積極的に「意志」を示さず、「有司」グループが実質的に藩の方針を決めた。これは松陰の思想を反映したものであった。もちろん伊藤は、このことを知っていた。

こうした松陰の思想や「有司」グループによる政治の体験がなければ、本書で述べていくように、伊藤が君主の政治関与を抑制するような天皇制像を構想し、それを大日本帝国憲法（明治憲法）に反映させることは、さらに困難な作業になっただろう。*

＊　松陰は理念としては天皇を絶対とみていたが、実際の統治者の天皇に対しては、それを国家の一機関と見る、天皇機関説に極めて近い天皇観を持っていたとする見解も出されている（川口雅昭「吉田松陰の天皇観」）。

来原良蔵の自刃

その後、江戸で伊藤は、木戸の手付《てつき》として諸国の志士と往来し、顔が広くなった。のちに伊藤はこの頃のことを、「〔手付として〕普通に使はれるやうな待遇はうけなかつた。木戸公に愛されて、兄弟もたゞならぬと言つたやうな〔兄弟以上のような〕間柄であつた」と回想している（「木戸孝允」〔直話〕、『伊藤公全集』三巻、一四頁）。伊藤は木戸に従って二度京都に行ったりしながら、文久《ぶんきゅう》三年（一八六三）五月まで主に江戸にいた。

この間、伊藤は海外で学んでみたいという気持ちを強めていったようである。万延《まんえん》元年一二月七日（一八六一年一月一七日）に来原良蔵に、「昨年已来《いらい》英学修業の志願あり」と手紙を書き、文久元年（一八六一）に友人に送った手紙にも、英国へ行きたいと記している（『伊藤博文伝』上巻、八四～八六頁）。伊藤は攘夷の相手となる外国を十分に知り、学んで、攘夷をすべきだと考えたのであろう。

文久二年（一八六二）三月、薩摩藩の実権を握っていた島津《しまづ》久光《ひさみつ》は、約一〇〇〇名もの将兵を率いて鹿児島を離れ、京都に行った。久光は公武合体によって挙国体制を作ろうとしたが、この率兵上京の結果、日本国内では尊王攘夷論が急速に高まっていった（佐々木克『幕末政治と薩摩藩』第二章。高橋秀直『幕末維新の政治と天皇』第二章・三章）。この頃より、伊藤は少年期以来の利助（利介・利輔）に代え、俊輔《しゅんすけ》（春輔・舜輔）の名を使うようになる。また、三年前の松陰の刑死と同様に鮮烈な記憶に残る、三つの事件に関わることになる。

その一つは、同年八月二九日、恩師の来原良蔵が、江戸藩邸の自室で自刃したことである。それまで長州藩をリードしていた長井雅楽《ながいうた》（中老格）が進めていたのは、公武合体して開国し武威を海外に振るうという政策だった。来原も長井の考え方を支持していた。ところが長州藩の方針が尊王攘夷に転換したこと等で、来原は悶々《もんもん》となる。それが自殺の原因だったと思われる。

ある時、伊藤は高杉晋作に、「処世の術は木戸或《あるい》は来原に勝るものあらん、然れども其《その》学問、見識、人格に至りては来原遥《はるか》に木戸の上にあり」と述べた。さらにのちに伊藤は、来原が天寿を保っていれば、維新後に「真に国家の重任を負ふべき政治家」になっていたことは間違いない、とまで述べている*（「恩師来原良蔵」〔逸話〕、『伊藤公全集』三巻、八～一一頁）。伊藤は来原の遺髪を萩に届け、葬式がすんだことや墓について、来原の義兄の木戸に報告した（木戸宛伊藤書状、文久二年閏《うるう》八月二一日、『木戸孝允関係文書』〈東〉一巻）。

＊　のちに伊藤は、来原に比べると吉田松陰については、「やはり過激だ。政府を苦《くるし》めてゐる。政府の方にはわかつてゐることも松陰は知らずにやつてゐることもあつたらしい」等と（「吉田松陰・長井雅楽」〔直話〕、『伊藤公全集』三巻、四三頁）、低く評価している。これは、松陰が活動していた時代に伊藤が思っていた評価ではなく、伊藤がイギリスに密航して攘夷を捨て去った後の評価が無意識のうちに入っている。

もう一つの鮮烈な出来事は、同じく文久二年一二月一三日、高杉晋作らが品川御殿山に完成したイギリス公使館を焼き討ちしようと計画していると聞いて、伊藤も直ちに参加したことである。伊藤はこうして、木戸と同様に藩政中枢に入る身分と能力をもった高杉からも信頼されるようになった。

三つ目は、同じ一二月の二一日、伊藤は、国学者の塙次郎《はなわじろう》が、幕府から廃帝のことについて取り調べを命じられていることを聞き込んで、山尾庸三《ようぞう》（長州藩士、のちに伊藤とともにイギリスへ密航、工部卿）と二人で、塙の帰宅途上を待ち伏せし、斬殺したことである（小松緑宛田中光顕書状、一九三三年一月三一日、『伊藤博文伝』上巻、九七七〜九七八頁）。

このように、吉田松陰らが処刑されると、それに反発して翌年三月に井伊直弼《なおすけ》が江戸城桜田門外で暗殺されたように、長州藩の伊藤の周囲のみならず日本全体が血なまぐさくなり、二一歳で伊藤自らが人を殺すまでになった。

井上馨にイギリス密航に誘われる

文久三年（一八六三）三月二〇日、伊藤は「尊王攘夷の正義を弁知」して活動した功績で、準士雇《じゅんさむらいやとい》となった。士雇とは、欠員がないため士分に昇進できない者を優遇する意味で設けられた階級で、欠員があるごとに士分に昇進できる。伊藤のなった準士雇とは、準士である士雇の下で、伊藤は足軽から武士に準じる身分に近づいたのである。

文久元年（一八六一）から二年の間、伊藤は自らの尊王攘夷思想を背景に、江戸の情況を知らせる手紙を山県に出している（『山県有朋関係文書』一巻、九〇〜九三頁）。すでに述べた、文久二年一二月のイギリス公使館焼き討ちや塙次郎の斬殺は、尊王攘夷思想の表れだった。同年一一月二日、幕府では攘夷の勅旨に従うことを決定しており、伊藤たちの周囲では攘夷決行の際に参加するという空気が高まっていた。

ところで文久二年九月、長州藩は攘夷のため、イギリスの会社の所有する汽船を購入し、「壬戌丸《じんじゆつまる》」と名づけた。井上馨はその士官の一人になったが、乗組員はみな航海の技術に暗く、多くの失敗を重ねた。そこで井上馨は、前年に箱館（函館）で英学修業をした山尾庸三・井上勝《まさる》（野村弥吉、のちに鉄道庁長官）とともに、イギリスで海軍のことを学ぶ申請を藩当局に行った。

当時幕府は日本人の海外渡航を禁じていたので、文久三年（一八六三）四月一八日、長州藩内の判断で、五年間の休暇を与える形で許可し、藩主毛利敬親の御手元金《おてもときん》を各人に二〇〇両ずつ与えることになった（『世外井上公伝』一巻、四二〜八六頁）。要するに密航である。

その少し前、井上馨は、伊藤にもイギリスに一緒に行くことを熱心に勧めた。ところが、伊藤は攘夷を実行する有志仲間に入っていたので、久坂玄瑞に相談したところ止められて、攘夷をやる他ないと説得されていた。しかし伊藤は、吉田松陰が処刑された一八五九年からイギリス渡航の希望を持っており、四月一三日には井上馨に同道する約束をした（『伊藤博文伝』上巻、八六頁。『伊藤公直話』一二二〜一二四頁）。

その後長州藩では、江戸藩邸にある金で、攘夷を実行するための武器を横浜で購入することになった。伊藤はその購入担当を命じられ、江戸に行った。ところが、横浜の外国商人を訪れても、戦争にならないなら売ってくれるが、戦争になるならイギリスに「奪はれ」るとの話で、購入できる武器はなかった（木戸宛伊藤書状、文久三年五月二日、『木戸孝允関係文書』〈東〉一巻）。

他方、井上馨らは、イギリス商人から、渡英して一年滞在するのに一人一〇〇〇両が必要であると聞いて、三人分の御手元金六〇〇両を合わせても、一人一年分の費用にもならないことに驚き、とまどった。

もう一人、遠藤謹助《きんすけ》（のち、造幣局長）も熱心に渡英を希望していた。そこで、井上馨は、長州藩の武器調達資金の中から五〇〇〇両を工面して、伊藤も含めて五人が渡英することを提案した。伊藤は同意し、五月一二日にイギリス船で出発することになった。前日に、井上馨が筆をとって、毛利登人《のぼる》ら藩政の中枢にいた四人に宛て、これまでの経過を告別書に記し、五人連署で送った。

また伊藤は、別に歎願書を書き、井上馨らとともにイギリスに行く事情を述べ、藩主の許可を追願した。父十蔵にも、三年の間には必ず帰省するとの手紙を書いた。急なことであり、伊藤は日本人が書いた間違いだらけの英語辞書一冊と、大好きな頼山陽《らいさんよう》の『日本政記』を一部持っていっただけだった（『伊藤博文伝』上巻、九四～一〇四頁。『世外井上公伝』一巻、八六～九〇頁。『伊藤公直話』一二二～一二八頁）。

伊藤らの行為は、今でいう「公金横領」である。幕末の激動の時代とはいえ、こんなことができたのは、藩政中枢の四人の中にいた木戸孝允への期待があったからだろう。また、イギリスへの密航自体が、幕府に知られれば死罪に値する行為であり、その危険を冒そうという決意の前には、「公金横領」はそれほど重大なことではなかった。

伊藤が密航に持っていった英語辞書は、堀達之助（幕府洋書調所教授方）が前年に出版した日本初のものである。当時の日本の英学のレベルは高くなかった。しかし、頼山陽の『日本政記』を持っていくほど歴史が好きで、大きな歴史の変革を理解する眼をもっていた。伊藤のこのような資質が、やがて歴史的視点を加えながら、西欧文明や政治・制度を深く洞察する力として役立っていく。

ロンドンでの衝撃

五人は横浜を出港すると、数日で上海に着いた。甲板の上から数え切れないほどの軍艦・蒸気船・帆船などが見えると、井上馨は、攘夷は誤っていたと伊藤に述べたが、伊藤は、日本を出て数日で攘夷の初志を変えるとは恥ずかしいことだ、と井上に同意しようとしなかった。

上海から五人は二隻の船に分かれて、ロンドンへ向かった。伊藤と井上馨は、「ペガサス号」という三〇〇トンほどの小さな帆船に乗せられ、英語ができないことで誤解されたのか、乗客ではなく水夫の扱いを受けた。何より困ったのは、水夫用の便所がないことだった。下痢症になった伊藤が船側の横木にまたがってたびたび用を足すのを、井上馨は伊藤の身体が激しい波にさらわれないように綱でしばり、その端を柱に結びつけて助けた。

伊藤と井上馨は文久三年（一八六三）九月二三日にロンドンに着いた。他の三人とも合流し、二つの家に分かれて寄宿し、まず英語を勉強することにした。伊藤・井上勝・遠藤の寄宿した家は、ロンドン大学ユニヴァーシティ・カレッジの化学教授アレキサンダー・ウィリアムソンの家だった。

伊藤たちは、イギリス人学生とも交遊する一方、博物館・美術館等を訪れ、海軍の設備や造船所その他の工場等を見学した。伊藤は英国の文明の進歩と国力が強大であるのに感服し、すぐに攘夷の考えを捨てた。

伊藤たちの渡英を手伝った英商人、ヒュー・マジソンによると、イギリスに着いたとき、五人の中で井上勝のみが少し英語が話せたという。これは、井上勝が箱館で英語を少し学んだことがあったからである。

また、イギリス人のミトフォード（のち、駐日イギリス公使館書記官）によると、伊藤は「精悍《せいかん》にして野趣満々たる所は正に隼《はやぶさ》そのまゝで」、冒険好きで、無類に陽気、仕事となれば「精確」「機敏」だったという（『伊藤博文伝』上巻、一〇五〜一一四頁。『世外井上公伝』一巻、九〇〜九九頁）。このように、伊藤にはすぐに外国人と仲良くなり、信頼を獲得する才能があった。伊藤は、少年時代の体験から、日本人に対して人間を信じる楽天的性格を育《はぐく》んでおり、二一歳でイギリスへの旅に出たことは、外国人に対しても余計な壁を作らない態度を、自然に身につける機会になったのだった。

ロンドン大学ユニヴァーシティ・カレッジの学生名簿の中に、五人の名前が残っている。彼らは、数学、地質・鉱物学、土木工学、数理物理学など、主に理科系の講義を取っている（宮地ゆう『密航留学生「長州ファイブ」を追って』一七頁）。これは、彼らが海軍について学びたいと思っていたことの他に、彼らの英語力では、法律や政治学・歴史学といった文科系の授業は理解不可能だったからだろう。しかし、五人がイギリスの政治・経済制度について十分理解できなくても、眼の前の建物・交通機関・機械等を見れば、攘夷が不可能だと考えを変えるのに、時間はかからない。

さて、伊藤らがイギリスに向け横浜を出発する二日前、文久三年（一八六三）五月一〇日、長州藩は米国商船を下関で砲撃するなど、攘夷の勅旨に従う活動を始めた。同年七月二日には薩摩藩も鹿児島湾でイギリス艦隊と交戦を始めた。これは前年に生麦村《なまむぎ》（現・神奈川県）で島津久光の大名行列を護衛する薩摩藩士がイギリス人を斬ったことへの報復である。

伊藤らは、何ヵ月か遅れて、これらの記事が掲載された新聞を、寄宿先のイギリス人に教えられたりして知った。伊藤と井上馨は、あとの三人には学業を続けさせ、二人のみが帰国し、長州藩の攘夷を止めさせようと決意した。むろん死をも覚悟した帰国である。

こうして伊藤と井上馨は、元治《げんじ》元年（一八六四）三月中旬にロンドンを出発し、六月一〇日頃に横浜に帰り着いた。二人のイギリス滞在は、わずか半年ほどであった。それでも二人は日用の会話には差し支えない程度に英語ができるようになっていた（『伊藤博文伝』上巻、一一五～一二〇頁。『世外井上公伝』一巻、九九～一〇二頁。『伊藤公直話』一三〇～一三二頁）。

第二章　「外交」交渉での活躍――列強と薩摩藩

イギリス軍艦に乗って帰藩

元治元年（一八六四）六月一〇日頃に、伊藤と井上馨《かおる》がイギリス密航から横浜に戻った時、イギリス公使オールコックは、アメリカ合衆国・フランス・オランダの代表と、四ヵ国の共同行動に備えて、協議をしている最中であった。軍事行動も含んだ共同覚書は、六月一九日に調印された。

伊藤と井上馨は、オールコック公使に会いに行った。これから長州藩に帰って、自分たちが見聞したイギリスの軍事力と富について報告することにより、藩主を説得して、排外的な政策を止めさせることができると確信しているので、山口のできるだけ近くの港までイギリスの軍艦で送り届けてほしい、と申し出た。イギリス等列強も、実のところ不必要な戦争をせずに通商を拡大したかった。オールコックは二人の申し出を受け入れ、六月一八日に軍艦「バロッサ号」に自ら乗り、砲艦一隻を従えて横浜を出発、六月二三日に二人を国東《くにさき》半島の北方の姫島（現・大分県）まで送り届けた。二人は、山口へ行って一二日以内に回答を持って帰ってくることを約束した。この航海で伊藤は、イギリス人のアーネスト・サトウとも親しくなった。サトウは伊藤より二歳若く、当時は駐日イギリス公使館通訳生だった。彼は日清戦争後に駐日公使になる（萩原延壽『遠い崖』＊一巻、九〇〜一四七頁、二巻、一一八〜一三六頁。『伊藤公直話』一三二〜一三六、一五九頁。『伊藤博文伝』上巻、一二〇〜一二五頁）。外国人とすぐ親しくなれるのが、伊藤の才能であり、人柄の良さだった。伊藤と同年代のサトウは、日本に来て一年ほどで、熱心に日本語を勉強していた。彼の日本語の方が、伊藤の英語よりよくできたはずである。

＊ この著作は、アーネスト・サトウの日記を使用し、イギリス人の側から見た幕末・維新史として優れている。

六月二四日夕方、伊藤と井上馨は山口に着き、二五日に藩の政事堂に呼び出された。家老らの有力者の前で西洋事情を述べ、攘夷を止め、それを英・米・仏・蘭の四公使に通告するように建言した。しかし、藩の回答は、藩主は将軍や天皇から受けた命で行動しており、京都に上り天皇を動かすつもりなので、四ヵ国の軍事行動を三ヵ月間遅らせてほしい、というものだった。他方、藩士の間では、二人を斬り捨てようという声も高まった。

結局、伊藤と井上馨は七月五日に姫島に戻り、藩の回答を口頭で述べた（萩原延壽『遠い崖』二巻、一三八〜一四一頁。『伊藤公直話』一三六〜一四一頁）。

この間、七月二日に伊藤は「外国艦隊との応接」を命じられ、イギリスへ行った慰労金として、一〇両（十分で伊藤より身分の高い井上馨は一五両）を下された。伊藤はその金と近状を報じる手紙を、母琴に送った（「伊藤博文履歴」、『伊藤博文伝』下巻、一頁、同上巻、一三〇〜一三二頁）。

この約一ヵ月前、六月五日に京都の旅館池田屋を新撰組が襲い、薩長等の志士七名が殺され、二三名が逮捕された。松陰門下の俊英、杉山松介も犠牲となった。この事件の報が長州に伝わると、憤激のあまり、京都へ兵を率いて進発すべきだという議論が一気に高まった。長州藩は、前年の八月十八日の政変で、薩摩・会津などの公武合体派のために京都での勢力を失墜しており、これを機会にその劣勢を挽回しようとしたからでもあった。六月一五日以降、長州藩兵は京都へ出発、久坂玄瑞《くさかげんずい》（義助《よしすけ》）や入江九一《いりえくいち》（杉蔵《すぎぞう》）ら、松陰門下の俊秀も続いた。

伊藤・井上馨がイギリス船で帰藩したのは、このような情勢下であり、長州藩政府は簡単に攘夷を撤回できなかった。そこで、二人の建言は受け入れられないが、伊藤に「外国艦隊との応接」を命じ、二人にイギリスに行った慰労金まで与えて、彼らの行動や立場を公認することで、今後の外国との交渉に備えようとしたのである。こうして、伊藤らの「公金横領」も罪を問われなくなった。

しかし伊藤は、帰国した目的が達せられず、面白くなかった。京都にいた木戸孝允《きどたかよし》（桂小五郎）に、次の趣旨の手紙を書いた。伊藤は渡英して以来、木戸とは一切連絡を取り合っていなかったが、手紙の文面から、伊藤の木戸への深い信頼が伝わってくる。

海外から帰ったのでお会いして申し上げたいことは山ほどあったのですが、何ということか、〔木戸が〕御上京中で、帰国した意趣も貫徹せず、遺憾がないわけではないが、死にたくもなく、今にいたるまで、ぶら〴〵と命ながらえているのは、世上の体面からも愧《はず》かしいのですが、未《いま》だ欲気があって後への思いを絶つことができないことは、御推察ください。

（木戸宛伊藤書状、元治元年七月一〇日、『木戸孝允関係文書』〈東〉一巻）

その後、上洛した長州藩兵は、七月一九日に武装して御所に押し寄せ、御所の周りの諸門で、幕府側に立つ会津・薩摩藩兵ら諸藩兵と交戦した。この禁門の変では、兵力が不足していた長州藩は大敗し、入江は戦死、久坂は負傷して自刃した。在京中であった木戸は但馬《たじま》（現・兵庫県北部）に逃れ、身を隠した。同二四日、幕府は長州追討の勅命を得て、西南二一藩に出兵を命じた。

長州藩の外交交渉担当

禁門の変の敗北の知らせが萩に伝わってまもなく、長州藩は英・仏・米・蘭の連合艦隊が来襲するとの報に接した。そこで藩当局は、伊藤らを交渉に派遣し、連合艦隊側に関門海峡の安全を保障するのと交換に開戦を避けようと交渉したが、接触がうまくいかず、交渉できなかった。

こうして元治《げんじ》元年（一八六四）八月五日、四国連合艦隊一七隻は、馬関《ばかん》（下関）を砲撃し、長州藩の砲台を圧倒した。六日には激しい戦闘となり、連合艦隊側は陸戦隊を上陸させ、旧式の武器で戦う長州藩側を破り、砲台を次々と占領した。

八月七日、藩当局は高杉晋作《たかすぎしんさく》を講和使とし、二藩士を副使に、伊藤・井上馨を通訳とする講和使節団を任命した。八日、高杉らは旗艦「ユーリアラス号」で講和交渉を行い、大砲は戦利品として連合艦隊側に渡すなどの条件で、和議がまとまった。

ここでも、伊藤はまず、ただ一人で「ユーリアラス号」に行き、先日横浜から姫島まで送ってもらう間に親しくなったアーネスト・サトウ（駐日イギリス公使館通訳生）と会って、交渉のきっかけを作った。その後も伊藤とサトウは、通訳としてのみならず、連携して交渉をまとめる努力をした（萩原延壽『遠い崖』二巻、一四三～一七五頁。『伊藤公直話』一五九～一六一頁。『伊藤博文伝』上巻、一五三～一六〇頁）。

結局八月一四日に、四国連合艦隊と長州藩との間に、次の内容の講和条約が結ばれた。(1)外国船が馬関（下関）を通航する節は懇切に取扱う、(2)外国船は石炭・食物・薪水その他、必要な品を購入できる、(3)風波が強く難にあったときは上陸を許す、(4)新たに（砲）台場を作ったり、古い台場に大砲を置いたりしない、(5)馬関から外国艦に発砲したのに、四ヵ国は馬関を焼く権利を行使しなかったので、償金と軍の雑費を日本側が出す、この点は江戸で決定する。この交渉にも、家老らに加え、高杉と伊藤も参加した（井上馨は不参加）。

長州藩側、とりわけ高杉は、(1)攘夷は朝廷および幕府の命で行ったので、償金は幕府に請求すべきである、(2)長州藩には膨大な償金を払う資力がなく、また強いて償金支払いを要求されると、身命をなげうつことを意に介さない多くの藩士を藩主ですら制止できない恐れもある、と償金支払いに抵抗した。伊藤はサトウを甲板の一隅に連れ出し、藩内の情勢を述べて、償金の支払いを幕府に行わせた方がよいと示唆したという（萩原延壽『遠い崖』二巻、一八三～一九二頁。『伊藤博文伝』上巻、一六五～一七一頁）。

その後、長州藩は横浜に使節を派遣し、四ヵ国の代表を歴訪させ、償金の軽減あるいは免除を策することになった。正使は家老井原主計《かずえ》であったが、三人の随員の中に伊藤も加えられた。長州藩で外交交渉となると、伊藤が必ず一枚かむ形になりつつあった。伊藤の英語能力は未熟であったが、英語力そのものよりも、外国人とのコミュニケーションがうまかったからである。

それを示す二つのできごとを、アーネスト・サトウは日記に書いている。一つは、八月二七日に四国艦隊の三艦の艦長が、家老井原ら四人の使節を横浜まで送る件で馬関を訪れた際、伊藤はサトウをヨーロッパ風の食事でもてなすため、涙ぐましい努力をしたことである。「気味のわるいほどとぎすまされた長いナイフ」等、サトウを驚かせるものもあったが、鰻《うなぎ》の焼いたのとすっぽんのシチューを、サトウは大変うまかったと感心した。

もう一つは、八月二九日にサトウが買い物をするため、伊藤に馬関を案内してもらった後、暗くなり始めたのでサトウが帰ろうとしたら、伊藤が泊まっていかないかと誘ったことである。このときサトウは軍艦での夕食に招かれていたので、伊藤の誘いを断った(萩原延壽『遠い崖』二巻、二〇六～二〇九頁)。

しかし、この二つの出来事から、サトウは伊藤の好意を十分に感じることができたはずである。*

ところで、家老井原を正使とし伊藤も加わった使節団は、軍艦で九月一〇日に横浜に到着した。しかし、すでに四ヵ国は幕府に償金を支払わせることになっているとのことで、一行は間もなく軍艦で馬関に帰った。九月二三日に復命すると、四人に恩賞が与えられ、伊藤は金一〇両を授けられた。幕府は、九月二二日に償金三〇〇万ドルを四ヵ国に支払う約束に調印した。

＊　この後、数年以内に書かれたものと推定される、梅子（幕末維新期は梅）夫人宛の伊藤の手紙には、⑴梅子の病気のことも気がかりだが、今晩も人に誘われて、余儀なく「国かめ〔料理屋か〕」に行くので、心配しないでください、⑵明日は「いじん〔異人〕」が来るので、座敷を片付けておいてください、とある（梅子宛伊藤書状、年月未詳、二日、伊藤公資料館所蔵）。伊藤は人づきあいが良すぎて、多少自分勝手なところもあるが、憎めない性格であること、早くから外国人を家に招いていたことがわかる。

元治の内乱の勝利

さて、禁門の変の大敗に加えて、四国連合艦隊との戦いでも簡単に敗北すると、長州藩では幕府に対して恭順の姿勢を示すべきだとする「俗論派」が台頭してきた。これに対し、元治元年（一八六四）九月六日、山県有朋《やまがたありとも》（奇兵隊軍監、奇兵隊で総管に次ぐ地位）は奇兵隊幹部とともに、恭順するなら防長二国のみならず、全国の有志の方向を失わせてしまう、と幕府と戦うべきだという建白書を、藩当局に提出した。

伊藤ら四人が、償金について四ヵ国の代表と話し合うため、横浜へ向けて出発した一日後のことである。他の諸隊も、同様の姿勢を示した。

ところが藩は「俗論派」に主導されるようになった。九月二五日、山県らの属する「正義派」の代表として、周布政之助《すふまさのすけ》（麻田公輔）は、一連の政治責任を取る形で自刃した。

長州藩の「正義派」は、旧来の尊攘派の流れを汲む者たちであったが、伊藤や井上馨は、幕府に恭順していたのでは日本の変革は期待できないと、「俗論派」の台頭を嫌った。

そこで井上馨は、四国連合艦隊と戦った際に指揮をした第四大隊と力士《りきし》隊を使って「俗論派」を夜襲し、「俗論派」に大打撃を与え、「正義派」の主導権を取り戻そうと計画した。しかし、「俗論派」はこれを知り、九月二五日の夜、井上馨が藩の政事堂から帰るところを襲い、瀕死《ひんし》の重傷を負わせた。こうして、井上馨の「俗論派」への反撃は失敗した。

伊藤は井上が「暗殺」されたと聞いて、すぐに山口に行くと、「俗論派」が「蜂の如く湧いて」いた。井上馨はまだ生きていて、苦しい息の下から、「これで己《お》れは死ぬかも知れぬが、君と己れと二人死ぬると闇の夜になるから」、ここに長くいてはいかん、早く馬関に帰ってくれ、そうして一人は生きていなければならぬ、と伊藤に懇請した。そこで伊藤は、馬関も少々危険だろうと、藩政府から四〇名ほどいる力士隊を借りて、馬関に向かった（『伊藤公直話』一六五～一六六頁）。

他方、幕府は長州征討（第一次）の準備を進め、一一月一八日を長州への進軍の日と定めた。そこで、一一月一一日、長州藩は幕府に禁門の変についての謝罪姿勢を示すため、三人の家老を切腹させ、四人の参謀を斬刑にした。藩主毛利敬親《たかちか》父子も萩城をでて蟄居《ちっきょ》し、恭順の意を示した。

これに対し、一二月一五日夜半、高杉晋作は長府《ちょうふ》（現・下関市長府）の功山寺《こうざんじ》で奇兵隊などをあてに挙兵し、長州藩当局の方針を変えさせようとした。奇兵隊は、文久三年（一八六三）六月に、藩主父子の下問に応じ、高杉が編制した有志者の新部隊である。足軽・仲間《ちゅうげん》組を含めた武士身分出身者と、その他の農民・商人・漁民などの出身者が半数ずつ、数百人ほどからなっていた。奇兵隊に続いて、長州藩の旧来の軍事編制にとらわれない新しい部隊が次々と組織され、総称して諸隊とよばれた。先に伊藤が山口から借りていった力士隊も、諸隊の一つである。

山県有朋は高杉に目をかけられ、その引き立てで奇兵隊の軍監になったと思われる。しかし、奇兵隊の中にも高杉の決起は成功しないのではないかと危ぶむ空気が強く、山県ですら決起に加わらなかった。ところが伊藤は、彼の指揮していた力士隊の有志十数人を率いて、二つ返事で参加した。それでも最初の参加者は、遊撃隊・奇兵隊の有志を合わせて、合計八〇人ほどにすぎなかった（伊藤之雄『山県有朋』二八〜四二頁）。

高杉は、イギリスから帰った伊藤・井上馨が攘夷中止を唱えて孤立していた時に、井上馨の説得に同意し、二人で嘆息し合ったというように、純粋な人間だった。高杉の挙兵に直ちに応じた伊藤もまた、真に必要となれば死をも恐れぬ激しい気性を持った、友情に篤い人間であった。

一二月一六日の明け方、高杉や伊藤たちの決起軍は馬関（下関）に入り、藩の会所を占領し、役人を追放した。高杉らの挙兵の報を聞いた「俗論派」の藩政府は、一九日に前田孫右衛門ら「正義派」の要人を斬罪にした。このことで、奇兵隊や諸隊の間で、「俗論派」政府に対する反発がさらに強まった。

翌元治二年（一八六五）一月五日までには、奇兵隊の実質的な隊長の山県らも、「俗論派」の藩当局と戦う決意を固めており、翌六日、萩へ向かう途中、秋吉台の近くの絵堂《えどう》・大田（現・山口県美祢《みね》市）などで、数に勝る「俗論派」の部隊を破った。

その後も、奇兵隊や諸隊の勝利が続き、一月末までに「俗論派」の役人はすべて免職となり、二月初めに停戦が成立した。こうして三月中旬に長州藩は、内には武装をしっかりし外には幕府への恭順の姿勢を示して、藩内一致して「勅旨」に従う方針を決めた。
これは、実質的に幕府との対決路線である。そこで幕府は、慶応元年（一八六五、元治二年を改元）四月一三日、長州再征を諸藩に命じた。

高杉と伊藤の迷走、木戸引き出し

この間、「正義派」が藩政を主導するようになり、高杉に衆望が集まると、高杉は「功名《こうみょう》富貴《ふうき》」は長く居るべき地位ではないと、洋行しようと伊藤を誘った。伊藤はそれに応じ、二人で長崎に行き、イギリス領事館に宿泊していると、旧知のイギリス外交官が、今は洋行するより馬関の開港に尽力すべきだ、と説得した。それに納得した二人は馬関に戻る。長崎の代理領事ガウァーの報告によると、高杉と伊藤は、馬関を幕府の干渉を受けることなく外国貿易のために開港する方法はないか、と言っていたという。

二人は、馬関の開港を容易にするため、馬関に長府《ちょうふ》・清末《きよすえ》の両支藩が持っていた領地をすべて萩藩に編入し、交換に萩藩の他の土地を両支藩に与えようと考え、両藩に交渉した。外国応接掛として馬関に滞在していた井上馨が、二人を助けて動いた。ところが、長府・清末の両支藩士たちは、本藩が馬関の利益を独占しようとしていると反発、高杉・伊藤・井上馨の三人を斬ろうと、つけ狙うようになった。

そこで高杉は四国へ渡り、井上馨は別府に身を隠した。伊藤は対馬《つしま》に行くことも考えたが、しばらく馬関の商人の家に潜伏した。結局、幕府の長州再征を前に本藩・支藩の融和を図るため、慶応元年（一八六五）四月二二日に萩藩当局は馬関開港の意図がないことを公示

した（『伊藤博文伝』上巻、一九四～二〇〇頁。『伊藤公直話』一九四頁。萩原延壽『遠い崖』二巻、三三二～三三七頁）。

高杉に誘われたとはいえ、この間の行動の迷走ぶりは、本来の伊藤らしくない。どうしたのだろうか。

伊藤の回想には、「攘夷論が再炎して来て此方《こちら》の説が思ふ様に通らない」との叙述がある（『伊藤公直話』一九四頁）。高杉・伊藤たちが中心になって命がけで「俗論派」を倒して「正義派」の反政府を作ったにもかかわらず、勝利の興奮から、おそらく「正義派」の間に攘夷論がかえって強まってしまったのだろう。

また前年に伊藤と井上馨がイギリス密航から帰った際には、攘夷の中止という意見は通らなかったが、藩政指導者たちは二人の意見に配慮してくれた。その指導者たちは、禁門の変の責任を取ったり、「俗論派」に殺害されたりして、もういない。そこで、伊藤も井上馨も絶望してしまったのだろう。高杉もその点では同じ気持ちだったに違いない。

慶応元年、長崎出張時。中央は高杉晋作

伊藤たちにとって、残る唯一の希望は、頼りになる指導者木戸孝允が長州に帰って、藩政の実権を握ることである。伊藤は、木戸が出石《いずし》（現・兵庫県豊岡市）に潜伏していることを知っていた。また、大村益次郎《ますじろう》（村田蔵《ぞう》

六、のちに兵部大輔〔次官〕や野村靖（靖之助、のちに内務大臣）は、すでに木戸に会っていた。

そこで大村や野村とともに木戸と連絡をとりながら、また藩政府の意向を探った上で、伊藤は木戸に長州藩に戻るよう、木戸の従者に伝えてもらった。四月二六日に木戸が馬関に帰ってくると、伊藤は翌日訪問している。出石から帰ってきた木戸孝允は、藩内で「大旱《たいかん》に雲霓《うんげい》を望む」（ひどい旱魃《かんばつ》のあとに雨の降る前触れとしての雲と虹を見る）ように迎えられた。

木戸は五月一四日に山口で藩主と会い、政策を建言、二七日に政事堂内用掛および国政方用談役心得という要職に命じられた（『松菊木戸公伝』上巻、「木戸孝允公年譜」〔其二〕、四六五〜四七四頁。『伊藤公直話』一八二頁）。

長崎での武器購入の成功と薩摩藩

木戸孝允が長州藩政を握る頃、慶応元年（一八六五）五月一二日、幕府は紀州藩主を征長先鋒《せんぽう》総督に任命した。こうして長州藩は、幕府の長州再征に対応しなければならなくなった。今回は、本当に戦争になる可能性が強い。

木戸はまず、支藩の長府藩士で伊藤を暗殺しようとした中心人物を、伊藤のところに謝罪に行かせた。次いで、高杉と井上馨を迎えに、人を遣わした（『伊藤公直話』一八二〜一八三頁）。木戸はこうすることで、藩内の攘夷論をも押さえ込んだのである。

また、幕府方の軍と戦うため、閏《うるう》五月二七日、西洋式軍事学を身につけた大村益次郎を抜擢《ばってき》して、軍事改革を委任した。長州藩は翌年の五月にかけて、最新のミニエ銃で武装した部隊に編制する軍事改革を行った（保谷徹『戊辰戦争』四〇～四三頁）。

他方、土佐藩を脱藩した坂本龍馬《りょうま》・中岡慎太郎《しんたろう》らは、薩長の提携を策していた。彼らは薩長藩士に知人が多かった。坂本は鹿児島を訪れた後、閏五月五日、木戸と会見した。

この頃、伊藤は旧知のアーネスト・サトウ（駐日イギリス公使館通訳官）に、幕府軍の情況やイギリスの態度について、質問している。

サトウは閏五月四日付の手紙で、五月一六日に徳川家の人々が出立したが、人数は五万一〇〇〇人にすぎず、そのうち砲兵隊は一〇〇〇人ほどで、野砲は小さいものであまり役に立たないものと聞いています、などと答えている。また、イギリス軍艦一、二隻が馬関港に停泊しているのは、徳川方に加勢するためではなく、イギリス商船の武器売却などを監視するためである、イギリスは、長州藩・徳川方のいずれをも助けない、などとも答えた。

伊藤は、幕府との戦争となると、長州藩では小銃が不足していると考えていた。そこで彼は、前原一誠《まえばらいっせい》（彦太郎、政務座兼蔵元役）に、自ら上海・香港まで行って買い求めたいと提言した。また六月二日、伊藤は木戸に、蒸気船の買い求めについて坂本龍馬・中岡慎太郎が上京した折に話したところ、〔他藩の〕名を借りて行うことは、山県有朋も同意しており、実行できるなら、〔購入の仲介のために〕龍馬が馬関に来ると約束している、と伝えた（『伊藤博文伝』上巻、二〇八～二一九頁。木戸宛伊藤書状、慶応元年六月二日、『木戸孝允関係文書』〈東〉一巻）。

伊藤は、すでに坂本や中岡という有名志士と面識があり、武器購入担当者となることに熱心だった。この頃、山県は奇兵隊の軍監として、担当する馬関方面の軍備をひたすら固めていた。しかし、伊藤は列強との交渉の仕事がなくなって手持ち無沙汰でもあった。

七月一四日、伊藤と井上馨は武器購入のため長崎出張を命じられた。同月末には、薩摩藩の名義を借りて、七三〇〇挺《ちょう》（うち四三〇〇挺は新式）の小銃を約九万二四〇〇両で購入できることになった。また八月上旬までに、商船一隻・砲艦二隻を購入することに決まった。伊藤・井上馨は薩摩の小松帯刀《たてわき》（家老）らの好意で、薩摩藩士のふりをし、薩摩船が小銃を馬関まで運んだ。こうして、伊藤らは武器の調達という形で長州の軍事改革に寄与した。他方、七月末になると、薩摩藩は幕府から疑われるようになった（木戸ら宛井上馨・伊藤書状、慶応元年七月一九日、二六日、二七日〔三通〕、『木戸孝允関係文書』〈東〉一巻。『伊藤博文伝』上巻、二二〇～二三九頁）。

この長崎出張の際に、伊藤は薩摩藩の大久保利通《としみち》（一蔵《いちぞう》）にも会っている。また伊藤は外国公使に、木戸の名を馬関奉行として紹介した。これは、外国人を応接するには、毎度人が替わっては信用されないことがわかったからである（木戸宛伊藤書状、慶応元年八月九日、『木戸孝允関係文書』〈東〉一巻）。木戸を外国人向けに馬関奉行としておき、木戸の代理としての伊藤や長州藩の信用を増そうとしたのだ。

伊藤はまだ英語が十分にできなかった段階での密航では、主に物質面に表れたロンドンを見てきた。しかし、帰国後に、密航での体験や少しずつできるようになった英語を生かして外国人と交渉をするうちに、一年ほどで西欧の外交上の慣行も徐々に身につけていった。

伊藤・井上馨らにより、長崎で薩摩を媒介として武器と船が購入された実績を背景に、同年秋になると、薩長連携の空気がさらに強まった。こうして翌慶応二年（一八六六）一月二一日には、木戸と西郷隆盛（吉之助《きちのすけ》、薩摩藩士）の間で、幕府の長州再征に対し、薩摩藩が幕府に協力せず、長州藩には好意的態度を取るとの密約、薩長同盟が成立した（高橋秀直『幕末維新の政治と天皇』一部五章）。

高杉・伊藤、再度迷走す

その後、伊藤は小銃・船の購入のため長崎に滞在中、イギリス商人グラバーから、薩摩が駐日イギリス公使パークスを鹿児島に招待し、薩英会盟をしようとしていると聞いた。そこで慶応二年（一八六六）二月二一日、藩政の実力者木戸に手紙を書き、高杉と伊藤が鹿児島に行き、薩英会盟に加わりたい、と提案した。二月二七日、長州藩はこれを認め、高杉を正使、伊藤を副使として薩摩に派遣することになった。木戸は、二人が力を持て余しているのを理解していた。長州が会盟に加わるのは無理だろうということは承知の上で、だが万一うまく行けば儲けもの、と二人を気持ちよく送り出してやったのだろう。

しかし薩摩藩にとっては、長州藩からの申し込みはあまりにも突然であった。このため三月下旬に二人が長崎まで行って、同地の薩摩藩邸留守居役に藩主の親書と進物の伝達を頼んだところで、この話は終わった。

この間、幕府が長州再征軍を進める気配がないので、高杉が伊藤に海外を視察することを提案すると、伊藤もわずか半年でロンドンから帰ってきたので高杉の海外渡航に同行したい、と賛同した。この話は、三月一七日に木戸の同意も得た（『伊藤博文伝』上巻、二四九〜二六〇頁。伊藤宛木戸書状、慶応二年三月一七日、『伊藤博文関係文書』四巻）。

高杉と伊藤は、薩英会盟に長州藩が加わる話と海外視察の企てを、同時に進行させている。薩英会盟に加わる話がうまく進むなら、それをまとめた後に海外視察に出かけることもできるが、いかにも場当たり的だ。また、薩英会盟の話をイギリス商人から聞いただけで、それに参加しようと動くのは、いかに長州藩が窮状に置かれていたとしても、拙速といえよう。

高杉や伊藤は、外交交渉や、武器購入など外国商人や他藩との交渉役としては、長州藩の中で重きをなしていた。しかし、対外交渉が一段落して、長州藩内が幕府軍と戦うための準備に全力を尽くしているときには、彼らの能力に見合うようなやりがいのある仕事がないのである。とりわけ、伊藤は、身分が低いながらもわずか二二歳で、四国連合艦隊と長州藩との外交交渉に事実上の中心人物として携わるなどした。あまりにも華やかで刺激的な体験をしたため、他の地味な仕事に魅力を感じられなくなっていたのだった。これが二人の迷走の原因だった。また次項で述べるように、この三月に、伊藤が最初の妻すみ夫人と離婚する話が進んでいたことも、伊藤の行動に影響を与えていたのかもしれない。

ところで、同年四月になると、幕府軍が近いうちに長州に進攻してくる可能性が強まった。高杉や伊藤の海外視察の話は、自然立ち消えになった。

長州再征の戦いは、六月七日に始まった。幕府側の諸藩兵は約一〇万人で、長州藩の約一〇倍の兵力だった。それにもかかわらず、各地で幕府側は敗北し、七月二〇日に将軍家茂《いえもち》が死去したので、幕府は征長停止を決める。幕府の権威は失墜し、幕府がこれまで通りの統治を続けていくのが困難になっていく。

この頃、伊藤は、二つの興味深い情報分析をしている。

一つは、四月一八日に木戸と井上馨に、戦争が始まったなら、イギリス船に馬関の警衛くらいはやってもらうことも可能かと提案していることである（木戸・井上馨宛伊藤書状、慶応二年四月一八日、『木戸孝允関係文書』〈東〉一巻）。そんなことをすれば、イギリスや他の列強の日本への干渉を強めてしまう恐れがある。

木戸は六月二四日に駐日イギリス公使パークスと会談した際、長州藩は自信を持っており団結しているので、外国の援助を求めてはいない、とはっきり述べている（萩原延壽『遠い崖』三巻、三〇〇〜三〇四頁）。木戸は、藩の有力者として他の藩との交際や交渉をした経験が豊富で、外国の援助を受けるのは危険だと直感的に感じたのであろう。それに対し伊藤は、若さゆえに国と国との外交の厳しさに思いが至らず、またサトウなどの英国人とあまりにも個人的に親しく接しすぎたため、危うい構想を抱いてしまったのだ。

もう一つは、薩摩藩が幕府と「兵端《へいたん》を開」く〔戦争を始める〕には至らないだろう、と六月一八日に分析していることである。これは、長州藩にとっては大きな害になるでしょうが、幕府が上手にやっているからでしょう、一橋慶喜《ひとつばしよしのぶ》（朝幕関係を主導、半年後に一五代将軍）もここに至るまで〔の行動を見ると〕、恐るべき、あなどるべからざる人物だと思います、と伊藤は論じている（木戸宛伊藤書状、慶応二年六月一八日、『木戸孝允関係文書』〈東〉一巻）。イギリスを見る眼の甘さと異なり、伊藤の国内情勢を読む眼は確かだ。

最初の妻すみ

話は数年前にさかのぼるが、ここで伊藤の結婚の話をしたい。すでに述べたように、文久二年（一八六二）一二月に、伊藤博文（俊輔）は品川御殿山に完成したイギリス公使館を焼き討ちしたり、国学者塙《はなわ》次郎を斬殺したりした。二一歳の血気盛りだった。

この殺伐とした事件が起こっていた頃、伊藤に縁談が持ち上がった。父十蔵は、一二月二二日付の手紙で、いつ頃萩に帰るのか、嫁を迎える気があるか、と尋ねたようで、伊藤は文久三年一月二一日、当分帰れないが嫁取りはどのようにでもしてください、と答えていた。

その後、父十蔵と母琴は、入江九一の妹すみを、伊藤の嫁として迎えた。入江九一は吉田松陰の有望な門人だった。この後、元治元年（一八六四）七月に禁門の変で戦死する。

長州藩では「御待受《まちうけ》」と称し、江戸その他遠方に在勤する息子のため、父母が嫁を家に迎えておいて、その帰国を待つという例が少なくなかった。すみとの結婚も「御待受」であり、親孝行な伊藤には異存はなかった。

伊藤はすみの名を知っても特に反応せず、万事すみに命じておさせになって、「朝夕すこしは〔祖母もとと母琴が〕御かたを安めさせられ候〔仕事の手をお休めになる〕様」に祈ります、等と、祖母や母への思いやりを文久三年（一八六三）三月二一日付の手紙に書き送っている。萩の伊藤の家と入江九一・すみの家は直線距離で約八〇〇メートル離れており、すみのことは、どんな女性なのかまったく知らなかったのかもしれないし、多少知っていたとしても特に言うべき言葉を見つけられなかったのかもしれない。

その後もすみに会うことなく、同年五月一二日に伊藤は井上馨らとともにイギリスへ密航してしまった。三年間の予定だった。その際伊藤は、五月一一日（父宛）と五月二五日（父宛、上海より）に手紙を書いているが、すみについての言及はない。

さて、長州藩に攘夷を止めさせるため、ロンドンでの勉強を半年で切り上げ、伊藤は井上馨とともに元治元年六月に帰国し、さっそく山口で藩の幹部や藩主父子への説得にあたる。六月二九日に、藩当局から今のところ攘夷の方針は変更できないと回答を申し渡されたあと、攘夷主義者から命を狙われたこともあり、伊藤は井上馨の勧めで、一日の休暇を取って萩に帰った。父十蔵は京都に出張中だった。伊藤は母琴や養祖母もとに帰国の事情を語った。ここで伊藤は初めてすみに会う。嫁入り以来、一年半近くが経っていた。

その後すぐに、井上馨が萩に行くことになったので、伊藤は七月一七日付のすみ宛の手紙を井上に持って行かせた。その中で、井上には我々が従来世話になっているのみならず、外国にも同道し、帰ってからも「親兄弟の如く」付き合っているので、特に丁寧に気をつけられて、良い酒・新しい魚も「たんと御馳走」してやってください、等と、伊藤はすみに井上の世話を頼んでいる。

また、禁門の変ですみの兄入江九一が討ち死にしたとの噂が伝わると、七月二七日付で伊藤は、すみも悲しいと思うが、どうか入江の母をなぐさめてあげてください、と手紙を書いた。

伊藤は同年一二月一五日に功山寺挙兵に参加、それが元治の内乱として拡大していくと、一二月二三日付で、すみに無事を知らせる手紙を出した（『伊藤博文伝』上巻、七四～一八九頁。末松謙澄『孝子伊藤公』八九～一三六頁）。

結局、伊藤はすみに会って半年経っても、特別な情愛を感じなかったようである。後に述べるように、離縁の際に母琴がなかなか納得しなかったことから、すみと伊藤の父母との関係は良かったらしい。結論を言えば、伊藤がどうもすみを好きになれなかったのである。おそらくすみは、家事に精を出し夫の父母に孝養を尽くす、きちんとした女性だったと思われる。しかし、素直な感情を抑えすぎ、また伊藤の言葉を真面目に受け取りすぎて、機智のきいた会話を楽しむ伊藤にとって、窮屈で面白味のない女性だったのかもしれない。

梅子との出会い、すみの離縁

そんな伊藤に、梅子（梅）との出会いが訪れる。すでに述べたように、高杉と伊藤・井上馨は、馬関（下関）をすべて本藩領として開港しようとしたため、支藩の長府藩士らから命を狙われた。慶応元年（一八六五）四月か五月頃、追われていた伊藤をかくまって、危機を助けたのが梅子だったという。梅子は嘉永《かえい》元年（一八四八）一一月八日生まれで、伊藤より七歳若く、その時一六歳だった。実父は海岸の仲仕《なかし》（荷物を船に積む労働者）だったが、その頃は芸者屋の養女になっていた（中尾定市『伊藤博文公と梅子夫人』三～六、一〇～一一頁）。

伊藤は梅子と出会ってから、妻すみに後ろめたい思いがしたのか、六月二五日の手紙には、入江の義姉に帯地を送ったとあり、一〇月二〇日にはすみ宛に、頼まれたかんざしを送ったと書いている。しかし手紙はそっけなく、これが残っているすみ宛の最後の手紙となる（『孝子伊藤公』一五六～一六二頁）。

慶応二年（一八六六）三月一四日、伊藤は木戸孝允宛の手紙で、すみとの離婚の意思を示した。それによると、山県有朋（狂介）・片野十郎・林友幸《ともゆき》（半七、のち枢密顧問官）らに、離婚について相談している。伊藤は、山県らから直接事情をお聞き取りくださり、彼らにご指示ください、と木戸に頼んだ。また伊藤の父母にも適当にお諭《さと》しください、と依頼している（木戸宛伊藤書状、慶応二年三月一四日、『木戸孝允関係文書』〈東〉一巻）。

伊藤は、すみが入江九一の妹であるので、木戸をはじめ山県らの了解を得て離婚しようとしているのである。また、木戸がわざわざ伊藤の父母に諭さなくてはいけないように、伊藤の父母はすみを離縁するのを望んでいなかったこともわかる。

同年四月二八日に伊藤は木戸宛の手紙に、伊藤の母が木戸の家を訪れてご配慮を受けたことへのお礼を述べ、いつも「御懇誡」で、自分の「痴情《ちじょう》」を憐れみ察せられ、母をいつくしんでくださり、感謝しています、と書いた（木戸宛伊藤書状、慶応二年四月二八日、同前、一巻）。幕府の長州再征を目前にした時期だということを考えると、木戸の面倒見の良さがしみじみわかる。

とりわけ伊藤の母がすみを気に入り、すみとの離婚を望んでいなかったのである。木戸の教え諭しをもってしても、伊藤の母の気持ちが収まるには、六月中旬までかかった（木戸宛伊藤書状、慶応二年六月一八日、同前、一巻）。すでに六月七日に、幕府の再征軍と長州藩との戦いは始まっていた。

父母を思い、父母が気に入る女性を妻にすればよいと、最初伊藤は安易に考えた。これがとんでもない誤りであったことを、伊藤は骨身に沁みてわかったはずである。すみにとっては不幸なことであったが、伊藤は梅子という心情を共有できる女性を得、こののち生涯人生の浮き沈みを共にしていくことになる。

すみは、このの ち維新の初め頃、同じ長州人で神戸税関に奉職していた長岡某と再婚したという。この再婚には、伊藤の裏面からの媒介もあったらしい（『孝子伊藤公』九〇頁）。

第三章　討幕への戦い——満たされぬ思いの情報収集

長州藩意識を越える

慶応三年（一八六七）正月五日、伊藤は木戸《きど》孝允《たかよし》に次のような内容の興味深い手紙を書いた（「年度別書翰集」山口県文書館所蔵）。

(1)　京都の事態はどのように変化するかと、その後心配していたところ、二、三日前、アメリカ合衆国の軍艦が兵庫から長崎に行く途中、一日〔馬関（下関）に〕停泊したので、「浪華風景」〔大坂付近の状況〕を尋ねてみました。それによると、徳川慶喜《よしのぶ》は決して辞職をせぬと申しており、彼自ら「日本之《の》政体を改革」しようと望み、大名に上京の令を伝え、集会し協議して決定しようと希望しました。しかし、三、四藩しか集まらず、他の藩は出て来ないので、このような勢いではとても改革できないと、再び自ら「大権」を採って政治を行わねばならぬと申しているそうです。外国人の説で信じるに足らないともいえますが、あるいは本当にそうかも知れないと想像しています。

(2)　加賀藩が大兵を率いて大坂方面に出て幕府を助けるとの論と風評を聞きました。もとより加賀藩は弱い藩であるとはいえ、天下の人心には「勤王」に傾く者が少なく、勢いの強弱にしたがって方向を定めるものだといっても、このような「危急存亡之《の》境」〔日本の独立の危機〕に臨んで、〔日本人全般が〕ぐずぐずして煮え切らない態度で傍観しているのも、いい加減にしてほしいと「痛憤」しています。

(3)「米国独立之《の》時」に当たっては、今の日本の状況と違い、「自国〔アメリカ〕之人民」は「兵権」もない者〔民兵〕すら心を合わせて、〔イギリスのような〕強敵を打ち倒し、国民ひとりひとりが国を維持しようとする「忠情」によって団結した結果、今日の勢いのあるアメリカ合衆国を作りました。

(4)それに比べ、日本は数千年も「天子」を戴きながら、その「大恩」を忘れて、〔幕府などに〕おべっかを使い、機会を失うようになれば、実に真心がないものと考えられます。私たちが「夷《い》狄《てき》〔野蛮人〕」と呼ぶアメリカ人に向かって、どんな顔ができるのかと思われます。このようなことでは、とても「王政復古」などできないと考えますが、どのように思われますか。

(5)その上、長州藩の人心を想像しても、「私を去りて公平に帰する」ことは、大変難しいと思われます。長州人に生まれて徳川氏を「讐敵《しゅうてき》」としない者は人ではない、などの言説も聞いておりますが、これは今日の長州藩人の言うべき言葉ではないと思います。このように〔関が原の戦い以来の長州藩の恨みに関連づけて〕述べるのは、家臣と藩主の心のつながりから出るといえますが、「公論」の支持を失うようになると愚考します。天下の人心が勤王に薄い世の中だからこそ、なおさら我々より「公平至当之《の》議論」を主張しなくては、「天朝」のためと思うことにはならないと思います。

この伊藤の手紙で注目すべきは、第一に、鳥羽・伏見で討幕の戦いが始まる一年前に、伊藤がすでに長州藩や藩主への忠誠という意識を脱却して、天皇中心の近代国家を作るべきだと考えていることである（⑷・⑸）。

第二に、アメリカ合衆国の独立革命の例を挙げて、日本にはそのようなナショナリズムがないことを嘆いていることである（⑵・⑶・⑷）。幕末における伊藤のアメリカ理解がすぐれたレベルであることがわかる。それとともに、伊藤は西欧の歴史や現状に学んで日本の改革を進めていこうとしており、その前提に日本国民の意識の変革と成熟が必要だと考えている。慶応三年一月段階で、これから後に一貫して見られる伊藤の姿勢がすでに出ている。

第三に、アメリカの軍艦から大坂方面の情勢を聞いたように、英語力のみならず、伊藤の物怖《ものお》じしない、外国人慣れした行動力が確認されることである（⑴）。アメリカ独立革命の本質を、伊藤が正確に理解していたのも、このようなアメリカ人等外国人との接触を重ねていたことが、大きく寄与していると思われる。

京摂方面の偵察

慶応三年（一八六七）三月九日、伊藤は、吉田松陰以来の「尊王攘夷之《の》正義」を弁知して引き続き活動してきたとの理由で、準士雇《さむらいやとい》から士雇に昇進した。とうとう正式な武士身分まであと一歩の準士身分になったのである。伊藤および品川弥二郎《しながわやじろう》（のちに内相）・野村靖《やすし》（靖之助、入江九一《いりえくいち》の弟、のちに内相）ら、四人の同時昇進だった。

その九日後、伊藤は京摂（京都・大坂・神戸）方面の情報偵察のため、京都出張を命じられた。

この時伊藤は、前年春に結婚した梅子（梅）と、前年末に生まれた女の子の貞子とともに、馬関《ばかん》に住んでいた。また、母琴が病気だったので、慶応二年末から三年の正月にかけて、萩に行って看病している。萩には父十蔵・母琴と祖母もとが住み、琴の病気はその後も回復していなかった。三月二五日、伊藤は父十蔵に、貞子は元気で「余程《よほど》ふとり」、安心してください、一月内外で帰国します、と手紙を書いた（末松謙澄『孝子伊藤公』一六八〜一七五頁）。

長州藩の情勢偵察の最も大きな目的は、幕府の動向を探ることと、薩摩藩が長州藩と連携して討幕に立ち上がるかどうかを探ることである。また薩摩藩が討幕に動くよう、促進することだった。

伊藤は出発前に、長州藩の実力者で伊藤の庇護者《ひご》であった木戸孝允に、手紙を書いた。その内容があまりにも意欲的でありすぎたのだろう。木戸は、決して「剛粗」の所業は行わないように、といった注意の返事を送ったようで、三月二六日、伊藤はそんなことはしませんので心配しないでください、と応答した（木戸宛伊藤書状、慶応三年三月二六日、『木戸孝允関係文書』〈東〉一巻）。木戸は、伊藤にふさわしい仕事がなく、彼がエネルギーを持て余していることを、よく知っていたのだ。

翌二七日に伊藤は馬関を出発し、四月一三日に京都に入り、前年来薩摩藩邸に潜伏していた品川弥二郎のところに寄宿した。京都では、中岡慎太郎（土佐藩士）や薩摩藩の大久保利通《としみち》（一蔵）・黒田清隆（了介）らと会い、朝幕関係や諸雄藩の動向を探り、四月二九日に京都を去り、山口へ帰った（『伊藤博文伝』上巻、二九四〜二九五頁）。

伊藤が探索で京都に滞在中の四月一四日、伊藤を弟分として可愛がった高杉晋作《たかすぎしんさく》は、肺結核で死去した。享年二七歳であった。

この京都探索について、のちに聞かれた伊藤は、「京都へは品川弥二郎なども出て居《お》つた、其《そ》のあとへ行《い》つたのだ」、「直《じ》きに帰《かえ》つた、京都には僅《わず》か居つて帰つた、其の時に西郷などに面会したが、吾輩《わがはい》は始終開国論で、何所《どこ》へ行ても其の論で話をして居つた」と回想している（『伊藤・井上二元老直話　維新風雲録』一一二頁）。

京都探索を伊藤が印象深くとらえていないことから、あまり成果がなかったといえる。それは、薩摩藩が即時挙兵を考えておらず、将来的に挙兵せざるを得ない場合に備え、裏では長州藩との友好も維持しておこう、という姿勢だったからだ。長州藩はすでに幕府（徳川家）と戦ってしまい、他に道はなかったが、薩摩藩は戦わずに体制を変革する道もあると考えていた。

そこで、伊藤が京都を去った約二ヵ月後、六月二二日に、薩摩藩は土佐藩と密かに薩土盟約を結んだ。これは、まず一五代将軍になっていた徳川慶喜に大政奉還の建白を行わせることを目指し、もし応じないなら挙兵しようというものだった。薩摩藩は、まだ強大な軍事力を持っていた徳川家と戦い、敗北する危険を冒したくなかったのである（高橋秀直『幕末維新の政治と天皇』第七章・八章）。

伊藤は山口から萩へ行き、四、五日滞在して病気の母を見舞い、馬関に戻り、従来通り外国との応接役を務めた。

長崎への出張

慶応三年（一八六七）七月二〇日、伊藤は木戸とともに、外国側情勢偵察のため長崎出張を命じられた。これは坂本龍馬《りょうま》らとともに薩摩藩との連携を強める目的もあった。八月七日、伊藤は木戸と山口を出発した。長崎で、二人は坂本龍馬らに会った。

また伊藤と親しいアーネスト・サトウ（駐日イギリス公使館通訳官）が八月一五日に長崎に来て一ヵ月ほど滞在したので、数回会見した。サトウは、薩長土の三藩が連携して新しい体制を作ることを、木戸と伊藤にけしかけるような会話をしたが、木戸は幕府を倒そうなどと考えたことは一度もない、と慎重な発言をした（萩原延壽『遠い崖』五巻、二九四〜二九七頁）。伊藤はサトウを通して、イギリスが薩長土の三藩に好意的であることをつかむとともに、木戸のサトウへの対応を見て、国や藩を背負って行動する上での慎重さの意味を学んだことだろう。

他方、八月中旬に京都で、薩摩藩の小松・西郷・大久保と長州藩の柏村数馬《かしわむらかずま》（直目付《じきめつけ》）らが会っても、薩摩側は政変を決行したいというが、討幕については、はっきり述べなかった（佐々木克『幕末政治と薩摩藩』第六章三）。

九月三日、木戸は長州藩に戻り、伊藤は急迫する京都の情勢を偵察するため、再び京都に行った。その際に木戸が、伊藤はイギリス人に知人が多いので、イギリス軍艦に乗り込んで横浜・京摂・長崎の間を往来し、幕府の方策とフランスの幕府への支援の程度を偵察することを求めると、伊藤は快諾した。九月一三日、京都滞在中の伊藤のもとに、イギリス軍艦乗り込みを命じる辞令が、藩当局から出された。

その後、長州藩は将兵を輸送するため、さらに船が必要と考え、これを外国から買い入れるか借り入れようと決めた。そこで伊藤を長崎に派遣し、その任務に当たらせるとともに、さらに同地よりイギリス軍艦に乗り込ませて、外国の内情を探らせようとした。

伊藤は長崎に向けて九月二六日に出発するまでの間に、坂本龍馬と会合、土佐藩の情況や、熊本藩が幕府支持に傾いていること等の情報を得た（木戸宛伊藤書状、慶応三年九月二一日、二二日、『木戸孝允関係文書』〈東〉一巻）。しかし、長州藩が最も欲しかった薩摩藩や幕府・フランスの情報などは収集できず、また土佐藩の大政奉還の動きもつかめなかった。この時期、伊藤は必ずしも重要な役割を果たせてはいない。

その後、伊藤は長崎に着くと、グラバー商会と交渉、慶応三年一〇月四日、期限二ヵ月の契約で、汽船一隻を借り入れた（『伊藤博文伝』上巻、三〇七～三一五頁）。伊藤は一仕事済むとほっとしたのか、六日に、愛情ある手紙に添えて帯を梅子夫人に送っている（梅宛伊藤書状、「伊藤博文書状」、慶応三年一〇月六日、伊藤公資料館所蔵）。

討幕の戦いに暇をもてあます

慶応三年（一八六七）九月下旬になると、長州藩では奇兵隊など諸隊の一部を大坂方面に薩摩船を使って送ろうとしたが、薩摩船は一〇月になっても現れなかった。長州藩に協力するかに見えた広島藩も、動かなかった。

一〇月一四日、第一五代将軍徳川慶喜は、前土佐藩主山内豊信《やまうちとよしげ》（容堂《ようどう》）の助言を入れ、大政奉還の願いを朝廷に提出した。こうすることで討幕派の批判をかわし、新政府に参加して実権を握ろうとしたのである。それに対し、一五歳の天皇（明治天皇）の祖父で中堅公家の中山忠能《ただやす》が岩倉具視《いわくらともみ》と相談し、同日に倒幕の「密勅」が薩長両藩に下された。

この「密勅」には、摂関家など重要意思決定に関与する立場の者が、誰も加わっていない。つまり、岩倉と中山らが勝手に書いた偽文書であった。この偽の「密勅」は、薩長両藩の関係者以外には秘密にされたが、薩長両藩士を倒幕へと扇動するには十分であった。

一一月一七日、島津忠義《ただよし》（茂久《しげひさ》、薩摩藩主）に率いられた薩摩藩兵が、ようやく三田尻《みたじり》（現・山口県防府市《ほうふ》）に入港し、忠義と毛利敬親父子が会同した。こうして両藩は、藩兵を西宮《にしのみや》に上陸させることになった。

一一月二五日、長州藩は先発隊として奇兵隊など諸隊の一部、五〇〇人近くを七隻の船に分乗させ、表面上は広島藩の兵として出発した。長州藩の先発隊は、二九日に西宮に到着し、その後も続々と薩長の将兵が続いた。

すでに述べたように、長崎にいた伊藤は、一〇月四日にグラバー商会から汽船一隻を借りる契約を結んでしまうと、やることがなくなってしまった。その頃医学生の芳川顕正《よしかわあきまさ》（賢吉、徳島藩士、のちに内相）に出会った。伊藤は英会話は良くできたが、英語を読む力が不足していると感じたので、芳川から英語の講読の講習を受けた。

その後、伊藤は長崎からイギリスの軍艦に乗って航海し、一二月上旬に兵庫に到着した（『伊藤博文伝』上巻、三一五～三二三頁）。イギリス軍艦での航海を、伊藤は次のように回想している。

あの時に吾輩は長崎へ行った所が英国海軍の司令官に出会った。「お前何か用がなければ己《お》れの艦に乗《のつ》て呉《く》れぬか」ということで、それに乗って「長崎から朝鮮のケーロッパと云《い》ふ島を廻つたりして下《しも》の関《せき》海岸へ這《は》入《い》つて、それから兵庫へ行つた」。

（『伊藤・井上二元老直話　維新風雲録』一一四頁）

回想の細部は正確でないかもしれないが、京摂方面が緊迫しているにもかかわらず、伊藤にはすることがなく、暇をもてあましていたことは間違いない。

維新政権の誕生と岡山藩兵発砲事件

兵庫に着くと、長州藩の諸隊に加わろうとしたが、隊長から断られた。そこで、かつて三田尻に英学校を作る計画があって、招いていた米人医師ヴェデルが兵庫に来着したので、伊藤は彼を伴って長州に戻った。そのため、慶応四年（一八六八）一月三日から四日にかけて起きた鳥羽・伏見の戦いを、伊藤は身近に体験することができなかった。

結局伊藤は、鳥羽・伏見の戦いで新政府軍が圧勝したとの報を聞いて、一月一〇日、イギリス軍艦に便乗し、一二日に兵庫に到着した（『伊藤博文伝』上巻、三三二〜三三五頁）。

伊藤が兵庫に着く前日、一一日午後、日本人と外国人との衝突事件である神戸事件が起こっていた。岡山藩の家老日置《へき》帯刀《たてわき》の率いる部隊が、新政府側から西宮の警備を命じられ、神戸居留地を通りかかった。その隊列を、フランス人が制止を聞かずに無理やり横切ったことが、この事件の発端である。部隊の瀧善三郎《たきぜんざぶろう》は、このフランス人を槍で突いた。これに対し、その場にいた外国人が日置隊に銃を向け、日置隊も応戦した。偶然そこを通りかかった外国公使団は、これを公使・公使館および国旗を標的にした攻撃であるとし、軍に追撃を命じ、神戸を占領し、諸藩の船を拿捕《だほ》するなどした。

事件の翌日、日置は京都へ行き、新政府参与の後藤象二郎《しょうじろう》に事件のことを報告した。また一四日、岡山藩主名で新政府に届けが出された（鈴木由子「慶応四年神戸事件の意味」）。

伊藤は兵庫に着いて、この事件のことを知ると、「前から心易い」パークス駐日イギリス公使のところに直行した。パークスは怒っており、長州は朋友だと思っていたが、今度のようなことが起こると、「日本人挙げて悉《ことごと》く攘夷論であるものと認めなければならぬ」と述べた。また、幕府を滅ぼして新政府が代わったといったところで、新たな政府の者が挨拶《あいさつ》に来るわけでもないし、けしからぬ、とも述べた。

そこで伊藤は、「三日の中《うち》に始末を付ける」と、すぐに大坂に行った。大坂には外国事務取調掛東久世《ひがしくぜ》通禧《みちとみ》がいた。伊藤はパークスとの会見について述べ、まず王政復古の事実を大国の代表者に宣言し、次いで岡山藩兵発砲事件の処理をすべきである、と進言した。東久世は直ちに伊藤の進言を入れ、翌一三日に伊藤を新政府に任官させ、外国事務掛を命じた（『伊藤公直話』二〇〇〜二〇二頁。『伊藤博文伝』上巻、三三五〜三三七頁）。

こうして新政府は、一月一三日に幕府の条約を引き継ぐ宣言を行った（ただし日付は一月一〇日付）。

伊藤は、外国公使団を新政府支持につなぎとめることが、これからも続いていく徳川方との戦争である戊辰《ぼしん》戦争を勝ち抜くために、絶対に必要だと判断した（鈴木由子「慶応四年神戸事件の意味」）。木戸もその方針を支持した（伊藤宛木戸書状、慶応四年一月一九日、『伊藤博文関係文書』四巻）。

そこで二月九日、新政府は、外交使節団の主張通り、岡山藩の家来が不当に外国公使や外国人を襲ったことを認め、謝罪した。また同日、すべての責任を取った瀧善三郎の切腹が実施された。

伊藤は、岡山藩士が行ったような、旧幕府時代の伝統を変えようとしない「攘夷」的な行動には、批判的であったと思われる。しかし、外国公使団のとった行動にも、厳しい現実を見たはずである。事件が解決して間もなく、二月一五日には、土佐藩兵とフランス人水兵の衝突殺傷事件である堺事件も起きた。二つの事件を踏まえ、伊藤と心の交流の深い木戸が伊藤に宛てた手紙に次のような文章があるのは、その傍証となる。

「世界文明之《の》国」といえども、「乱暴人」はお互いにないとは言いがたく、非常のことが起こった際、速やかに政府において「至当之所致《しとうしょち》（最も適切な対応）」を行えば、おのずからその国の威光も立って、世間も信用する道理であると思われます。

（伊藤宛木戸書状、慶応四年二月二〇日、『伊藤博文関係文書』四巻）

いずれにしても、神戸事件は発足したばかりの新政府を襲った危機であったが、伊藤はその処理に実力を発揮し、新政府での地歩を築いたのだった。

新政府と列強との関係を安定させる

伊藤は、慶応四年（一八六八）一月二五日に参与《さんよ》職に就任、同年二月二〇日に徴士《ちょうし》参与職外国事務局判事になった。新政府は当時、三職（総裁《そうさい》・議定《ぎじょう》・参与）と八局からなっていた。外国事務局はのちの外務省にあたり、宮の督《かみ》（長官）、二～四人の輔《ふ》（次官）、七～一一人の判事がいた。伊藤は神戸事件の処理で力を認められ、新政府の外交部門の要職に任命されたのである。伊藤はすでに述べた堺事件の処理にも関与した。

ところで、国王など国の元首は、外国の公使（大使）が新たに赴任してきた際に、謁見《えっけん》を許して信任状を受け取らなければならない。この外交慣行に従うなら、新政権ができ、その元首は明治天皇となったのであるから、天皇が各国公使に謁見しなくてはいけない。

それまで西欧人が御所に入ったことはなく、ましてや西欧人が天皇に謁見した例はない。こうした慣行を変えるのに、木戸孝允（総裁局顧問）らが尽力し、ようやく実現した（伊藤宛木戸書状、慶応四年二月二〇日、『伊藤博文関係文書』四巻）。

いよいよ二月三〇日（旧暦）、天皇はイギリス公使パークス、フランス公使ロッシュ、オランダ公使ポルスブロークの謁見を許すことになった。当日、天皇の通訳がいないので、伊藤が通訳を命じられていた。ところが、パークスは、御所への途上で攘夷派に襲われてしまう。後藤象二郎（土佐）・中井弘《ひろむ》（弘三、薩摩）・五代友厚《ごだいともあつ》（才助、薩摩）らが案内役としてついていたので、後藤と中井が襲撃者と戦って切り捨てた。パークスは傷を負わなかったが、参内《さんだい》を取りやめ、事件のことを手紙でフランス公使に知らせようとした。

伊藤は、パークスからの手紙を使者から預かった。しかし機転をきかせ、すでに参内していたフランス公使、オランダ公使にはパークスが襲われたことは伏せ、先に天皇への謁見を終えさせた。天皇は三月三日に、改めてパークスに謁見させた（『伊藤博文伝』上巻、三六三～三六八頁。『伊藤公直話』二〇四～二〇六頁）。

以上のように天皇への三公使の謁見を無事に済ませることができ、新政府は列強からの承認を獲得するとともに、天皇やその周辺の公家たちの西洋人アレルギーを弱めたのであった。

慶応四年一月から三月までの約二ヵ月間の活動により、木戸の信頼もあり、伊藤は新政府の中に地位を確保、五月二三日に兵庫県知事に任命される土台を固めたのだった。兵庫県知事は神戸開港場を管轄する要職で、外国人への対応や紛争処理が得意な伊藤にとって、まさに魚が水を得たようなポストであった。

第二部　飛翔編

明治初年、木戸系の同志たち
（前列左より伊藤博文、大隈重信、井上馨、後列左は中井弘。毎日新聞社提供）

第四章　列強との交渉と知的飛躍——兵庫県知事・大蔵官僚

兵庫県知事に立身する

慶応四年（一八六八）四月一九日、伊藤は神戸開港場管轄外国事務をすべて委任された。要するに、得意の英語や外国人との交渉能力を生かし、神戸港での外国との関係すべての責任者となったのである。

仕事としては、たとえば、各開港場の貿易に関し、日本の金銀貨と洋銀の換算について、日本政府と列強との交渉の結果にもとづいて対応する、というものがあった。兵庫は全国の模範港と認められたので、他港の責任者からの問い合わせにも対応した（『伊藤博文伝』上巻、三八〇〜三九五頁）。

次いで、五月三日には大阪府判事兼外国官判事を命じられ、兵庫・神戸両所に在勤することになった。府判事とは、現在の副知事にあたるポストである。伊藤は旧幕府領であった大阪府の副知事になるとともに、これまで同様、兵庫・神戸の開港場の責任者としての仕事を果たした。

それから二〇日後、旧幕府領に兵庫県が置かれると、五月二三日に伊藤は兵庫県知事に任命された。二六歳の若さである。

当時の兵庫県は、現在に比べ、姫路藩・明石藩・赤穂《あこう》藩など西部、尼崎藩など東部、福知山藩・出石《いずし》藩・豊岡藩・宮津藩など北部を含まない、神戸・兵庫の開港場を中心とした狭い地域であった。

しかしその知事は、列強の外国人と接し、常に外交上の判断を求められ、地方官としては最も重要なポストであった。親友の井上馨《かおる》は、伊藤が兵庫県知事になったことについて、知事は「独任」のポストであり、民政その他の改革も十分に見込み通りにできるだろうと、うらやましく思っている、と手紙に書いている（伊藤宛井上馨書状、慶応四年七月二〇日、『伊藤博文関係文書』一巻）。

足軽出身の伊藤にとっては、中小藩主と同格で、実質的に重要なポストに就いたのであり、この喜びは一生忘れられないものだっただろう。六月二七日、伊藤は萩にいた父十蔵に、手紙で、兵庫県知事という「大臣《たいしん》の列」に加えられた得意の気持ちと、「朝廷」の「御高恩」を忘れない決意を示した。すでに伊藤は、この一年半前に長州藩意識を超えていた（本書第三章）。ここでも忠誠心の対象が、まだ存続していた長州藩の藩主でなく、朝廷になっていることが注目される。また伊藤は一緒に、一〇〇両（現在の約五〇〇万円）を父に送った。

その少し前、伊藤を可愛がってくれた養祖母もとが四月二八日に亡くなる不幸があったものの、神戸では、伊藤は梅子夫人と長女貞子と暮らしていた。貞子は慶応二年（一八六六）の末に生まれ、「活発で健康」に育っていて、その頃一歳半だった（末松謙澄『孝子伊藤公』一七三、二〇一頁）。また八月四日には、梅子夫人が次女生子《いくこ》を出産した。

このような幸せを味わいながらも、伊藤は兵庫県知事として、開港場における様々な事件に対処しなければならなかった。

廃藩置県を提言する

たとえば、米国商船の水夫が泥酔し、神戸港警備の徳島藩士を小刀で突き刺した上に、建築中の兵庫県庁舎に乱入し、伊藤知事にも抵抗して取り押さえられる事件が起きた。慶応四年（一八六八）九月八日が、明治元年九月八日と改元され、一人の天皇の代の間は元号を変えないことが決まった頃のできごとである。その後、徳島藩士は傷がもとで死亡する。

そのころ政府は京都にあり、伊藤は、政府の外交交渉を担当する部署である外国官と連絡をとりながら、米水夫の処分について米国領事や公使と交渉した。開港以来、外国人による日本人殺害の犯罪は初めてのケースであり、先例ともなるので、伊藤は犯人を死刑にしたいと希望した。しかし不平等条約の下で、米国側の決定により、水夫は禁固一年の刑となって本国に送還される、と米国公使が外国官に通知してきた。外国官はさらに米政府に陳謝の意を示すことを求め、米公使が承諾したので、この事件は落着した（『伊藤博文伝』上巻、三九六～四〇八頁）。

伊藤はこうした体験を通し、不平等条約を改正しなくてはいけないという切実な思いを抱くとともに、「文明国」である列強の横柄さをしみじみ感じたことだろう。

この事件の起こる前、慶応四年三月に、盟友の井上馨（外国事務局判事）は、伊藤にこんな手紙を書いている。小国といえども「公法」をもって交際し、列強が「公法」と違う行動を取るなら、戦って国が滅亡しても後悔しないだろうと考える。「実に外夷《がいい》」はおごり高ぶっている――（伊藤宛井上馨書状、慶応四年三月二八日、宛先不明、同年月日、『伊藤博文関係文書』一巻）。

伊藤も井上馨も、列強の日本への態度について、その横暴さに同じような怒りを覚えていたようだ。しかし国力、とりわけ軍事力がなくては、何ともしようがなかった。それには、藩を廃止し、近代的な中央集権国家を作り、軍事部門を政府に集中させる必要がある。

伊藤は明治二年四月一〇日まで兵庫県知事を務めたが、公家ら保守派の反発によって、四月一二日に公家の知事を補佐する判事（副知事）に降格させられた。

この間、伊藤は改革思想を通し、二系統の人物や集団との関係を強める。

その一つは、大阪府判事兼外国官判事時代、岩倉具視《ともみ》（議定《ぎじょう》兼輔相《ほしょう》）に、「封建を廃して郡県を置く」（廃藩置県）という提言を書面で出し、気に入られたことである。岩倉は、伊藤に書面を残して、「兄《けい》の如きは真に吾《わ》が師なり」とまで、「過分の言葉」を伝えたという（「岩倉具視」〔直話〕、『伊藤公全集』三巻、六〜七頁）。

もう一つは、長州藩の要である木戸孝允《たかよし》（参与）を中心とした、井上馨・大隈重信《おおくましげのぶ》（佐賀藩出身）・陸奥《むつ》宗光《むねみつ》（和歌山藩出身）らのグループである。

このグループとの交際を深め、伊藤は、明治元年一〇月一七日、会津若松等、北方を攻略してもどってきた将兵を、朝廷の常備隊とする提言を、東京の太政官《だじょうかん》出張所に提出した。

さらに同年一一月、伊藤は各藩が土地と人民を朝廷に返還し、藩士の「強壮」な者を選んで朝廷の兵とし、「吏才」ある者は官吏とすることなど、廃藩置県を行う建白を太政官に提出した。この中で伊藤は、「天下列藩」（全国の藩）に布告して「一大会議」を興し、「天下の公論」から日本の基本を定めることも主張していた（『伊藤博文伝』上巻、四一五～四一九頁）。これらは伊藤が、新政府内部からも強い反発を受けることを覚悟の上で、行ったものだった。伊藤はそのために、すでに述べたように兵庫県知事を辞めざるを得なくなる。

伊藤の右の提言に加え、木戸を中心としたグループの議論で注目すべきは、明治元年一〇月に、伊藤が木戸に、「中々以《なかなかもって》、協和政治〔「欧」脱カ〕州の風は模しがたく」と述べていることである（木戸宛伊藤書状、明治元年一〇月二二日、『木戸孝允関係文書』〈東〉一巻）。

また翌明治二年二月には、井上馨が、伊藤が藩政を朝廷に返す構想について論じたことをすばらしいことと評価し、「何分英之《の》国勢」とよく合致するようになるだろうと想像していると、伊藤に書き送っている（伊藤宛井上馨書状、明治二年二月二二日、『伊藤博文関係文書』一巻）。

伊藤を含めた木戸グループでは、明治元年、二年段階で、すでにイギリスの立憲君主制や欧州の共和政治までが、日本の近代化のために参考にするモデルの中に入っていたのである。伊藤らは、共和制にすることやイギリスの立憲君主制がすぐに日本に導入できるとは、まったく考えていなかった。しかし、彼らが極めて広い視野で、将来の日本について考えていたことは間違いない。

木戸系の新進大蔵官僚

その後、明治二年（一八六九）五月一八日、伊藤は会計官権判事《ごんのはんじ》（現在の財務省の局長クラス）に昇進し、東京勤務を命じられた。伊藤は木戸・井上馨らとともに神戸港より乗船、横浜港を経て、五月二九日に東京に入った。
伊藤の仕事は「商律」（商法）を作るため、(1)商人を指揮する、(2)物価平均流通をはかる、(3)両替屋を建てる、(4)金銀貨幣の流通をはかり、相場を統制する、(5)開港地貿易輸出入をはかり、諸物品売買を指揮する、(6)廻漕（船の運送）を監督する、(7)諸商社や商税を監督する等、商業・貿易・運送業に関し、幅広い権限を持ったものだった（『伊藤博文伝』上巻、四五一頁、下巻「伊藤博文履歴」三〜四頁）。

しかし、伊藤の最大の関心事は、会計官権判事としての仕事よりも、六月に入って焦点となった版籍奉還《はんせきほうかん》だった。藩主が土地と人民を朝廷に返すというこの改革において、奉還後、藩主をそのまま世襲の知事とするのか、新しい知事を任命するのかが争点であった。

伊藤は前年に建白したように、版籍奉還後、藩主に爵位を授け俸禄を与え、公卿《くぎょう》と同じように貴族とし、列強の議会の体裁にならって上院議員とすることや、門閥にこだわらない人材の登用を主張した。

参与の木戸は、伊藤の急進的意見に同調しており、藩主の知事世襲に強く反対したが、参与の大久保利通《としみち》（薩摩藩出身）・副島種臣《そえじまたねおみ》（佐賀藩出身）らが、時期尚早であると、木戸に同意しなかった。結局、六月一二日の会議で、藩主をそのまま知藩事に任用して世襲とすることに、ほぼ決定した。

六月一三日、木戸は伊藤に、「痛《つう》嘆《たん》無限」の次第である、と手紙を書き、鳥尾《とりお》小《こ》弥太《やた》（長州藩出身、前奇兵隊幹部）と協力して、大久保や黒田清隆（薩摩藩出身、戊《ぼ》辰《しん》戦争で総督参謀）らに働きかけるよう求めた（伊藤宛木戸書状、明治二年六月一三日、『伊藤博文関係文

木戸孝允

書』四巻）。伊藤は直ちに木戸を訪れ、翌一四日に会計官権判事の辞表を提出した。井上馨（造幣《ぞうへい》局知事）も、同様に辞表を出した。

　これに驚いた岩倉や大久保は、木戸を訪れて妥協をはかり、「世襲」の二字を除くことになった。六月一七日、政府は諸藩の版籍奉還の奏請を許すという形式で、諸藩主二六二人を知藩事に任命した。また、公卿と諸侯（藩主）の呼称を廃止し、華族と称するようにした。

　ところで、政府は同年七月八日に大制度改革を行う。新制度では、行政官を太政官と改め、太政大臣・左大臣・右大臣・大納言《だいなごん》や数人の参議《さんぎ》というポストを作り、そこを三職会議として国家の大枠を決めようとした。また新たに神祇官《じんぎかん》並びに、民部・大蔵・兵部《ひょうぶ》・刑部《ぎょうぶ》・宮内・外務の六省を置き、卿《きょう》（長官）を責任者とした。

　木戸は改革を推進しようと大隈重信を「参与〔参議〕」にするよう建言したが実現せず、代わりに、木戸の好まない前原一誠《まえばらいっせい》（長州藩出身、戊辰戦争で総督参謀、越後府判事）が参議となった。木戸は憤って、元来病気がちであったのを理由に休暇を求めた（伊藤宛木戸書状、明治二年七月七日、『伊藤博文関係文書』四巻）。結局、太政大臣・左大臣は欠員で、右大臣に三条実美《さねとみ》・大納言に岩倉具視・徳大寺実則《さねつね》、参議には、木戸の嫌う副島と前原や、大久保（七月二二日）・広沢真臣《さねおみ》（長州藩出身、大総督参謀、民部官副知事、七月二三日）が任命された。

木戸の期待する大隈は、七月八日に大蔵大輔《たいふ》（次官）に任じられたにすぎない。その後、大隈は七月二二日に民部大輔に転じ、八月一二日に大蔵大輔も兼任することになった。伊藤は七月一八日に大蔵少輔《しょうゆう》（次官クラス）に任じられ、八月一一日に民部少輔も兼ねた。

木戸は七月七日段階では、「最早《もはや》手も足も立不申候《たちもうさずそうろう》」と伊藤に悲観の気持ちを伝えていたが、八月七日になると、伊藤に、「愚直」であっても、「正直」なものは必ずいつくしんで「我《わが》党」に入れるように手紙で意見を述べた（伊藤宛木戸書状、明治二年七月七日、八月七日、『伊藤博文関係文書』四巻）。

木戸が八月上旬に気を取り直したのは、大隈や伊藤を、大蔵省と民部省という財政と地方行政を担当する最重要官庁の中枢ポストに入れることができる見通しがついたからであろう。木戸は井上馨もいずれ入れようとしていたと思われる。井上馨は、八月に造幣頭《ぞうへいのかみ》、一〇月に民部大丞《だいじょう》（局長）兼大蔵大丞という重要ポストに任命された。

すでに、木戸は明治天皇の東幸に従っていた明治元年九月、天皇に、公平の政治を行い人材登用をはかるべきことや、井上馨と伊藤博文を登用したら良いと建言している（『木戸孝允日記』明治元年九月二二日）。こうして木戸は、大蔵省・民部省という最重要官庁の次官から局長にあたる中枢ポストに、大隈・伊藤・井上馨という三人の腹心を送り込んだ。

また、すでに述べた版籍奉還とその後の過程を通し、木戸の伊藤への信頼と期待がさらに高まり、接触も深まった（同前、明治二年七月～一一月）。木戸が伊藤への評価を急速に高めたのは、日本の将来について、伊藤がしっかりとした見通しを持っていたからである。明治二年八月上旬、伊藤と会見した後、木戸は次のような趣旨の手紙を伊藤に書いた。

「一夜之《の》御高論実に感服之至《いたり》に」思いました。「人主（リーダー）」がこれまでの「旧習」に安んじて統治策を変えない時は、万国がおのおの存立しあう世界の中で、人民が日ごとに文明化するようにはならず、日本が文明を捨てることになるので、上下ともにけっしてそういう姿勢を取ってはいけません。

しかしながら、長年の「旧弊《きゅうへい》」があるし、人民にはそこから利益を得る者が少なくないので、万人の中で、右のことを聞いて理解できる者は、ほとんどいません。

（伊藤宛木戸書状、明治二年八月七日、『伊藤博文関係文書』四巻）

伊藤は、英語能力や欧米人との交渉能力を生かして、欧米の政治や文明について、当時の日本人としては最も深く洞察していた一人である。しかも実務を通して、政治や行政の現状も知っている。木戸は伊藤の考えの深さに感銘し、期待を高めたのだった。木戸と伊藤は、遠い将来の立憲制導入構想と改革目標について共感し、現在の国民のレベルに合わせて、どのような改革を行っていくべきかについても、共有するものが多かったのである。

こうして、伊藤は井上馨の上役になってしまった。伊藤は足軽の出身であり、幕末の長州藩では、中堅武士出身の井上馨に対し、地位は常に下であった。しかし維新後の新政府では、維新に加わった者の中でも旧藩の秩序は崩れていったのである。

なお、大隈は、伊藤と同様に急進的な改革姿勢を持っていたし、政治行政能力もあった。また、伊藤より三歳半年長で、維新直後の地位も佐賀藩を代表するひとりであったように、伊藤よりもはるかに高かった。こうした意味で、大隈は木戸系において木戸に次ぐ有力者である。しかし伊藤は、木戸系の中で大隈に次ぐ有力者であるのみならず、木戸が最も心を許して相談できる、腹心筆頭の地位を確保したのだった。

実務の推進と木戸の代理

伊藤は大蔵少輔《しょうゆう》（次官クラス）兼民部少輔として、明治二年（一八六九）八月から明治三年一〇月までの間に、まず造幣頭井上馨と協議して、造幣寮の整理、外国人所有贋金《がんきん》の引き換え、租税の徴収、大阪・河内・堺・奈良諸府県の分合などに携わった。

次いで、東京―横浜間に鉄道を敷設《ふせつ》する計画を進め、明治三年八月一日に、イギリスのオリエンタルバンクと英貨一〇〇万ポンド（当時の日本の四八八万両）の外債を募集する契約をロンドンで結ぶことに成功した。額面一〇〇ポンドについて、九八ポンドが払い込まれ、年利は九パーセントで、三年間据え置き、一〇ヵ年賦償還の条件だった。

その後、七月一日に関西に出張し、地方官を督励《とくれい》して、阪神間の鉄道路線の選定・駅設置に必要な土地の収用などについて計画を立てた。また造幣頭井上馨および技師長キンドルと会見し、造幣法の改良について協議した（『伊藤博文伝』上巻、四八二～五一一頁）。

この間、民政を担当する民部省と財政を担当する大蔵省の大輔《たいふ》（次官）と少輔が大隈重信と伊藤博文で、両省の卿（長官）を兼ねる伊達宗城《だてむねなり》（前伊予宇和島《うわじま》藩主）を差し置いて、二人が実権をふるっていることが問題になった。両省は最も重要な官庁であり、行政の実権がほとんど大隈・伊藤の手に帰したかのようになっていたからである。

明治三年六月中旬になると、三条実美（右大臣）は佐佐木高行参議に、大隈・伊藤両人は得難い人材と評価する手紙を書いた。さらに、大隈を参議に登用して当分の間民部省・大蔵省も担当させることを提案し、その周旋を依頼した。木戸（参議）の理想も、大隈を参議とし、民部・大蔵両省を管轄させ、改革をさらに早く進めることだった。

これに対して六月二二日、大久保・広沢真臣・副島種臣・佐佐木高行の四参議が、木戸の構想は受け入れられないと辞表を出してきたので、木戸は折れた。結局、七月一〇日、民蔵分離がなされ、大隈と伊藤は大蔵省専任となった。なお、大隈は九月二日付で大蔵大輔（次官）のまま、参議に昇進した。

民蔵分離問題は、少壮官僚である伊藤の手を離れた、三職という権力中枢で展開して決着したが、大隈と伊藤は木戸配下の改革派の若手として、政府中枢の注目を集めた。これから約四年後には、台湾出兵への対応をめぐり、伊藤は政府を主導している大久保利通を支えることになるのだが、もう一年ほど、大久保は木戸系の大隈・伊藤の改革姿勢を妨害する方向で動く。

ところで伊藤は、大蔵・民部省の少輔として、両省の行政改革に実権をふるっただけではない。他にはたとえば、兵部省の人事にも関与した。

兵部省は、後の陸・海軍両省にあたる。しかし廃藩置県の前は、各藩が独自に軍事力を持っており、兵部省配下の陸軍は長州兵二個大隊ほどで、仕事は皇居の護衛をする程度だった。つまり重要官庁ではなかった。兵部省の実権は、公家の岩倉具視（大納言、兵部省御用掛）、長州系に対しては木戸、薩摩系（海軍）に対しては大久保という三人の文官にあった。

兵部卿は、有栖川宮熾仁親王《ありすがわのみやたるひと》ら宮が務めたが、長州系の前原一誠兵部大輔がリードしていた。すでに述べたように、前原は参議を兼任したこともあったが、その前の慶応四年（一八六八）九月には、木戸との関係が悪くなっていた。木戸は、山県有朋《やまがたありとも》（長州藩出身、戊辰戦争で征討軍参謀）を明治二年六月から明治三年八月まで欧米に遊学させており、前原の後任として考えた。山県は、明治三年八月二八日に兵部少輔（次官クラス）に任じられた。前原は、同年九月に兵部大輔を辞任した（伊藤之雄『山県有朋』七八〜八〇頁）。

明治二年八月には木戸は伊藤に、前原との関係が悪いと伝えた。次いで、翌三年二月には、前原が大いに不快な説を立てているというので、いよいよ真実ならそのままにしておけないので、山田顕義《あきよし》（長州藩出身、兵部大丞（現在の局長））などがどのように考えているか知りたい、と伊藤に尋ねている（伊藤宛木戸書状、明治二年八月一五日、明治三年二月一五日、『伊藤博文関係文書』四巻）。

他方、明治三年一〇月には、伊藤が木戸に、「三浦五郎」（三浦梧楼《ごろう》、長州藩出身、奇兵隊幹部）を兵部省の奏任出仕くらいで採用するよう尽力してください等、兵部省に人物の推薦までしている（木戸宛伊藤書状、明治三年一〇月九日、『木戸孝允関係文書』〈東〉一巻）。まもなく、三浦は兵部権少丞《ごんのしょうじょう》（現在の課長）として入省できた。

すでにふれたように、伊藤は明治二年七月一八日に大蔵少輔になる。伊藤はこの頃から、「博文《ひろぶみ》」の名を使うようになったらしい。その最も早い例が、木戸宛の明治二年八月一四日の書状である（同前）。大隈と並んで木戸系の最有力者となり、改革を進めるにあたり、幕末以来の「俊輔《しゅんすけ》（俊助・俊介）」や号としての「春畝《しゅんぽ》」等ではない、「博文」という名がふさわしいと考えるようになったのであろう。

「博文」の名自体は、高杉晋作が『論語』の「博文約礼」のことを引いて、博文にしろと勧めた、と伊藤は回想している（「改名の事情」〈直話〉、『伊藤公全集』三巻、一六七〜一六八頁）。おそらく、伊藤が明治二年夏頃まで「博文」の名を使っていないのは、若輩である自分の実情にふさわしくないと考えたからだろう。少壮官僚として、欧米の事情を広く深く調べ、日本の状況を考慮して改革を進めようとしている伊藤の姿勢に、「博文」という名前は似つかわしい。

アメリカ出張でさらなる自信がつく

明治三年（一八七〇）秋頃の日本には、旧幕府や諸藩の発行した各種の通貨、新政府が当座しのぎのために発行した多額の不換紙幣などが、雑然と流通していた。その中には、贋造《がんぞう》の貨幣も多く混入し、物価は上下に激しく動き、国民の生活や貿易にも支障が生じた。

すでに伊藤大蔵少輔《しょうゆう》（次官クラス）は、アメリカ合衆国の国債償却法および紙幣条例などの本を研究し、その方法が簡便で道理が適切であり、官民ともにその「権利を保存し」ながら、行われていることを知っていた（『伊藤博文伝』上巻、五一六〜五一九頁）。幕末以来高めてきた英語の読解能力と実務の知識が役立ったのである。

そこで同年一〇月二八日、伊藤は、アメリカの理財に関する諸法令、国債、紙幣および為替、貿易、貨幣鋳造に至るまで調査し、参考にして日本の制度を確立したいので、出張させてほしいとの建白を政府に提出した。

これはすぐに採用され、閏《うるう》一〇月三日に米国出張を命じられた。随員は、芳川顕正《あきまさ》（徳島藩出身、伊藤の紹介で大蔵省出仕、のちに内相など）・福地源一郎（桜痴、のちに『東京日日新聞』など政府系新聞を経営）ら、二一名であった。伊藤らは、一一月二日に横浜より米国汽船「アメリカ号」に乗って出発し、翌四年五月九日に帰国した。

伊藤はこの間の調査にもとづいた建議を、渡米中より大蔵省に差し出している。その中には、金本位制の採用もあった。この他、帰国後六月二三日以前に大蔵省職制改革案を提出した。そこでは、大蔵省は全国の財政を治め、官庁の経費を支出し、内外の税法を改革し、金銀貨幣の品位を定め、公債を募集し、農業を勧め、商業を励まし、日本に独立して他に支配されない政体を施行するための、大きな基礎となる「財計」をすべて監督する等を主張した。大蔵省の役割をさらに拡大し、日本の近代化を進めようというものだった。

このとき、大蔵省には卿（長官）が欠員で、大隈大輔《たいふ》・井上馨少輔《しょうゆう》・渋沢栄一権大丞《ごんのだいじょう》（局長クラス）ら、伊藤の改革を支持するであろう、木戸系の有力官僚がいた。

さらに伊藤は、この旅行中にワシントンで、アメリカ合衆国の憲法制定についての本も購入してきた。その本によると、アメリカが独立して憲法を制定するにあたり、ワシントン大統領を助けたのは、ジェームズ・マジソン、アレキサンダー・ハミルトン、ジョン・ジェイの三人だった。彼らは一流の学者で、アメリカを共和制国家にするため、古今の共和政府の憲法を調べた。しかし、共和制はそれまで小さい範囲だけに行われており、アメリカのような大国に行われた事例がなく、「あの大きな国」にそれが実施され、従来の例が見事に敗れた。「これはあの人等に非凡の手腕があつたからだ」った（「憲法立案の経過と其の理論との

概説」〈直話〉、『伊藤公全集』三巻、一八一～一八二頁)。

伊藤は、本来の渡航目的である、大蔵省の実務に関する調査や大蔵省の職制改革の調査の合間に、アメリカ合衆国憲法の制定過程まで研究した。国のかたちを憲法で形成していくことがどれほど困難であるかを、アメリカ合衆国という成功した実験によって学んだのであった。

伊藤はこの滞米で、大蔵省の改革のみならず、日本の近代化の方向付けについても大きな自信を持って帰ってきた。そのことは、明治四年六月二〇日付で木戸に宛てた伊藤の書状からわかる。

その手紙は、過日ご訪問した際に「種々激論」を申し上げ、はなはだお怒りに触れて恐縮しています、と始まる。しかし、木戸には多くの人々を受け入れ善いものを選ぶ度量があると思い、あえて「忌諱《きい》〈おそれて避けること〉」をはばからず、本当に思っていることを述べたのです、と続く。さらに、各人の考えが違うのは天がそうさせているので、「現今文明各邦」強いて之《これ》を曲げないことである、等とも記す(『木戸孝允関係文書』〈東〉一巻)。

木戸と伊藤の議論の内容は不明である。おそらく、廃藩置県とその後の制度改革や、将来の立憲制の導入などに関し、伊藤があまりにも急進的なことを話し、木戸が抑制したので、伊藤は「激論」を述べる結果になったのであろう。これは、伊藤が「剛凌強直《ごうりょうきょうちょく》」〈強く厳しく正直〉な性格〈木戸が伊藤を評した言葉〉であるのみならず、改革についての大きな自信を持つようになったからだった。

娘の死、家族の東京住まい

伊藤が明治二年（一八六九）七月に大蔵少輔（次官クラス）に任じられ、順風満帆《じゅんぷうまんぱん》の人生が開けたかに見えた頃、伊藤家は大きな不幸に見舞われる。

それは八月七日、梅子夫人や母琴子と一緒に神戸にいた長女貞子が、病死してしまったことである。たったの二年半の命であった。貞子はとても活発で健康な女の子だった。それに比べて次女生子《いくこ》が非常に虚弱だったので、伊藤は知らせを受けても、死んだのは生子の方だろうと言ったという。

木戸系の陸奥宗光（和歌山藩出身、兵庫県知事）は、伊藤の家族をいろいろと助け、貞子の死去についても手紙で伊藤に知らせた。

九月末、伊藤は貞子の墓参を兼ねて家族を東京に移すため神戸へ行き、母琴子・梅子夫人・生子を連れて東京にもどった。その頃伊藤は、築地の本願寺別院の付近の家に住んでいた。

伊藤は父十蔵も東京に迎えるつもりだったが、十蔵は萩の家屋・屋敷の取り片付けに手間取った。しかし年内には東京に引っ越したらしい（末松謙澄『孝子伊藤公』一九九～二〇一頁。『伊藤博文伝』上巻、四七五～四七七、四九一～四九二頁）。

父十蔵が東京に来ると、母琴子、伊藤・梅子夫人、生子の三世代が築地の家に同居することになった。その後、十蔵と琴子は今戸に小さな別荘のようなものを借りて移った。

さらに渡米中、伊藤は高輪《たかなわ》南町に家を買い、梅子夫人・生子と十蔵夫婦がそこに移った。高輪の屋敷は広く、伊藤は帰国後に、邸内に十蔵夫婦のために小さな隠居所を建てた。十蔵は元来農事が好きだったので、邸内に畑を作って余生を楽しんだ（『孝子伊藤公』二〇三～二〇四頁）。

伊藤は大蔵少輔となり、自分の地位に自信をつけると、東京に両親を迎え、梅子夫人・生子と同居した。しかし、伊藤が高官に昇進し、西欧化した生活スタイルを身につけたため、十蔵夫婦と伊藤夫婦は、何かと生活のリズムが合わなくなってしまったのだろう。両親と同じ邸内で別居するようにしたことに、両親と梅子夫人への伊藤の気遣いがうかがえる。

その後の伊藤家にとっての大きな出来事は、井上馨の兄の子である勇吉《ゆうきち》（のちに博邦《ひろくに》と改名し、伊藤家を継ぐ）を養子としたことである。勇吉は山口で育っていたが、梅子夫人が一八七三年（明治六）一月六日に東京に連れて帰り、二一日には井上馨夫婦を招いて、心祝いの式を行い、ご馳走した（伊藤宛井上馨書状、一八七三年一月二二日、『伊藤博文関係文書』一巻）。伊藤が岩倉使節団の全権副使として渡欧中のことだった（本書第五章）。

勇吉は明治三年二月二日生まれで、伊藤家に引き取られた時には二歳半を過ぎた頃であり、娘の生子は四歳だった。

勇吉の母が死去した後、井上馨の母でもある祖母が勇吉を育てていたが病死した。勇吉を養子にする話の発端は、その祖母が生前に、梅子夫人に養育を頼んだことであるという。勇吉を養子にする話は、明治五年八月一九日付の伊藤の手紙に確認できるので（『孝子伊藤公』二一一～二一五頁）、それ以前から起こっていた。

伊藤は勇吉が山口から伊藤家に来るとの手紙を受け取り、「此《こ》のせつ〔節〕は内へひきこし候ころ〔頃〕とぞんじ申候。よく〳〵き〔気〕をつけ御そだ〔育〕て」下さい、「もとより、そなたの子としてお生《いく》どうやう〔同様〕になに〔何〕もへだ〔隔〕てなくきよういく〔教育〕なくては」いけない等と、梅子夫人に手紙を書いた*（梅子夫人宛伊藤書状、一八七三年一月二九日、同前、二二三～二二四頁）。

＊　このころの梅子夫人への伊藤の手紙は、漢字が少なく、ひらがなを多用していた。これは梅子夫人の読解力に配慮した伊藤のやさしさを示す。しかし一八八二年四月の手紙あたりから、漢字の多い普通のものになっていく。梅子夫人の学力が伸びたのであり、彼女の向上心がわかる（同前、一七四～二七二頁）。

勇吉を養子にする話は、梅子夫人が井上馨の母から気に入られ、孫を託されたのが始まりである。このことから、梅子夫人の温かい人柄がわかる。この後、勇吉は、伊藤と井上馨の政治上の連携を維持することに役立っていく。

しかし、伊藤は目前の打算で勇吉を養子にしたのではない。勇吉が伊藤家に引き取られた頃、井上馨（大蔵大輔）は木戸孝允から嫌われ、「見捨《すて》らるれば致方《いたしかた》も無之《これなし》」と絶望するほど、孤立した状況だった（伊藤宛井上馨書状、一八七三年一月二二日、『伊藤博文関係文書』一巻）。実際、井上馨は、同年五月には大蔵大輔を辞任せざるを得なくなる。

井上馨が危機にあるにもかかわらず、伊藤は養子縁組を予定通り実行に移した。こうした伊藤の人柄の良さと義理固さに井上馨が感動し、二人の間に生涯続く政治同盟が形成されていったのである。

その後、一八七四年（明治七）六月末か七月に、伊藤に男児が誕生したものの、その子は生まれてまもなく亡くなった（伊藤宛井上馨書状、一八七四年七月八日、伊藤宛木戸書状、一八七四年七月一七日、『伊藤博文関係文書』一巻、四巻)。井上馨と木戸が男児の死に気を遣っていることから考えると、男児は梅子夫人が生んだのであろう。

前年一〇月、伊藤は参議兼工部卿となり、太政官制下の内閣の一員として、さらに力を増していた(本書第六章)。待望の男の子を失うという失意を克服しながら、忙しい日々を過ごしていたのだった。

第五章　岩倉使節団の特命全権副使——廃藩置県・征韓論政変

廃藩置県の限界を知る

前章で述べたように、明治三年（一八七〇）一〇月二八日、伊藤大蔵少輔《しょうゆう》（次官クラス）は、財政制度を確立するために渡米して調査したいという建白書を政府に提出した。

その少し前、同年九月になると、大久保利通《としみち》（薩摩藩出身、参議）が廃藩を実行しようとし、まず公家の実力者である岩倉具視《ともみ》（大納言《だいなごん》）の同意を得、次いで三条実美《さねとみ》（右大臣）からも同意を得た。中央政府の財政が困難な状況から、大久保も廃藩をやむを得ないと考えるようになったのである。木戸孝允《たかよし》（長州藩出身、参議）は、伊藤の主張もあり、一年前の版籍奉還のときから廃藩が必要であると考えており、無論賛成である。

廃藩を成功させるには、鹿児島に帰ったままになっている西郷隆盛を東京に引き出してくることと、薩長を中心とした雄藩の団結が何より必要であった。西郷を東京に呼ぶため、弟の西郷従道《つぐみち》（信吾、兵部大丞《ひょうぶだいじょう》（現在の局長））が一〇月一四日に鹿児島に帰省した。伊藤は、このような動きを見て、渡米の建白をする。米国で新しい知見を得て、大蔵省を、廃藩後の中央政府の基軸になるように作り変えようとしたのだ。

翌明治四年五月九日に伊藤が帰国した頃には、廃藩へ向けた準備の大枠は整っていた。六月中旬には、薩長土の三藩から、約八〇〇〇人の御親兵が東京に集まってきた。

次の問題は、誰が政府の中心となるかであった。当時、公家では三条が右大臣、岩倉が大納言で、旧藩士では大久保・木戸・大隈重信《おおくましげのぶ》ら六人が参議だった。彼らは太政官《だじょうかん》制下の最高意思決定機関である三職（内閣）を構成していた。明治天皇は一八歳にすぎず、政府の意思は閣議で決まり、自らに関わる宮中内のこと以外は、天皇は閣議の決定を自動的に裁可（許可）していた。

すでに述べたように、伊藤は新貨鋳造の監督などで、六月二四日に造幣寮のある大阪に出張し、その直前に大蔵省職制改革案を提出した。これは、廃藩後に大蔵省が官庁の中心となり、近代化への改革を進めていくべきだという考えを実行したのである（本書第四章）。

その後六月末から七月中旬にかけ、廃藩に向けて、木戸をはじめ、井上馨《かおる》（民部少輔《しょうゆう》）・山県有朋《やまがたありとも》（兵部《ひょうぶ》少輔）・鳥尾小弥太《とりおこやた》（前奇兵隊幹部、兵部省出仕《しゅっし》〔後の将官クラス〕）ら木戸系の人々が、最後の意見調整のために、西郷・大久保など薩摩の有力者と交渉した。しかし、出張中の伊藤は、大阪からこの動きを見守るだけだった。

七月一四日、藩を廃止して県とする詔《みことのり》が出た。翌一五日、旧藩主である二〇〇以上の藩知事が罷免《ひめん》された。こうして、薩長土からの御親兵という軍事力を背景に、廃藩置県は大きな混乱なく実行された。

また七月末までの人事で、三条は太政大臣、岩倉は外務卿に（一〇月八日に右大臣に）、木戸・西郷隆盛・板垣退助・大隈が参議になった。最初、大隈は大蔵大輔《たいふ》（次官）兼任だった。その後、大久保利通が六月二七日に大蔵卿となる。大隈が参議と兼任していた大蔵大輔には、七月二七日に井上馨が就任した（伊藤之雄『山県有朋』八〇～八九頁）。

薩摩の大物の大久保が参議にならずに大蔵卿に就任したのは、大蔵省内の大隈大輔・伊藤少輔・渋沢栄一権大丞《ごんのだいじょう》という、大蔵省を中心として急進的な近代化を進める木戸系のグループを抑えるためであった。

伊藤にとって、念願の廃藩が実現しつつあるのは喜ばしいことであった。しかし、自ら米国で調査してきた、その後の近代化を推進すべき大蔵省の体制が、新しく大蔵卿になった大久保によって阻害されるのは、腹立たしいことだった。大久保が大蔵卿になった日、盟友の井上馨は大蔵少輔から民部少輔に転じさせられていた。

東京で大隈大蔵大輔を辞めさせるという動きがあり、岩倉が動揺して、その話が政府内外に広がったが、井上馨らの尽力でようやく鎮静した。この話を、大阪に出張中の伊藤は、七月一三日に山田顕義《あきよし》（長州藩出身、兵部大丞《だいじょう》）から聞いた。

伊藤は井上馨に手紙を書く。大隈が政府に入ってからすでに四年になる。常に親しく「国事」を討論し、「艱難危急《かんなんききゅう》」の国家の重大な責任を共にした者が、四年も経ったのに、その人物〔大隈〕の「忠奸《ちゅうかん》〔忠義であるか否か〕」や才能の有無を判断することができないのは、笑うべきか恨むべきか——。また、最後に、大隈が大蔵省にいて制度改革がなされると思うから、本省を去るような安易な行動ができないが、〔大隈が辞めさせられて〕制度改革が当分難しくなるなら、このまま造幣寮に転任を命じてほしいと訴えた。また、木戸へも適当にこのことを伝えて下さいと依頼した（井上馨宛伊藤書状、明治四年七月一四日、「井上馨文書」）。

造幣頭《ぞうへいのかみ》は、大蔵少輔よりも格下のポストであり、伊藤は大蔵省の制度改革の見通しが暗くなりつつあるので、半分やけになりながら、井上馨を通し木戸の助力を願ったのである。

絶望

しかし伊藤の願いは実現せず、大隈は大蔵省を去って、参議専任となり、明治四年（一八七一）七月二七日、井上馨が大蔵大輔（次官）になった。井上馨は盟友で同じ木戸系であるが、大隈に比べ改革推進の実力が劣ることは明らかである。しかも同日、伊藤は大蔵少輔のまま租税頭《そぜいのかみ》に任じられた。明らかな左遷である。

約一年前、大蔵省は大隈大輔（次官）・伊藤少輔（次官クラス）・井上馨大丞（局長）らで中枢を固め、明治三年（一八七〇）一一月に井上馨は伊藤と同じ少輔に昇進するが、渡米中の伊藤が大隈と並んで大蔵省をリードしているのは明白だった。その伊藤が井上馨大蔵大輔の下になってしまったのである。もちろん、伊藤と井上馨の間には、何のわだかまりもなかったはずである。伊藤の怒りは大久保大蔵卿に向かった。

大阪造幣寮に出張中の伊藤のところに、七月二七日に公布された大蔵省の制度改革が伝わった。八月二日、伊藤はこれに対し以下のような趣旨の強い文章で批判し、大隈参議・井上馨大蔵大輔・渋沢大蔵権大丞に宛てて送った。

「報中に我《わが》大蔵省の創立に関係するの条あり、其《その》条頗《すこぶ》る僕が所見に異なるを以て驚嘆せざるを得《え》ず。また之《これ》を弁駁《べんばく》〔反論して言い破る〕せざるを得《え》ず」。七月二七日の公布では、大蔵省中監督司を廃止し、新たに統計司を置くことになっているが、これは六月下旬に

〔伊藤が〕「大蔵省創立の概略」を草案し、諸君に諮《はか》ったものと非常に異なっている。また、造幣寮への出張中、「大蔵省創立の概略」草案にもとづいて、大蔵省中に用いるべき簿冊類を作成し、すでに「〔印刷のため〕彫刻」に付したものもあるが、このような制度改革では、この書冊も無用になり、費用や「心力の労」もむだになる。此の書を「廟堂《びょうどう》〔内閣〕」に持ち出して、大蔵省創立法の是非を論じ、速やかに回答してくださるよう、懇請します。（大隈・井上馨・渋沢栄一宛伊藤書状、明治四年八月二日、「井上馨文書」）

これは、大隈ら三人宛になっているが、読んだ後は「直《ただち》に御火中」に投じてくださいという、他の者に伝えないよう願う一文がないので、明らかに大久保大蔵卿への批判であった。伊藤は強い性格であるが、今回は絶望からか、少し感情的になりすぎていた。

さらに追い討ちをかけるように、八月五日には、当分造幣頭も兼任するようにとの命が伊藤に下った。伊藤が七月一四日に井上馨に、やけで就任したいと書いたポストに、実際に任命されたのである。

木戸の好意

木戸は腹心伊藤の状況を心配し、明治四年（一八七一）八月一五日付で政府の内情を説明する手紙を書いた。それによると、元来、今回の改革の際、人の任用も十分行われる必要があると、大蔵には伊藤を「全権」にすると申し出たところ、隠然、種々の議論が交わされ、一時は筆に書き表せないまでの状況になった。また木戸は、ひとまず伊藤が前触れなく東京に戻るべきと考え、伊藤の同意を求めることになっていた。しかし大阪でいろいろな仕事があるので、しばらく伊藤を大阪に滞在させるのが望ましいという意見が強くなったと述べ、租税頭兼造幣頭に奉職してほしい、と頼んだ（伊藤宛木戸書状、明治四年八月一五日、『伊藤博文関係文書』四巻）。

木戸が伊藤を大蔵省の「全権」にするとしたのは、大久保大蔵卿を参議にして、伊藤を大蔵卿にし、井上馨大蔵大輔《たいふ》（次官）を部下に改革を推進させることであろう。しかし、これは大久保らの反対で実現できなかったと思われる。

そこで、木戸は伊藤を大蔵大輔にするため、井上馨を新設の工部省の大輔にしようとしたが、大久保大蔵卿が賛成しなかったため、実現できなかった（井上馨宛木戸書状、明治四年九月一七日、『木戸孝允文書』四巻）。

伊藤への風当たりが予想以上に強いので、やむを得ず、木戸は伊藤を工部大輔にするよう動き、九月二〇日付で就任させた。工部省は卿（長官）が空席であったので、伊藤は殖産興業を推進するために新設された官庁の最高責任者となり、ひとまず体面を保った。*

山県も兵部省の大輔で、卿がいなかったので最高責任者である。廃藩置県後二ヵ月で、伊藤・山県・井上馨は、工部・兵部・大蔵（大久保が卿）省の大輔となり、卿がいるかいないかや、官庁の重要性を勘案すると、ほぼ同格の地位についたといえる。しかし、廃藩置県前の明治四年六月段階の立場を考えると、伊藤は三人の間で相対的に地位を落としたともいえる。伊藤は急進的すぎて大久保ら有力者の反発を買ったのだ。

伊藤は、二年前の版籍奉還の時に廃藩を狙い、今回は廃藩置県を機会に、大蔵省の制度改革と大蔵省を基軸にした急進的近代化政策を考えた。その際に期待したのは、木戸の政治力と、大隈・井上馨ら木戸系の官僚たちだった。しかし、いずれも大久保らに阻《はば》まれた。おそらく伊藤は、大久保に近代化というものを理解させなくては、急進的な改革を実行に移すのは難しいと考えるようになっていったと思われる。こうして、以下に見るように、岩倉使節団への参加をきっかけに、伊藤は大久保に接近していく。

＊　伊藤が工部大輔になった理由については、(1)明治四年八月以降、省内で対立が起こり、その収拾のため（笠原英彦『明治国家と官僚制』九六頁）、(2)井上馨が三井財閥など政商と深く結びつき、官営企業に関心を持っていたので、長州派によって、後藤象二郎《しようじろう》工部大輔（土佐藩出身）が左院議長に転出させられた（大橋昭夫『後藤象二郎と近代日本』一六八頁）、(3)民部省と大蔵省の分離以降、技術官僚である山尾庸三《ようぞう》らに待望されていたから（中西洋『日本近代化の基礎過程』中巻）、(4)兵部省からの横須賀造船所の移管要求に同意した後藤象二郎工部大輔と技術系官僚の山尾らとの対立を解決するため、後藤を工部省から転出させた（柏原宏紀『工部省の研究』九二～九六頁）等の見解がある。いずれも工部省の問題に限定して伊藤の工部大輔就任を理解しようとしているので、無理がある。真相は、伊藤が大蔵省の要職に就任するという、木戸・伊藤らの望む課題が達成できなかったので、適当なポストとして工部大輔を探してきたのだ。その際に、(1)・(3)・(4)は好都合であり、副次的理由となった。

岩倉使節団の出発

廃藩置県の改革が一応軌道に乗ると、明治四年（一八七一）九月には、条約改正のため欧米に全権大使を派遣しようという空気が高まった。安政五年（一八五八）に幕府がアメリカ合衆国と結んだ修好通商条約等は、治外法権（領事裁判権）があり、関税自主権がない不平等条約だった。これらの改正期限は、明治五年に迫っていた。それ以前から、渡米中の伊藤大蔵少輔《しょうゆう》（次官クラス）等は政府に条約改正の準備を強く促していた。しかし、日本は欧米のような法律も制定しておらず、新しい有利な条約を結べる状況にはなかった。

そこで、条約改正について欧米諸国と協議するための使節団を派遣することになった。岩倉使節団の「事由書」によると、欧米諸国に日本の現状と課題を包み隠さず報告し、彼らから国家改革の指針と手法を引き出そうという姿勢だったことがわかる。そこには、無邪気といってもよい西洋諸国への依存心がみられる。伊藤も含め、当時の日本政府の要人には、国益を賭けた冷徹な駆け引きとしての外交観は、十分に育っていなかった（髙橋秀直「廃藩政府論」。瀧井一博『文明史のなかの明治憲法』二〇～二五頁）。

使節団の中心として、岩倉具視外務卿が考えられた。伊藤は後にこの当時のことを回想して、次のように述べている。

〔岩倉が特派大使として派遣される話が起こった時、〕公〔岩倉〕は先づ私を招いて、自分が欧米を巡遊するに就ては足下《そっか》〔あなた〕を副使として随行させたい、自分一人ではどうにもならぬから、是非さうして欲しいと懇諭された。私は勿論《もちろん》喜んでお伴する考へであったが、併《しか》し、視察の結果を実行するといふ段に思ひ及んで見ると、更に政府部内の有力者を伴ふ必要が感じられたので、木戸・大久保の同行を進言した。公は立《たち》どころに同意されて、…（中略）…〔岩倉使節団から帰国後〕益々《ますます》公の信頼を蒙《こうむ》つて、公の薨去《こうきょ》〔死去〕に至るまで、終始渝《かわ》る所がなかつた。

（「岩倉具視」〈直話〉、『伊藤公全集』三巻、八〜九頁）

伊藤の回想は、二つの重要な点を含んでいる。一つは、廃藩置県の際に、大蔵省改革をめぐり、伊藤が異様なほど激しい政府（大蔵省）批判をしたにもかかわらず、明治元年（一八六八）に廃藩の書面を岩倉に出して以来の、岩倉の伊藤への信頼が続いていることである。またそれは、帰国後にさらに強まった。このことは、後述するように、征韓論政変の際、太政大臣代理としての岩倉の行動や、一八八一年（明治一四）に伊藤に憲法制定を任せようとした等の岩倉の動きでよくわかる。

もう一つの重要な点は、伊藤が木戸だけでなく、廃藩置県後の伊藤による大蔵省改革を妨害した大久保を同行させることを岩倉に進言し、そのように事態が展開していったことである。伊藤は、大蔵省改革の失敗という挫折経験を通し、自分の思い上がりを反省した。また、欧米を見ることによって大久保に変わってもらい、またその機会に、大久保との意思疎通をもっと良くしようとしたのである。そこで岩倉使節団を、改革派の仲良し集団ではなく、改革の実行までを考えたメンバー構成にするよう提言したのだった。ここに伊藤の成長と、維新の改革への責任感が見て取れる。

ところで、三条実美太政大臣や参議の西郷隆盛・板垣退助らは、内治がまだ整わないうちに木戸・大久保という有力者が国を空けることに反対だった。しかし、大久保は九月一七日段階で使節団参加に熱心で、岩倉に西郷と板垣の説得を依頼した（岩倉宛大久保書状、明治四年九月一七日、「岩倉具視文書」〈対岳〉)。木戸(参議)も、遅くとも九月一九日には、使節団の主要メンバーを岩倉・木戸・大久保(大蔵卿)・伊藤(工部大輔)・山口尚芳《なおよし》(佐賀藩出身、外務少輔)にすることを考え、伊藤の意見を聞き、同意なら岩倉に伝えてほしいと依頼している(伊藤宛木戸書状、明治四年九月一九日、『伊藤博文関係文書』四巻)。

これは、最終的に決定したメンバーと同じ顔ぶれである。おそらく、岩倉と伊藤で大枠を決めた形にすると木戸が不愉快になるので、岩倉が木戸に話を持ちかける形式を取って、話を固めていったのだろう。なお、板垣は九月二七日になっても木戸の洋行に文句をつけていたが、木戸・大久保・伊藤らは計画を進めた(伊藤之雄『山県有朋』九五頁)。

一〇月八日、条約改正に向けての列強の意向の打診と、日本の近代化の方策を学ぶため、使節団を欧米に派遣することが決まった。使節団の団長である特命全権大使には、同日に右大臣に昇格した岩倉が任命された。また特命全権副使には、先に述べた通り、木戸・大久保・伊藤・山口が任命された。岩倉・木戸・大久保の三有力者は外国語ができない。山口は英語とオランダ語を理解したが、伊藤は英語能力のみならず、木戸・岩倉との人脈や官僚としての経歴に優っていた。伊藤が使節団の主導権を持つことは、予想できた。

その後、使節団の理事官に、佐佐木高行(土佐藩出身、司法大輔、のちに侍補《じほ》として天皇の側近)・侍従長東久世通禧《ひがしくぜみちとみ》(公家)・山田顕義《あきよし》(長州藩出身、陸軍少将)ら七名が任命された。公家の侍従長を加えたのは、宮中改革への刺激を与えるためで、木戸系の山田は、徴兵制の導入などの軍制改革のためであった。

また、木戸や伊藤の系統では、大隈(参議)・井上馨(大蔵大輔)・山県有朋(兵部大輔)

らが日本に残った。彼らは、留守政府の状況を監視し、木戸らに知らせる役割を持っていた。

一一月一二日午後一時、岩倉使節団の大使以下一行四八人、同行の留学生五四人は、「アメリカ号」に乗船し、サンフランシスコに向けて横浜港を出発した。この中の五人の女子留学生の一人に、六歳の津田梅子がいた。彼女はそれからアメリカ合衆国での一一年間の留学生活を終えて帰国した後、一時的に英語の家庭教師として伊藤家に住み込むことになる（本書第一一章）。

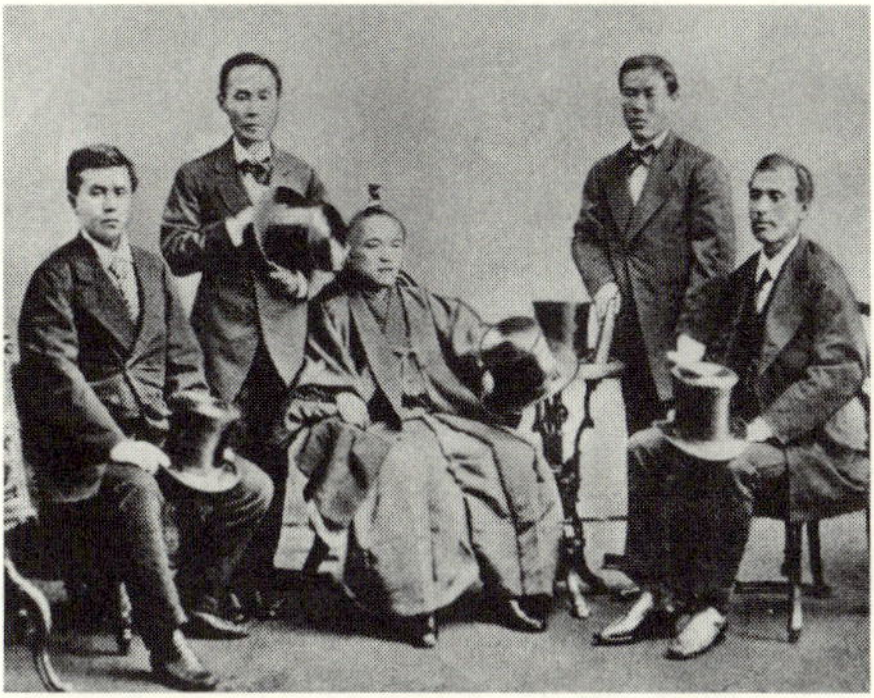
岩倉使節団。左より木戸、山口、岩倉、伊藤、大久保

木戸との微妙な亀裂

明治四年一一月六日（太陽暦では一八七二年一月一五日）、岩倉使節団の一行はサンフランシスコに到着し、大歓迎を受けた。以降彼らは、アメリカで半年、イギリスで四ヵ月、フランスで二ヵ月、ドイツに延べ一ヵ月、ロシアに半月等の日程で、欧米各国を一年半にわたって視察する。

サンフランシスコに着いた時、団長の岩倉のみは丁髷《ちょんまげ》と羽織袴《はおりはかま》の和装であったが、アメリカで一ヵ月ほど過ごす間に、洋装に変わった。一八七二年一月一七日付の『ニューヨーク・タイムズ』紙は、伊藤について、「三十歳ほどだが、進歩的で開明的な、前途有望な政治家である」と評している(田中彰『岩倉使節団の歴史的研究』四三頁)。

その後、明治五年(一八七二)一月二一日に首都ワシントンに入った使節団は、翌月三日、条約改正交渉を開始した。ところが、米国務長官から全権委任状がないことを指摘され、大久保と伊藤はそれを取りに日本に帰国し、六月一七日に委任状を携えてようやくワシントンに戻った(瀧井一博『文明史のなかの明治憲法』二七〜四六頁)。

二人が委任状を取りに日本に戻っている間、岩倉や木戸らは、アメリカが治外法権や関税自主権の面で少し譲歩する代わりに、アメリカ人が自由に日本国内を旅行し、日本人と商業上の取引をする権利を得、アメリカ人の不動産取得を認めさせるなど、日本から多くのものを得ようとしているとの情報を得た。また、旧条約の「最恵国条項《さいけいこくじょうこう》」によって、アメリカと新条約を結べば他の列強にもその権利が自動的に与えられることも知った(石井孝『明治初期の国際関係』三八、五〇頁)。

これに対し、岩倉ら使節団はアメリカ側に、ヨーロッパのある地で列強の代表をすべて招いて、条約改正を目指した会合をする提案をしたが、アメリカは応じなかった。そこで大久保と伊藤がワシントンに戻った日、アメリカに改正交渉の中止を申し出て、交渉は中止となった(『木戸孝允日記』明治五年六月一七日)。

この一連の過程で、木戸は条約改正交渉を設定する中心となった伊藤や森有礼《ありのり》(中弁務使〈代理公使〉)への不信感を抱き、とりわけ、米国の風俗を持ち上げて日本の風俗を卑しむ森への反感を募らせた（同前、明治五年二月一八日、三月八日）。

さらに木戸は、伊藤とともに委任状を取りに日本に戻ったが手間取り、四ヵ月以上も使節団を待たせた大久保にも、当初の約束と違い「不都合」だと不満を持った。その上で、木戸は六月一七日に米国との交渉が中止になると、「百余日苦心」したことも、大久保・伊藤がわざわざ日本まで遠い距離を往復したことも「皆水泡」に帰してしまったと、失望の気持ちを示した。また、国のために事を行うには、その初めに「謹慎沈黙」し、「思慮」を尽くさなくてはいけないと、自らも反省した。

その後も木戸は、自己嫌悪を募らせていく。たとえば同年七月二日付で杉孫七郎（長州藩出身、秋田県令〔知事〕）に宛てた手紙では、もとより自分たちは「不案内」にて大任を受けてしまい、実にその責任を免れがたく、ことわざに言う「生兵法大疵之もと《なまびょうほうおおきずのもと》」ということだ、等と書いている。また、九月一四日付の井上馨（大蔵大輔）宛ての手紙では、欧米の諸国は進んでいるが、これは「一朝一夕」にそうなったのではなく、その本《もと》は大変深いのであり、日本の「開化」と称するものは、多くは「皮膚上〔表面上〕」の事であると述べる等、西欧と日本の差の大きさを強く感じていた（『木戸孝允文書』四巻）。

このような木戸の憂いを増幅していくのは、外国語ができないことだった。明治五年二月、ワシントンにいる時から、木戸は「洋語」を理解できないので、各地の状況も詳しく知りかね、すべて内外のことについて残念な事ばかりで、志を持っていながらその半分も尽くせず、その上、使節になった事は「一生之誤《の あやまり》」と「今更《いまさら》大後悔」しているが仕方がない、と手紙を書いている（杉山孝敏宛木戸書状、明治五年二月一一日、『木戸孝允文書』四巻）。

生真面目な木戸は、精神的に追い詰められて、海外生活への不適応を起こしていたのである。

このようなことが、これまで極めて良好だった木戸と伊藤の関係にも、微妙な亀裂を生じさせた。伊藤は「私が出直《な》ほして、アメリカからヨーロッパに往つて、木戸公に会つた。ところが、公の私に対する態度が変つてゐる。どうした事か、私にはちつともわからなかった」等と回想している（「木戸孝允」〔直話〕、『伊藤公全集』三巻、一五～一七頁）。

明治五年九月一四日には、木戸は大蔵省の運営等をめぐり、日本にいた井上馨（大蔵大輔）に対してまで怒りを向けた。翌年一月二二日、井上馨は盟友の伊藤に、木戸先生より「見《み》捨《すて》らるれば」しかたがなく、強いて弁解もしない、と追い詰められ開き直った気持ちを手紙に書いた（本書第四章）。

大久保・岩倉との関係

他方、外国語ができないのは大久保も木戸と同様であったが、大久保は、岩倉使節団での体験をもっと積極的にとらえた。一八七三年（明治六）一月に、ロシアに留学中の西徳二郎（薩摩藩出身、のちに外相）にパリから出した次の手紙は、その一例である。

僕も欧米に踏出す機会を得て、いろいろな場所を十分に目撃することができて、有益なことも少なくない。しかしながらどこへ行っても、「瞽《こ》ら啞《あ》して木偶人《もくぐうじん》に斉《ひと》しく〔盲人らのように文字が読めず、言葉も話せず、木の人形と同じ状態で〕」実に困却を極めるのみである。…（中略）…ロシアの政体規則ならびに地方官の規則を、お取り調べの上、翻訳して下さい。英・米・仏等のものは広く取り調べもできているばかりでなく、「開化登る事数層にして及ばざる事万々なり〔近代化が何段階も先に進んでいて、日本はとうてい追いつけないのでとても日本の参考にはできない〕」。よって、プロシア〔ドイツ〕・ロシアの国には必ず「標準」になる事が多いだろうと考えたので、特にこの両国の事を注目しました。（西宛大久保書状、一八七三年一月二七日、『大久保利通文書』四巻）

伊藤の見るところ、大久保は「沈毅〔落ち着いて物事に動じない〕で、忍耐力の強い人」であった。伊藤が大久保と「心安くなつたのは、明治四年、外国に使節〔岩倉使節団〕として一所〔緒〕に行つた時からである。それ以来、公が死ぬまで大概百事相談をし合つてゐた」と回想している（「大久保利通」〔直話〕、『伊藤公全集』三巻、三一～四〇頁）。

大久保は、伊藤が委任状に気がつかなかったこと等を、明治日本全体のレベルの低さととらえたので、木戸と異なり、特に伊藤に怒りを向けたり自己卑下したりしなかった。また初めて海外に出て広く欧米諸国を見聞したことで、それまでの保守的な姿勢がなくなった一方、ドイツやロシアをモデルにしようというスタンスも得た。こうして大久保は伊藤と親しくなっていったのだった。

伊藤はイギリスへの密航や大蔵官僚としてのアメリカでの半年の調査など、これまでにも欧米滞在経験があったが、イギリス体験は未熟な若い時代の短いものであり、アメリカも当時はイギリス・フランス等に比べて遅れた国だった。今回ほど広く、深く西欧を見聞するのは初めてだった。彼が十数年後の大日本帝国憲法制定まで、ドイツ風の保守的なスタンスを中軸とするようになるのは、改めて知った欧米と日本の格差への驚きと衝撃を物語っている。

もう一人の有力者岩倉具視は、「豪邁《ごうまい》〔勇猛で人より優れている〕果敢《かかん》〔思い切って物事を行う〕」・「明敏《めいびん》〔賢く正しい判断ができる〕」で、「事の是非《ぜひ》得失を見ること極めて明《あきら》か」な人物である、と伊藤は評価している。この岩倉も、使節団以降、さらに伊藤との関係を深めていった（「岩倉具視」〔直話〕、『伊藤公全集』三巻、八〜九頁）。岩倉も大久保と同様に、使節団で起こったことを冷静に受け止め、伊藤との絆を深めたのである。

この岩倉使節団での体験を通し、伊藤と木戸・大久保・岩倉はともに、欧米と日本のレベルの差をこれまで以上に思い知った。* それのみならず、列強の外交官・政治家は、表面上は日本に好意的に見えても、裏面では自国の利害を考えて策動していることも、よくわかった。** 列強に対抗するためには、まず地に足をつけて近代化に励まねばならないのであった。

また伊藤は、海外旅行中の木戸の感情的な行動に少しとまどったが、それまでは伊藤にとって妨害者だった大久保から信頼されるようになり、岩倉との関係も深めた。一八七三年（明治六）九月一三日、伊藤は岩倉大使らとともに横浜港に帰ってきた。

＊ 伊藤は岩倉使節団で旅行している間に、実務等に役立つと思われる洋書を大量に買い込んだようである。山口尚芳《なおよし》が外務少輔《しょうゆう》であった一八七五年四月までの間に書かれた手紙によると、伊藤は洋書五四〇冊を、親しい芳川顕正《よしかわあきまさ》（徳島藩出身、大蔵省・工部省の官僚、のちに内相）に贈っている。それ以外に、伊藤の手元に残した外国事務に関係するものや、すでに正院や外務省に送ったものもあった（芳川顕正宛伊

藤書状、年月日未詳、「芳川顕正文書」国立国会図書館憲政資料室所蔵）。伊藤の西欧への洞察力の源泉は、洋書を読むことによって、見聞したことをじっくりと深めたことだった。

＊＊　岩倉使節団後の、一八七三年一〇月から一八七九年九月の間に、東京でコレラが流行した際、日本政府は、地方より来航した船舶を長浦（現・横須賀市）に一〇日間留めて、患者がいないか調べようとした。これに対し、伊藤は、駐日イギリス公使パークスが期間の短縮を要求しそうなので、イギリス公使に圧力をかけられてから期間を短縮しては、政府の「威権」も立たなくなるとみた。そこで、航海中に患者がなく検疫医師も安全と認めた船舶は滞泊五日以上の期間でかまわないと、神奈川県警視局に通達するつもりであると、寺島宗則《むねのり》外務卿に伝えた（寺島宛伊藤書状、年未詳、七月八日、「伊藤博文文書」国立国会図書館憲政資料室所蔵）。伊藤は、日本の規則が整っても、旧知のパークスが公使のイギリスですら国力にものを言わせて横暴な行動を取る、という列強の身勝手さを、身にしみて感じていた。

征韓論政変の始まり

一八七三年（明治六）一月一九日、留守政府は、岩倉使節団の副使木戸孝允（参議）と大久保利通（大蔵卿）の二人に帰国するよう命を出した。日本国内では、井上馨大蔵大輔《たいふ》（次官）が取り仕切る大蔵省と他省との衝突が続いたほか、ロシアとの樺太領有問題や、台湾・朝鮮の問題が重要となってきたからである。

大久保は同年五月二六日、木戸は七月二三日に帰国した。留守政府内には、朝鮮国が開国に応じないことを日本への辱《はずかし》めと受け止め、軍事力を背景に交渉しようとの空気が、木戸の帰国の頃までに強くなっていた。

この間、留守政府の閣議は、朝鮮国にまず全権使節を派遣して開国するよう説得し、それでも応じないなら「其の罪」を天下に知らせて朝鮮国を討つべきである、との西郷隆盛の意見が大方の賛成を得ていた。

木戸帰国後の太政官制下の閣議のメンバーは、三条実美太政大臣・左大臣（欠員）・岩倉右大臣（渡欧中）、参議西郷・木戸・板垣退助・大隈重信・後藤象二郎（土佐藩出身）・大木喬任《たかとう》（佐賀藩出身）・江藤新平（佐賀藩出身）の九人であった。大久保は大蔵卿という要職にあったが、参議でないので閣議のメンバーではなかった。

その後、西郷の決意に押され、三条は八月一七日に閣議を開き、岩倉が帰国後に再評価するという条件をつけ、朝鮮国に使節を派遣することを内決した。また箱根に滞在中の天皇を訪れ、八月二三日までに閣議の決定について裁可を受けた（高橋秀直「征韓論政変の政治過程」）。

すでに述べたように、九月一三日に岩倉が伊藤らとともに帰国した。岩倉・木戸・大久保の三有力者は、使節団の体験から日本の内政改革を優先すべきと考え、朝鮮国への使節派遣には反対であった。朝鮮国を属国としている清国と戦争になるかも知れなかったからである。伊藤も同じ考えだった。

しかし、岩倉・木戸・大久保の三人では、閣議決定を変えることは困難に見えた。参議の木戸は病気で閣議に出ず、大久保は参議に就任しようとしなかった。同郷の西郷と正面から対決するのを避けたかったのだろう。

「剛凌強直」な伊藤の活躍

一八七三年（明治六）九月二二日、伊藤は大久保を訪ね、二三日には岩倉と連携して事態打開に動く意思を示した（岩倉宛伊藤書状、一八七三年九月二三日、「岩倉具視文書」〈対岳〉）。同月二四日、伊藤は病床の木戸を訪れ、黒田清隆（薩摩藩出身、開拓次官）も岩倉に会った。黒田は伊藤に、大久保から西郷隆盛にさらにじっくり相談すれば、可能性がないわけではない、と伝えていた（木戸宛伊藤書状、一八七三年九月二五日、『木戸孝允関係文書』〈東〉一巻）。このように、伊藤と岩倉が最も積極的に動き始め、それは、以下に示すように、大久保の決断を促した。二人の連携は、この政変の最後になるまで変わらない。

岩倉は、まず大久保を参議に就任させて流れを変えようと、九月二五日から伊藤や黒田の協力を得て、本格的に動き出した。九月二七日、岩倉と伊藤が相談した結果、大久保を参議に就任させるのを目標とするが、万一それが難しければ、「西郷」をもってこれにかえたい、と岩倉は伊藤に伝えた（伊藤宛岩倉書状、一八七三年九月二七日、『伊藤博文関係文書』三巻）。征韓論政変への過程において、岩倉・伊藤・黒田の間に、西郷従道への信頼が厚かったことがわかる。西郷隆盛の弟の従道は、大久保ととても仲が良く、そこに三人は望みをつないでいた。

岩倉具視

一〇月一〇日に、大久保はようやく参議になることを承諾し、一二日に就任した。木戸もそれを喜んだ（『大久保利通文書』五巻、五〜三五頁）。

一〇月一四日、閣議が開かれ、病床の木戸以外の大臣・参議がすべて出席した。西郷が使節派遣を主張し、岩倉・

大久保はそれに反対し、決着がつかなかった。翌一五日に閣議が再開され、西郷と木戸は欠席した。大久保は前日同様に使節派遣の延期を主張したが、他の参議は西郷の意に任せるべきであるとの意見であった。結局、三条太政大臣が、西郷の辞任を避けるため、直ちに西郷を朝鮮国に派遣することを決定した。大久保は参議辞任を決意して退出した。

一〇月一七日、大久保は参議の辞表と位階返上を政府に提出(外史宛大久保書状、一八七三年一〇月一七日、「岩倉具視文書」〈対岳〉)、岩倉右大臣も辞表を出し、木戸参議も辞意を示した。「小心者」の三条太政大臣は再び動揺し、一八日朝早くに岩倉に使いを出して自らの辞官を天皇に上奏することを頼んだ後、急病に陥り意識をなくしてしまった。

このことを知ると、一八日、岩倉は伊藤に手紙を書き、今晩か、明朝七時までに訪ねて来て下さい、今晩は一〇時以降でもかまいません、と伝えた(伊藤宛岩倉書状、一八七三年一〇月一八日、『伊藤博文関係文書』三巻)。岩倉が、自分の行動を相談する最も重要な相手として、伊藤を考えていたことがわかる。

その後、岩倉は大久保を通し、一九日に黒田から吉井友実《ともざね》(薩摩藩出身、宮内少輔〔次官クラス〕)、吉井から徳大寺実則《さねつね》宮内卿(公家)へのルートで、岩倉を太政大臣代理に就任させるように、明治天皇への工作が行われたのであろう。天皇はわずか二〇歳であり、岩倉・大久保らの計略に乗るしかない。

同じ一九日、伊藤は参議の大隈重信にも大体の手順を話し、支持を得た。また、天皇が自分たちを支持していることを確認し、木戸に「火の中にても飛込」むと手紙を書いた(木戸宛伊藤書状、一八七三年一〇月一九日、『木戸孝允関係文書』〈東〉一巻)。

翌二〇日、天皇は三条邸に行幸し、次いで岩倉邸に臨時に立ち寄って、岩倉に対して病気の三条に代わって天皇を助けるように、との勅語を与えた（伊藤之雄『明治天皇』一四八～一四九頁。「勅語」〔写〕一八七三年一〇月二〇日、「岩倉具視文書」〈対岳〉）。この日、木戸は伊藤を「剛凌《ごうりょう》強直《きょうちょく》」（強く厳しく正直）な性質として、岩倉に対し参議に推薦した（『大久保利通文書』五巻、八二頁）。岩倉使節団での、木戸の伊藤への不信はすっかり解消された。

一〇月二一日、伊藤は岩倉を訪ね、激しい意見を述べたようである。その日はさすがの岩倉でも伊藤のことを「あまりに御短慮」と思ったが、その後、伊藤の真意は岩倉を誤らせないための「深慮」の「御忠情」だったと理解し、二二日にも伊藤との会見を求めた。伊藤と会った後、岩倉は伊藤の過日来の「格別御配慮」に応じ、「一歩も不動《うごかざる》」決意を報じた（伊藤宛岩倉書状、一八七三年一〇月二二日の二通、『伊藤博文関係文書』三巻）。

一〇月二三日、岩倉は天皇に拝謁し、閣議の経過と結論を奏上するとともに、自ら書いた朝鮮問題に関する「奏聞書《そうもんしょ》」を提出し、今朝鮮国に使節を派遣すれば、内治が整わないうちに戦争を遂行することになる恐れがあるので、それには反対であるとの意見を上奏した。

ここで岩倉は、閣議決定を太政大臣代理という立場から否定しようという、極めて強気で大胆な、また制度的にも問題になるような行動をとった。この行動の背景に、伊藤の助言があったことは間違いない。

一〇月二四日、岩倉が前日に天皇から命じられた通り午前九時に参内すると、天皇から直筆の勅書を与えられた。その内容は、国政を整え民力を養い成功を永遠に期すべきであるので、岩倉の奏上を受け入れる、というものである（『明治天皇紀』三巻、一五〇頁。「宸翰《しんかん》」〔写〕一八七三年一〇月二四日、「岩倉具視文書」〈対岳〉）。

すでに一〇月二三日、西郷隆盛は病気という名目で辞官を求めており、二四日には、板垣・江藤・後藤・副島の四参議が病気を理由に辞表を出した。

こうして征韓論政変は、岩倉の剛毅とねばり、岩倉に優るとも劣らない激しい気質を持った伊藤の助言によって、少数派だった岩倉・大久保・木戸らの勝利に終わったのである。*なお、西郷の辞意表明から約二〇日経った一一月一二日、伊藤参議は「西郷先生」より御通信はその後いかがでしょうか、と大久保参議に手紙で尋ねている（大久保宛伊藤書状、一八七三年一一月一二日、『大久保利通関係文書』〈立〉一巻）。伊藤は、この政変の後、西郷隆盛と敵対的なままに終わるとは思っていなかった。だからこそ、激しい対応を岩倉に求めたのであるが、その予想は外れた。

＊　征韓論政変に関しては、「新見解」が出されている。それは、西郷隆盛は朝鮮国に使節として派遣されることを希望したが、征韓を考えてはおらず、大久保も西郷の使節派遣に必ずしも反対でなかった、これが大きな政変になったのは、長州派が、山城屋和助事件・尾去沢《おさりざわ》銅山事件などで、江藤新平（佐賀藩出身、参議兼司法卿）と司法省の追及を受けて窮地に陥り、木戸や伊藤らが、江藤と司法省を打倒するために、朝鮮国使節問題を征韓問題として利用したからだった、とするものだ（毛利敏彦『明治六年政変の研究』、同『明治六年政変』）。この説は、高橋秀直「征韓論政変の政治過程」の緻密な実証により、朝鮮国使節派遣と征韓は結びついていたことが改めて示され、否定された。本書で述べていくように、征韓論政変で下野しなかった薩摩系の者ですら、多くは台湾出兵、江華《こうか》島《とう》事件、壬午《じんご》事変、甲申《こうしん》事変等で、一貫して強硬な対朝鮮国・清国政策を主張している。このこと等と切り離して、当時において関係者が征韓論を

めぐる対立と見ていた政変について、毛利氏は、強引に「新説」を出そうとしている。なお、本書では、政変の過程で伊藤が果たした重要な役割を明らかにした。

第六章　伊藤参議兼工部卿の実力——西南戦争

三二歳で入閣する

征韓論政変で西郷隆盛・板垣退助ら五人の参議が辞任したので、一八七三年（明治六）一〇月二五日に工部大輔《たいふ》（次官）の伊藤が参議兼工部卿《きょう》に、海軍大輔の勝海舟《かつかいしゅう》（安芳《やすよし》、幕臣）が参議兼海軍卿に、二八日に駐英公使寺島宗則《むねのり》（薩摩藩出身）が参議兼外務卿に就任、太政《だじょう》官《かん》制下の内閣の一員となった。

三人はいずれも、大輔や公使（当時の日本は大使を交換できない小国だったので、現在の大使にあたる）という次官クラスで、卿（長官）の一つ下であった。とりわけ、征韓論政変で岩倉を突き上げ、木戸孝允《たかよし》や大久保利通《としみち》と連絡を取って政変を裏でリードした伊藤は、参議の筆頭候補といえた。

ところが、六月から陸軍卿になっていた山県有朋《やまがたありとも》は、参議になることができなかった。征韓論政変の後、陸軍卿の山県と、宮中を担当して特殊な宮内卿を除き、各省の長官である卿はすべて参議が兼任するようになった。陸軍卿だけが参議兼任でないのは、山県のみならず陸軍省にとっても不自然なことであった。

これは山県が、それまで崇拝し世話になっていた西郷隆盛に気を遣い、征韓論政変の際に、木戸らの立場に立って積極的に動かなかったからである。木戸は、山県の参議昇格に反対した。結局、山県は参議になれなかったが、大久保・岩倉や伊藤の支持を得て、翌年二月まで陸軍卿の地位を維持した。この間、伊藤は、病気がちの木戸の代行ともいうべき地位を得た。そのため、西郷隆盛らが辞職して動揺していた陸軍の人事などにも、木戸と相談しながら影響力を及ぼした（伊藤之雄『山県有朋』一一〇～一一六頁）。

　ところで、和歌山藩出身の陸奥宗光《むつむねみつ》は、木戸系で伊藤とも親しく、大蔵省租税頭《そぜいのかみ》（局長）を経て、一八七三年六月一七日に、大蔵少輔《しょうゆう》心得（次官クラス）に任命されていた。しかし大蔵省内と折り合いが悪く、一八七四年一月初めには辞職の決意をした。伊藤は「誠に秀才之《の》人物を失ひ候儀《そうろうぎ》残念」と、他の適当な地位に採用されることを木戸に頼んだ。

　木戸は司法省に登用することを大久保に申し込んだが、参議兼司法卿の大木喬任《たかとう》（佐賀藩出身）が同意せず、うまくいかなかった（木戸宛伊藤書状、一八七四年一月七日、伊藤宛木戸書状、一八七四年一月一九日、『木戸孝允関係文書』〈東〉一巻。『伊藤博文関係文書』四巻）。この間、一月一五日に陸奥は大蔵省を辞めた。

　伊藤は出身藩にこだわらず、才能と胆力のある改革派の人物を評価した。この後、陸奥は、一旦は西南戦争に加担して獄に入れられるが、数年して出獄すると、伊藤と井上馨《かおる》の配下として働いた。日清戦争を挟んだ第二次伊藤内閣では、井上馨内相とともに、陸奥は外相として首相を支える中心閣僚となる。

　陸奥が大蔵省を去って約半月後、二月一日に佐賀で不平士族らが銀行小野組佐賀出張所を襲った。佐賀の乱の始まりである。同三日、佐賀が不穏であるとの電報が内務省に伝わると、大久保利通内務卿が中心となって対応した。

大久保は三条・岩倉両大臣や木戸参議と会談、自らが九州へ出張することを申し出た。九日、大久保に九州行きが命じられ、翌日に鎮圧や賞罰の全権が与えられた。

佐賀を管轄する軍事力は熊本鎮台《ちんだい》で、司令長官は谷干城《たてき》少将（土佐藩出身）であった。二月一〇日、伊藤は大久保に手紙を書き、谷が裏切るのは疑いないので、鎮台兵が政府側か乱側のいずれにつくかわからない、との見通しを示した。そこで谷には帰京を命じ、大久保が代わりの将軍一名（野津鎮雄《のづしずお》少将〔薩摩藩出身〕）を引き連れて出張すれば、佐賀へ入る頃には、熊本鎮台で谷と交代しているはずでしょう、また大阪鎮台より差し出す兵も一大隊では危うく、ぜひ二大隊派遣すべきだ、と提案した。さらに、大久保の「単身直入」の勇気を少しは抑制してください、「御自重」も国家のためと思います、などと伊藤は手紙を続けた（大久保宛伊藤書状、一八七四年二月一〇日、『大久保利通関係文書』〈立〉一巻）。

伊藤は、谷将軍への強い不信感を持っていたのだった。谷は反乱に加担していたわけではない。伊藤と谷は波長が合わなかった。一八八〇年代にも陸軍軍政改革や条約改正をめぐって、二人は対立を続けていく。

谷の裏切りという評価は誤っていたが、大久保は伊藤の助言を聞いた。一二日、大阪鎮台に二個大隊の出兵、熊本・広島・大阪の三鎮台に臨時召集の準備が命じられた。大久保は西郷従道《つぐみち》陸軍大輔《たいふ》（陸軍卿欠員）や伊藤の助言通り、熊本鎮台に派遣される野津少将らと相談し、一四日に東京を出発した。

二月一九日、大久保は大阪鎮台兵二個大隊を伴って福岡に上陸し、本営を設けた。反乱への加担者は、一万人以上にもなった。これに対し、政府軍は大久保を中心として佐賀地方に進撃、三月一日、佐賀城を取り返した。江藤新平（前参議兼司法卿）は、他の首謀者たちとともに、四月一三日に処刑された。佐賀の乱は、大久保内務卿を中心に、「シビリアン・コントロール」（「文民統制」）のもとで鎮圧され、文官の伊藤も大久保を通して作戦に影響を与えたのである。

ところで、伊藤は廃藩置県後の明治四年（一八七一）九月に工部大輔（卿欠員）に就任したが、まもなく岩倉使節団の派遣が具体化し、一一月に副使として渡欧したので、工部省にはほとんど関与できなかった。

それから二年ほどして、征韓論政変後に伊藤が参議兼工部卿に就任すると、伊藤は工部省の技術系官僚の方針に沿って、殖産興業事業を工部省が積極的に行うという路線で動いた。伊藤の就任後、東京―長崎間電信線の第三線架設工事の追認や生野《いくの》鉱山への新道工事など、事業はそれまでよりも順調に展開した（柏原宏紀『工部省の研究』一九八～二一二頁）。

すでに述べたように、伊藤の仕事は工部卿としてのものに限定されるのでなく、病気がちの木戸の代理として、陸軍の統制・人事、佐賀の乱への対応など幅広いものであった。工部省のことは、技術系官僚の専門家としての意見を尊重し、合理的に判断するというのが、伊藤の姿勢であったといえよう。

台湾出兵への木戸の怒り

政府にとって、佐賀の乱以上に困難な問題だったのは、台湾出兵である。ことの起こりは、明治四年（一八七一）一一月に琉球漁民五四人が台湾に漂着して、原住民に殺害された事件である。日本は、琉球が日本に所属する形で清国と国境を画定したいと考えていたので、琉球漁民の殺害を放置できなかった。

　これに対し、清国は、台湾原住民は自国の領域外の者であり関知しない、という見解を示した。そこで、征韓論が一段落した一八七四年（明治七）二月六日、政府は、清国と十分な交渉をしつつ、台湾に出兵して原住民の頭目たちを討伐する、という方針を決めた。

　征韓論に反対した岩倉・大久保や伊藤らが、四ヵ月もしないうちに台湾出兵を決意したのは、佐賀の乱が起こったように、全国的に広がるような士族反乱が起こることを恐れたからである。しかし、参議の木戸は、台湾出兵を決めた二月六日の閣議に出席しなかった。木戸は、清国と戦争になるかもしれないと懸念し、台湾出兵に反対だったからである。

　その後、イギリスやアメリカが日本の台湾出兵に抗議してきたので、政府は出兵延期命令を、長崎で出兵準備中だった西郷従道司令官（台湾蕃地《ばんち》事務都《と》督《とく》、陸軍中将）に出した。しかし五月二日、西郷従道は独断で将兵約一三〇〇人を軍艦に乗せ、台湾に出発させてしまった。西郷従道の判断では、出発を無理にとどめたら佐賀の乱以上の問題が起きると思われたからである。政府は出発を事後承認せざるを得なかった。

　西郷都督（司令官）の行動に最も怒ったのは、木戸だった。参議兼文部卿の木戸は、台湾出兵にもとから反対であり、四月一八日には病気を理由に辞表を提出し、五月一三日に認められた。ただし、引き続き宮内省出仕《しゅっし》に任じられ、宮中等の儀式のときの席次も変わらなかった。大久保や岩倉右大臣・三条太政大臣らは、長州の最有力者の木戸を何としても政府につなぎ止めようとしたのだ。

木戸の参議兼文部卿の辞表が認められると、井上馨は、あなたは今後どのように「進退」するのでしょうか、内々で教えてください、と伊藤に手紙を書いてきた（伊藤宛井上馨書状、一八七四年五月一八日、『伊藤博文関係文書』一巻）。井上馨は、前年五月に大蔵大輔（次官）を辞任させられ、政府を去っており、政府の内情がわからず、木戸に従い伊藤も辞任する可能性があるとみたのである。

木戸離れが進む

ところが、伊藤や山県有朋（近衛都督、前陸軍卿）は、西郷従道が部隊を勝手に台湾に出発させたことには批判的であったが、二人はその後も大久保を支えたように、出兵してしまった事実を追認せざるを得ない、という態度を取った（伊藤之雄『山県有朋』一一九～一二一頁）。伊藤は、岩倉使節団の際に木戸が伊藤や井上馨に感情的な行動をとったことに失望し、山県は征韓論政変後に木戸の怒りのため陸軍で失脚しそうになったことから、二人は国政指導者としての木戸の限界を感じ始めたのである。

木戸が辞表を提出しても、伊藤は木戸に、三条がとても心配していること等を伝えたが、辞任を思いとどまるよう、伊藤自ら全力で説得したわけではない（木戸宛伊藤書状、一八七四年四月二二日〔二通〕、二五日、五月一四日、二四日、『木戸孝允関係文書』〈東〉一巻）。

これは、伊藤が木戸との長年の付き合いを通し、台湾出兵を中止しない限り、木戸は簡単に政府に戻らないことを知っていたからである。また、木戸離れした伊藤は、岩倉や大久保に国政のリーダーとしての期待を寄せるようになっていたからでもある。

さて、台湾に出兵した日本軍は、一八七四年（明治七）六月上旬には討伐をほぼ終了した。この間、清国は日本が清国の主権を侵害したと抗議し、撤兵を要求してきた。台湾問題の先行きが定かでない中で、もう一つの問題が起きた。それは、空席となっていた左大臣に、四月二七日に島津久光《ひさみつ》（旧薩摩藩の実権を握った人物）が任命されたことに始まる。

久光は五月二三日に、大久保・岩倉らの近代化路線を否定する八ヵ条の建言を行った。それには租税復旧（地租改正反対）や徴兵令を否定する等の内容が含まれていた。また、西郷隆盛・板垣退助に復職を命じ、「非行」のある参議兼大蔵卿大隈重信を罷免《ひめん》し、参議兼工部卿の伊藤を大蔵大輔《たいふ》（次官）に降格させるという要求もあった。

久光は、大久保がこれらに反対であるなら、罷免することを求め、この意見が採用されないなら久光自身が辞職すると主張した。

久光は佐賀の乱に際して、西郷隆盛に平静を保つよう説得した人物である。旧薩摩藩士の反乱を防ぐことを考えると、久光をなるべく政府につなぎとめておくことが得策だった。しかし久光の建言は、大久保・岩倉や伊藤が受け入れられるものではなかった。

二五日、大久保は久光に会って、その意見は適当でないと述べたが、久光は聞き入れなかった。そこで大久保は辞表を提出した。

これに対し、最もはっきりと大久保を支持して動いたのは、参議の伊藤だった。伊藤は山県近衛都督と連携し、五月二七日、久光建言への対策のために開かれた「集会」で、大久保の主意が貫徹しないなら、天下のことは目的がなくなる、久光の申し立ては承知できない、と明言した。

結局、台湾出兵問題が解決するまで建言の実行を待つという条件で、久光が妥協し、六月六日から大久保は再び出勤するようになって、久光問題はひとまず封印された。この問題を通して、伊藤と山県の友情が深まったのみならず、大久保は伊藤への信頼をさらに強めた。また山県を信頼するようになっていった。

大久保は、木戸の意向に反しても、山県を復活させようとした（伊藤之雄『山県有朋』一二一～一二三頁）。当然、伊藤にも異論はなく、長州系軍人の同意を取り付けた（大久保宛伊藤書状、一八七四年六月二二日、二九日、『大久保利通関係文書』〈立〉一巻）。実力者大久保や伊藤の支援を受け、六月三〇日、山県は陸軍卿に復帰した。

大久保の信頼に応える

さて、台湾の原住民たちの討伐は、一八七四年（明治七）六月上旬に一段落したので、政府は台湾から直ちに撤兵するか、しばらく駐兵を続けるかの決断をしなくてはならなかった。すでに清国から台湾出兵について抗議が出ているので、駐兵を続ければ日清戦争になる恐れもあった。

伊藤は熱心な撤兵論者だった。清国と戦争になるかならないかにかかわらず、一応撤兵すれば清国の憂いを断つことができ、「万一之《これ》無事」（万一戦争にならない）にすむこともある、といろいろ主張した。しかし、三条実美《さねとみ》太政大臣らは撤兵に反対で、いったん撤兵すれば清国がつけ込んでくる恐れがあるので、清国との交渉が終わってから撤兵するということになった（木戸孝允宛伊藤書状、一八七四年八月一三日、『木戸孝允関係文書』〈東〉一巻）。

なお、大久保が山県陸軍卿ら将官八人に日清が開戦することについて意見を聞いたところ、山県を含め六人は、兵備がまだ整っていないと見て、開戦に反対だった。

しかし、七月八日の閣議では、清国との交渉が決裂する場合に備え、戦備を整えることが決定され、九日には宣戦布告の手順も決められた。大久保は、自分が清国と交渉し、開戦を避ける道を探ろうと、七月一三日、清国に派遣するよう、三条に求めた。三条や岩倉は、国内が不安定であるという理由で、同意しなかった。他方、柳原前光《やなぎはらさきみつ》駐清公使が担当していた清国との交渉は進展せず、七月一七日、清は実力者李鴻章《りこうしょう》を通し、柳原に再度撤兵を求めてきた。

大久保は強い危機感を抱き、二六日以降、三条・岩倉に清国に派遣してくれとさらに強く迫ったが、二九日夕方になっても、二人は同意しなかった。三条・岩倉は三〇日朝、伊藤に相談することになっていたので、大久保はその前に伊藤に手紙を書き、二人を説得してほしい、と次のように懇願した。

昨年一〇月〔の征韓論政変〕以来、内外の多くのことについてあなたに相談しなかったことはなく、共に「艱難《かんなん》」を踏んで今日まできて、国家のため、意見の差異はあっても、私の気持ちはあなたが知っていると、私としては信用していますので、〔清国派遣について三条・岩倉を説得することを〕手紙でお願いします。

（伊藤宛大久保書状、一八七四年七月三〇日、『伊藤博文関係文書』三巻）

大久保は、伊藤が岩倉から厚く信頼されていることに期待したのである。また、大久保の伊藤への期待と信頼も高かったとわかる。さらに、大久保の派遣の可否について三条と岩倉が伊藤に相談するように、木戸が政府を離れていた状況下で、長州系として、伊藤は木戸に準ずる存在になりつつあった。

七月三〇日朝の三条・岩倉と伊藤の会談で、おそらく伊藤は、大久保の清国派遣を強く主張したと思われる。同日の「御会議」で大久保の清国派遣が内定し、八月一日に「全権弁理大臣」として大久保を清国に派遣する命令が出された。

大久保内務卿の代理

次いで一八七四年（明治七）八月二日、木戸辞任後の参議補充と征韓論政変で辞めた参議の補充を兼ねて、山県と、黒田清隆ら薩摩系二人が参議に任命された。伊藤は大久保の意を受け、参議に就任するよう、山県を説得した。

長州の山県を含めた三人の参議の補充人事が、木戸に相談されることなく、大久保・伊藤を中心に、三条・岩倉が加わる形で実質的に決められたようである。しかも、同じ八月二日、伊藤は大久保が清国に出張している間、内務卿を兼任することになった。伊藤は大久保から信頼され、大久保の後継者としての地位を固めつつあったのである（伊藤之雄『山県有朋』一二五〜一二六頁）。

この半年後に、伊藤は大久保の宿で酔いつぶれている（大久保宛伊藤書状、一八七五年一月二七日、『大久保利通関係文書』〈立〉一巻)。二人はもはや青年ではなく、酒の上の醜態を普通は簡単に見せることはないが、長州、薩摩と出身藩を異にしながら、伊藤と大久保は、そこまで気を許しあう仲になっていた。

さて、大久保は一八七四年九月一四日から、台湾出兵について北京で清国側と談判を始め、一〇月三一日にようやく妥結させた。その内容は、清国が日本の台湾出兵を正当なものと認め、琉球漁民への補償などとして五〇万両を日本に支払う、というものだった。五〇万両は、日本の出兵費用をまかなえない少額だったが、清国との戦争を避け、日本の面目を保ったことで、明治天皇はじめ、大臣・参議ら閣僚、国民も大いに満足した。

台湾からの撤兵や日清戦争回避を強く主張し、また大久保派遣で三条・岩倉を説得したであろう伊藤の決断も、一役果たしたといえる。

伊藤は一一月一五日、大久保の成功について、木戸にこう喜びを伝えている。実に意外の事で、この上なき「国家之《の》大幸」だと思います。大久保もよほど苦心し、終《つい》に「啓釁《けいきん》の憂〔清国と戦争になる心配〕」がなくなったのは、実に「大功」だと思います——。その上で伊藤は、お気にかけておられるとは思いますが、ついでの折に大久保に手紙を出されて、今回の「殊功」を「御賞讃《しょうさん》」し、今後の見込みなどを隠さないで打ち明けてくだされば、好都合だと思います、と木戸に頼んでいる(木戸宛伊藤書状、一八七四年一一月一五日、『木戸孝允関係文書』〈東〉一巻)。

台湾問題も戦争になることなく終わり、次項で述べるように、三条・岩倉・大久保等もそろそろ木戸に政府に復帰してほしいと願ったので、伊藤も積極的に動いたのだった。伊藤の木戸離れはかなり進んでいたが、岩倉や大久保からも信頼され、政府に復帰した木戸からも頼りにされる状況は、伊藤にとって理想的だった。そのことで、鹿児島に帰った西郷隆盛らや全国の不平士族に対抗し、改革をより着実に推進する政府を作っていけるはずであった。

大阪会議の根回し

征韓論政変で下野した板垣退助（土佐藩出身）・後藤象二郎《しょうじろう》（土佐藩出身）・副島種臣《そえじまたねおみ》（佐賀藩出身）らは、一八七四年（明治七）一月一七日に民撰議院設立建白書《みんせんぎいんせつりつけんぱくしょ》を、立法を担当する左院《さいん》に提出した。続いて、四月一〇日、板垣らは高知に自由民権運動の政社である立志社《りっししゃ》を作った。

在野でこのような動きがあったものの、すでに述べたように、政府は台湾出兵への対応で精一杯であった。一〇月三一日、大久保の尽力の結果、日清間で台湾問題について条約が調印されると、一一月から政府内外で立憲政体についての関心が高まった。

木戸は同年七月から下関に帰っていたが、立憲政体についての関心を示していた。一一月一日、木戸は伊藤から、ぜひとも東京に戻ってくるように、との三条太政大臣の要請を伝言された（松尾正人『木戸孝允』一七五～一八〇頁）。

一二月一九日、伊藤は木戸に宛て、前回下関でお会いしてまだ日がないのに、私が再び行けば世間の嫌疑がどうか

大久保利通

板垣退助

と考えるので、使いに託して要件を申し上げます、と手紙で切り出した。伊藤は、さらに、大久保が清国から帰国した後、だいたいの政治構想を聞いたところ、木戸の「宿論《しゅくろん》」と異なっているところがなく、大久保も至急木戸に会って、じっくりとお話ししたいと思っている、と木戸に伝えた。

大久保は三田尻《みたじり》（現・山口県防府《ほうふ》市）あたりまで出かけて木戸と話し合いたいと思っているが、世上、かえって問題がありそうだ、幸い木戸が京阪神方面に出かけたいとの希望をもっておられるようなので、偶然の形をとってお二人が大阪辺で出会うことにするよう、協議をしたい、大久保は一二月二三日に船で大阪までやってきて、木戸をお待ちしているはずです、とも伊藤は書いている（木戸宛伊藤書状、一八七四年一二月一九日、『木戸孝允関係文書』〈東〉一巻）。

伊藤は大久保と相談して、木戸を政府に復帰させるため、大阪で大久保・木戸会談を設定しようと動いたのである。大久保と木戸の「宿論」が異なっているところがない、との伊藤の見解には、木戸を引き出すための、ある程度の仲人口《なこうどぐち》も入っているのだろう。

一一月から一二月にかけ、井上馨も伊藤と連携し、木戸の大阪行きやその後の政府入りを促す一方、同時期に板垣退助を大阪に出かけさせるよう、工作していた（木戸宛井上馨書状、一八七四年一二月一日、五日、一八日、同前、一巻）。

一八七五年一月五日、木戸が神戸に入港すると、大久保が黒田清隆らを同行させて同地まで出迎えた。こうして大阪会議が始まった。一月七日、八日と大久保・木戸会談が行われたが、木戸の態度は大きくは変わらなかった。

その後、東京から伊藤が到着して二三日に木戸と会い、二七日にも木戸・伊藤会談を行い、二九日には大久保・木戸と伊藤の三人が会合した。この日に木戸は、東京に行くことに同意したようだ。

一月三〇日に木戸は板垣らと会い、将来の「立法会議」等のことについて語り、異同はあるが、だいたい意見の一致をみた。その後、木戸は神戸で伊藤に会い、二月四日には伊藤が大久保に対し、木戸と板垣の合意の趣旨を説明し、大久保から異論がないとの回答を得た。伊藤から大久保の意見を聞いた木戸は、二月九日に伊藤とともに大久保を訪ね、「民会」等を作り、徐々に「国会の基」を開こうという意見を述べ、大久保の同意を確認した。

二月一〇日には、井上馨のもとに、木戸と板垣らが会合した。すでに伊藤は、上院的な元老院、下院の代わりの地方官会議、大審院（現在の最高裁判所）の構想を作成し、大久保と木戸に示していた。これが、木戸・板垣の合意の大枠になったようである。

二月一一日、木戸は料亭「加賀伊《かがい》」に大久保・板垣を招き、伊藤や井上馨も同席した。征韓論政変以来、大久保と板垣が面会するのは初めてである。こうして、木戸・板垣の両者が参議に復帰することになった。

木戸は三月八日に、板垣は一二日に参議に再任された。イギリス風の立憲政体への転換を性急に行おうとする板垣と、大久保・木戸との差は大きかったが、四月一四日、漸次《ぜんじ》立憲政体樹立の詔《みことのり》が発せられ、元老院・大審院を置き、地方官会議を開くことになった（松尾正人『木戸孝允』一七九〜一八五頁)。

このように、伊藤の尽力により、大阪会議は一応成功した。なお、元老院や地方官会議は、官選のメンバーで構成される。これらを構想した伊藤は、岩倉使節団以降、西欧と日本の国民の状況の差を強く意識し、早急に民選の組織を作ることに極めて慎重になっていたのである。

恩人木戸への失望

すでに見たように、一八七五年(明治八)の政治は、大阪会議から始まった。その成果としての漸次立憲政体樹立の詔にもとづき、六月二〇日から二八日間の会期で地方官会議が行われた。参議の木戸は、政府を代表する形で議長となった。この会議では、民権派の要求を押さえ、府県会・(東京・大阪・京都などの大都市の)区会議員は、一般からの公選で選ぶのでなく、区・戸長《こちょう》で構成することが決まった。木戸がそのようにリードし、漸進論の伊藤もそれに賛成だった。

同じく上院の代用として元老院が、それまでの太政官の左院と右院を廃止して作られ、四月二五日に一三人の議官が任命された。板垣が推薦した後藤象二郎(土佐藩出身)ら三人と、木戸が推した三浦梧楼《ごろう》(長州藩出身、陸軍少将)・陸奥宗光ら三人もこの中に入っていた。

五月三〇日、元老院側は、元老院の議決を経ないものは法律としないという、新たな章程(規則)を増補することを求めてきた。これに対し、大久保と伊藤は増補案の削除を求め、板垣は削除に反対、三条太政大臣は決断を下せなかった。章程の増補問題は残されたが、七月五日に元老院は開院式を迎えた。

　地方官会議や元老院の設置という形で、民権派の意向を多少受け入れた一方で、六月二八日、政府は新聞紙条例などを制定し、民権派の政府批判を抑圧した。

　元老院の権限をめぐる紛議は、その後も簡単には解決しなかった。木戸は板垣の動きに批判的であったが、大阪会議で、板垣と大久保の仲立ちをした自らの困難な立場について、後悔した。木戸は自分一人が難題を背負わされ、大阪会議での合意に反して大久保や伊藤らが傍観しているのに失望した（松尾正人『木戸孝允』一八五～一九六頁）。

　木戸の立場は、急進的な板垣と漸進主義的な大久保の中間であり、伊藤に木戸の立場を理解して活動してほしいと望んでいた（伊藤宛木戸書状、一八七五年七月二一日、八月一日、『伊藤博文関係文書』四巻）。しかし伊藤は、大久保との連携を決めていた。

　さらに、木戸は前年に大病をして以来、もとには戻っておらず、絶えず「脳病」に悩まされていた。そのこともあり、九月二七日には伊藤に参議を辞めたいと漏らすまでになった（槇村正直宛木戸書状、一八七五年九月二四日、伊藤宛木戸書状、一八七五年九月二七日、同九月二九日、『木戸孝允文書』六巻）。

　病気の影響があるとはいえ、このように気弱になった木戸に、伊藤も失望を深めたことであろう。しかし、以下に述べるように、政府には左大臣の島津久光問題が継続し、新たに江《こう》華《か》島《とう》事件も起こっており、木戸を辞めさせるわけにはいかなかった。結局、木戸は翌一八七六年三月二八日になってから、参議の辞任を認められた（ただし、木戸は内閣顧問に就任）。

島津久光・板垣の離脱

さて、左大臣の島津久光は、政府に不満を持ち続け、一八七五年（明治八）八月下旬になると、中山忠能《ただやす》（公家、明治天皇の祖父）・伊達宗城《だてむねなり》（前宇和島藩主、前外国官知事〔長官〕）ら八人が久光に同調し、時事について上奏しようとした。彼らは幕末から維新初期には重要な役割を果たしたが、その後閑職に追いやられた不平分子である。久光問題は、薩摩の動向に関係していたが、それ以外にも広がりを持つ可能性が出てきた。

また九月二〇日、日本の軍艦一隻が朝鮮国のソウルに近い江華島の砲台に近づき、乗員のボートが射撃されたので、翌日、砲台を占領した事件が起きた。江華島事件である。この事件の処理を誤り、日本が朝鮮国に出兵することになれば、征韓論政変や台湾出兵では何とかまぬかれた、日清戦争が起こってしまう危険性があった。

ところが板垣は、内閣と各省を分離し、参議が各省の卿（長官）を兼ねるのを止めるよう、強く主張し始める。これは、大阪会議での参議に復帰する合意条件だった。そこで一〇月一九日、明治天皇は、江華島事件が起こったのでしばらく旧来通りで行うという決裁を、大臣・参議を召して行った。この判断は、三条・岩倉両大臣や、木戸・大久保・伊藤・大隈らの参議の意見に従ったものだった。

しかし、「宸断《しんだん》〔天皇の決定〕」が出たにもかかわらず、その日のうちに久光は、天皇に封書を差し出し、三条を退けないと日本は西洋各国の奴隷になってしまう、等と三条を批判する建言を行った。

二二日、天皇は久光を召し、その建言を却下した。すると、久光と板垣は、それぞれ辞表を出してきた。そこで二五日の閣議で、久光と板垣の辞官を許可することを決め、天皇の裁可を経て、二七日に二人の辞任が認められた（伊藤之雄『明治天皇』一六八〜一七七頁）。

江華島事件に関しては、一〇月二七日に大臣・参議の三条邸での会議で、朝鮮国に使節を派遣して「暴挙の義」を詰問することになった。一二月に入ると、黒田清隆（薩摩藩出身、参議兼陸軍中将）が、次いで井上馨（長州藩出身、元老院議官）が、それぞれ正副の使節に任命された。黒田が選定された閣議では、参加者の多くは戦争と決まったという雰囲気だった、と木戸は批判的に見ていた。正使の黒田も、戦争になる恐れがあると思っていた（伊藤之雄『山県有朋』一二九頁）。

木戸は、正使の黒田が開戦に傾いても、副使の井上馨が「平和」に解決するよう期待した。また、その木戸の気持ちを、伊藤や山県へも伝えておくよう、井上馨に頼んだ（井上馨宛木戸書状、一八七五年一二月三〇日、『伊藤博文関係文書』二巻、一四二〜一四三頁）。伊藤や山県は、おそらく、戦争は避ける方が良いと思いつつも、国内の不平士族等の不穏な状況を考慮し、木戸ほど徹底した避戦論者ではなかったのであろう。

一八七六年一月一八日、釜山《プサン》に着いた黒田は、現地は平穏でないので、二個大隊の兵を送ってほしい、と電報で要望してきた。大久保は伊藤や山県と相談し、その申し出を拒絶することにした。伊藤や大久保・山県は、二個大隊を朝鮮国に派遣すると、かえって戦争を誘発する、と判断したのだ。この考えは、木戸も同じである。彼らの方針は、閣議でも追認された。

結局、二月二七日、黒田は軍艦で威圧し、朝鮮国に不利な不平等条約である日朝修好条規を結び、朝鮮国を開国させることに成功した。こうして、日朝戦争から日清戦争になる危機は、また避けられた（伊藤之雄『山県有朋』一三〇頁）。

伊藤・井上馨・山県らは、江華島事件を平和に解決するという方針では木戸に同調したが、同じ頃、木戸の腹心だった伊藤や井上馨ですら、政府を去りたいという木戸をもてあまし始めている。一八七六年一月、井上馨は伊藤に、木戸の一件はどのように落着するでしょうかと尋ねた上で、「最早《もはや》末路々々と胸中に充満」しているので、今度「変に至り候《そうら》はゞ〔政府を去りたいというおかしな要求をしてきたら〕」、木戸を出張させ、最終的には辞任を認め、「保養」させる方が適当だと思っていいます、と手紙に書いている（伊藤宛井上馨書状、一八七六年一月一六日、『伊藤博文関係文書』一巻）。伊藤と井上馨は盟友であるからこそ、ボスである木戸の処置について、このような話ができた。

三月になると、伊藤と井上馨は、木戸の行動について伊藤から忠告しようとまで話し合ったが、伊藤は最後の決心がつかなかった。井上馨も納得した（伊藤宛井上馨書状、一八七六年三月一八日、『伊藤博文関係文書』一巻）。すでに述べたように、木戸は三月二八日に参議を辞任し、内閣顧問となった。

木戸以上の権力を持つ

木戸が参議を辞めると、伊藤と大久保の関係は以前にも増して深まったらしい。この頃、井上馨は欧米出張を命じられ、一八七六年（明治九）六月にアメリカ合衆国へ向けて出発した。サンフランシスコから、井上馨は伊藤に次のような忠告をしている。伊藤に期待するが故の言葉であった。

伊藤が大久保を重んじ、大久保に「倚《よ》る〔頼りにする〕」ところが、双方ともに度を越す時は、その害が多くなる。したがって、一つ一つの事柄を深く考えて、ただ大久保との関係に注意しないと、〔伊藤の〕「英気」が「世人を圧倒」する勢いを失ってしまうので、ご注意申し上げます。

（伊藤宛井上馨書状、一八七六年七月一七日、『伊藤博文関係文書』一巻）

また、井上馨の出発の前に、伊藤・井上の間で、長州系が木戸と伊藤とに二分されては問題なので、木戸に自重してくださいと、井上の発案という形で井上から忠告することになった。

しかし七月中旬になっても、井上馨はその忠告を実行できないでいた。同二四日、木戸は内閣顧問を免職してほしいことと共に、洋行をさせてほしいと、岩倉に手紙を書いている（岩倉宛木戸書状、一八七六年七月二四日、「岩倉具視文書」〈対岳〉）。しかし、健康状態があまりよくなかったからであろう、木戸は九月には洋行を見合わせる意向を示した。そこで井上馨は、イギリスから木戸に、伊藤との間に「両立之《の》機」を生じさせないように、との忠告の手紙を送った（伊藤宛井上馨書状、一八七六年七月一七日、八月二八日、九月二〇日、『伊藤博文関係文書』一巻。木戸宛伊藤書状、一八七六年七月二日、『木戸孝允関係文書』〈東〉一巻。伊藤宛木戸書状、一八七六年七月二九日、井上馨宛木戸書状、一八七六年九月三日、『木戸孝允文書』七巻)。

一八七六年には、伊藤は長州系で木戸以上の権力を持ち、長州系を束ねる存在になっていたのである。

西南戦争の指導

同じ一八七六年(明治九)の秋、一〇月二四日に熊本で、保守的な士族の神風連《じんぷうれん》が反乱を起こした。それをきっかけに、二七日に福岡で秋月《あきづき》の乱が、二八日には前原一誠《まえばらいっせい》(前兵部大輔《ひょうぶたいふ》)が中心となって、萩の乱が起こった。これらの乱の鎮圧の指導には、実力者の大久保参議兼内務卿が、山県参議兼陸軍卿と連携して当たったようである。山県は、乱の鎮圧が遅れるようなら、自ら現地へ乗り込む、と伊藤に意欲を見せた。乱は、一一月五日に前原一誠が島根県で逮捕されると、鎮静していく。前原は一二月三日に処刑された。

この間、一一月七日、木戸は、大久保・伊藤・山県は自ら国家に尽くす思いが同様であり、改革の方向も大体固まった、と述べて、自分は病気でもあるので政府から退きたい、との意思を手紙で示している(伊藤之雄『山県有朋』一三二〜一三三頁)。本来人柄の良い木戸は、伊藤と両立して長州系に混乱を引き起こさないようにとの、九月の井上馨の忠告を十分に受け止め、士族反乱が一段落したのを機に、自分の隠居を本当に考え始めたのだった。

その後も、一一月末から一二月にかけ、茨城県・三重県・愛知県・岐阜県・堺県(現・大阪府)で、地租改正によって税が重くなったことが原因で農民一揆が起きるなど、世情は動揺し続けた。そこで大久保は、地租の減額を建議し、翌一八七七年一月四日、地租は政府が初めに設定した、地価の三パーセントから二・五パーセントに軽減された。
同じ一八七七年一月二九日夜、鹿児島で西郷隆盛を擁していた私学校派の一部は、鹿児島の陸軍省火薬庫を襲撃、弾薬を奪った。私学校側は勢いを増し、西郷も抑えることができなくなった。二月一二日、西郷は桐野《きりの》利秋《としあき》（陸軍少将）・篠原国幹《しのはらくにもと》（同前）と三人で連署し、政府に尋問したいことがあるので随行を希望する旧兵士を率いて出発する、という挙兵の趣意書を作成する。一四日から一七日にかけ、一万六〇〇〇名ほどの将兵が鹿児島から熊本へ向けて出発した。

この頃、伊藤は三条実美（太政大臣）・木戸孝允（内閣顧問）・山県有朋（参議兼陸軍卿、陸軍中将）らと共に、明治天皇に従って京阪神に来ていた。明治天皇の父である孝明天皇の一〇年祭式と、京都─神戸間の鉄道の開通式に出席するためである。

二月一二日、山県の判断により、出兵準備の指示を受けていた、近衛・東京鎮台・大阪鎮台等の兵に出兵命令が出された。次いで、二月一八日、伊藤を含め、三条・大久保・木戸・山県が京都で会合した。実質的な閣議である。ここで、西郷たちを暴徒として討伐する方針を決めた。翌一九日、天皇の裁可を得て、「暴徒討伐」令が布告された。

同じ日、大阪に征討総督本営が置かれ、大久保・伊藤両参議を中心に、軍の動員や編制、全体の戦略にあたることになった。

また、征討総督には有栖川宮熾仁《ありすがわのみやたるひと》が任命され、山県と川村純義《すみよし》（薩摩藩出身、海軍大輔、海軍中将）がそれぞれ参軍に任じられ、現地での陸・海軍の戦争指導に当たることになった。

戦地での山県参軍の動向など、軍の重要情報はすべて、大久保・伊藤両参議に伝えられることになっていた。大阪の大久保と伊藤は、後の時代の戦時下で陸軍参謀本部が主導した大本営の役割を、文官でありながら担ったのである。

西南戦争の戦いは、西郷軍が熊本城を包囲し、その北方の田原坂《たばるざか》で南下する政府軍に頑強に抵抗し、激戦となった。そこで考え出されたのが、別働第二旅団を編制して、熊本の南部に上陸し、西郷軍の背後から攻撃する作戦である。

大久保は、山県参軍と同じ長州出身の伊藤や鳥尾小弥太《とりおこやた》中将を通して、山県と交渉した。三月五日、山県はその作戦に同意した。また、別働第二旅団の指揮を、山県から切り離し、黒田清隆（参議兼開拓長官、陸軍中将）に実質的に委ねる件も、大久保が伊藤と連携し、鳥尾中将から山県に連絡させ、三月一四日、黒田を征討参軍にすることを閣議で決めた。このように、伊藤は大久保と連携しながら、西南戦争の人事や作戦の大枠を指導した。

黒田の別働第二旅団は、三月一八日から二二日にかけて熊本南方の八代《やつしろ》（現・熊本県八代市）付近に上陸し、北進して西郷軍を撃破した。黒田は部隊主力を率いて四月一五日に熊本城に入った。西郷軍は敗走を始め、翌一六日、北からの政府軍も熊本城に入城した。

その後も西郷軍は九州各地で抵抗を続け、最後には少人数で鹿児島に戻り、城山に立てこもった。九月二四日、政府軍は総攻撃を行い、西郷隆盛は自刃、西南戦争は終わった（伊藤之雄『山県有朋』第五章。小川原正道『西南戦争』）。

この間、五月二六日に木戸は胃病のために死去する。四三歳だった。西南戦争の真っ最中であり、伊藤には木戸の死を悲しみ感慨にふけっている余裕はなかった。

それでも、山県参軍に宛てた、戦争関係の意思疎通を目的とした手紙の中に、「木戸之死《の》実に痛嘆之至《いたり》」と記し、葬式の節は、戦地にいる山県に代わり、山県と品川弥二郎《しながわやじろう》（長州藩出身、内務大書記官）の二人の名で、仏前に供物を捧げておいたと、一行だけ記している（山県宛伊藤書状、一八七七年六月五日、『山県有朋関係文書』一巻）。

また戦争の最中、枢要の役割を果たしながら、木戸家の「家事」の片付けも、力を入れて手伝っている（井上馨宛伊藤書状、一八七七年一〇月六日、「井上馨文書」）。

木戸が死んでみると、伊藤はその死が寂しかった。やむを得ないことと思いながらも、恩人の晩年に失礼な言動をしたことにも悔いが残り、その代償として葬儀や「家事」の片付けに尽力したのだろう。

怨念を買う

西南戦争の人的損害は、政府軍・西郷軍あわせて戦死者約一万一八〇〇名、戦傷者約一万九二〇〇名、合計約三万一〇〇〇名にも達した。戦費は、政府軍・西郷軍あわせて約四二九二万円（現在の約一兆五〇〇〇億円）にも達している。この後、政府はインフレーションと財政難に苦しむことになる。とりわけ薩摩にとっては、同郷の者同士が戦い、西郷隆盛や桐野利秋《きりのとしあき》・篠原国幹《しのはらくにもと》・別府晋介《べっぷしんすけ》ら多くの人材を失ったという点で、ほとんど回復できない打撃だった。

西郷隆盛が城山で自刃した直後には、薩摩出身者の間で、どうしてこんな戦争がおきたのか、日本人同士、薩摩人同士が殺し合うくらいなら、征韓をしてたとえ清国と戦争になってもまだましではなかったか――、といった感情が噴出しても不思議ではない。実際、政府中枢にすら、そうした感情が影響を及ぼしかけ、怨念は伊藤に向かった。それを示す以下のような内容の手紙が、一八七七年（明治一〇）九月二九日に、三条太政大臣から岩倉右大臣に出されている（「岩倉具視文書」〈対岳〉）。

(1)「枢要一件」を、御相談して決するため、お訪ね下さると思っていたのですが、来られないようなので、お便りを出します。

(2)この件は、大変容易でないことなので、黒田参議に「一応内談」したいと思っています。

(3)伊藤を大輔《たいふ》〔次官〕に降格することは、本人は決して不満でなく、かえってそれを望むと想像していますが、木戸が没して、長州系で木戸の後の地位を占めるのは伊藤です。しかし山県が参議なのに、伊藤が「次官」の地位に下がっていては不都合であり、伊藤が内閣の一員でないことで、将来も「枢密」の事に関し、いろいろ不都合も生じるでしょう。

(4)大久保を〔右大臣などに〕進める方は、第一の希望です。ただ、世間の感情や時勢はどのようであるかと、私はまだ決断できずにいます。

(5)かれこれの処置は極めて重大の事であり、一、二日来不安で寝食にも影響する状態です。明日は終日在宅するので、拙宅まで来ていただけるならお会いしましょう。

この手紙は、大久保とともに西南戦争を指導した最有力者の一人である伊藤を、次官に降格するという、衝撃的な構想を含んでいる。また文面から、三条は伊藤を大輔に降格することを決断できず、また岩倉もその実行をするよう三条を積極的に説得しているわけではないことがわかる。ここから、三条や岩倉は、伊藤降格の発案者でないといえる。

このような重大事を三条や岩倉に持ちかける実力のある人物は、大久保以外にありえない。三条がこの件を、薩摩で大久保に次ぐ存在である黒田に「一応内談」したいといっているのも、大久保の発案を傍証している。

おそらく、西郷隆盛が死去し西南戦争が終わった際、大久保を含め薩摩系の人物の間に、払った犠牲のあまりの大きさに、戦争の原因を作った人間を探して責めたいという感情的な思いが噴出したのだろう。伊藤が征韓論政変の時、岩倉を突き上げて強気に活動したことは、大久保も黒田・西郷従道らもよく知っている。政府を二つに割った張本人として、伊藤が彼らの怨念の矢面に立っても、不思議ではない。

理性的な大久保も、薩摩系に感情的な戦争責任追及の声が出る中で、西郷隆盛の死の衝撃から一時的に彼らしからぬ行動を取ってしまったのではないか。伊藤降格の動きに、岩倉は加担せず、大久保の心の傷も時間とともに癒されたことにより、この話は立ち消えになったと思われる。

第三部　熱闘編

1883年、憲法調査のための渡欧中、ロシア皇帝戴冠式に出席

第七章　伊藤体制をつくり始める——大久保利通の後継者

参議兼内務卿就任

一八七八年（明治一一）五月一四日、参議兼内務卿大久保利通《としみち》（薩摩藩出身）は、太政官に出勤する途中、東京の麴町紀尾井坂下《こうじまちきおいざかした》で、石川県士族ら六人の襲撃を受けて殺害された。西南戦争が終わってから八ヵ月後のことで、享年四七歳であった。

大久保殺害の原因は、藩閥「専制」への不満だった。犯人は、犯行の理由として、現在の日本では法令が天皇の意向や人民の「公議」に従って出るのではなく、要職にいる一部の官吏が専断していることを第一に挙げていた。

大久保の後を継いで政府の中心となったのは、伊藤博文だった。これまでも伊藤は、一八七四年（明治七）に大久保が台湾出兵の後始末のため北京に行った際に、内務卿代理を兼任したり、西南戦争の際に大久保と共に人事や戦略を指導したりしていた。このように伊藤は大久保政権で、大久保に次ぐ地位を固めてきた（本書第六章）。

伊藤参議は、大久保が暗殺された翌日の五月一五日に工部卿を辞め、大久保の内務卿を引き継いだ。伊藤はわずか三六歳で、藩閥政府の実質的なトップに立ったのである。

伊藤は、暗殺で薩摩の参議が一人欠けた補充として、岩倉具視《ともみ》右大臣と連携し、五月二四日付で西郷従道《つぐみち》を参議兼文部卿とした（伊藤宛岩倉書状、一八七八年五月一六日、三条実美宛岩倉書状、一八七八年五月二〇日、『伊藤博文関係文書』三巻。岩倉宛伊藤書状、一八七八年五月一六日、「岩倉具視文書」〈対岳〉国立国会図書館憲政資料室所蔵)。西郷従道は陸軍の中心人物の一人であったが、独断で台湾に将兵を出発させたことや、山県有朋としっくりいかなくなったことで、大久保承認のもとで、フィラデルフィアの万国博覧会の事務副総裁に左遷されていた（伊藤之雄『山県有朋』一三〇～一三一頁）。西南戦争で陸軍に戻るが、翌年四月にイタリア駐在特命全権公使に任命され、再び陸軍を離れた。薩摩で大久保に次ぐ実力者だった黒田清隆参議は、西郷従道の登用は少し早すぎるという口ぶりだったが、伊藤や岩倉は実行した。この後一八八五年（明治一八）一二月に、西郷従道は初代の海相となって海軍に転じ、海軍をまとめ、薩摩の長老として伊藤に協力していく。

伊藤が辞任して空席となった工部卿の後任も、問題となった。当時は各省の卿（長官）は参議と兼任していたので、工部卿になれば、参議として太政官制下の内閣の一員となる。明治天皇は天皇の「君徳輔導《ほどう》」役である侍補《じほ》の佐佐木高行（土佐藩出身）を工部卿にしようとし、三条実美《さねとみ》太政大臣に二度も催促したが、内閣は実行に移さなかった。大久保暗殺の後、佐佐木ら宮中側近（侍補）が、天皇親政を掲げて内閣に政治改革を求めたのをきっかけに、天皇ももっと実質的に政治に関わろうという意欲を示した。

佐佐木が入閣すれば、天皇親政運動が勢いを増すことは間違いなかった。そのため伊藤や岩倉らは、佐佐木の工部卿就任（入閣）を拒否したのであった（伊藤之雄『明治天皇』二二一～二二六頁）。

伊藤体制の形成

伊藤は工部卿に盟友の井上馨《かおる》（元老院議官、前大蔵大輔〔次官〕）を就任させようとした。これは、日本の近代化を強力に進めようとしたからだった。

しかし井上入閣の話を聞くと、佐佐木侍補ら宮中側近は阻止しようと動き、三条・岩倉に建言したのみならず、天皇にも奏上した。天皇は自分の佐佐木採用の提案を内閣に無視され、感情を害しており、井上を登用できるかは怪しくなった。伊藤は窮地に立つ。

そこで伊藤は、大隈重信参議兼大蔵卿に頼んで、一八七八年（明治一一）七月一九日に井上の採用を上奏してもらった。さらに、山県有朋《やまがたありとも》参議兼陸軍卿に、三条・岩倉に井上の採用を十分に申し入れ、場合によっては山県からも上奏することを依頼した（山県宛伊藤書状、一八七八年七月一九日、『山県有朋関係文書』一巻）。

結局、三条・岩倉両大臣が井上を採用するべきだと上奏し、七月二九日、井上は参議兼工部卿として入閣できた。こうして伊藤は、大久保死去後、二ヵ月半ほどで、侍補らの天皇親政運動を退け、近代化推進への権力基盤を一応固めたのだった。

このように、大久保が暗殺されて後、伊藤博文を中心とした政治体制の形成が始まる。その一つの中軸は、伊藤と岩倉右大臣の連携であった。

伊藤は慶応四年（明治元年、一八六八）に廃藩置県にあたる「郡県を置く」という過激論を提言したのが、岩倉の持論と合致し、それ以来、岩倉から重んじられるようになった。明治四年（一八七一）の岩倉使節団の際にも、岩倉は真っ先に伊藤を副使にすることを考えたという（本書第五章）。しかし、岩倉は文政八年（一八二五）生まれで、伊藤より一六歳年長の五二歳であり、当時としては老境に入っており、だんだん病気がちになっていく。

もう一つの中軸は、伊藤と盟友の井上馨や山県という長州のグループである。井上を参議兼工部卿にすることができたのは、伊藤の権力基盤形成にとって重要で、約一年後の九月に、井上は参議兼外務卿としてさらに要職を務める。また伊藤と山県は、内務省と陸軍にそれぞれ直接の影響力を持っており、国内行政と治安をほぼ掌握していた。

大隈重信参議兼大蔵卿は、井上を入閣させることでは伊藤らに協力したが、しだいに伊藤らとの間に亀裂を深め、一八八一年一〇月の明治十四年の政変で政府を追放される。この政変で、大隈が薩摩の最有力者の黒田清隆参議を攻撃したので、政変後は伊藤と西郷従道・松方正義など薩摩出身参議との関係が深まり、伊藤体制を周辺から支える形になった。こうして伊藤体制は定着した。

また、明治天皇は、一八八一年七月から一〇月の奥州・北海道巡幸中に、黒田・西郷従道や井上馨らの参議を批判し、伊藤参議のみは信頼できると述べている（『保古飛呂比《ほごひろい》』一〇巻、一八八一年一〇月二〇日）。この後も一八八五年夏までは、自分の政治関与のあり方をめぐる誤解から、天皇は伊藤に対して腹を立てることもあったが、まもなく、伊藤をきわめて深く信用するようになる。これが伊藤のもう一つの大きな強みであった。

以下の各章で見ていくように、この伊藤体制の下で、伊藤は憲法制定や人事*のみならず、軍事・外交・財政など様々なことに介入し、影響力をふるっていく。他方、それに対する反発も少なくなく、一八八〇年代後半になると、「伊藤おろし」の声も一時的に強まる。しかし、明治十四年の政変後から第二次伊藤内閣が総辞職する一八九六年まで、十数年間伊藤体制は続き、伊藤は秩序ある漸進的な近代化を成し遂げ、「憲法政治」(立憲政治)を定着させていくのだ。

＊ この項で述べ、以下でも叙述するように、伊藤は閣僚クラスの人事に大きな影響力を持った。また、大木喬任《たかとう》参議兼司法卿(佐賀藩出身)は、伊藤参議兼内務卿に、小野梓《あずさ》を法制局兼務にすることについて了解を求め、伊藤が快諾している(大木宛伊藤書状、年月未詳、三〇日、「大木喬任文書」国立国会図書館憲政資料室所蔵)。このように、伊藤は担当の部署を越えて、官僚の人事にまで影響力を持っていた。

陸軍を掌握する

伊藤が大久保の後を継いで参議兼内務卿となってから三ヵ月後、一八七八年(明治一一)八月二三日、竹橋騒動が起こった。皇居の門の一つ、竹橋門内に駐屯していた近衛砲兵大隊の兵らが反乱、将校三人を殺害し、明治天皇の住む赤坂仮皇居に強訴《ごうそ》しようとして、数時間後に鎮圧された事件である。

この事件が起きたのは、西南戦争後に財政状況が悪化したので、兵卒の待遇を悪くしたことや、西南戦争の恩賞が下士官・兵卒らにはなかったことからだった。

山県参議兼陸軍卿は、陸軍の責任者で、西南戦争の恩賞の枠組み作りの中心だったので、竹橋騒動の責任を追及される立場になってしまった。九月に入ると、山県はストレスに苦しめられ、「神経不調症」にかかって療養することになった。

山県は一一月七日にようやく陸軍省に復帰する。そこで一四日、伊藤参議と岩倉右大臣が陸軍の問題について話し合った。その結論は、参議の西郷従道を文部卿から陸軍卿とし、山県を陸軍参謀局長として、山県への批判をかわそうとすることであった。

　内閣の実力者の伊藤・岩倉は、竹橋騒動の後に山県を陸軍卿に留めたままでは、陸軍の統率が難しいと判断したのだった。伊藤は山県をなるべく傷つけない形にしたかった。

　もっとも、これまで参謀局長には次官クラスの鳥尾《とりお》小弥太《こやた》中将が就いており、参議の山県が就任するには軽すぎるポストであった。そこで伊藤は自らが内務卿を辞任し、工部卿の井上馨を内務卿にすることによって、空いた工部卿か、西郷従道が就いていた文部卿に、山県を宛てることを考えたらしい。

　しかし、伊藤が内務卿を辞めることについては、三条太政大臣も岩倉も、極めて重大なこととして決断できなかった。

　この数ヵ月以上前から、陸軍将校の間でも、参謀局の拡張要求が高まっていた。西南戦争の反省として、作戦・戦略を担当する専門の機関が必要なことが明らかになったからだ。すでに同年六月には、陸軍参謀局の定額金を増加させる話が、岩倉右大臣から大隈（参議兼大蔵卿）に出されたが、大隈は困惑し、同意していなかった（伊藤宛岩倉書状、一八七九年六月、「岩倉具視文書」〈対岳〉）。伊藤と岩倉が合意して、岩倉がこの話を大隈に持ちかけたのであろう。

　それに山県の危機が加わり、病気の山県に代わって陸軍卿を兼任していた西郷従道が、参謀局の費用を増額して充実させることを、ここで改めて山県に提案した。平時においては地理や政情などを調査して戦時に備え、戦時には戦略や作戦などを立てる、というものだった。むろん山県にとっても願ってもない提案であった。この時までに伊藤は、大隈に財政上の保証について、大蔵省からの好意的な返答も得ていた。

政府最有力者の伊藤が、山県の危機に際し、山県と連携して近代国家を作るという強い意志を持って、山県を支援した。また伊藤が、陸軍関係の人事にも強い影響力を持っていることがわかる。

おそらく一一月半ば以降に、参謀局を参謀本部に拡充し、陸軍省からの独立部局とし、山県が初代本部長になるという構想が、伊藤・井上や岩倉・三条の間で合意されていったと思われる。閣議は参謀局の拡充の建議を容れ、それまでの定額金八万円の他に二五万円を支給することを決め、参謀局を独立させることを決定した。

なぜ実力者の伊藤らが、財政難のこの時期に、参謀本部の陸軍省からの独立を積極的に認めたのだろうか。

それは当時の太政官制の下において、陸軍卿の人事は、伊藤・岩倉ら文官の参議・大臣の有力者たちが実質的に決めており、新しくできる参謀本部長も同じだったからだ。文官の有力閣員が陸軍関係の重要人事に口出しできなくなることなど、考えられなかった。さらに伊藤は、山県を信頼していた。

また、西南戦争の際、伊藤は大久保とともに大阪で戦略や人員、物資の配備の大枠を指導しており、戦略や作戦を立てる本格的な部署が必要なことは、合理主義者の伊藤にとって自明だった。

ところが、参謀本部の独立に異議を唱えた者がいた。それは、二六歳の明治天皇だった。

将来、陸軍省と参謀本部が対立しないかと心配したからである。

伊藤や岩倉にとって、佐佐木らの天皇親政運動の影響を受けて、若くて未熟な天皇が閣議で決まったことに異議を唱えることなど、論外だった。この問題は、岩倉や伊藤・西郷従道（参議兼文部卿、次の陸軍卿に内定）らの間で、参謀本部長に予定された山県が参議として閣内に留まって天皇の不安を除こうということで決着した。

この結果、一二月五日、参謀局を廃止して参謀本部を作る条例が定められた。同七日、山県と気の合う大山巌《いわお》中将（薩摩藩出身）が参謀本部次長となり、二四日に山県が陸軍卿を辞任し、参議のまま初代の参謀本部長となった。陸軍卿には参議の西郷従道中将が、予定通り文部卿を辞めて就任した。

このように、伊藤は山県陸軍卿の危機を救うことを通じ、山県らを介して陸軍を掌握したのだった*（伊藤之雄『山県有朋』一七〇～一八三頁）。

＊ 従来、参謀本部が独立し、山県が参謀本部長になったことについて、(1)自由民権運動の急展開や竹橋騒動によって、山県らが軍隊内に政治運動の影響が及ぶのを恐れ、軍人と政治の分離を図った、(2)文官の伊藤が、参謀本部長を内閣の一員に加え、「兵権を文民優位的に運用しようと」した等とされている（藤田嗣雄『明治軍制〔一二〕』一四四～一六〇頁。梅溪昇『増補版　明治前期政治史の研究』補論〔一二〕）。これらについての筆者の見解は、伊藤之雄『山県有朋』（一七八～一七九頁）参照。

流血なく沖縄県を置く

近世において、琉球は薩摩藩（日本）に支配されたが、中国に朝貢し臣下の礼をとる関係を持った。琉球はいわば日・中両属関係にあった。

維新後、明治五年（一八七二）、日本は琉球王国を琉球藩に改め、国王尚泰《しょうたい》を藩王とし、領域に編入した。その後台湾での琉球漁民殺害事件に対し、一八七四年、清国が日本に賠償金を払うのを認めたことで、日本は琉球の所属で有利な立場に立った。

しかし、琉球は両属関係を望み、日本は琉球には廃藩置県を行えなかった。日本政府は、一八七五年にお雇《やと》い外国人のボアソナードに琉球の日本領有について意見書を提出させる等の準備をした（「琉球島見込案」「伊藤博文文書」国立国会図書館憲政資料室所蔵）。

伊藤は内務卿であり、すでに述べたように陸軍を掌握すると、琉球所属問題を確定しようとした。一八七八年（明治一一）一二月二七日、閣議で琉球藩を廃止し、県を置くことが決まり、内務大書記官松田道之《みちゆき》が使節となることが決まった。

松田の役割は、琉球に出張し、藩王尚泰に「藩を廃し県を置くので東京に移住せよ」と命じた達書《たつしがき》を渡し、一週間以内に尚泰から従う旨の返書を得ることだった。

伊藤内務卿は、期限は一応一週間であるが、もし延ばしてほしいと願って来たら許すようにと使節の松田に伝えていた。また岩倉右大臣も、なるべく話をまとめよ、との考えだった。最も強硬だったのは大隈大蔵卿で、一週間たったら一時間でも猶予してはいけないとの主義だった（伊藤宛松田道之書状、一八七九年一月三日、一月七日、『伊藤博文関係文書』七巻）。

一八七九年一月二六日、松田は藩王尚泰代理らに達書を渡した。ところが二月三日、藩王は達書を拒否した。松田は翌日発ち、一三日に東京に戻って復命した。

そこで三月一一日、琉球藩を廃止して、沖縄県を置き、尚泰は東京に移住し華族に列するという勅命が出た。松田は警察官一六〇名余と歩兵半大隊を伴い、総勢六〇〇名で二五日に那覇に着いた。

尚泰は病気を理由に東京に行くことを断った。そこで侍従を御迎として立てて、東京へ出るように促したので、尚泰は五月二七日に首里を出て、六月九日に東京に到着、一七日に参内した。すでに四月四日に鍋島直彬《なべしまなおよし》（佐賀藩主の鍋島家の支族）が沖縄県令に任命されており、これで琉球処分が終わった。

琉球処分の見通しが出ると、四月一七日、伊藤は山県中将（参謀本部長）への手紙に、まずこれまでのところにては、「一頭を刎《は》ねず、一滴血を流さゞるは誠に大幸なり」と書いた（山県宛伊藤書状、一八七九年四月一七日、『山県有朋関係文書』一巻）。

このように琉球処分も、伊藤が、毅然とした原則の下で柔軟な態度を取ったことで、血を流さずに成功し、清国との国境問題を一応解決したのだった。

参議の卿兼任をやめる

伊藤と大隈は、長州と肥前（佐賀）と出身藩こそ違え、維新後に木戸、次いで大久保の下で改革を推進し、二人の関係は良かった。

ところが、一八七四年（明治七）に、左大臣となった島津久光《しまづひさみつ》が参議兼大蔵卿の大隈に「非行」があるとして罷免《ひめん》を求めた。また参議の板垣退助と久光は、参議が各省の長官を兼ねることを止め、内閣と各省を分離するよう要求した。

これは、大隈が参議兼大蔵卿として財政を握り、各省に大きな影響力を振るっていたことへの反発からである。板垣・久光らの要求は、岩倉ら大臣・参議の主流派の意向通り、江華《こうか》島《とう》事件という危機があるとの理由で、天皇が「聖断」を下し、却下された。そこで、板垣・久光は政府を去った（伊藤之雄『明治天皇』一六〇～一七七頁）。

しかしその後も、大隈が参議と大蔵卿を兼任することへの反感に象徴されるように、内閣と各省の分離を求める声は根強く残った。藩閥政府の中心となった伊藤は、この問題にも取り組まざるを得なくなった。

おそらく伊藤は、山県参議が陸軍卿から参謀本部長に転任する形で、山県の危機を収めた後、一八七九年一二月にこの問題に着手したのであろう。*

* 『明治天皇紀』五巻には、伊藤は「参議・諸省卿分任の必要を認め、客歳〔一八七九年〕以来之れを大臣・参議に商議す」とある（二二六頁）。

この問題でも、伊藤は岩倉右大臣と井上馨参議兼外務卿と連携してことを進めた（伊藤・井上馨宛岩倉書状、一八八〇年二月一〇日、伊藤宛岩倉書状、一八八〇年二月一八日、二〇日、二六日、二七日、『伊藤博文関係文書』三巻。『明治天皇紀』五巻、二二五～二二八頁）。

一八八〇年二月二八日、参議と各省の卿の兼任をやめ、内務卿には松方正義（薩摩藩出身、前大蔵大輔〔次官〕）、大蔵卿には佐野常民《つねたみ》（前元老院議官）らが任命された。もっとも、条約改正など重要な外交問題の関係で、井上馨のみは参議と外務卿を兼任し続けた。

なお、三月三日に参議が法制部・会計部・軍事部・内務部・司法部・外務部の六部を、いくつか分担する形に分けられ、大隈は太政官会計部主管参議として大蔵省に影響力を持ち続けた。

大隈外債募集を中止させる

一八八〇年（明治一三）五月、大隈は、外債五〇〇〇万円を募集して、西南戦争のために増発した不換紙幣を整理しようとした。外債募集は積極的な政策で、楽天的な大隈の志向と合致していた。しかし、当時の弱体な日本の状況では、経済再建に失敗すれば、列強に担保を取られ、植民地化される恐れのある危険な政策だった。

大隈に賛成した閣員は、黒田清隆・西郷従道・川村純義《すみよし》という薩摩出身の三参議であった。これに対し、最有力参議の伊藤は反対で、三条実美太政大臣に、「政府を挙《あげ》て之《の》御決定」になっても、恐れながら服従できない、との意志を示した（三条宛伊藤書状、一八八〇年五月二一日、「三条家文書」国立国会図書館憲政資料室所蔵）。このため、伊藤を含め、岩倉右大臣や三条太政大臣・有栖川宮熾仁《ありすがわのみやたるひと》左大臣、山県・井上・大木喬任《たかとう》・山田顕義《あきよし》ら八人が、反対となった。伊藤を中心とした体制の中枢メンバーである伊藤・岩倉・山県・井上のすべてが反対であった。

伊藤にとって有利なのは、天皇親政運動では伊藤ら内閣側と対立した佐佐木高行（宮内省御用掛）・侍講元田《もとだ》永孚《ながざね》ら、天皇の身近に仕える者も外債募集に反対だったことである。彼らは五月二九日に、その旨を天皇に奏上した。

六月二日、内閣は大臣・参議・各省の卿の意見を詳しく奏上して、二七歳の天皇の判断

(「宸断《しんだん》」)を仰いだ。翌三日、天皇は外債募集を許可しないとの勅諭を下した(『明治天皇紀』五巻、七〇~七五頁)。

しかし、若い天皇の「宸断」だけでは、動揺は収まらなかったので、六月六日に伊藤と岩倉が対応の方向づけをした(伊藤宛岩倉書状、一八八〇年六月七日、『伊藤博文関係文書』三巻)。

七日には有栖川宮を通して天皇の内々の問いが伊藤にあったので、伊藤はすでに山県に話した内容の奉答をした。翌八日に天皇から有栖川宮を介して内閣に、外債は差し止め、「勤倹を本として」経済策を定め、内閣諸省で十分審議した上で上奏するようにという、沙汰書の写しが下付された。その際、有栖川宮が書いたものの中に、大隈・寺島宗則《むねのり》・伊藤(いずれも会計部担当参議)と佐野常民(大蔵卿)に天皇が経済策の取り調べを命じる、との記述があった。伊藤は前日に山県に話したことの大意を書いて、天皇に拝答した。一〇日朝には岩倉が伊藤を訪れ、会計上の目途は立つのかと問うので、主任者の意向を尊重しなければならないが、歳出費目の他に、毎年一〇〇〇万円(現在の三六〇〇億円以上)の余りが生じるよう、概算ができたと答えた(山県宛伊藤書状、一八八〇年六月一〇日、『山県有朋関係文書』一巻)。伊藤と山県の話の内容はわからないが、二人の意思疎通は良い。

七日に有栖川宮が使いとして出頭した時には、天皇は経済問題で深く心配していたが、九日になると満足していた。岩倉も、「初志貫通」できたことはとてもうれしく思っている、と伊藤に伝えた(伊藤宛岩倉書状、一八八〇年六月九日、『伊藤博文関係文書』三巻)。

こうして、ようやく大隈の外債募集問題は決着した。この過程からわかるように、伊藤は岩倉と連携し、山県や井上の協力を得て、事態を主導した。天皇は、まだ問題解決に調停能力を発揮するほど威信がなく、伊藤・岩倉ら内閣主流がリードしていることを確認し、それにしたがって解決した程度であった。

残された問題は、外債導入を拒否された大隈の心の傷である。大隈は一八八〇年二月に省卿分離で大蔵卿を辞任するまで、九年半近くも参議兼大蔵大輔〔次官〕や大蔵卿として実権を握り、財政通の参議としての誇りを持っていた。

六月七日、岩倉右大臣もこのことを心配している。岩倉は、大隈が「遺憾不腹《ふふくの》之事と千万」推察されるけれども、止むを得ない成り行きなので、「一朝一夕《いっちょういっせき》」にはいかないが、大隈が納得するよう説得するのは、ひとえに伊藤の尽力に頼るほかない、とみた（伊藤宛岩倉書状、一八八〇年六月七日、『伊藤博文関係文書』三巻）。

この後、閣内の伊藤系参議を中心に、大隈をもてあます気持ちが強まってきたようである。一八八〇年八月までに、井上馨は伊藤に、大隈を駐ロシア公使に転任させてはどうかという声が参議の間にあることを伝えた。伊藤はこの話を岩倉に伝え、むしろ現在黒田が就いている開拓使長官をさせるのが良いのではないか、と打診した（岩倉宛伊藤書状、一八八〇年八月二九日、「岩倉具視文書」〈対岳〉）。この話はいずれも実行に移されていない。岩倉が賛成しなかったからであろう。

しかし大隈も、この外債導入失敗以降、伊藤・岩倉・山県・井上らが主導する藩閥政府の中で疎外感を強めていくようである。それが九ヵ月後の早期国会開設の建白となり、藩閥政府をさらに大きく動揺させていく（本書第八章）。

立憲政体の模索

在野の国会開設運動は、士族に加えて有力農民や有力商人に参加者を拡大して勢力を増し、一八七九年(明治一二)には全国に広まっていった。一一月には愛国社第三回大会が大阪で開かれ、国会開設を天皇に請願することを決議した。

これに対し、一二月に参議の山県有朋中将は、立憲政体に関する意見書を天皇に奏上した。そこでは、(1)「国憲」(憲法)を確立する、(2)「行政・議政・司法」の三権分立を厳正にする、(3)皇族や官吏からなる元老院と府県会議員中の識者を選んで「特撰議会」を設置し、「国憲」の条件を審議させ、あわせて立法に当たらせる、(4)「特撰議会」の集合・解散は、はじめは政府が決め、議決したことも必ず実行されるとは限らない、等の構想が述べられた。

岩倉右大臣と三条太政大臣は、参議に各自の意見を提出させ、天皇が取捨し、憲法を定めることを急ぐべきであると上奏し、天皇の承認を得て、各参議に意見を奏上させることになった。

主なものを見ると、一八八〇年二月に黒田参議が、国会開設は時期尚早と建議した。七月には、井上馨参議が、以下の建議を上奏した。(1)まず民法その他の諸法規を編纂し、憲法を制定し、国会を開設する、(2)民法等の編纂や憲法の制定は、内閣から若干の委員を選んで調整させ、「上議院」に議決させる、(3)「上議院」は元老院を廃止して、それに代わるものとして設けるもので、華士族中より一〇〇名を選ぶ、ただし若干は公選、若干は勅選とする、平民でも学術に秀でたり、国家に大功労あったりした者は勅選されることもある、「上議院」で審議されるものは、歳入・歳出予算からいろいろな制度・法律である。(4)

山県のも含めてこれらの建議は、以下に紹介する伊藤のものと比べると、ヨーロッパの状況と比較しながら当時の日本の状況をどのように認識すべきか、という考察がほとんどない。単に少し聞きかじったヨーロッパの知識を深く考えずに盛り込んだものか（山県・井上馨）、具体的な提言をせずに時期尚早等と結論づけるもの（黒田）だった。したがって、日本は今ヨーロッパと比べてどのような段階にあり、その理解を前提に今の日本にふさわしいのはどの程度の改革か、という緊張感を持った考察をした上での建白となっていないのだ。

すでに述べたように、伊藤は明治四年（一八七一）に、アメリカ合衆国が共和制を取り入れた憲法を制定したことに関する洋書を手に入れ、憲法制定について、各国の歴史に根ざした制度設計の研究を始めていた（本書第四章）。伊藤の英語力と、一〇年近い研究が、これらの建議と以下に述べる伊藤の建議との差となって表れた。*

＊　稲田正次『明治憲法成立史』上・下巻は、実証的で優れた研究書であるが、立憲政体への提言や憲法案を評価する時に、第二次世界大戦後にできた日本国憲法などの民主的な憲法を基準とし、その趣旨に近い理想を持っていたり提言をしたりするものに、高い評価を与える傾向が強い。たとえば、山県参議の奏上についても、「後年の山県と異なり、当時において彼は藩閥政治家としては比較的進歩的な意見を述べていた」と評価している（上巻、四二七頁）。しかし山県の奏上は、三権分立を厳正にすると言いながら、府県会議員から選んだ「特撰議会」の集合・解散は初めは政府が決め、議決したことは実行されるとは限らないとする等、三権分立の意義を十分に理解しているとはいえない。また、「行政・議政・司法」という三権と君主権がどのような関係にあるのかという問題も考察されず、憲法制定に元老院と「特撰議

会」が関わることは明示しているが、君主権の関わりも明らかではない。

伊藤の立憲政体構想

伊藤参議は、立憲政体に関する意見書を井上毅《こわし》（太政官大書記官）に起草させ、一八八〇年（明治一三）一一月一九日付で草案を送付させた。その後、伊藤と井上毅の間でやり取りが行われて（伊藤宛井上毅書状、一八八〇年一一月一九日、二九日、井上毅宛伊藤書状、一八八〇年一一月二二日、『井上毅伝　史料篇』四巻、五巻）、意見書が完成し、伊藤はそれを一二月一四日に上奏した。

そこでは、伊藤はまず次のように、日本にはまだ自立した個人が育っていないことや、そのような状況なのに、フランス革命後のヨーロッパの政体の新説を受け売りするだけの困った現象が生じていることを論じる。⑴士族は好んで「政談」を行い、平民は士族に影響されるだけである、⑵ヨーロッパでは約一〇〇年前にフランス革命が起き、どの国も影響され、乱に至り今も混乱が続いている国もあり、明君や賢い大臣が登場して、混乱が起こる前に国を安定させたところもある、⑶いずれにしても、みな専制の風をやめ、人民と政治権力を分け合うようになることは避けられなかった、⑷今、ヨーロッパの文物がどんどん日本に入ってきて、政体の新説も国民の間に広がり、防圧できないほどであり、いたずらに「紛言」を行い、人の耳をそばだたせる者がおり、「軽躁妄作」して天皇の意がどうであるかを知らない、⑸そこで政府は、進歩が段階を追い、緩急の程度もほど良く、年月をかけて「標準」的なところになじんでいくようにする必要がある。

要するにまず伊藤は、日本の状況を踏まえた秩序ある発展、近代化を主張したのだ。

伊藤の具体的構想をみてみよう。それは第一に、「国会」を作って「君民共治」の大局を成し遂げるのは、望ましいことではあるが、「国体の変更」に関わるので、前例のない大事を、決して混乱したまま急いで行うべきではないと、直ちに国会を設立しない考えだった。伊藤は、天皇と国会の関係など、憲法（国家）の中で天皇の政治的役割について十分な確信がなかった。これが、国会開設に向けて動くことを慎重にしなければならないと伊藤が考えた大きな要因だった。*

＊　伊藤の立憲政体に関する意見書に関し、(1)伊藤は多忙であるので、作成の大枠を井上毅に指示し、井上が立案、伊藤と井上の議論の上で作成していったのか、(2)伊藤には十分な知識がないので、井上に立案させ、多少伊藤の意見を述べて作成していったのかは、伊藤と井上毅のその後の関係を考える上でも重要である。稲田正次『明治憲法成立史』は、井上毅が起草に関係していることを指摘するのみで、どちらに主導権があるか、明確には論じていない（上巻、四三〇～四三一頁）。

井上は起草した案について、(1)短い期間でやったのできわめて不十分のものである、(2)このような重大文書であるため、再三再四改案したいので、このまま一応お見せする、(3)大体よい、または気に入ったということであれば、明朝お宅に参り、せいぜいお指図〔原文は「御指画」〕を受け、再稿を作ります、と伊藤に書いている（伊藤宛井上毅書状、一八八〇年一一月一九日、『井上毅伝　史料篇』四巻）。また、井上の起草したものに対し、伊藤は、「憲法を起草し、民撰議院を開設するの時期・其方法等を定むるは、一に聖裁に在ると云事《いうこと》を勅書を以て公示」することを加えたい、と井上に提案している（井上毅宛伊藤書状、一八八〇年一一月二二日、同前、五巻）。ここでも、国民の自覚と自立が不十分とみて、「聖裁」ということで、行政権（政府）が主導して事を進めようとする姿勢が一貫している。

いての伊藤の建議は、作成に伊藤が主導権を持ち、彼の意見を反映したものといえる。

伊藤の立憲政体についての具体的な構想は第二に、「欧州立憲の国」では上下両院は車の両輪のように、二つのものが互いに制しあって平衡を得、「帝王国」では「元老院」（上院）を設けて国家を保持する重要事としている、と論じたことである。伊藤は、日本が立憲政体にするには上下両院を設けなければいけない、と自覚していた。

第三に、伊藤はまず国会を開く前段階として、現在の元老院を拡張し、名を実に近づけることを構想した。元老院議官は主に「華士族」の中より公選し、国家に功績ある者や学識のある者を選出して、一〇〇人を定員とし、俸給を払って期間を定めて集める計画であった。そこで審議されるのは、法律の文案である。

元老院議官を「華士族」の中より公選することは、当時は明治二年（一八六九）の版籍奉還以降、旧公家や旧大名家が華族となっていたが、伊藤・黒田清隆・山県有朋ら維新の功臣は士族のままだったので、この両者を対象としていた。

拡張された元老院は、後の貴族院への準備と習熟の過程といえよう。

第四に、公撰検査官を設け、府県会議員の中より採用、検査院員外官とし、会計検査を担当させることである。公撰検査官は、将来に財政を「公議」する糸口を開くもので、立憲政体への初歩となるものだが、財政政策を作る議論には関与させない方針だった。公撰検査官は、将来、下院を作るための準備と習熟の過程であった。

第五に、伊藤は以上のことを実行するにあたっては、天皇の「聖裁」によって断行することを考えていた。これは約九年後に、大日本帝国憲法が欽定《きんてい》憲法（天皇の作った憲法、民選機関で審議を経ていない憲法）として出来上がるまで、伊藤の一貫した考えである。

元老院案などへの不信

ところで、一八七六年（明治九）以来、大久保・伊藤・岩倉ら政府のリーダーたちの思惑とは別に、元老院で日本の憲法の草案として、国憲案が審議されてきた。元老院のメンバーは、政府を構成する大臣・参議（卿）より格下で、主流を外れた者たちだった。

伊藤の建議の五ヵ月前、一八八〇年七月、元老院の国憲第三次草案ができた。これは、元老院案の最終案というべきものであるが、元老院全体の会議で合意を得たものではなかった。

この案は、プロシア（ドイツ）・ベルギー・オランダ・イタリアの四ヵ国や、オーストリア・スペイン・デンマーク等の憲法の条文から採って寄せ集めたものだった。後に成立する明治憲法と比べて、天皇の大権・議会の組織と権限、財政、憲法改正、皇室制度などにおいて、はるかに民主的色彩が濃い、という評価もある（稲田正次『明治憲法成立史』上巻、三三二頁）。

しかし、問題は一貫した体系性があり、当時の日本で実施するのに適しているかどうかである。

伊藤は、元老院案は「各国の憲法を翻訳して、どれが好いとか、悪いとか云《い》つた様なもので、実際の役には立たなかつた」。その外、日本人の書いた憲法らしいものは皆取り調べたが、どうも値打ちのあるものはなかった、と回想している。

また伊藤は、「なるほど〔日本国民は〕憲法政治を実行して貰《もら》ひたいと云ふ、建白書ぐらゐは出たけれども、しかしその憲法政治の要求なるものはヨーロッパで起こつた如きものとはまるで違ふ。日本では、憲法政治を実行して貰ひたいと云つた者も、未だ憲法政治は如何《いか》なるものかと云ふことを、会得して居らなかつた。若《も》し会得した者があつたならば、もう少し高尚な議論が出た筈だ。日本の国柄を顧みず、ヨーロッパの憲法さへ味《あじお》うたことのない者ばかりのやうだつた」とも、元老院や在野の議論に対する不信感を示している（「憲法立案の経過と其の理論との概説」〔直話〕、『伊藤公全集』三巻、一八一〜一八八頁）。

天皇大権をどのように位置づけるか

伊藤は、日本の「憲法政治」はヨーロッパの憲法論とはまるで趣を異にしているのみならず、また状況も異にしているとみる。その一つは君主の大権にあるとし、「分割すべからざる主権を如何にして、活用するかと云ふに、その作用に至つては即《すなわ》ち委任して以《もつ》て事を行ふのである。故に立法部を置くは立法に参与せしむるがためである。この参与と云ふことは、何を参与するのかと云へば、即ち天皇の大権に参与すると云ふことである。行政もそうである。司法、また然《しか》り。勿論《もちろん》皆派出《はしゆつ》の権である以上は主権がこれを奪ふことを得る訳であるが、妄《みだ》りに之《これ》を奪はぬと云ふことを規定したのが、即ち憲法である」と論じる（「憲法立案の経過と其の理論との概説」〔直話〕、『伊藤公全集』三巻、一九四頁）。

伊藤は君主に主権があり、それが立法部・行政部・司法部に委任される形になるが、君主はみだりに委任を取り消せない、と憲法で規定し、君主権を制約する憲法を作った、と主張している。

伊藤が君主に主権があると主張するのは、「主権人民」主義なら国民は勝手に君主を廃することができるが、主権が君主にあればそれができない、という所に力点がある（同前、一九二～一九三頁）。それにもかかわらず、君主権を制約する点では、君主権のとらえ方に関し、当時ヨーロッパで最先端の学説となっていた君主機関説と、機能的にはあまり変わらない。君主機関説は、主権は国家にあり、君主はその最も重要な機関の一つであるとし、君主権が国家によって制約されるとする考え方である。

もとより、元老院案が出た一八八〇年（明治一三）の段階で、伊藤が日本の憲法と君主権の関係について、ヨーロッパの君主権のそれと比べて、右のような明確な考えを持っていたわけではない。しかし伊藤は、そのような問題を考え始めており、日本にいたのではその解決ができないとわかっていたことは間違いない。

翌年に明治十四年政変が起こり、一八九〇年に国会を開くことが決まると、日本に憲法を作るにあたっての根本を学ぶため、伊藤はヨーロッパへ憲法調査に出かけて行くのだった。

一八八〇年一二月二一日に伊藤は、元老院国憲案は西洋各国憲法を取り集め、焼き直し、模倣するのに熱中しており、日本の国体や人情などには少しも注意していない、と批判した。そこで、このまま引き揚げることを岩倉に提案した。

岩倉も同様の考えで、形式的には上奏するが、実際は不採択にすることで三条・岩倉の間で合意されたらしい。こうして元老院の国憲案は葬られ、元老院の国憲取調局は、翌一八八一年三月二三日に正式に閉じられた（稲田正次『明治憲法成立史』上巻、三三三〜三三七頁）。

病弱の梅子夫人と娘生子

一八七三年（明治六）に伊藤が岩倉使節団の仕事を終えて帰国して以来、一八八〇年頃まで、西南戦争をはさむ数年間の家庭生活をのぞいてみよう。

一八七七年の西南戦争中、すでに述べたように、伊藤は大久保を助けて大阪で戦争に関する人事・戦略等の大枠を決める戦争指導を行った。その際、梅子夫人や娘生子《いくこ》も京都に滞在した。これは、遅くとも明治五年（一八七二）には確認されている梅子夫人の眼病がよくならず、主治医が宮内省の侍医だったため、天皇が京都に行幸したのに合わせて京都に行ってしまったからである。

末松謙澄《すえまつけんちょう》は、すでに一八七五年末に伊藤の面識を得、政府に勤めるようになっていた。末松はこの約一三年後に生子と結婚する人物である。一八七七年六月中旬に、彼は戦地出張の命を受け、途中京都に立ち寄った。その時、梅子夫人は暗室同然のところに座り、両眼には包帯がされていたという。梅子夫人と生子は伊藤に遅れて、八月に神戸から船で東京に帰った。

その後も、二人は何かと健康がすぐれないため、一八七九年頃から四、五年間は毎年のように熱海に避寒療養に行った。こうして、伊藤と梅子夫人は東京と熱海に隔たって住むことが多くなった。一八八〇年一月には、生子まで眼病になってしまっていた（末松謙澄『孝子

伊藤公』二四八〜二五一、四一五〜四一六頁）。

一八七八年五月に大久保の後を継いで、藩閥第一の政治指導者となった伊藤であるが、三〇歳を越えた梅子夫人と一〇代に入った愛娘《まなむすめ》生子が病弱であるという悩みを抱えるようになっていた。

ところで、伊藤と梅子夫人以外の女性との間に、一八七六年（明治九）二月に朝子が生まれた。伊藤が薩摩の実力者大久保利通を支え、長州の代表者で大久保政権の後継者としての地位を定着させつつあった頃である。

その後、しばらく朝子がどのように育てられたのかは定かでない。しかし、七歳になった朝子が一五歳の生子とともに伊藤家で育てられていたと、アメリカ留学から帰った津田梅子が証言している。津田梅子は、一八八三年暮れから翌一八八四年夏にかけて、梅子夫人や子供たちの英語の家庭教師兼通訳として伊藤家に滞在したが（大庭みな子『津田梅子』一三九〜一四七頁）、生子と朝子が母親の違う姉妹であることにはまったく気づいていない。

朝子が伊藤家で生子と同様に育てられたことは、後に述べるように、やはり梅子夫人以外の女性から生まれた伊藤の男児、文吉（一八八五年生）と真一（一八九〇年七月一日生）が、日露戦争の頃まで伊藤家に入れてもらえなかったことと比べると、奇妙である。その理由は二つある。

一つは、梅子夫人は、伊藤が他の女性に産ませた最初の子、朝子はしかたがないと引き取ったものの、文吉以降はけじめがなくなる、と引取りを拒んだのだろう。それを裏付けるのは、伊藤が梅子に出した手紙の中に、生子や養嗣子の勇吉《ゆうきち》（井上馨の甥）の名前は出てくるが、朝子の名は、一八九四年九月まで登場しないことである（『孝子伊藤公』三二九頁）。この時点で朝子はすでに外交官西源四郎の妻となっていた。伊藤は梅子夫人に遠慮して書かず、またそうせざるを得ない梅子夫人の感情があったのだろう。

文吉・真一が伊藤家で育てられなかったもう一つの理由は、実子を家に入れると、養嗣子勇吉の立場が不安定になると誤解される恐れがあるからだろう。伊藤は盟友井上馨と政治同盟を結んだ状況にあり、そのようなリスクは避けるべきだった。梅子夫人はそのようなことも口にして、伊藤の自制を促したのかもしれない。

第八章　大隈重信への怒り——明治十四年政変

熱海会議

すでに述べたように、一八八〇年（明治一三）一二月一四日に、伊藤は立憲政体に関する意見書を上奏し、国会を開く前段階として、元老院を拡張したり公撰検査官を設けたりしようとした。こうすることで、在野の政治参加要求をある程度満足させ、政府と在野勢力が正面から対決するのを避け、また政府にとっても在野勢力にとっても国会開設に向けての修練の場を与えようとした。

伊藤にとって、在野勢力の早期国会開設論は非現実的で、混乱を招くものにしか見えなかったが、薩摩の有力者の黒田清隆参議の建言のように、時期尚早であると何もしないで問題を先送りするのも困ったことだった。この時、大隈はまだ意見書を提出していなかった。

そこで伊藤は、翌一八八一年一月二日に熱海に到着すると、大隈と井上馨《かおる》両参議を熱海に来るよう誘った。熱海には黒田も来ていた。同月中旬から下旬にかけ、四人は立憲政体について話し合ったが、この熱海会議では、はかばかしい成果はなかった（大隈・井上馨宛伊藤書状、一八八一年一月五日、『大隈重信関係文書』〈早〉一巻。『伊藤博文伝』中巻、二〇二頁）。

その原因の一つは、大隈がすでに早期国会開設という急進的な立憲政体構想を持ち始めていたからである。それにもかかわらず、漸進論の伊藤・井上にそれをはっきりと述べず、適当に話を合わせていたというのが実態だろう。

福沢諭吉は門下の名で、一八七九年七月から八月に『郵便報知新聞』紙上で、一〇回にわたって国会論を展開し、在野の国会論のブームを巻き起こしていた（慶応義塾編『福沢諭吉全集』五巻、六四五〜六四八頁）。

福沢が一八八一年一〇月に井上と伊藤に宛てた手紙の回想によれば、一八八〇年一二月下旬から翌一八八一年一月にかけ、大隈や井上馨・伊藤は、福沢に新聞を発行するように依頼した。また、一八八一年一月に井上馨は福沢に、「国会開設」のことや伊藤・大隈・井上は志を一つにしていることを述べたという。さらに二月、熱海から帰った大隈は福沢に、井上馨が福沢に話したのと同様のことを述べたという（井上馨・伊藤博文宛福沢書状、一八八一年一〇月一四日、同前、一七巻）。

ところが、右の福沢の八〜九ヵ月後に書かれた手紙での回想（弁明）とは異なり、同時期の井上馨と伊藤の手紙のやり取りでは、井上は伊藤の了解のもと、福沢諭吉のみならず、政府系の新聞を発行している福地源一郎にも新聞の件で接触し、そのことを大隈にも話している（伊藤宛井上馨書状、一八八一年一月一六日、『伊藤博文関係文書』一巻）。

また、福沢の手紙での回想（弁明）に対し、井上馨は、新聞紙設立の一件の大略は右の通りであるが、「漸進を以て設立と云事《いうこと》は申上置候事《もうしあげおきそうろうこと》と存候《ぞんじそうろう》」と（福沢宛井上馨書状、一八八一年一〇月一六日、『福沢諭吉全集』一七巻）、急進的な国会開設論を前提に福沢に依頼したことは否定した。

すなわち、一八八〇年一二月下旬から翌年二月にかけて、伊藤・井上馨・大隈・福沢の間で、早期国会開設論で合意が成立していたという福沢の回想（弁明）は、事実ではない。伊藤・井上馨は国会開設の前段階としての漸進的な政治改革を考え、大隈は自分の早期国会開設論をはっきりとは言わずに二人に接し、福沢は大隈と連携して早期に国会を開設する政治活動に関わって、政治に乗り出そうとしていたのである。こう考えた方が、伊藤による一八八〇年一二月の意見書や元老院の憲法草案への批判との関連が自然に理解できる。*

＊　坂本一登『伊藤博文と明治国家形成』は、この福沢の手紙での回想の大枠を事実としてとらえ、「伊藤・大隈・井上のいわゆる開明派三参議」の連携があり、伊藤は熱海において、「積極的に国会論の主導権を取ろうとし」たが、黒田ら薩摩派の譲歩を獲得できず、失敗したとしている（三八～四七頁）。ところが、熱海会議の前後において、伊藤・井上馨や大隈・福沢らが国会開設論で志を同じくしていたことを示す史料は、一八八一年一〇月一四日付の福沢の手紙しかない。しかも、それは一〇月一一日に大隈参議が免官となった政変後、福沢が自分は大隈と連携し陰謀に加担していたのではなく、井上・伊藤からも国会開設で誘われたので関わったのだ、と井上・伊藤らに回想的に弁明した手紙である。

大隈の裏切り

福沢は、一八八一年（明治一四）三月一〇日になると、「時事小言」として書いた自分の国会論を大隈参議に送り、手紙の中で、たいてい大隈の考えと「齟齬《そご》」することはないと思っている、と述べた（大隈宛福沢書状、一八八一年三月一〇日、『福沢諭吉全集』一七巻）。

ところで、大隈は立憲政体に関する意見書を提出していなかったので、明治天皇は有栖川《ありすがわ》宮熾仁《みやたるひと》左大臣を通して提出を促した。そこで大隈は同年三月、有栖川宮を通し、他の大臣・

参議に見せないことを条件に、上奏した。

その主旨は、⑴イギリスは国会を開いたので政府と議院の間に争いがなくなり、政党の争いは議院で起こるだけになった、⑵日本も立憲政体を採用し、立法・司法・行政の三権を分離し、議会で多数を占める政党の党首が、天皇から内閣を組織するよう命じられるべきである〔特に上院・下院の区別は記していない〕、

大隈重信

⑶官吏は「政党官」と「永久官」に分別し、政党官は参議・諸省卿・輔および諸局長・侍講・侍従長などで、「上の政党官」はおおむね議員として上下院に列席することができる〔たいてい英国の例による〕、⑷「永久官」は、各官庁の奏任官および属官などの中以下のポスト、および「中立永久官」として「三大臣」、「軍官・警視官・法官」などの「公平国益」を図るべきポストで、政党に関与しない、⑸憲法制定は欽定憲法様式とし、内閣において委員を定め、速やかに着手すべきである、⑹本年〔一八八一年〕をもって欽定憲法を制定し、一八八二年もしくは本年末に公布し、一八八二年末に議員を召集し、一八八三年初頭に国会を開くことを希望する、等である〔『大隈重信関係文書』四巻、二三〇〜二四六頁〕。

大隈の意見書は、国柄の違いや発展段階も考慮せずに、イギリスの制度を日本に導入しようとするものである。また、天皇の権力・役割についても、議会で多数を占める党首に内閣の組織を命じるとあるのみで、はっきりしない。議会は天皇を替えられる可能性すらあるようにも考えられる。

また、二年後に国会を開設するという希望も、憲法と議院法・衆議院議員選挙法・貴族院令などの関連法律や、新しい内閣制度・官僚制度を作り、周知させ、実施することを考えると、現実ばなれしている。

しかし大隈にとっては、この意見書のように事態が展開すれば、政府のトップの一人として、国会開設の主導権を取り、民権派との連携を生かして、首相になって組閣できる可能性が強い。これは、伊藤を中心とした藩閥政府への、大隈のクーデターだった。

大隈の意見書を伊藤が見たら、激怒し、これまで大隈と熱海などで何のために話し合ってきたのか、と自分の愚かさにも腹を立てただろう。しかし、伊藤は大隈が三月に意見書を出したことを知らず、同月になると、大隈が立憲政体構想に協力的でない、と岩倉右大臣に苦情を述べるまでになった（大隈宛岩倉書状、一八八一年三月一四日、三一日、『大隈重信関係文書』四巻）。

「驚愕」

早期国会開設を主張する一八八一年（明治一四）三月の大隈の建言を、有栖川宮熾仁《たるひと》左大臣は、大隈との約束を破り、三条太政大臣と岩倉に限って内々で見せた。岩倉はその内容が他の参議の立憲政体への構想と大きく異なっているので、大隈に面会して真意を尋ねたところ、大隈は建言の構想は伊藤の考えと特に変わっていないと答えた。

大隈の建言が出されてから三ヵ月以上たって、三条は、天皇に差し出すことになっている大隈の建言を、伊藤参議一名のみに内々に示して異論が出ないようにしたい、と岩倉に話した後、伊藤に渡した。

　七月二日、三条は岩倉を訪問し、伊藤の反応を話す。伊藤は大隈の建言をじっくり読んで「驚愕《きょうがく》」した。これまで自分は何事もすべて大隈と相談し、元老院建言についても意見を交換していた、それなのに同僚にも相談せず、出し抜く形でこの建言を上奏するのは不都合極まりない、と伊藤は述べた。三条によると、伊藤は病気であると称して出仕しなくなり、辞任する覚悟であるという（「岩倉具視日記」一八八一年七月一五日、『大隈重信関係文書』四巻）。

　伊藤は七月一日に、邪推のように見えるでしょうが、大隈の建白はおそらく大隈一人の考案ではないように疑われる、と三条に大隈への不信を示し、このままの形勢では辞任せざるを得ないとの考えを述べている（三条宛伊藤書状、一八八一年七月一日、「三条家文書」）。大隈が建言を出して三ヵ月以上たった六月下旬に、伊藤はその内容を初めて知ったので、大隈への怒りと強い不信に包まれたのだった。

　七月三日、岩倉を訪れた伊藤に対し、岩倉は、大隈に面会して意見を聞くので、建言を内々に見たということで辞表を出すのは見合わせてほしい、と述べた。その後、岩倉は三条と連絡しながら、四日に大隈を訪問、伊藤に釈明するように勧告した。

　大隈は直ちに伊藤を訪れ、帰りに岩倉宅へ立ち寄り、疑惑が消えてすっきりしたと伝えた。また三条からも、同様の話が岩倉にあった（「岩倉具視日記」一八八一年七月一五日、『大隈重信関係文書』四巻）。

　七月四日に大隈が伊藤を訪問した際のやり取りについて、三ヵ月後に伊藤は次のように回想している。(1)大隈は今回のことは粗暴であり、申し訳ないと謝るだけであった、(2)大久保が暗殺された時、大隈は自分は微力であるので伊藤を助けて「斃《たおれ》る」まで尽力すると誓ったのに、建白で大変な提言をし、それを一言も伊藤に話さないのは、建白の趣旨の是非以前に、伊藤は大隈の行動に対して最も不満である、と述べた、(3)これに対し、大隈はただ謝るのみで、必ずしも自分一人の意見を天下に実行させようとする意志を持っていないので、どうか許してください、と言って帰って行った（『保古飛呂比《ほごひろい》』一〇巻、一八八一年一〇月四日）。

大隈追放を決意する

翌日、一八八一年（明治一四）七月五日に伊藤は政府に出仕し、次のように大隈に述べた。(1)大隈の建白は諸省卿から「君側の官」まで民選にするとのことであるから、君権を民権に放棄する精神であり同意できない、(2)これほど構想が異なる以上、大隈が天下のことを行いなさい、僕〔伊藤〕は関わることはできない、(3)大隈の平素と異なり、今回のことは実に愚かで、このようなことは、たとえ内閣一同で異議がなくても、なお安心できないことである、(4)大隈は参議の重職にあるのに、「福沢の如《ごと》き者の代理」を務めるのは笑うべきで、福沢の憲法私案と君の建白とは同一である。

大隈は、建白は行われる見込みを持って行ったのではなく、ただ個人の構想を上奏しただけで、疑いはもっともであるが、福沢と相談したことはない、と答えた。

伊藤は大隈の弁明を聞き、「憤懣《ふんまん》」を覚えたが、強いて論じるとかえって「破裂」し、「内閣の醜態《しゅうたい》」になると考え、議論をそこで止めた(『保古飛呂比』一〇巻、一八八一年一〇月四日)。

伊藤は七月四日の大隈との会見について、十分決着していないことを岩倉に伝えるよう、翌日、井上毅《こわし》にも命じている(岩倉宛井上毅書状、一八八一年七月五日、『井上毅伝 史料篇』四巻)。

岩倉は伊藤と大隈の対立を和解させようと動き、七月四日に伊藤が大隈と和解したと思った。しかし、それはこれまで連携してきた先輩の岩倉の顔を立てただけで、*伊藤は大隈を心の中では許していなかった。

伊藤は、大隈が自分に何も話さずに、早期国会開設と政党内閣制の建白を出し、福沢など在野の勢力とつながっているとみた。大隈とは相談を繰り返し、良好な関係を保ってきたと思っていたことへの反動で、伊藤は大隈に対して絶望した。機会をとらえ、大隈に気づかれないよう、伊藤を支える長州の井上馨・山県らや、岩倉・三条らの大臣、薩摩派との連携網を作ることが、今や第一の課題となった。七月八日から、伊藤は再び出仕し始めた。

* 坂本一登『伊藤博文と明治国家形成』は、一八八〇年以降一八八一年にかけ、「『宮中』が内閣から自立した政治意思を持つ主体として浮上し、政策決定の中心となった」とする。また、「天皇は単なる形式的な裁可者としてではなく、実質的な決定者として登場し、宮中派も天皇のインフォーマルな顧問として重要な役割を演じた」とも論じる。岩倉右大臣を「宮中」の代表的人物とし、岩倉らと「大隈・伊藤・井上馨」の対立を強調している(四一〜五七頁)。

しかし、大久保暗殺後に生じた、佐佐木高行らの天皇親政運動は、大臣・参議らの内閣側によって抑圧され、一八七九年秋から八一年にかけて尻すぼみになっていく（笠原英彦『天皇親政』）。また天皇親政運動をきっかけに、二〇歳代後半の若い明治天皇は政治への意欲を示すが、表の政治にはほとんど影響を及ぼすことができず、宮内卿の人事や儀式・勲章など天皇の身近と考えられる宮中問題にのみ影響力をみせるにとどまった。そこで一八八五年には、天皇は政務拒否を行って不満を示したほどである。天皇が表の政治に関与できるようになるのは、一八八九年に明治憲法ができる直前である。それも、日常は関与を抑制し、内閣等の意思決定が困難になった際に、調停的に関与することを原則とした。これは、伊藤がオーストリアのシュタインの教えをもとに、日本に形成した近代天皇の政治行動様式である（伊藤之雄『明治天皇』二二一〜四三〇頁）。坂本氏は、長期的視野で一貫して近代天皇権力を考察していないので、些細で数少ない事実から、一八八一年頃の天皇権力を過大視する結果になっている。

さらに、大臣・参議という内閣の構成員である右大臣の岩倉を、「宮中」の人物とするのもおかしい。本書で述べていくように、立憲政体の問題・外債導入問題・天皇親政問題など、重要問題で伊藤と岩倉は常に連携しており、些細な事件での意見の違いから、伊藤と岩倉が対立していたかのような構図を作るのは、誤りである。

岩倉右大臣ら憲法制定をあせる

一八八一年（明治一四）六月には、岩倉具視右大臣は、法律通の井上毅（太政官大書記官）に憲法制定に関する意見書を書かせた。岩倉は井上毅の意見書をもとに、三条実美《さねとみ》太政大臣・有栖川宮熾仁《たるひと》左大臣らと憲法制定の準備について相談した。また、六月下旬には井上毅は、この話を伊藤にもするよう岩倉に提案し、二八日に岩倉は、大変結構だと同意した（井上毅宛岩倉書状、一八八一年六月一九日、二八日、岩倉宛井上毅書状、一八八一年六月

一四日、一六日、二二日、『井上毅伝　史料篇』五巻、四巻)。

岩倉ら三大臣が憲法制定の準備について急に考え始めたのは、三月の大隈意見書が早期国会開設やイギリス風の政党政治を主張しているので、これに対抗するためであった。

六月二八日に岩倉から了承を得た井上毅は、さっそく伊藤に憲法制定意見を送付した。それは、民選の議会を作っても、閣僚の進退や徴税権に関し、イギリスのように民選の議会が左右するのでなく、ドイツのように国王が大きな権力を持つべき、という内容だった。

伊藤は井上毅の意見書を一読し、自分の考えと大差はないが、いつ頃国会を開設するのかについては、いまだに判断できない、井上毅の考えも詳しく聞きたいので、明日は一日家にいるから何時でも来て下さい、と井上毅との会見に意欲を見せた（井上毅宛伊藤書状、一八八一年六月二九日、井上毅「憲法制定意見」一八八一年六月、『井上毅伝　史料篇』五巻、一巻)。

井上毅の意見を退ける

ところが、一八八一年（明治一四）七月四日までに伊藤と井上毅の関係がおかしくなったようである。同日に井上は、岩倉に「一身上」のことを申し入れた。翌五日に、井上毅が伊藤に面会、「一身上」の話をすると、伊藤は、このような重大問題について「書記官輩」が関するのは適当でないので、内密の御用を辞退したいとの事は、大変もっともである等、井上が身を引くことを当然とした（岩倉宛井上毅書状、一八八一年七月五日、『井上毅伝　史料篇』四巻)。

この間、伊藤は大隈が三月に奏上した意見書を三条から見せられているが、それは大隈への怒りを起こしたとしても、井上毅を退ける直接の動機とはならない。

伊藤が、憲法制定に関して井上毅を退けた第一の理由は、井上毅が憲法制定を急ぎすぎたことである。伊藤は、「国会開設は維新創業よりも難なるべし」とみていた（伊藤博文「民権を以て皇室の尊厳を傷《きずつ》けざるべき意見書」、「伊藤博文文書」国立国会図書館憲政資料室所蔵）。

その伊藤の姿勢とは異なり、井上毅は、伊藤に宛てた七月二日付の手紙で、⑴憲法取調べの大事を伊藤が負担してほしい、もっとも三条・有栖川宮・岩倉の三大臣から主任を出すべきである、⑵第一の方法が適当でないということなら、〔政府を〕退いて密かに一つの「私擬憲法を草創し」上奏してほしい、⑶右の二つのうち、必ずどちらかを実行すべきであり、もし伊藤が今日逡巡《しゅんじゅん》して、大業の開始が他人の手によるなら、〔井上毅などは〕期待するものがないので、先日来病気に悩んでいることでもあり、辞任して熊本へ帰って同志と協力団結して国に尽くすわずかな志を表明することにしたい、と述べている（『井上毅伝　史料篇』四巻）。

伊藤は藩閥政府の最有力者であり、大書記官（現在の局長クラス）の井上毅が、求められもしないのに右のような提案をするのは、非常に失礼なことである。これは、法律通の井上毅が、伊藤を通して憲法制定に自分の能力を発揮しようと、あせりすぎた結果である。

井上毅を退けた第二の理由は、井上毅の憲法理解が当時の日本人の中で最高水準であっても、伊藤が求める水準にはとても達していなかったからである。

井上毅は、一八八一年六月中に伊藤に出した憲法制定意見の他に、岩倉ら三大臣に提出する目的等で、「欽定憲法考」など少なくとも八種類の憲法関連の意見書を残している（『井上毅伝　史料篇』一巻）。

しかしそのいずれも、イギリスの国制（憲法）や政治制度とドイツの憲法や政治制度の概略を紹介し、イギリスのそれを日本に導入するのは不適当なのでドイツのそれに倣《なら》うべきだ、と結論する表面的なものだった。これは、まずドイツのものに倣うという大枠では伊藤の考えと一致し、知識として伊藤の参考になる部分もあったであろう。しかし伊藤は、ヨーロッパの君主国の憲法を参考にしながら、日本の政治・文化になじむような憲法を制定するのを目標としていた。井上毅のレベルで憲法を性急に作ったとしても、とてもその目標を満たすものではなかった。*

たとえば井上毅は、君主の政治権力に関し、イギリスの国王は議会の多数に制せられ、あたかも風の中の旗のごときで、国王と議会とが主権を分有しているというものの、実際には主権はもっぱら議会にあり、国王はいたずらに「虚器」を擁するのみだ、とする。

それに反し、ドイツは国王が立法の権を議会と分有するが、行政の権はもっぱら国王の手中にあるとする。そこで国王は、議会政党の多少にかかわらず、その「宰相執政」（首相や閣僚）を選任することになっている。ところが実際は、多くは議会が求める人を採用するが、その権力の範囲を解釈すると、けっして議会政党のしたいようにさせることではない。

このように見て、井上毅はドイツの君主制度を評価するが、それまでの日本の近代天皇の実態は、井上毅のいうドイツ国王のように、天皇が実質的に三大臣や参議等の内閣員を任命してきたわけではない。しかしそうかといって、イギリスのように議会が中心となって、内閣員を決めさせるわけにもいかない。

ヨーロッパへ行って、君主・行政・議会・司法などの実際の姿を十分に理解した上で、日本にふさわしい憲法を作る必要があるのだ。井上毅はそんなことも理解できずに、功をあせって性急に憲法を作成することを自分に押し付けてくる。日本に合った憲法を作るということは、大変な作業なのだということすらわかっていないのか――。こんなことを伊藤は考え、井上毅を辞退させ、岩倉ら三大臣の思いつきのような憲法制定の準備を休止させたのである。

＊一八八一年六月頃の伊藤と井上毅のやり取りに関し、井上毅が近代的憲法に対する初歩的かつ基礎的解釈を試みているところに、「伊藤の当時の憲法認識の低調が察せられ」る（清水伸『明治憲法制定史』上巻、二五四頁など）と、井上毅が伊藤よりはるかに憲法制定について進んでいたとの見方が、憲法学者・歴史学者のいずれにも根強い。またそれは、一八八一年頃に、井上毅をはじめ、日本人の憲法理解はかなりのものになっていたにもかかわらず、なぜ翌年に伊藤は大憲法調査団を率いて渡欧しなければならなかったのか、という疑問にもつながる。それは、一次史料にもとづいて、近代天皇の政治機能などの実態を十分につかむことなく、井上毅と同様に、憲法や制度を表面的に論じているからである。アジアで最初の近代憲法であるオスマン帝国憲法（ミドハト憲法）は、制定にほとんど時間と労力をかけないまま、一八七六年一二月に公布され、わずか一年二ヵ月で停止された。伊藤はオスマン帝国憲法に特に言及していないが、彼が恐れていたのは、そのような安易な憲法制定と混乱である。

伊藤は、ヨーロッパの法や制度を単に翻訳して日本に適用するのでは、当時の日本の政治の実態に合った憲法にはならず、日本に定着させられないとみていた。そこで、自らヨーロッパへ行き、実地にそれらの機能を理解した上で、日本に合うように修正して、日本の憲法を制定しようとしたのである。当時の日本でそこまで考えられたのは、伊藤だけだった。

開拓使官有物払い下げ問題

一八八一年（明治一四）七月二一日、参議兼開拓使《かいたくし》長官黒田清隆は、開拓使の管轄下にあった北海道の官有物の払い下げを申請した。払い下げは、三〇日に天皇の許可を得て、八月一日に発表された。この間、七月二六日から、自由民権派の『東京横浜毎日新聞』は、開拓使が、黒田長官と同郷の薩摩藩出身の政商五代友厚《ごだいともあつ》に、不当な安値で官有物を払い下げようとしている、と暴露した。この問題をめぐり、九月にかけて政府批判の世論が燃え上がった。

藩閥内では、福沢諭吉や三菱の岩崎弥太郎らと結んだ大隈参議が、開拓使官有物払い下げ問題に乗じ、民権運動を利用して政府の主導権を握ろうとしている、という疑惑が広がっていった。

伊藤は、まず盟友井上馨参議兼外務卿との連携を密にするため、井上参議のいる広島県の宮島へ、井上毅を送った。井上馨も、七月末には、「彼之《かの》先生〔大隈重信〕は人望を得るを主とし今日に至る迄其《その》定説なき」はご承知のことと考える、と大隈に対して強い不信を持っていた。また井上毅に影響されたのか、今日の形勢では、早くドイツの憲法にならい、法制を「細密」にし、下院も開設すべきだ、と井上馨も早期の国会開設を主張した（伊藤宛井上馨書状、一八八一年七月二七日、『伊藤博文関係文書』一巻）。

伊藤は八月六日には、(1)自分が三月の大隈建白を妨げたことは一般には知られていないので、建白のことは他の人には漏らさないように注意してください、(2)万一の場合は、自分が「皇室之《の》城壁」となって犠牲となる、と決意を井上馨に示した（井上馨宛伊藤書状、一八八一年八月六日、「井上馨文書」）。これは大隈を政府から追放するなどの強硬策を行うという意味である。*なお伊藤は、井上馨の勧めにもかかわらず、早急に憲法を作ることには反応しなかった。

＊　坂本一登『伊藤博文と明治国家形成』は、一八八一年七月下旬から八月上旬においても、井上毅のプロイセン（ドイツ）型憲法を早期に成立させる構想と伊藤の構想が対立していた、それは大隈が唱えるイギリスの国家体制を体系的に導入することは論外だったとしても、伊藤は井上毅ほど政党内閣制を敵意の対象とはしていなかったため、と論じる。さらに、「伊藤と井上毅は参議間の支持調達をめぐって激しく争っていた」とする（五七〜五九頁）。

　藩閥政府最有力者の伊藤と、局長クラスの井上毅が激しく争うという構図自体、歴史や政治の現実感覚を欠く発想である。また、本書で述べてきたように、この段階で、伊藤が政党内閣制を敵意の対象としていなかったというのは、事実と異なる。

　この間、伊藤は大隈から、五〇〇〇万円の公債を新たに募集し、大中央銀行を設立し、紙幣整理を行う建議をすることを持ちかけられ、連名で建議し、八月一日付で採用されている（『大隈重信関係文書』四巻、四七五〜四八二頁）。この建議を採用させたのも、伊藤が大隈を油断させるためで、大隈との連携を重視したわけではなかった。大中央銀行構想は、二ヵ月後に大隈が政府から追放されると中止された。

伊藤は正直な性格であるが、大隈が伊藤を裏切った以上、このような行動に迷いはなかったはずである。井上馨への手紙でも示した、こうした激しさが、伊藤の強みであった。

大隈包囲網の形成

『東京横浜毎日新聞』の官有物払い下げへの批判によって打撃を受けた開拓使長官の黒田清隆は、大久保利通亡き後の薩摩の最有力者だった。そのため、その後薩摩系の有力者は、自然と伊藤のもとに集まってくる形になった。一八八一年（明治一四）八月二日、松方正義内務卿は、憲法取調べについて、伊藤と松方・黒田・西郷従道参議の合意ができたと報じた（井上毅宛松方書状、一八八一年八月二日、『井上毅伝　史料篇』五巻）。これは大隈建議への批判から、ドイツ風の憲法を作ろうという大勢が整ってきたことで、伊藤に有利な状況展開であった。

問題は、実力者の岩倉具視右大臣の動向である。持病の頭痛が時折ひどくなるので、岩倉は休暇を取り、七月六日に東京を出発、京都で病気の療養をしていた。太政大臣の三条は時局を心配し、八月下旬と九月上旬の二回にわたって岩倉に東京に戻るようにと、手紙を書いた。

三条は岩倉の動向を知るため、山田顕義《あきよし》参議（長州藩出身）を京都に派遣した。九月一八日、山田は岩倉と会見した（「岩倉具視日記」一八八一年九月一八日、『大隈重信関係文書』四巻。三条宛岩倉書状、一八八一年九月二七日、『岩倉具視関係文書』七巻）。

二人の会見で見られた特色は、第一に、大隈と福沢の結びつきを強調したことである。山田は、大隈が腹心の矢野文雄（統計院幹事兼太政官大書記官、福沢門下、前慶応義塾分校長）を抜擢《ばってき》したことや、矢野が夏期休暇中に九州地方を巡回演説し、日本はまだ開けていないので天皇は当分「便宜に置《お》くもの」と述べた、と岩倉に告げた。また、統計院を置いたのは国会開設について取り調べるためである、とも山田は話した。これらの行動を見ると、大隈は福沢と連絡を取り合って事ここに至ったようだ、とも推定し、大隈が弁解のために伊藤邸に行ったことが、翌日の『東京横浜毎日新聞』に掲載された、等の例を挙げた。

第二に、山田は、内閣は三条太政大臣はじめ団結しているので、決して心配することはない、と大隈を退ける包囲網ができたことを述べたことである。

しかし、岩倉は大隈を追放する件について即答せず、天皇が巡幸から東京に戻る予定の一〇月一一日までに帰り、伊藤と相談した上で決断する、と答えたにとどまった。天皇は七月三〇日から一〇月一一日まで東北・北海道の巡幸の旅に出ており、大隈はじめ、有栖川宮左大臣、黒田参議や松方内務卿らは付き従っていた。

大隈追放に関し、伊藤にとってもう一つの問題は、伊藤ら東京に残っていた参議が開拓使官有物払い下げを続行する覚悟でいたところ、天皇の巡幸に従っていた有栖川宮左大臣、大隈・大木喬任《たかとう》両参議らが、辞表を覚悟しても中止を求めてきたことである。岩倉も、この問題で内閣の意見が異なることに、不安を示した（「岩倉具視日記」一八八一年九月二四日、『大隈重信関係文書』四巻。前掲、三条宛岩倉書状、一八八一年九月二七日）。

おそらく伊藤は、薩長関係の微妙な中で、薩摩系参議の支持を確保するため、払い下げ続行を決意したのであろうが、岩倉や有栖川宮両大臣の同意を得られないとなれば、問題は別である。

一〇月初めになると伊藤は、松方内務卿、西郷従道ら薩摩系参議や黒田と、払い下げの中止に向け、調整を始めた。盟友の井上馨（参議兼外務卿）や山県有朋《やまがたありとも》（参議兼参謀本部長）も協力した（伊藤宛松方書状、一八八一年一〇月三日、五日、七日、伊藤宛井上馨書状、一八八一年一〇月五日、伊藤宛山県書状、一八八一年一〇月六日、『伊藤博文関係文書』七巻、一巻、八巻。三条宛伊藤書状、一八八一年一〇月五日、『大隈重信関係文書』四巻）。

一〇月六日に岩倉は東京に戻り、七日に伊藤と会見した。岩倉もやむを得ないこととして、大隈を辞めさせることに同意した。開拓使官有物払い下げの件は、黒田は自ら取り消すことには同意しなかったが、一八日、天皇の命なら従うと、事実上、払い下げ中止に同意した（「岩倉具視日記」一八八一年一〇月六〜七日、同前、四巻）。こうして、ようやく大隈追放の計画が完成した。

また、この日までに政府中枢で国会を開くことは合意されていったらしい。伊藤は岩倉右大臣に、開設の時期は一、二年を争うべきではないが、「明治二十三年」（一八九〇年）と定めれば、「急緩其宜《そのよろしき》に適す」か、と提案している（岩倉宛伊藤書状、一八八一年一〇月八日、「岩倉具視文書」〈対岳〉）。伊藤は、これまで同様に慎重であった。

さて、大隈側は大隈追放への動きをどの程度とらえていたのだろうか。九月末から一〇月初頭になっても、薩摩を中心に大隈を攻撃しようとしているが、伊藤がその中心にいるとはつかんでいなかった（「小野梓意見書」一八八一年九月二九日、大隈宛北畠治房書状、一八八一年一〇月三日、『大隈重信関係文書』四巻）。

大隈の提案した公債を発行して大中央銀行を作る構想に乗り続けるなど、情報戦も含め、戦略・戦術のいずれにおいても、伊藤の完勝だった。

政変と伊藤体制の定着

明治天皇は、政府内の大隈参議追放の合意について、まったく知らされていなかった。東京に帰った後に大隈が開拓使官有物払い下げに不同意を主張すれば、参議たちで「攻め倒す」だろう、くらいに考え、一〇月一一日に予定通り皇居に戻った。

すると大臣・参議一同から、憲法制定と国会開設、及び大隈の免官が上奏された。天皇は大隈の免官には消極的であったが、内閣の意見ということで、いずれも承知した。大隈への辞任勧告は、伊藤が引き受け、西郷従道が同行した。大隈は勧告を受けると、辞任を了承した。こうして、上奏はいずれも裁可された（『保古飛呂比』一〇巻、一八八一年一〇月一三日）。

翌一二日、開拓使官有物払い下げを中止し、一八九〇年（明治二三）に国会を開設することと、大隈の辞任を認めることが、公表された。また、憲法を政府の中枢で作り、天皇の裁可を経て、天皇が作った欽定憲法として公布することも暗黙の合意事項となっていた。

一〇月一三日、大隈の免官に抗議し、矢野文雄・犬養毅《いぬかいつよし》（統計院権少書記官・慶応義塾出身）・尾崎行雄（統計院権少書記官・慶応義塾出身）ら、大隈系の官僚が辞任し、間もなく小野梓《あずさ》（会計検査院一等検査官）らも続いた。辞任しない官吏は罷免されたが、小野梓らとの関係の有無についての判断は、伊藤が影響力を持った（岩倉具視宛伊藤書状、一八八一年

〔一一月カ〕四日、「岩倉具視文書」〈対岳〉)。

また一〇月二一日、松方正義(薩摩藩出身、大蔵卿兼任)・大山巌(薩摩藩出身、陸軍卿兼任)・佐佐木高行(土佐藩出身、工部卿兼任)・福岡孝弟《たかちか》(土佐藩出身、文部卿兼任)の四人が新たに参議に任命された。参議兼大蔵卿という要職に就いた松方は、開拓使官有物払い下げ中止問題で黒田を説得する等、薩摩出身ながら伊藤に協力して尽力した人物である。また、参議兼陸軍卿となった大山は、山県と連携して陸軍を主導している人物だった。

他方、開拓使官有物払い下げで民権派などから攻撃を受けた黒田は、翌一八八二年一月一一日に参議兼開拓長官を依願免職となり、内閣顧問という閑職に就いた。

このように、明治十四年政変は、一八八一年三月の大隈参議の早期国会開設と政党内閣を求める意見書に始まり、一〇月の大隈免官と翌年一月の黒田の参議・開拓長官辞任で終わった。この政変の過程で、伊藤は政体構想において、自分の理念に忠実にぶれることなく行動し、また大隈追放という決断を慎重かつ果断に実行した。この結果、二つの意味で、大久保没後に形成が始まった伊藤体制を定着させた。

その一つは、伊藤のライバルになりうる存在だった他藩出身の有力者、大隈(佐賀藩出身)と黒田(薩摩藩出身)が結果として失脚するか大きく傷ついたことである。もちろん伊藤の性格から、一八八一年前半に彼らの失脚を希望していたわけではない。それどころか、彼らと連携して、民権派の攻勢をしのぎ、秩序ある形で立憲国家を形成しようとしていた。

もう一つは、政変の過程を通し、薩摩の西郷従道参議や松方正義などの有力者が伊藤の意向を受けて積極的に活動し、伊藤系に準じる存在になったことである。伊藤は、すでに述べたように、大久保暗殺直後に薩摩の有力者西郷従道を参議にすることに尽力した。また、一八七八年一二月の陸軍参謀本部設置をめぐり、少数派の薩摩海軍に伊藤が配慮し、西郷従道と相談して動いている（岩倉宛伊藤書状、一八七八年一一月一五日〔二通〕、一二月四日、五日、「岩倉具視文書」〈対岳〉）。これらは、伊藤が、公平な指導者として西郷従道や薩摩系からの信頼を得るのに役立った。

薩摩系にまで足場を広げたという意味で、大久保が伊藤・山県ら長州系にまで基盤を拡大したのと類似した薩長にまたがる権力基盤を、伊藤は得たのである。

伊藤は、実力者の岩倉右大臣と連携を保ち、長州の盟友井上馨（参議兼外務卿）や山県（参議兼参謀本部長）ら長州系を固め、西郷従道や松方を通して薩摩系にも影響を及ぼせるようになったのだった。

といっても、薩長の対抗意識は根深い。日清戦争前までは、何かの事件をめぐって伊藤が薩摩の有力者を傷つける形になれば、薩摩系はただちに黒田を盟主に団結し、伊藤に対抗しかねない要素を残していた。

第九章　憲法調査にかける伊藤の意気込み——日本の伝統と欧化

「憲法政治」への抱負と重圧

明治十四年政変の結果、九年後の一八九〇年（明治二三）に国会を開くことになった。そのためには、憲法の他、さまざまな法令を制定しなくてはならない。根幹となる憲法も、まず、欧州の君主国で実際の政治を見聞し、法令との関係を考えた上で、どのように日本の国のしくみを変えるのか、という大枠の展望を確立する必要があった。そうしてから憲法を制定しなくては、実施に移したとたん行き詰まってしまうだろう。

憲法調査のため、伊藤は一八八二年（明治一五）三月一四日に欧州に出発し、翌年八月三日に帰国した。その調査について、次のように回想している。

明治十五年に、立憲政体の経営措《そ》画《かく》のことを研究して来《こ》よとの御沙汰と、同時に三十一項に渉る研究項目の訓示とを蒙《こうむ》つて、私は海外へ出ることになつたが、実に重大な使命で、果《はた》して聖明に対《こた》へ得らるゝかどうか、恐懼《きょうく》、憂《ゆう》惧《く》に耐えなかつた。しかし、一旦上命の降《くだ》つた以上は、自分の精力の有らん限りを尽して、万一に対へ奉るまでと、かう決心した。（「憲法立案の経過と其の理論との概説」〔直話〕、『伊藤公全集』三巻、一七九～一八〇頁）

すでに述べたように、伊藤を除いて、大隈も含め大臣・参議や法律通の井上毅《こわし》らまで、憲法制定をかなり安易なものとして考えていた。異文化の中で培われてきた憲法を日本に導入し、制定するだけでなく、それを実際に運用していくことがどれほど大変であるかということに、伊藤ほど思考が及ばなかったからである。その困難さを考えることができるのは、伊藤が西欧という異文化への深い洞察力を持っていたからだった。伊藤は憲法制定と運用も含め、「憲法政治」*を日本に定着させるという考え方をした。

＊　伊藤は、大日本帝国憲法制定一〇周年の一八九九年頃から、日本は「憲法政治」の試験に合格した等と、「憲法政治」という用語を好んで使った。伊藤は欧州に憲法調査に行き、一八八二年八月にシュタイン教授から憲法を学んで自信をつけた後、憲法は大体の事のみなので、それほど心力を労する程の事はないが、「施治（憲法の運用）」「経済」の二つは実に国家の盛衰に関する、と述べている。また「憲法政治」に必要不可欠のものとして、「帝家の法（憲法）」「政府の組織」「立法府組織」を挙げた（伊藤博文「国会及憲法に対する意見手簡案」、「伊藤博文文書」国立国会図書館憲政資料室所蔵）。伊藤が「憲法政治」という用語を使用した早い例は、一八八二年一一月三〇日の三条実美・岩倉具視宛の手紙（『伊藤博文伝』中巻、三三二頁）や、一八八三年四月二七日の井上馨宛の手紙である（「井上馨文書」）。

ところがヨーロッパで憲法調査を実施することを、伊藤が積極的に働きかけたわけではない。また、伊藤の憲法調査が政府内でも当然と受けとめられていたわけでもない。なぜだろうか。経過を追いながら考えてみたい。

「神経症」になる

伊藤が欧州へ派遣される直接のきっかけとなったのは、一八八一年（明治一四）一一月六日の岩倉右大臣宛の寺島宗則《むねのり》（元老院議長）の建議である（稲田正次『明治憲法成立史』上巻、五六五〜五六六頁）。

伊藤が憲法調査に渡欧するについては、当時参議であった者の中で少なくとも佐佐木高行・山田顕義《あきよし》・大木喬任《たかとう》の三人は、懐疑的または反対だった。岩倉右大臣も当初極めて消極的だったらしい。そのような雰囲気の中で、伊藤の渡欧が実現したのは、井上馨《かおる》参議の働きかけがあり、山県・大山・西郷従道《つぐみち》らの有力参議を説得していったからだと思われる。

佐佐木高行の日記によると、一一月二三日に井上馨の官宅に呼ばれた佐佐木・大木・福岡孝弟《たかちか》の三参議は、井上から次のように伊藤渡欧の了解を求められている。

「国会」設立は、最も大切な事で、「立憲政体の美事」は、すべての人が話題にするが、その弊害は数多くあると聞く。そこで、伊藤を一年間欧州に派遣、十分に研究させ、帰国の上、さまざまの事を制定したい。自分〔井上馨〕も、吉田〔清成〕公使が帰国しているので、米国公使に任じられ、なるべく〔米国の制度を〕検討し、万分の一でも〔憲法制定の〕参考にしたい。かつ、「近日伊藤も大いに痛心の極にて、神経症差起《さしおこ》り、毎夜不眠、酒一升も呑みて、漸《よう》く寝に就く」。ただ今の向では、なかなか難しい「景況」である。されば、幸いに一年間欧州に行かせれば、「好都合」ならんか。

盟友の井上馨ですら、憲法調査それ自体の必要性のみから事を論じているのではない。井上は、伊藤の渡欧を自分の渡米に利用し、伊藤の「神経症」の静養に宛てようと考えていた。

伊藤が憲法調査のためにヨーロッパへ行くのを疑問視する点では、政府系の『東京日日新聞』や、在野の『東京横浜毎日新聞』『朝野《ちょうや》新聞』『郵便報知新聞』などの有力紙も同様だった（瀧井一博『ドイツ国家学と明治国制』一七一〜一七三頁）。

本書で述べてきた史実の中で、この時期の伊藤の状況を理解すると、明治十四年政変での大隈追放という大事が終わり当面の大問題がなくなると、伊藤は急に、憲法の調査と制定や、日本に「憲法政治」を定着させる課題に、重圧を実感し始めたのである。しかも今回の調査は、英語圏でなくドイツ語圏が中心だ。伊藤は、ドイツ語はできない。また、盟友の井上馨をはじめ、誰も憲法調査がいかに大事であるかを理解し得ず、今の自分はその意義を彼らに説明して説得できるだけの知識すらない。

こうした苛立《いらだ》ちのため、さすがの伊藤も「神経症」になり、深酒をするようになったのだろう。このため、まず自分から憲法調査を行うと積極的に持ち出す機会を失ったらしい。

その後、一八八二年三月三日、伊藤に欧州の立憲各国の組織や実際の状況を調査する勅命が出された。調査項目は、憲法と実況から、皇室制度・内閣制度・議会制度・司法制度・地方制度まで三一項目にわたり、極めて幅広く、各組織の相互の関係など実際の運用を重視したものだった。このような発想は、伊藤独自のものであり、調査項目には伊藤の意志が反映されているといえる。

三月一四日、伊藤はイギリス船「ゲーリック号」に乗って横浜を出港した。随員は、山崎直胤《なおたね》（太政官大書記官）・伊東巳代治《みよじ》（参事院議官補）・河島醇《じゅん》（大蔵権大書記官）らであった。

その中には、後に伊藤の後継者として、伊藤が創設した本格的な政党である立憲政友会の第二代総裁になる三二歳の西園寺公望《きんもち》もいた。西園寺はパリ大学などフランスで九年半学び、フランス法の知識を身につけ、この約一年半前に帰国していた。明治十四年政変直後に国会開設に対応するために設けられた参事院の議官補として、伊藤の推薦で、三条・岩倉の同意を得るという形を取って、政府に勤め始めたばかりだった。西園寺と伊藤を結びつけたのは、岩倉具視であった（伊藤之雄『元老　西園寺公望』第二章・三章。岩倉宛三条書状、一八八一年一一月二日、「岩倉具視文書」〈対岳〉）。

また西園寺と同じ資格で、岩倉右大臣の嗣子具定《ともさだ》（後に宮内大臣）も随員となり、岩倉の娘婿の戸田氏共《うじたか》も私費で随行した。伊藤の岩倉への配慮である。出発の数日前、岩倉は酒と肴《さかな》を携えて伊藤の高輪《たかなわ》邸を訪れ、二人で送別の宴をし、横浜出港の時にもわざわざ見送りに来た（「岩倉具視」〈直話〉、『伊藤公全集』三巻、九頁）。岩倉は伊藤が帰国する二週間前に死去するので、これが永遠の別れとなった。

ベルリンでの苦労と希望

一八八二年（明治一五）五月五日、伊藤一行はナポリに到着、一六日にベルリンに着いた。三日後にグナイスト（ベルリン大教授）に会い、憲法講義の打ち合わせをした。グナイストは、弟子のモッセに講義を一任したようで、五月二五日からモッセの講義が始まり、七月二九日まで続いた。

ベルリンには、ドイツのビスマルク首相がいた。当時ビスマルクは、タバコ専売法案をめぐって議会と対立していた。伊藤は多忙なビスマルクらの政治家と面会するよりも、学識ある先生についてじっくりと閑談する方が得るところがあると考えていたので、ベルリンに来て二ヵ月近くにもなるのにビスマルクと面談しておらず、青木周蔵公使が心配するほどだった（井上馨宛伊藤書状、一八八二年七月五日、「井上馨文書」）。

しかし、伊藤はドイツ語ができず、ドイツ学を学んだこともなかったので、当初はとまどった。盟友の井上馨には、特にドイツ憲法や行政の取り調べには「テクニッカル」の言語多く、英語に対応させてその意味を解釈できるくらいで、大変困難を感じています、と正直な気持ちを手紙に書いた。

とはいえ、憲法の「良否得失を講論するは、実に寝食を忘するの心地」がすると、伊藤は喜びも見出していた。箇条について、その文意を理解するくらいでは、法の「精神も実際〔の運用〕」ものみ込むことはできない、と伊藤はみた。学問上の分析をするだけで、その「〔実際の〕事柄」について論じつくさないのでは、皮相の理解にとどまってしまう。なるたけ、その「骨子」のある所を深く究明し、少しは「〔日本の憲法制定に関し〕其《その》効能」を得たいものだと、熱心にやっております、と伊藤は続けた。

また伊藤は、グナイスト教授が八月初旬からオーストリアの温泉に避暑に行くので、同時にオーストリアへ行き、同国の有名なシュタイン（ウィーン大教授）を訪れ、その見解を教えてもらいたい、とも考えていた（同前）。

ドイツ語やドイツ学に不案内な伊藤が、苦労しながらも、短期間でそれなりに成果を上げ始めたのは、第一に、それまでに内務省・工部省・大蔵省など様々の省で、中堅から最上位の地位まで、実際に行政をやってきた経験があったからである。ドイツと日本は制度が異なるとはいえ、伊藤は政治や行政の実際が想像できる。

また第二に、英語を通し、アメリカ合衆国の憲法や憲法制定の歴史、イギリスの国制（憲法）の形成などの歴史を学んでいたため、法律や行政自体についての、学問的勘所もわきまえていたからである。

第三に、明治十四年政変までの過程で、井上毅の憲法意見や民間の憲法草案である種々の私擬憲法案を、伊藤自身が検討して争点を頭に入れていたことも、ドイツ憲法等の理解に役立ったことであろう。

なお、伊藤が憲法調査に連れて行った随員たちの中には、伊藤の憲法調査の意図を十分に理解できない者もおり、憲法調査団として、必ずしもまとまりは良くなかった（瀧井一博『ドイツ国家学と明治国制』一七七～一七九頁）。これは、彼らの憲法制定に対する理解が不十分で、伊藤ほど深く憲法調査の課題を認識できた者はいなかったからである。また伊藤自身もドイツ法やドイツ学を理解することに全力を注いでおり、随員たちを教育・指導する余裕がなかったからである。

しかし伊藤は、憲法調査の随員の中から、西園寺公望を筆頭として、後に憲法制定を補佐する伊東巳代治など、伊藤の腹心となる人材を見出し、彼らに学習の機会を与えた。これが、伊藤の憲法調査の副産物であった。

シュタインとの出会い

一八八二年（明治一五）八月八日、伊藤はウィーンに到着した。その日のうちに、さっそく伊藤はシュタインに面会する。

伊藤はシュタインの学説を聞いた翌日、その感銘を岩倉具視に宛てた手紙に記している。ただしこの手紙は、出されなかった（稲田正次『明治憲法成立史』上巻、五八三～五八四頁）。

その要旨は、⑴イギリス人は、政府（行政）は国会において多数を占めた党派の首領が担当すると言い、フランス人は、政府は国会の多数意見の家来であると言い、ドイツ人は、政府は多数意見を採用するが「独立行為の権」があると言う、⑵また、〔ドイツで〕君主は立法行政の大権を親しく掌握し、君主の認可を得ずして法律となるものは一つもなく、君主の許可を得ずして一つも「施設」することがない、⑶ここから考察すると、「邦国〔国家〕」は「君主」であって、「君主」がすなわち「邦国〔国家〕」であるということも可能である、しかしその政治は〔君主〕専制ではない、「立憲君主の国」では、立法の組織（議員）・行政の組織（各大臣の協同）およびすべての「政治」は一定の「組織紀律」に従って運用する、等である。

伊藤がシュタイン教授との会話で感銘を受けたのは、第一に、ドイツが君主専制国家であるのは知っていたが、それでも国会の多数意見を採用することや、国会と政府が対立したときは最終的に君主が判断を下す、というドイツ政治と君主の関係が体系的にわかったからである(1)・(2)。

また第二に、それ以上に、ドイツの例を一般化して、君主国であっても君主専制ではないという実態を、立憲国家では君主も含め立法・行政などすべての「政治」が一定の「組織紀律」によって運用されるのだ、という考え方で理解できたからである(3)。

この考え方は、君主は国家によって制約される一つの機関であり、君主といえども立法府や行政府から制約されることがあっても問題ではない(君主が立法府や行政府の意思を全く無視して全く自由に行動してよいわけではない)、というものである。これは、君主権は神から授かったものであり、君主は専制的に行動してもよいという考え方を否定するためにできた考え方で、当時のヨーロッパの君主制についての最先端の学説、君主機関説であった。伊藤はシュタインとの会談で、その主旨を理解できたのである。これで、伝統的に天皇専制(天皇親政)が行われていない日本に、その実態に合った憲法を作るための糸口がみえてきた、と伊藤は喜んだのである。*

* 坂野潤治氏は、この伊藤の手紙の導入にあたる、(1)の部分のみを引用して、「〔伊藤が〕なにを研究しに欧州まで行ったのか疑ってみたくなる。この程度のことは明治十四年政変以前の、井上毅・福沢諭吉・中江兆民らの憲法論争で十分に明らかになっていたからである」と、論じている。また、伊藤は「権威づけのためにヨーロッパ現地で憲法を学ん」だとする(『日本歴史大系』四巻、六一二~六一三頁)。

しかし、伊藤がシュタインから学んだ大切なことがらは、(3)の部分で、政治は君主専制ではなく、立憲君主国では立法・行政およびすべての政治は一定の「組織紀律」にしたがって運用するという、君主機関説的考え方であった。もう一つは以下に述べるように、伊藤が八月一一日に岩倉右大臣に書き送った手紙にみられる、君主の地位は憲法制定や国会と関係なく、歴史的に保障されている、という考え方である。

ところが、一八八二年四、五月頃に井上毅によって書かれ、ドイツ滞在中の伊藤に送られた憲法私案は、「内閣は天皇臨御して万機を親裁する所とす」（三三条）など、天皇親政的要素を強く打ち出している。その一方、皇位継承に「内閣の発議」や「元老院〔上院〕の決議」を介在させる（二三条、二四条）他、摂政設置の場合も同じ要件を求めている（二六条、二七条）。これでは、皇位継承に臣民の関与を排斥する皇室自律観が存在しているとみることはできない（大石眞「井上の憲法私案について」。家永三郎・松永昌三・江村栄一編『新編　明治前期の憲法構想』四六一～四六七頁）。

井上毅の憲法私案には、伊藤がシュタインから学んだ根幹部分が欠けているので、伊藤を満足させるものではなかった。ましてや、井上毅・福沢・中江らの明治十四年政変以前の憲法論争において、坂野氏の論とは異なり、伊藤がシュタインから学んだものがすでに明らかになっているはずがない。

憲法構想に確信を持つ

一八八二年（明治一五）八月一一日に書いた手紙を、伊藤は実際に岩倉右大臣に送っている（『伊藤博文伝』中巻、二九四～二九九頁）。この手紙で、伊藤は第一に、ドイツで有名なグナイスト、シュタイン両師について学び、国家組織の大体を了解することができ、皇室の基礎を固定し、〔天皇〕大権を衰退させない、という大目的は十分見通しがついた、と自信を示した。また、「英・米・仏の自由過激論者の著述」のみを、「金科玉条《きんかぎょくじょう》」のように過信して国家を傾けようとする者たちに対し、挽回する「道理と手段」とを得、「心私《ひそ》かに死処《しにどころ》を得るの心地」であるとも書いた。

第二に、君主国であっても専制と異なるものがあるという、岩倉に送らなかった八月九日付手紙にあった、誤解を引き起こしやすい文言を入れず、「君主立憲政体」であれば、「君位君権は立法の上」にあると、「君位君権」を強調した。

伊藤の意図は、政府と議会が対立した場合、たとえ議会で法律が可決されても、政府が承諾しないなら君主は許可発布せず法律とはならない、と君主権を引いて政府の権力（行政権）を強調したのである。これは日本の当時の実態に合っている。論理的には、行政権が君主権を制約していることになるが、その点は手紙には明示しなかった。

また、君主権を強調する一環として、君主の地位は、憲法を制定し国会を創設した時に君主であることを認められるのでなく、すでに歴史的に保障されているのだ、と論じた。

最後に伊藤は、西南戦争への参加を策したとして獄中にあった陸奥宗光《むつむねみつ》らの刑を軽くすることを主張した。陸奥とは維新後、大隈や井上馨らとともに木戸孝允《きどたかよし》邸に出入りして、親しく未来を語り合った仲である。大隈が早期国会開設と政党内閣制を唱えて伊藤から離れた今、ともに近代国家を作っていけるような力量のある人材が、伊藤は一人でもほしかったのだ。

瀧井氏が論じているように、伊藤はシュタインに会って以来、すっかりシュタインに魅了された。会って一九日後に、山田顕義参議兼内務卿（長州藩出身）に宛てた手紙には、シュタインを日本に招く意思を伝えている。

その後八月二八日、伊藤はベルリンでドイツ皇帝ヴィルヘルム一世から陪食を許されたり、ロシア皇帝の即位式に派遣された有栖川宮熾仁《ありすがわのみやたるひと》左大臣に、三〇日にパリで会ったりした後、九月一八日からシュタインの講義を受けた。この頃までに伊藤はヨーロッパ滞在を延長したいと政府に申し入れていた（山県有朋宛伊藤書状、一八八二年九月二三日、『山県有朋関係文書』一巻）。シュタインとの出会いで受けた刺激が大きかったのだろう。

伊藤はシュタインの講義を、有栖川宮らにも一緒に受けることを勧め、宮は一〇月に伊藤と一緒に受講生となった。また伊藤は、一一月にシュタインを日本に招こうと申し出るが、高齢を理由に辞退された（瀧井一博『ドイツ国家学と明治国制』一七五～一八二頁）。一一月五日に伊藤はウィーンを去り、一四日からベルリンでモッセの講義を受けた。

君主機関説的考え方の導入構想

ヨーロッパでの憲法調査で、伊藤はシュタインから最も影響を受けた。その教えは、⑴行政権が優位であるべきだが、行政権・君主権・議会の権限の三権が緊張関係にあることが望ましい（三権はいずれも重要で、逆に君主権といえども制限されるべきである）、⑵憲法はその国の固有の歴史を反映したものであるべきだ、⑶歴史は変化するので、憲法の運用や制度も変化していくことが自然であること、等である。

伊藤はシュタインを通して、憲法の下に君主権を制限していくという考え方を、日本に導入したのだった。これは一九世紀前半のヨーロッパの市民革命に影響を受けて出現した憲法理論で、君主機関説といわれ、ヨーロッパで最先端の考え方であった（瀧井一博『ドイツ国家学と明治国制』第五章、補論。同『文明史のなかの明治憲法』第二章）。約三〇年後に美濃部達吉東京帝大法科教授が唱えた憲法学説（天皇機関説）も、その延長にある。

伊藤は日本出発前から、ドイツ憲法をモデルとし、それを日本の実情に合うようにアレンジしようと考えていた。シュタインとの出会いによって、伊藤はその方針にさらなる確信を持った。すでに述べたように、伊藤は憲法上、君主に主権があるが、その大権は各機関に委任され、それは簡単に取り上げることができない、という日本の伝統にもとづいた説明で、君主権を制限しようとした。こうして、君主権を制限するという意味で、実質的に君主機関説的な考え方を、日本に導入したのだった。

さて、伊藤はシュタインに出会ったことで、ドイツ・オーストリアでの憲法調査を実り多いものにすることができた。一年の予定の憲法調査であったが、すでに述べたように伊藤は延長を申し出、一八八三年（明治一六）六月中旬までに帰国するということで認められた。

その後、一八八三年二月一九日にベルリンを去り、ベルギーのブリュッセルを経て、三月三日、伊藤はロンドンに着いた。それから五月上旬まで、約二ヵ月間、同地でイギリスにおける憲政の運用について研究した（『伊藤博文伝』中巻、三三二～三五五頁）。

このイギリス滞在について、伊藤は盟友の井上馨参議兼外務卿に、ほとんど二ヵ月間毎日取調べに従事し、「徹頭徹尾」要所は尽くしたと思うが、「憲法政治」の事は学べば学ぶほど「難事」であると感じてくると、報じている（井上馨宛伊藤書状、一八八三年四月二七日、「井上馨文書」）。伊藤は、イギリスの憲政モデルを本当に重要だと考え、未来の日本の政治がめざすべき手本だとみていたのである。

伊藤が、明治四年（一八七一）にはアメリカ合衆国憲法や近代世界で初めての共和制国家創立について興味を持ち、英語の著作を読んでいたことはすでに述べた。伊藤が井上毅など他のドイツ憲法論者に比べて、大局面で優れていたといえるのは、一つにはドイツ憲法やドイツ憲政を研究するのみならず、対極ともいえるイギリスの国制（憲法）や憲政についても、排斥することなく検討し、同様に理解しようとしたことである。

すなわち、一八八二年から翌年の憲法調査の段階で、伊藤は将来に日本の憲政が成熟すれば、これから作成する憲法を、イギリスの憲政のように運用する時が来ることもある、と考えていたのに違いない。それは、天皇（君主）が政治関与を抑制し、行政部が立法部の意思を尊重した形で形成される（政党内閣制）ことを、天皇が承認すればすむことであった。

後述するように、伊藤が日清戦争以降に政党との提携を志向し、この約一八年後に、理想の政党として立憲政友会を創立して「憲法政治」を完成しようとするのは、伊藤の誤算ではなく、理想実現への一歩だったのである。

自信を持って帰国する

一八八二年度中に、ドイツ・オーストリアでの憲法調査が一段落すると、伊藤はドイツ各地を訪れながら、ヨーロッパ情勢を考えた。

そこでの伊藤の結論は、イギリスがエジプトを、フランスがベトナムを支配下に入れているように、ヨーロッパ諸国の植民地拡張の政略は再燃しつつあり、表面上はともかく、真に日本に同情を寄せる国はない、ということだった。これには、キリスト教国とそうでない国、ということも関係している、と伊藤はみた。したがって、日本は独立を守るため、軍備を充実させ、警戒を怠らないようにしなくてはいけない、と考えた（松方正義宛伊藤書状、一八八三年一月八日、『伊藤博文伝』中巻、三三四〜三三九頁)。伊藤は、まだこの段階では、キリスト教という宗教で西欧を一枚岩的にみる未熟な外交認識を残している。

その後、一八八三年(明治一六)一月三〇日にドイツの首相ビスマルクと会見し、ビスマルクが条約改正に関し、日本に好意的な姿勢を持っていることを知った。またシュタインに代わる適当な行政学者を日本に招くことについて、ビスマルクが斡旋《あっせん》してくれることになった(井上馨宛伊藤電報、一八八三年一月三〇日、『伊藤博文伝』中巻、三四八〜三四九頁)。

さらに、伊藤や駐独青木周蔵公使の尽力もあって、条約改正についてドイツがひそかに周《しゅう》旋《せん》する目的で、各国に廻文を出すことになった(井上馨宛伊藤書状、一八八三年一月八日、四月二七日、「井上馨文書」)。

今回の渡欧で、憲法制定やその運用についての根本的な考え方を身につけたのみならず、伊藤は、帝国主義の時代の列強のアジア諸国への厳しい態度を、肌で感じた。また渡欧の最終段階で、そうした状況下でも、キリスト教国であるなしにかかわらず、自国の近代化を背景に、じっくりと話し合えば、ビスマルクのように日本に好意を見せてくれる指導者もあるとわかった。

すなわち、伊藤は列強相互にも矛盾があり、列強の行動規範をよく理解し、それにのっとって合理的に粘り強く交渉すれば、道が開ける可能性があることを知ったのだ。伊藤はすっかり自信をつけた。

一八八三年八月四日、伊藤は随行員らとともにフランス船「タナイス号」で横浜港に着いた。上海を出てから風波が激しかったにもかかわらず、伊藤は「気力益々旺盛《さかん》」だった

（『東京日日新聞』一八八三年八月六日）。しかし、伊藤をこれまで支えてくれた岩倉右大臣は、この二週間前に世を去っていた。

明治天皇は、伊藤の家に樽酒および折詰料理を届けさせて、労をねぎらった。六日、伊藤は参内し、渡欧の見聞等を上奏、三条実美《さねとみ》太政大臣・有栖川宮左大臣・山県参議・福岡孝弟参議らと共に、天皇から午餐を賜った（『明治天皇紀』六巻、九四頁）。

同じ日、政府系新聞は、伊藤は参議上席に立って「プライムミニストル〔首相〕」の実権を掌握するであろう、その場合の政略は、ドイツのビスマルクに似るか、イギリスのグラッドストンと同じか、などといろいろな憶測がある等と論じた（『東京日日新聞』一八八三年八月六日）。政府系において伊藤への期待は高かった。これまで述べたように、伊藤が将来のイギリス的な立憲君主制まで視野に入れて、当面ドイツ・モデルを修正した立憲君主制を日本に作っていこうとしていることが、あいまいながら感得されていたのである。

八月下旬になると、出獄した陸奥宗光（前大蔵省租税頭《そぜいのかみ》、元老院副議長）が伊藤を訪れ、二人で歓談した。伊藤も後日、陸奥を訪問した（『東京日日新聞』一八八三年八月二三日、二四日）。こうして、「憲法政治」形成に向けて、再び伊藤と陸奥の連携が始まったのだった。

第一〇章　内治優先と日清協調——初代内閣総理大臣

甲申事変

明治維新後、近代化を進める日本と老大国の清国とは、琉球をめぐる国境線の問題などで対立していたが、すでに述べたように、一八七九年（明治一二）に伊藤参議兼内務卿の主導で、琉球は沖縄県として日本に編入された（本書第七章）。

その後、一八八〇年代になると、日本は朝鮮国の近代化を支援しようと、積極的に動くようになった。これは、朝鮮国は清国の属国だったが、弱体のままだったので、日本はロシアが進出することを恐れ、親日派を育成しようとしたからである。

こうして朝鮮国では、高宗《コジョン》の王妃であった閔妃《ミンビ》（明成《ミョンスン》皇后）の一族が、日本の支援の下で近代化改革を進めることになった。その一環として兵制改革も行われたが、一八八二年（明治一五）七月二三日、それに不満を持った旧軍隊の兵士が反乱を起こし、開国によって生活が困難になった民衆が合流、首都漢城（現・ソウル）で日本公使館などを襲撃した。壬午《じんご》事変である。

伊藤が憲法調査で渡欧中に起きたこの事件に対し、病気がちの岩倉具視右大臣に代わり、参議の井上馨《かおる》（外務卿）や山県有朋《やまがたありとも》（参事院議長）らが中心となって対応した。二人は、黒田清隆ら薩摩系の強硬論を抑え、八月三〇日に済物浦《さいもっぽ》条約を結んで、清国と戦争になる危機を回避した（高橋秀直『日清戦争への道』二九～七四頁）。いわば、伊藤体制の中核分子で事変の解決をしたのである。

壬午事変から二年四ヵ月経った後、一八八四年一二月四日、漢城で金玉均《キムオッキュン》ら朝鮮国の急進開化派が、竹添《たけぞえ》進一郎公使や日本駐屯軍と連携してクーデターを起こした。こうして甲申《こうしん》事変が始まった。金らは国王を擁して一時政権を握ったが、朝鮮国の親清派と結んだ清国軍の反撃にあって六日には敗退した。この混乱の中で日本人居留民三十余名が殺害され、日本公使館も焼失し、金らは日本に亡命した。

日本政府は、一九日に閣議を開いて今後の方針を決めた。それは、井上馨参議を特派全権大使として朝鮮国に派遣するが、対清開戦を避けるため消極的にしか朝鮮国に干渉しない、という内容である。井上馨は伊藤と同様に、清国との戦争を避けて、憲法制定など日本の近代化を進めようとしていた。

壬午事変の際と同様に、薩摩の最有力者で内閣顧問という閑職にあった黒田清隆が、薩摩系の対清強硬論者に支持され、自ら朝鮮特使になることを望んだ。しかし、伊藤・井上馨両参議らは、井上馨の派遣で押し切った。

井上馨は二個大隊（一二〇〇名ほど）の将兵に護衛されて漢城に入り、翌一八八五年一月九日、日本と朝鮮国との間に漢城条約を結んだ。それは、朝鮮国側が日本に謝罪し日本の被害を補償する、等の内容だった（同前、一四二〜一六二頁）。

特派全権大使として清国行きを志願する

日本と朝鮮国の間に漢城条約が結ばれても、清国軍は漢城（現・ソウル）を制圧したままだった。朝鮮国は清国の属国であったが、それまでは朝鮮国が清国に朝貢するなど、清国に緩やかに服属していただけだった。しかし、清国が漢城に駐兵したままの状態が続けば、清国が朝鮮国を実質的に支配することにつながる。そこで、どうしても日清間の交渉が必要となる。

甲申事変の際と同様に、伊藤・井上馨両参議は清国との戦争を避けようと思っていたが、薩摩系の将軍たちは清国との開戦論を唱え、西郷従道《つぐみち》参議兼農商務卿（前陸軍卿）や川村純義《すみよし》参議（海軍卿）も影響されていた。また、福沢諭吉が経営する有力新聞『時事新報』は、政府内のこの対立を意識して、対清開戦論のキャンペーンを張り、薩摩系の開戦論者を勢いづけていた。

一八八五年（明治一八）一月中旬になると、今回も閑職にあった黒田清隆が清国に特使として派遣されたいと名乗りを上げてきた。一月末、伊藤は薩長の参議でこの対応を相談した上、その集まりに黒田を招いて調整しようとした（黒田宛伊藤書状、一八八五年一月二九日、「黒田清隆文書」国立国会図書館憲政資料室所蔵）。結局、再度断られることで、黒田が面目をつぶされたと黒田自身や薩摩系が思わないためには、最有力者の伊藤が清国に派遣されるしかない。

こうして二月七日の閣議で、長時間の討論の末、伊藤が清国へ派遣されることと、清国軍の撤兵と日清両軍の衝突に責任のある清国将官の処罰を、清国に要求することが決まった。

この閣議には、三二歳の明治天皇が臨席し、「清国と事を平和に結了すべき」であるとの勅諭が出され、先の内容が決定されるという異例のものになった。天皇も清国との戦争を避けたかったのである（高橋秀直『日清戦争への道』一六三〜一七二頁）。

おそらく、伊藤・井上馨両参議らは、長州系の山県・山田顕義《あきよし》や、天皇の側近で親政論者の佐佐木高行参議らの支持を得ていたのだろう。また、松方正義（大蔵卿）や山県と陸軍で連携している大山巌《いわお》（陸軍卿）らの薩摩系参議も開戦論者でなかった可能性がある。

伊藤・井上馨らは、強引に押し切ろうとすればできないわけではなかったが、憲法制定を目指し、近代的内閣制度の創設など、内政上で多くの課題があるので、薩摩系に恨みを残さない形で、清国との問題を解決したかったのであろう。すでに述べたように、甲申事変は、日本側が朝鮮国の急進開化派のクーデター計画に乗った結果、起こった。それにもかかわらず、日清両軍の衝突に責任のある清国将官の処罰まで求めたのは、日清開戦を唱える薩摩系将軍や、彼らに影響された参議をなだめるためだろう。

井上馨

二月二四日、伊藤が特派全権大使として清国に派遣され、別に西郷従道参議が同行することが、勅旨が下りて決まった（『明治天皇紀』六巻、三六六〜三六九頁）。

伊藤が全権大使となり、西郷が同伴することについては、井上馨と山県・西郷従道らも相談していた（伊藤宛井上馨書状、一八八五年二月一五日、一六日、『伊藤博文関係文書』一巻）。

西郷従道は、薩摩系の中では伊藤と親しかった。すでに述べたように、大久保没後に彼を参議に推薦したのも、薩摩の最有力者となった黒田ではなく、伊藤と岩倉だった。三月六日朝、伊藤は清国へ向かう途中、長崎から、万一清国が朝鮮からの撤兵を拒否した場合を心配する手紙を出している（内閣諸公宛伊藤書状、一八八五年三月六日、「三条家文書」）。西郷従道を同伴させたのは、清国との交渉がうまくいかなかった場合に、薩摩系が伊藤に恨みを残さないようにすることにも配慮したからだろう。伊藤の清国派遣は、伊藤体制の中枢が主導したといえる。

天津条約の締結

一八八五年（明治一八）三月一四日、伊藤は天津に着き、いったん北京に入った後、四月三日から清国政府の実力者李鴻章《りこうしょう》（北洋大臣）と交渉を始めた。プランケット駐日英公使は、清国は撤兵に同意するつもりであることを日本側に伝えており、それが伊藤に伝わっていたらしい。そこで伊藤は、交渉で得るべきものは清国の将官処罰であるとみた。交渉の席で、伊藤は将官処罰と賠償を強く要求した。

当然李鴻章は拒否し、七日の第三回会議で、交渉は決裂寸前になった。九日、伊藤は井上馨に電報を打ち、李がこのまま拒否するなら決裂するつもりであると述べた（高橋秀直『日清戦争への道』一七六頁）。

約一〇年半前、大久保利通《としみち》参議は台湾出兵をめぐって、清国と決裂も覚悟した厳しい交渉を行い、賠償金を清国が払うという譲歩を引き出した。こうして清国との戦争を避け、日本の面目を保ち、一時的ではあれ藩閥政府内の亀裂を修復した。伊藤の念頭には、この大久保の行動があったにちがいない。

伊藤の強硬な要求に、清国側は、将官処罰は認められないが、賠償要求には朝鮮国より「撫恤《ぶじゅつ》金」（見舞金）を支払う（費用は清国が負担する）ことで妥協しよう、という方針を立てた。駐清英代理公使も、日清の交渉決裂を避けさせようと、両軍の衝突事件を調査するための委員会を設置する妥協案を考えた。一方、日本政府からも、井上馨外務卿名で、あくまで平和解決に努めるように、という電報が来た。

結局、四月一八日に伊藤と李との間で、天津条約が調印される。条約では、日清両国は朝鮮国から撤兵し、再派兵の際は事前に通告し合うことが合意された。清国将官の処罰と賠償問題は、事件に際し、清国兵に不法行為があったことが判明すれば、将官に譴責《けんせき》を加えることを李が保証するとの条件で妥協した（同前、一七六〜一七七頁）。

伊藤の狙いは、清国との戦争を避けることと、条約の結果、国内が不穏になったり、薩摩系に恨みを残したりしないようにすることだった。その意味で、伊藤の清国行きは大成功であった。

原敬を見出す

この清国行きの際に、天津領事であった二九歳の原敬《たかし》を見出したことも、大きな副産物だった。原はすでに中井弘《ひろむ》（滋賀県令）の娘貞子と結婚している。中井は薩摩出身ながら、薩摩閥が好きでなく、伊藤や井上馨らと親しかった。伊藤は親友中井の娘婿として、少なくとも原の名は知っていたはずである。

一八八五年（明治一八）三月一四日、伊藤らの一行は天津に来着した。伊藤は、三月一七日にいったん北京に行き四月二日に戻るまでの間を除き、領事館で生活した。四月一九日に伊藤は天津を発ったので、二〇日間ほどの間、原敬と親しく交わることになった（『原敬日記』一八八五年三月一七日～四月一九日）。

それのみならず、その間、原は三月二四日に榎本武揚《たけあき》駐清公使の命で李鴻章に会い、日本が清国と戦争をしようとしているという流言を、上手に否定してみせた。榎本公使は原の報告書に感銘し、それを伊藤にも見せた（山本四郎『評伝原敬』上巻、一六〇～一六五頁）。原は天津条約の成立に一役果たしたのである。

同年八月一〇日、伊藤は天皇の行幸に従って神戸にいた。そこへ、天津から戻る途中、滋賀県令の中井弘の家族と大津などを遊覧していた原が、訪ねて行く。原は翌日にも伊藤を訪問する（『原敬日記』一八八五年八月一〇～一一日）。藩閥最有力の参議が、二日続けて一介の領事の訪問を受け入れるほど、伊藤は原を人材として認めるようになっていったのである。

伊藤は枢密院議長となって憲法制定を終えると、原を秘書官にしようとしたほどであるが、この時は原は農商務省におり、大臣の井上馨に義理立てして応じなかった（『原敬日記』一八九〇年一月一三日）。

大改革の始動

憲法調査を終えた伊藤が、一八八三年（明治一六）八月に帰国したとき、課題は大きく分けて三つあった。

第一に、日本の憲政を規定する憲法や、議院法・衆議院議員選挙法・貴族院令などの憲法付属の法と、皇室制度の大枠を定める基本法（のちの皇室典範）を制定することである。

第二に、新しい憲法にふさわしい近代的な内閣制度や官僚組織、および上院の構成員となる貴族（後の華族）を作ることである。また、内閣と宮中とを分離することも必要だった。

第三に、憲法に調和し、かつ並行して作成される皇室基本法（のちの皇室典範）にふさわしく、宮中の制度や儀式を改革することである。*

憲法や皇室典範を制定するのに先立ち、伊藤を中心に、第二、第三の課題に手が打たれていく。それらを簡単に眺めてみよう。

＊憲法調査で渡欧中、伊藤は宮中改革の調査にも関心を持っていた。一八八三年一月、伊藤は、新たに任命された駐日ドイツ公使「ドーノホフ伯爵」夫妻に二、三回会ったが、ドイツの宮中の例典等もよく知っているので、日本の宮中の改革の相談役として適当であると、岩倉右大臣らに知らせている（岩倉・井上馨・徳大寺実則宛伊藤書状、一八八三年一月二八日、「三条家文書」国立国会図書館憲政資料室所蔵）。

憲法調査から帰国した翌年の三月一七日、伊藤は憲法準備のために制度取調局を設置し、自ら長官を兼任した。憲法調査の随員からは、伊東巳代治《みよじ》（参事院議官補）と岩倉具定《ともさだ》（同前）の二人が制度取調局兼勤となり、随員以外から井上毅《こわし》（参事院議官）を含む一五名が同局兼勤となった。伊藤は特に、井上毅・伊東巳代治・金子堅太郎（太政官権大書記官、ハーヴァード大法科卒）に憲法調査をさせた。

井上毅は、ドイツ憲法通を自認し、伊藤に対してすら押し付けがましい行動をとるので、伊藤は憲法調査に予断を与える恐れがあるとみて欧州に同伴しなかったのだろう。帰国後、いざ憲法を制定する準備にあたり、法律と文章に鬼才のある井上毅、憲法調査団の中でドイツ法・ドイツ学に最も理解があるとみた伊東巳代治、英語を通して英・米法や政治に理解のある金子堅太郎という、異質の三人を組み合わせたのだ。

伊藤は自らも、アメリカ合衆国が初めて近代共和制国家を作る歴史や憲法制定過程、イギリスの国制（憲法）や歴史等を学んだ。それらの本質をつかんで、ドイツをモデルにした日本の憲法制定や「憲法政治」の実現に、生かしていこうとしたのである。憲法準備にあたる三人の選定にも、同じ志向が表れている。幅広く異文化を理解しながら、日本の伝統に調和し、日本に根づく憲法や政治制度を作っていこうとするのが、伊藤の秀でたところであった。

伊藤参議は、制度取調局長官の他に、宮内卿も兼任しようとした。これは近代的な内閣制度の創設と共に、宮中改革を本格的に行おうと思ったからである。

しかし、これまで大臣や参議という内閣の構成員が宮内卿を兼任した例がないので、多くの人は「驚愕《きょうがく》」し、宮内省中でも疑念が生じた。天皇は伊藤の「材幹」を愛したが、伊藤が「洋風を好み、宮中に洋風を輸入」するのではないかと恐れ、任命には必ずしも賛成ではなかった。

伊藤は宮内卿を兼任する運動を自分でするわけにはいかないので、盟友の井上馨参議（外務卿兼任）に運動を依頼した。結局、天皇も同意し、伊藤が制度取調局長官を兼任するようになった四日後、三月二一日に宮内卿をも兼任するようになった（井上馨宛伊藤書状、一八八四年三月一九日、「井上馨文書」。伊藤宛井上馨書状、一八八四年三月一九日、『伊藤博文関係文書』一巻。『明治天皇紀』六巻、一八四頁）。

近代的内閣制度を作る

伊藤参議の指揮の下、制度取調局によって華族令《かぞくれい》が制定され、一八八四年（明治一七）七月七日に頒布《はんぷ》された。また、七月中旬までに公爵・侯爵・伯爵・子爵・男爵の爵位を授けられた五〇四名の氏名が発表された。最上位の公爵や侯爵は公家や徳川家・旧有力藩主に与えられ、伊藤は同じ長州の山県や井上馨、薩摩の黒田・松方・大山巖《いわお》らと同様に伯爵を授けられた。爵位上は旧中堅藩主並になったのである。授けられる爵位の選定について、伊藤は、薩摩系については黒田清隆と相談するなどし、三条実美《さねとみ》太政大臣と連携して活動し（三条宛伊藤書状、一八八四年七月七日、一四日、「三条家文書」）、実権を持ったようである。

華族制度の次は、太政官制下の古い内閣制度を、首相を中心とした近代的内閣制度に変えることであった。この話は、遅くとも一八八五年二月初めには起こっていた。まず、伊藤と井上馨は山県の同意を得た後、薩摩の西郷従道らの参議、三条太政大臣の合意を獲得しようとした（伊藤宛井上馨書状、一八八五年二月二日、伊藤宛山県書状、一八八五年二月八日、『伊藤博文関係文書』一巻、八巻）。

すでに述べたように、この時期、甲申事変の後始末として清国軍の漢城（現・ソウル）からの撤兵が問題となっていた。薩摩系将軍には清国との開戦を主張する者が多く、薩摩系参議の中にも影響される者がいた。

伊藤・井上馨・山県ら長州系参議と薩摩の西郷従道参議は、最終的に天津条約を結ぶことで、清国との戦争を避け、内政改革を重視する路線を定着させた。この動きと連動する形で、近代的内閣制度を作る動きも、伊藤体制の中枢から始まったのである。

その後一一月一四日、近代的内閣制度をスタートさせる準備として、伊藤は、薩摩の最有力者で閑職にあった黒田清隆を、岩倉の死後空席であった右大臣にして、彼の不満を緩和しようとした。この案は、三条実美太政大臣の同意を得て天皇に奏請し、認められた。しかし黒田は右大臣就任を固辞したので、この案は撤回される。黒田が固辞したのは、近代的内閣制度ができれば伊藤が初代首相になることは、憲法調査から帰国した際にすでに政府系新聞に論じられたほど、当然の路線だったからだ。

こうして、伊藤ら薩長の参議を中心に近代的内閣制度を作る動きが進んだ。一二月二二日、太政官制は廃止され、新しい内閣制度が作られた。

初代首相には伊藤が就任した。山県は内務大臣、井上馨は外務大臣、松方は大蔵大臣、大山は陸軍大臣、山田顕義《あきよし》が司法大臣と、多くが太政官制下での参議兼卿と同じポストに就いた。黒田に次ぐ薩摩の実力者だった西郷従道（前農商務卿）が海軍大臣になったのも注目される。文部大臣には、伊藤が教育の近代化を担う人材としてみこんだ森有礼《ありのり》（前駐英公使）が抜擢《ばってき》された。

伊藤内閣は、伊藤体制の中枢である長州系の井上馨・山県や、彼らと提携している薩摩系の西郷従道・松方・大山が重要閣僚となり、伊藤の腹心の森が加わった内閣だった。

　また、元来陸軍出身だった西郷従道（前陸軍卿）が海軍に移ったことで、陸軍は山県を中心に山県・大山で運営される体制が確立し、山県と西郷従道の住み分けができた。山県と西郷従道は、大久保が内閣の中心だった頃からしっくりいっていなかった（伊藤之雄『山県有朋』一二一〜一三二、二〇〇頁）。このことで、伊藤体制の不安要因が一つ減った。

　他方、参議とともに太政大臣・左大臣・右大臣（欠員）の職が廃止された。それに伴い、太政大臣の三条は天皇の補佐役である新設の内大臣《ないだいじん》に、左大臣の有栖川宮熾仁《ありすがわのみやたるひと》親王は参謀本部長となった。二人とも伊藤体制からはずれた存在で、これまでより制度的に権限が縮小されたので、影響力をさらに失っていった。

　なお、宮内省は近代的内閣制度からはずされ、宮中・府中（政府）の別がつけられた。しかし、総理大臣の伊藤が宮内大臣を兼任したままという、奇妙なスタートであった。宮中改革がまだ完成していなかったからである。伊藤はこのように、形式よりも現実に必要なことがらを重視した。

新しい官僚制度の育成

　新しい内閣制度ができて四日後、伊藤首相は閣議を経て、各省の事務整理の綱領を指示した。その要旨は、(1)各省は省内の局と課の設置を定め、官吏の人数を限定し、費用の節減と官吏の削減の意見を閣議に提出し、各省をほぼ均一の組織とする、(2)官吏を選抜して任命する方法がまだ定まっておらず、情実の任命があるので、その法を定め、採用や昇進は試験による、⑶布告の法律に説明が必要なものには付けて、疑問をなくし、公文書の受付・往復の期限を設定し、また局課の会議の議決等は検閲する法を設け、事務を効率的にする、⑷各省は不必要な人件費を省くなどして、費用を節約する、⑸官吏の規律を厳格にする、等だった。

近代的内閣制度を創設したのみならず、伊藤は内閣を支える官僚組織を、藩閥の情実に左右されたものから、法や規則と試験制度による近代的で効率的なものにする方針を定めたのである。

これを実現するため、伊藤は藩閥官僚に代わる人材として、専門知識を持った高級官僚を養成しようとした。こうして、翌一八八六年（明治一九）三月二日、帝国大学令が出され、東京大学を改組・充実させて、帝国大学が設立された。また、一八八七年七月、官吏任用法「文官試験試補及見習規則」が制定された。この規則により、文官試験を高等試験（高等官採用）と普通試験（判任官《はんにんかん》採用）の二種に分けて実施し、合格者を、それぞれ試補・見習に採用、三年間の事務練習を経て、試補は奏任官《そうにんかん》に、見習は判任官に採用される体系ができた。この段階では、奏任官の上の勅任官《ちょくにんかん》についての規定はないが、奏任官から勅任官へというキャリア官僚の採用・昇進の大枠が形作られていったといえる（瀧井一博『ドイツ国家学と明治国制』二五二〜二五四頁。清水唯一朗『政党と官僚の近代』二四〜二九頁）。

これから約二〇年経った日露戦争後には、帝大を出た官僚たちが各省の次官・局長という勅任官にまで昇進し、藩閥官僚にとって代わっていく。

ところで、近代的内閣制度ができる前後の時期に、明治天皇が参議（閣僚）の屋敷をあいついで訪問する行幸が行われた。最初は高輪《たかなわ》の伊藤邸（一八八五年七月七日）、次いで麴町《こうじまち》富士見町の山県邸（同一〇月一九日）、三田四国町の黒田清隆邸（同一一月二七日）、麻布鳥居坂の井上馨邸（一八八七年四月二六日）、芝三田綱坂の松方正義邸（同一〇月一四日）と、行幸が続いた（『明治天皇紀』六巻、四三六〜八二七頁）。

この企画に、首相兼宮相の伊藤が関わっていないわけはない。その意味は、伊藤を筆頭に山県・黒田・井上馨・松方の五人が、天皇から個人邸に行幸を受けるほど特別な存在である、いわば三条実美・岩倉具視や大久保利通・木戸孝允と同格になったことを世間に見せつけることだった。新内閣に威信をつけるためである。

また、伊藤、山県・黒田、井上馨、松方という藩閥内での序列も示していた。西郷従道は黒田と井上馨の間、あるいは井上馨とほぼ近い時期に行幸を受けるべき存在であったが、兄隆盛の死の事情を考え、おそらく内々に辞退したのであろう。

伊藤邸行幸の際、晩餐の席で、皇族・三条太政大臣・参議以下二七名が陪食する中、伊藤の父十蔵が天皇に召されて杯を賜ったという（同前、六巻、四三七頁）。孝行息子の博文にとって、長い苦労を忘れさせる晴れがましい瞬間であった。

宮中改革を主導する

一八八六年（明治一九）二月四日、伊藤首相兼宮相が主導して、宮内省官制が定められた。

その結果、宮内省には他の官庁と同様に、宮内大臣以下、次官・書記官・秘書官（奏任官以上）と属《ぞく》（判任官）が置かれた。また、省の中には二つの課（内事課・外事課）と五つの職《しき》（侍従職・式部職など）、六つの寮（内蔵《くら》寮〔財務〕・主殿《とのも》寮〔宮殿の維持・安全管理〕など）、四つの局（御料局〔皇室財産の管理〕・侍医局など）、および皇族の家事を行う皇族職員を置いた。

このうち、五職や六寮・四局には、おのおの各省の局長にあたる長官が置かれた。たとえば、式部職の長官は式部長官であるが、財政担当の内蔵《くら》寮の長官は、内蔵頭《くらのかみ》の名称を使った。いずれにしても伊藤は、部局の名称には宮中の伝統的な呼び方を残して、急激な改革への反発を避けながら、宮内省も他の省に類似した合理的な組織に近づけたのだった。

ところで、一八八五年から翌年七月にかけて、陸軍は急激な軍備拡張計画を提案したが、実行可能なものに修正されていった。また陸軍は、ドイツ陸軍をモデルにした近代化を進めながらも、ドイツとは異なり、陸相を中心とした日本の慣行に合った組織を定着させていく。以下で述べるように、この改革にも文官の伊藤首相が大きく関わっていた。

陸軍改革の枠を決める

陸軍においては、一八八〇年代前半、山県有朋と大山巌《いわお》という長州と薩摩出身の二人の参議が、陸軍卿と参謀本部長などとして、日本陸軍の戦闘能力を英・仏など列強の水準に近づけようと、改革と拡充に努めていた。

一八八四年（明治一七）二月から翌年一月にかけ、大山陸軍卿を長とする軍事視察団が欧州に派遣された。この大山軍事視察団派遣について、伊藤は熱心に支援した（三条実美宛伊藤書状、一八八三年一一月二九日、一二月四日、「三条家文書」)。彼らが帰国後の一八八五年五月にまとめた鎮台条例は、一八八九年までに戦時の陸軍兵力を二倍の八万人に拡充しようとするものだった。

しかしこれを実現させるための予算はとれなかったので、参議の伊藤は同一八八五年八月、この問題を他の参議や三条太政大臣と相談し、伊藤の盟友の井上馨参議(外務卿)が代表となって、陸軍の代表者とみなされた山県参議(この時は内務卿・参謀本部長兼任)を説得することになった。山県は事情を理解して、伊藤体制を支える他の参議たちと基本的に共同行動をとることにした。

長州の伊藤・井上馨・山県と薩摩の西郷従道・大山らの話し合いで、同年八月末に山県が参謀本部長兼任を辞任することになった。これは山県が陸軍内の批判の矢面に立たされるのを避けるためであった。その上で、一〇月まで参議たちが話し合って妥協点を見つけたようである。結局、当初の陸軍拡張計画は、一八八五年から八八年度までに六個師団および近衛師団を完成させるのを目標としていたが、一八九三年までに完成させるよう繰り延べされた。

一八八五年から翌年八月までの間には、陸軍の組織をめぐっても、陸軍内部で天皇まで巻き込んでの大きな対立が起きていた。それは、⑴一八八五年の鎮台条例の改正と同じ日に、監軍本部条例も改正され、全国に天皇に直属する三つの監軍部を置き、各監軍は平時には軍隊の検閲や将校の昇進の評価を行い、戦時には軍団長として二個師団を率いて戦う等が決まったこと、⑵一八八五年三月に来日したドイツ人のメッケル少佐が作成した日本の陸軍軍制改革案が、全国に一つの監軍部と一人の監軍を置き、将校らの人事異動などの重要事項は、天皇の許可を求める前に、陸相・参謀本部長・監軍の三人で検討するよう提案していること、が事の起こりだった。

(1)を支持していたのは、山県・大山らの陸軍主流と対立していた三浦梧楼《ごろう》中将（東京鎮台司令長官）らと、明治天皇である。(2)は、一八八六年七月、有栖川宮熾仁参謀本部長（大将）や曾我《そが》祐準《すけのり》参謀次長ら、山県不在の参謀本部側が支持し、天皇も共感を示した。

山県や大山ら陸軍主流は、(1)・(2)の両方に反対だった。陸軍卿（陸相）と陸軍省中心の統制を貫きたい山県らにとって、(1)は、三浦ら非主流派の人物が監軍となり、将校の昇進という人事に関わることが好ましくなかった。(2)も、重要人事に関する陸相の権限が、参謀本部長・監軍と分け合うことで三分の一になるのが不適切だった。

結局、(1)は監軍が任命されないまま改正され、一八八六年七月に山県・大山らが支持する陸軍の検閲条例等の二つの条例として裁可された。また、二つの条例では、(2)の重要人事についでは陸相・参謀本部長・監軍の三人で検討するとの趣旨が否定され、陸相中心主義が明示された。また、明治天皇への妥協として、一つの監軍部（一人の監軍）は設置された。しかし、山県や大山らが交互に監軍を兼任し、専任の監軍は任命されなかった。

天皇が関わっても、山県・大山らがこのように強い態度を取り、陸軍の主流派であり続けることができた。これは、伊藤や内閣の支援を得ていたからだった。太政官制の下では、陸海軍関係の重要人事といえども、文官が多数の内閣（大臣と参議）の会議で実質的に決め、天皇の裁可を受けて正式に決定していた。この伝統で、日清戦争までは、陸・海軍関係の人事といえども、文官の有力者の関与が強かった（伊藤之雄『山県有朋』第七章）。海軍に比べて優位に立っている陸軍の統制についても、このように伊藤体制は機能していたのである。

条約改正への関心

伊藤は条約改正に関心を持ち続け、一八七六年（明治九）にお雇《やとい》英人法律家が帰国した際にも、ついでにエジプトで新たにできた「立会裁判（外国人が関与する裁判）」について取り調べさせ、寺島宗則《むねのり》参議兼外務卿にも報告書を届けた（寺島宛伊藤書状、一八七七年一二月二八日、「寺島宗則文書」国立国会図書館憲政資料室所蔵）。次いで、すでに述べたように、一八七八年（明治一一）七月に井上馨を工部卿兼任で参議に就任させ、さらに翌年九月一〇日、工部卿兼任を解かせ外務卿のみ兼任とした。盟友の井上に条約改正を達成してもらおうと期待したからである。翌一八八〇年七月、井上外務卿は条約改正案などを列強に送り、東京で交渉を開くことを通知したが、一年近く経ってもなかなか決まらなかった。

一八八一年六月頃には、伊藤参議も、主要国であるイギリス政府の見解をイギリスの駐日代理公使を呼んで聞くなど、交渉に関与した（藤原明久『日本条約改正史の研究』四七頁）。しかし、同年七月、イギリス政府は日本の条約改正案を拒絶してきた。

次いで、一八八二年一月二五日から七月二七日まで、東京の外務省で列強代表と二一回にわたる条約改正予備会議が開催された。

この会議に向け、三月五日、日本政府は甲乙二つの案を決定した。

山田顕義《あきよし》参議の提案にもとづいた甲案は、外国人民が全く日本の法に従うことを承諾するなら、〔日本国内で〕日本人と等しく居住・営業および通商を許すと、内地を開放する代わりに治外法権を撤廃しようというものだった。

これに対し、伊藤参議の提案の乙案は弱気で、「行政規則・警察違警罪に係る裁判を収め、又民事裁判の全部を回復し、以て内地の通商を許すべし」というものである。法権全部を回復しないのに、内地の通商を許すという、列強に宥和《ゆうわ》的なものだった（『明治天皇紀』五巻、六五六〜六五八頁）。おそらく伊藤は、列強と日本の近代化のレベルの差を最も良く知っていたうえに、憲法作成に関心を集中させていたので、条約改正を深く考えられなかったのであろう。

三月八日の閣議では、伊藤提出の乙案に決まった。ところが、参議の山田と大木は、それでも乙案に反対だった。大木は「宸断《しんだん》〔天皇の裁可〕」があれば「泣々《なくなく》」従うと言っているが、世間に何らの物議が起こるかも知れない。山田は、「宸断」があっても、国を誤る大事件であるので、これ以上は条約改正に関係する責任は断りたい、という姿勢だった。岩倉右大臣は、伊藤・井上馨（外務卿）両参議、および法律通の井上毅（内閣書記官長）の意見と、大木・山田・佐佐木高行参議の考えの違いが大きい、と見た。また岩倉は、山田が内閣を去り、世間に「百年の国害」云々と発言して回れば、明治十四年の政変以上の事態になるのは必然だと、閣員ではないが前外務卿の寺島宗則に助けを求めた（寺島宛岩倉書状、一八八二年三月一〇日、「岩倉具視文書」〈対岳〉）。伊藤は外務卿の井上馨と連携して、条約改正にも影響力を及ぼしているが、天皇の権威はまだ不十分で、条約改正での閣内一致は困難だった。

同じ月の一四日に、伊藤は憲法調査のためヨーロッパに出発する。その後、伊藤の留守中に、井上馨外務卿は、閣内の融和を図るため、山田の甲案をもとに新案を作成し、山県・大木・山田の同意を得た（伊藤宛岩倉書状、一八八二年六月一二日、「岩倉具視文書」〈対岳〉）。

六月一日、井上馨外務卿は、列強との条約改正第一一回予備会議で、新案にもとづいて、日本が裁判権を回復できれば、日本全国を開放するとの提案を行った。井上は、外国人の裁判のため、外国人判事の任用と、日本人と外国人の両裁判官で組織する混合裁判所の設置を提案した。しかし、七月一七日に駐日イギリス公使パークスが日本提案に反対してきたので、会議は二七日に閉じた。

外国人判事を任用する井上馨の条約改正案は、後に日本国内で批判されるが、そのレベルですらイギリスには受け入れられなかったのである。伊藤の見るように、列強と日本のレベルの差は大きい。

条約改正交渉をめぐる危機

一八八四年（明治一七）四月、プランケット公使が新たに着任すると、イギリスの方針が変わり、これまでよりも日本に好意的になった。そこで八月四日、井上馨外務卿は条約改正に関する覚書を列強公使に回付して協約改正の基礎としようとした。しかし、東京の外務省で列強代表と条約改正会議が実際に持たれたのは、二年以上経った一八八六年五月一日だった。会議は翌一八八七年七月一八日まで、二七回開かれた（藤原明久『日本条約改正史の研究』一二一〜三五五頁）。

この間も、伊藤は参議や首相として条約改正には積極的に関わらず、井上馨参議兼外務卿（のち外相）に任せきりだったようである。条約改正の個別の争点は専門的であり、相当な時間を投入しないと十分に理解することは難しい。伊藤は憲法制定や宮中改革に集中していたのだろう。井上馨もまた、伊藤のみならず、他の閣僚にも情報を知らせず、自分と外務省とで主に事を進めていた。

そのことは、井上馨の条約改正への批判が強まった際、一八八七年七月二三日に伊藤首相が天皇に拝謁すると、天皇が次のようなことを述べたと、伊藤が井上馨に伝えていることからわかる。

外務大臣に於《おい》ても繁劇にして間〔閑〕暇を得る事難しとは万々察する所なれども、機密に渉《わた》るものの外は成るべく之《これ》を〔閣員に〕聞かしむる事を為《な》さば大《おお》いに安着するものあらん。

（井上馨宛伊藤書状、一八八七年七月二三日、「井上馨文書」）

この約二年半後であるが、伊藤は、井上馨の性格について「随分性急之《の》気質にて」、なかなか決断できない人々と一緒にやるのは堪えがたい、と述べている（末松謙澄宛伊藤書状、一八八九年一二月七日、「伊藤博文書状」萩博物館所蔵）。井上馨の強引な外交交渉は、彼の性格の性急さが悪い形で出てしまったのだった。

さて、一八八七年五月上旬、井上馨外相の条約改正への批判が伊藤首相の耳にも入ってきた。内閣雇《やとい》の法律顧問ボアソナードが、外国人判事の登用や西洋主義の法律編纂を条件とした新条約に危機感を抱き、反対運動を開始したのである。井上毅（内閣書記官長）が同調し、六月に入ると、反対運動は元老院、鳥尾小弥太・三浦梧楼《ごろう》・曾我祐準《すけのり》らの将軍に広がっていった。伊藤首相が宮相を兼任していることへの批判も強まり、薩長が離間される恐れもあった。そこで五月二九日、伊藤はいったん辞表を出したが、天皇はそれを却下する。

そこで、天皇から休暇をもらい、六月一日から「緊要書類」を携えて近郊の静かな場所に行き、じっくりと読んで緻密に考えようとした（三条宛伊藤書状、一八八七年六月一日、「三条家文書」）。おそらく伊藤は、条約改正関係の書類を精査したのであろう。

その後も危機は続く。六月二三日に谷干城《たてき》（農商相）がヨーロッパ視察から帰国すると、七月三日に条約改正反対の意見書を内閣に提出した。こうして内閣や宮中も、条約改正問題の渦中に入っていった。当然、井上馨外相と連携してきた伊藤への批判も高まってくる。伊藤は、谷が「民権論者」となったと批判し、薩摩の最有力者である黒田清隆（内閣顧問）との意思疎通を良くして、危機を乗り越えようとした（黒田宛伊藤書状、一八八七年七月五日、「伊藤博文文書」国立国会図書館憲政資料室所蔵）。しかし批判に抗しきれず、七月一八日、伊藤首相は井上外相を説得して、条約改正会議を一二月まで延期することを決定した。

結局、七月二五日に谷を免官し、二九日に条約改正会議の無期延期の通告をするということで、条約改正の紛議が収められることになり、事実上、条約改正は中止となった（坂本一登『伊藤博文と明治国家形成』二〇八～二一八頁）。

この背景には、条約問題の他、伊藤首相の権力掌握に対する薩摩派や政府内の反・非主流派の反発があった。九月一七日に井上馨が外相を辞任したので、伊藤がとりあえず外相を兼任したが、それに先立って、批判もあった宮相兼任を同日に辞めていた。

伊藤が外相を兼任したのは、大隈重信を外相として入閣させ、大隈系の在野勢力を懐柔すると同時に、条約改正を行いたかったからである。翌年二月一日、山県有朋内相の反対にもかかわらず、大隈は外相として入閣した（伊藤之雄『山県有朋』二二三～二二六頁）。

かつて伊藤は、一八八一年三月の大隈の早期国会開設の意見書を見て憤慨した。しかし、結果から見れば、その後の過程で国民の立憲制への意識は高まった。ヨーロッパでの憲法調査を経て日本の憲法制定を射程に収めた伊藤は、大隈への憎しみを過去のものとし、ともに日本の近代化を進める一人として、彼を再び政府に迎え入れたのである。

大隈を政府に入れるという、伊藤の狙いの一つは成功した。改進党系は、政治参加の拡大を主張したが、政策面では政府に宥和的になっていった（五百旗頭薫『大隈重信と政党政治』七四～九五頁）。

第一一章　日本のかたちを作る——大日本帝国憲法と明治天皇

憲法草案を作る

近代的内閣制度の創設や官制改革が一段落すると、一八八六年（明治一九）五月頃、伊藤は井上毅《こわし》・伊東巳代治《みよじ》・金子堅太郎の三人に対し、欽定《きんてい》憲法主義・両院制議会など憲法草案の原則を示した。こうして、翌一八八七年三月下旬に皇室制度を規定する皇室典範草案ができ上がり、四月下旬から五月にかけ甲・乙二つの憲法草案が作られた。また、九月初めと中旬に議院法と貴族院令の草案ができた。

憲法草案は、まず六月一日以降八月にかけて、伊藤らのグループによって、神奈川県の夏島《なつしま》で集中的な検討がなされ、夏島草案となった。それを一〇月に、東京の高輪《たかなわ》の伊藤邸でさらに検討するなどし、翌一八八八年四月二七日に上奏すべき憲法草案が確定した（大石眞『日本憲法史』第二版、一一七〜一七七頁）。

これらの立法作業が集中的に行われた一八八七年五月から九月にかけて、伊藤首相は、宮相兼任を攻撃されたり、井上馨《かおる》外相の条約改正が批判されたりして政治上の危機にあった。それにもかかわらず、立法作業を精力的に行えたところに、伊藤の精神的な強靱《きょうじん》さを見ることができる。

この過程で、憲法草案の作成に最も大きな役割を果たしたのは、井上毅である。しかし、

憲法草案が作成された神奈川県・夏島（毎日新聞社提供）

ドイツ等への憲法調査で力をつけた伊藤は、それに引きずられていたのではなく、井上毅の作成した甲・乙二つの憲法草案などに、伊藤の観点から多くの意見をつけていた。一八八七年五月二三日の井上毅の伊藤への手紙の冒頭は、二人のこうした関係を示している（『伊藤博文関係文書』一巻）。

伊藤はこの甲案に、法律顧問ロエスレルの草案などを参考に加筆し、同年八月の夏島草案となった（稲田正次『明治憲法成立史』下巻、六五～二一三頁）。

この頃の憲法草案作成の様子を、伊東巳代治は次のように回想している。

当時夏島では伊藤公を始め吾々《われわれ》一同の勉強は実に非常なものであつた。毎朝九時には井上君が旅館からやつて来る、四人の顔が揃《そろ》ふと議論を始める、その儘《まま》中〔昼〕食もせずに晩まで続けたことも尠《すくな》くない、夜も概《おおむ》ね一二時頃まで議論を闘《たたか》はした…（中略）…時には伊藤公の意見を正面から攻撃したことも一度や二度ではない。

（同前、下巻、一三二頁）

首相の伊藤に対し、三人の中では年長の井上毅（宮内省図書頭《ずしよのかみ》）ですら局長クラスの官僚にすぎないのに、このような議論ができたのは、「伊藤公から思ふ存分に意見を言へといふ命令」があったからだ。

以上の過程で、伊藤が加筆したり議論したりしたのは、おおむね君主権と行政権の優位を主張する保守的な方向でのものだった。

伊藤は一八八七年二月になっても、国会のことは今日予測できないが、「若《も》し過激なる空論又は党派の私争若《も》くは国家の福利に戻る〔悖《もと》る〕が如きことある場合には、已《や》むを得ず解散の処置に出でざるべからず、其《その》解散の為《た》め一時一部の騒擾《そうじょう》を見ることありとするも、国家全体の不利と認むる議決なるに於《おい》ては政府に於て之《これ》を断行すること」は「政府の正当の務め」である等、新聞記者に語っている（同前、下巻、四五五〜四五六頁）。

このように伊藤は、来るべき国会開設の際に、旧民権派系政党の議員が多数集まってくるのではないかと、議会に対して強い不信感を持っていた。*

憲法草案の形成過程で、伊藤が保守的な姿勢をとったのは、ひとまず強い君主権を規定しておき、もしも将来、在野勢力が過激でなくなったら、君主権を委任する形で、君主権が行政権のみならず立法権にも抑制されるようにしよう、という構想があったからだった。

＊　伊藤の盟友井上馨は、条約改正案を批判され、一八八七年九月に外相を辞任した。その頃から、井上馨は議会開設の準備として、旧民権派に対抗するため、商工業者や穏健な地主層を集め、自治党を組織しようとし、陸奥宗光もその中心メンバーとして期待された（坂野潤治『明治憲法体制の確立』一〇〜二一頁。御厨貴『明治国家形成と地方経営』一七九〜一八二、一九五〜二〇〇頁）。井上馨は、陸奥を衆議院議長にして初期議会をコントロールすることも構想していた（井上馨宛陸奥書状、一八八九年三月二日、

「井上馨文書」)。このような井上馨の動きは、旧民権派系に対して、伊藤と井上馨が共通に抱いていた不信感にもとづいていた。

明治天皇の疑心暗鬼

伊藤がヨーロッパでの憲法調査で学んだのは、憲法のみならず、その憲法を運営するのにふさわしい君主(天皇)を創出しなければならないことである。憲法にふさわしい君主とは、専制君主でなく、日常は政治関与を控え、必要な場合には藩閥(行政権)内部の対立を調停できる天皇である。また、議会を構成する在野勢力が円熟したら、内閣と議会の対立を調停することも期待された。

この理論的背景にあるのは、君主は政府や議会など国家から制約されているという、君主機関説である。伊藤は君主機関説を、天皇からの大政委任という日本の伝統的な考え方を利用して、実質的に実現しようとしたのだった。伊藤は維新以来、あまり実権がなく専制君主でない天皇の実態を、ヨーロッパで学んだシュタインの教えなどを使って理論化したのである。

ところが実際の明治天皇は、「万機総攬《ばんきそうらん》」すると教えられていながら、三〇歳を過ぎても政治の実権は与えられていないことに不満を持ち始めていた。自分はロボット的に飾りとして扱われるのか、と伊藤参議ら内閣員に対して疑心暗鬼になりつつあった。

このため、三十二、三歳の一八八四年(明治一七)や一八八五年には、病気と称して表の御座所《ござしょ》に出御《しゅつぎょ》しなかったり、出御してもわずかの時間のみで、内閣員が国事を奏上しようとしても会えなかったりしたこともあった。天皇の政務サボタージュである。結局、伊藤の忠告などで、天皇は再び政務に意欲を示し始めたが、伊藤は、天皇がシュタインの憲法の教えの根幹をしっかり学び、君主の役割をしっかり理解する必要がある、と考えた（伊藤之雄『明治天皇』二三二～二五五頁）。

調停君主を創出する

そこで、天皇の信頼厚い侍従の藤波言忠《ことただ》（公家出身）にシュタイン憲法を学ばせるため、ヨーロッパに出張させることになった。彼は、天皇と同年代で、しかも少年の頃から天皇に仕えていた。

一八八五年（明治一八）八月、藤波は通訳役の新山荘輔《にいやまそうすけ》を随員として、ヨーロッパへ向かった。伊藤はシュタインに手紙を出して、藤波が彼の講義を聴けるように取り計らった。藤波は馬のことが専門で、憲法も外国語もわからなかったが、伊藤は天皇に進講するのは藤波が最も適任であると考えた（堀口修「侍従藤波言忠とシュタイン講義」。『「明治天皇紀」談話記録集成』一巻、四七八～四八〇頁）。

伊藤の依頼に応じ、シュタインはウィーンで藤波と通訳役の新山を前に、自分が明治天皇の前で講義するつもりで、英語で熱心に講義を行った。その内容は憲法のことばかりでなく、政治・教育・宗教・産業の各方面にわたり、立憲国家の君主として心得るべきこと、皇室としてなすべきことにまで及んだ（堀口修編著『明治立憲君主制とシュタイン講義』一二九～三五九頁）。

藤波と新山はシュタインの講義を聴き終え、一八八七年一一月に二年三ヵ月ぶりに帰国した。その後まもなく、藤波は二、三日に一回のペースで、午後九時半から一〇時半までという時間帯に、シュタインから学んだことを天皇・皇后に講義した。

天皇と皇后は熱心に聴講し、天皇は納得できないと藤波に質問した。藤波の講義は三三時間にも及び、年を越して一八八八年に終わった。天皇が、宮中以外に行政部や立法部に関与することを抑制する君主機関説的な考え方を身につけたことは、間違いない。このように、伊藤は憲法を運用するのにふさわしい君主（天皇）を育成し、その意味でも憲法発布の準備は進んだ。

この他、伊藤首相が兼任していた宮相を一八八七年九月に辞める四ヵ月前、ドイツ人オットマン・フォン・モール夫妻が伊藤の招きで来日した。彼らは宮内省顧問に任じられ、日本の宮中儀式や制度をドイツなどヨーロッパの立憲君主国にならって改革する仕事を託された。

モール夫妻は、一八八九年三月まで二年ほど宮中改革に尽力した。新年朝拝式、勲章佩用《はいよう》法、饗宴の配膳方法、皇族の謁見式、晩餐および午餐の接待の仕方などを改革し、昭和初期に至る宮中儀式や制度の基礎を作った（伊藤之雄『明治天皇』二六二〜二六四頁）。

これらの改革は、外国人と接する、いわば外交のための表の宮中の改革であった。伊藤は表の宮中は改革しつつも、外国人とは接しない伝統的儀式などには手をつけなかった。これは、強い反発を避ける意味もあったが、日本の個性を重視する伊藤の思想をも反映していた。

初代枢密院議長となる

一八八八年（明治二一）四月三〇日、憲法や皇室典範などの重要法令を審議するため、枢密院が設置され、伊藤は首相を辞任して初代の枢密院議長になった。伊藤の後任首相には、薩摩の最高実力者の黒田清隆が就任し、すべての閣僚が留任した。また、伊藤は班列大臣（現在の無任所大臣）として、引き続き閣議に出られるようになった。

伊藤が強大な権力を持っていることに対し、前年から在野勢力のみならず、薩摩や反主流派等からの批判が高まっており、辞め時であった。また、伊藤が閣議に出られるのみならず、この三ヵ月後に盟友井上馨が農商相として入閣し、山県も内相のままであった。薩摩の松方正義（蔵相）や西郷従道《つぐみち》（海相）らも閣内におり、伊藤体制は継続していた。そのことは、次章で述べるように、大隈外相の条約改正が、最終的に伊藤の決断で中止になることからわかる。

さらに、伊藤は枢密院議長として、憲法制定に最後まで責任を持つことができた。伊藤を助け憲法草案作成に尽力した井上毅は、枢密院書記官長（法制局長官を兼任）になり、次官クラスに昇格した。また、伊東巳代治・金子堅太郎は枢密院書記官となり、議長秘書官も兼ねた。五月八日、天皇が臨御《りんぎょ》して枢密院開院式が行われた。

ところが、開院式の前日、明治天皇を激怒させる事件が起こった。天皇が開院式で読む勅語案を、伊藤枢密院議長が、一日前になってやっと、土方久元《ひじかたひさもと》宮相を通して提出してきたのである。これでは、三五歳になった天皇に、天皇の言葉である勅語を検討する間もなく、単に朗読せよと言わんばかりであった。

天皇は、開院式に出ない、勅語案は伊藤に返せ、とまで口走った。もっとも天皇は、気を取り直し、開院式には出席した。土方宮相から前日のことを告げられると、伊藤は恐れかしこまって直ちに拝謁を願い出、自ら参内して詳しく奏上しなかったことを謝罪し、今後はこのようなことがないように慎むと誓った。伊藤があっさり謝ったので、その後も天皇の伊藤への信頼は揺るがなかった（『明治天皇紀』七巻、六一～六二頁）。

枢密院での審議

さて枢密院は、一八八八年（明治二一）五月二五日から皇室典範原案の審議に入り、六月一五日に終了した。憲法草案の審議は六月一八日から始まり、七月一三日に終わった。六月一八日、憲法草案の第一読会を開くにあたり、伊藤枢密院議長は、草案を起草した大意を述べている（稲田正次『明治憲法成立史』下巻、五六七～五六八頁）。

伊藤は第一に、ヨーロッパにおいては「憲法政治」が「千余年」前に形成が始まり、「人民」が制度に習熟しているのみならず、「宗教なる者」があって、それが「機軸」となり深く人心に浸透して人心が一つになっているが、日本では宗教の力すら微弱で、国家の機軸になるものはない、とヨーロッパと日本の違いと、「憲法政治」を行うにあたっての、日本の条件の悪さを強調した。

第二に、日本において「機軸」とすべきは、「皇室」があるのみで、憲法草案では「君権を尊重して成るべく之《これ》を束縛せざらんことを勉《つと》めり」と、天皇を機軸として人心を一つにするため、天皇権力をなるべく制約しないようにしたことを説明した。

第三に、君権が大変強大である時は濫用《らんよう》されるおそれがあるという者がいるが、もしそのようなことがあったら「宰相《さいしよう》〔首相〕」が責任を持つし、その他にも濫用を防ぐ道がないわけではないので、いたずらに君権の濫用を恐れ、「君権の区域を狭縮」しようとするのは、道理のない説であると論じた。

この伊藤議長の発言の裏には、枢密顧問官の中の保守派が、天皇大権を憲法で制約するのではないかと警戒しており、伊藤への感情的な反発もあったことへの配慮がある。彼らの疑心を解き、枢密院の審議を内実のあるものにしたかったのだ。それと同時に、ヨーロッパの実情や歴史も十分に知らず理想論ばかり述べる在野勢力への不信感が続き、彼らが多数を占める可能性がある衆議院への強い警戒心もあった。

そこで伊藤は、憲法で天皇大権をなるべく強く規定しておき、状況の進展に応じてそれらを他の機関に委任するという形で、行使しないようにしてゆけばよい、と考えたのである。元来、日本では、大久保利通《としみち》・岩倉具視《ともみ》など有力閣員が実権を持ち、天皇が権力濫用をすることはなかった。しかも、明治天皇はすでにシュタインの君主機関説的考え方を身につけており、そんな心配はまったくない、むしろ当面警戒されるのは衆議院の「権力濫用」だ――。伊藤はこのように考えたのだろう。

伊藤が、君主権が行政権や議会の権限で制約される君主機関説的な憲法を考えていたことは、枢密院の審議でも確認される。

六月一八日、憲法原案第四条「天皇は国の元首にして統治権を総攬《そうらん》し此《こ》の憲法の条規に依り之《これ》を施行す」に対し、山田顕義《あきよし》法相（長州藩出身）らから、「国の元首にして」や「此の憲法の条規に依り之を施行す」を削りたいとの意見が出された。

これに対し伊藤は、「憲法政治を施行するときには其《その》君主権を制限せざるを得ず」、この条がなければ、この憲法は「核実」を失ってしまうと反論した。採決の結果、原案は二四対二の多数で可決された。伊藤は、君主は憲法に従わなければいけないという意味で、憲法で君主権を制限するという当然の原則を守った。

同日、原案第五条「天皇は帝国議会の承認を経て立法権を施行す」の「承認」という用語をめぐり、激しい議論となった。かつて天皇親政運動を行った元田永孚《もとだながざね》は、承認の文字は下より上に対して許可を求める意味になるので、天皇と議会の位置づけが転倒していると批判した。

同じ文言は他の条文にも用いられており、その都度《つど》問題になった。伊藤は妥協を図らざるを得なかった。井上毅が再調査し、憲法では「協賛」という議会の権限を弱くするニュアンスのある言葉に統一された。

しかし伊藤は、「承認」でも「協賛」でも、議会を通過しないと天皇は「立法権」を行えないので、権限的に差はないと考えた。このように伊藤には、議会を飾り物にしようといった意図は、全くなかった。

この他、六月二二日の審議で、寺島宗則《むねのり》枢密院副議長（薩摩藩出身、前参議兼外務卿）から、条約の締結は国会での審議を経るべきだという主張が出たが、伊藤は、条約は「君権」であると、寺島の意見を退けた（稲田正次『明治憲法成立史』下巻、五八八〜六二三頁）。

これは、不平等条約の改正に現実に在野勢力が関与するようになっており、それを嫌ったからだろう。

「欽定」憲法の発布

枢密院での憲法草案の審議は、一八八八年（明治二一）七月一三日に終了した。皇室典範・憲法の審議の後、枢密院は一八八八年九月中旬から、議院法・会計法など憲法付属法案の審議に入った。

その後、一八八八年末から八九年の年始にかけて、伊藤と井上毅・伊東巳代治・金子堅太郎の総合的な再検討があった。さらに、八九年一月に憲法草案が再審議された（稲田正次『明治憲法成立史』下巻、七九八〜八四九頁）。

明治天皇は枢密院での審議にすべて出席し、そこでは発言しなかったが、修正条項は朱書にして提出させ、理解できない所は伊藤枢密院議長を召して説明させた。君主機関説的天皇像を受け入れ、明治天皇は新しい憲法の制定を十分理解しながら見守った。その意味でも、天皇にとって明治憲法は、「欽定憲法」（天皇が作った憲法）だった。

一八八九年二月一一日、大日本帝国憲法（明治憲法）が発布され、同時に議院法・衆議院議員選挙法・会計法・貴族院令という憲法付属の各法令が公布された。同日に、皇室典範も制定された（公布手続きはとられず）。

た。

君主機関説的憲法への天皇の評価

大日本帝国憲法は、伊藤がシュタインから学んだ君主機関説を反映し、伊藤の枢密院審議での発言にあるように、条文上からも、天皇の権限を制約していた。

たとえば、大日本帝国は万世一系《ばんせいいっけい》の天皇が統治する（第一条）とある一方で、枢密院の審議でも問題になった、天皇の統治は憲法の条規により行う（第四条）という限定がついていた。

むろん大日本帝国憲法には、天皇は法律を裁可し、公布や執行を命ずる（第六条）、行政の官制や文武官の俸給を定め、文武官を任免する（第十条）、天皇は陸海軍を統帥《とうすい》し（第十一条）、陸海軍の編制および常備兵額を定めたり（第十二条）、宣戦・講和を行ったり、条約を締結する（第十三条）など、天皇の政治関与を保障する有名な条文がある。

しかし、天皇は貴族院と衆議院からなる帝国議会の協賛によって立法権を行い（第五条、第三十三条）、すべての法律は帝国議会の協賛を経なくてはならず（第三十七条）、毎年の予算は帝国議会の協賛を経ることが必要であり（第六十四条）、帝国議会は毎年召集する（第四十一条）などというように、議会が天皇の行為を制約した。

また、国務各大臣は天皇を輔弼《ほひつ》（補佐）する責任があり、法律・勅令や国務に関する詔勅は、すべて国務大臣の副署（天皇の署名の左に添えた署名）を必要とする（第五十五条）というように、国務大臣も天皇の行為を制約していた。

司法に関しても、司法権は天皇の名において法律によって裁判所で行うことになっているので（第五十七条）、天皇が恣意《しい》的に介入する余地はほとんどなかった。

天皇は神聖にして侵すべからず（第三条）という有名な条文は、天皇が法律上や政治上の責任を問われないというものであり、君主が自由に様々なことに関与できるという意味ではない（伊藤之雄『明治天皇』二七〇～二七一頁）。

さらに、伊藤が立憲君主制としては強い天皇大権を憲法に規定したのも、当面は政府（行政部）がそれを委任され、在野勢力が「憲法政治」に成熟するに従い、衆議院（立法部）への委任を増大させていくことになるだろう、という見通しのもとであった。*

＊この点から、伊藤は陸海軍大臣をその将官にしなければ、「立憲君主体」の主義を保持して「大権を下移」させることになると、「国家の公力たる兵権」が、「議会又は政党の玩弄《がんろう》する所」となると考えている。伊藤は専門家集団への期待と、当面の政党勢力への不信から、陸海軍大臣武官制を支持していた（伊藤博文「陸海軍大臣の資格に関する意見書」「伊藤博文文書」国立国会図書館憲政資料室所蔵）。

君主権を制約する君主機関説的な憲法を伊藤が作ったことは、その後に、憲法学者や第二次世界大戦後の歴史学者になぜ正当に評価されなかったのだろうか。それは第一に、憲法制定の際に、保守派の反発を避けるため、伊藤が君主機関説という言葉を使わず、主権は天皇にあり天皇が大政を委任する、と説明したからである。第二に、後に美濃部達吉東京帝大教授が、君主機関説を憲法学説として体系化した際に、伊藤の功績に言及しなかったからである。

その後の憲法学者等の評価と異なり、憲法制定を通して、明治天皇の伊藤への信頼と評価は動かぬものとなった。そのことは、憲法等の発布と同日に、新たに制定された旭日桐花大《きょくじつとうかだい》綬章《じゅしょう》を、伊藤ひとりに与えたことからわかる。この勲章は、それまで臣下が受ける勲章として最高であった旭日大綬章の上級として制定されたものであった。

内大臣三条実美《さねとみ》や賞勲局総裁柳原前光《やなぎはらさきみつ》は、薩長のバランスを考えて、伊藤と黒田の二人に与えるようにと奏請した。すると明治天皇は、黒田の勲功は伊藤に比べるべくもなく、黒田に与えるとすれば山県に、山県に与えれば西郷従道にも与えざるを得なくなり、新たに勲章を制定した主旨がわからなくなってしまう、と奏請を受け入れなかった。

次に述べるように、伊藤にとって一八八一年（明治一四）以来の苦労の結晶の憲法が完成したこの年の四月、病弱であった二〇歳の娘生子《いくこ》が、腹心の末松謙澄《すえまつけんちょう》（内務省県治局長）と結婚した。伊藤は四七歳で、当時としては初老といえたが、まだまだ元気だった。一八八九年二月から四月頃までの数ヵ月間は、伊藤の人生にとって最も幸せな時期の一つだったろう。

津田梅子の見た伊藤

すでに述べたように伊藤は、津田梅子がアメリカ合衆国への留学から一八八二年（明治一五）に帰国すると、八三年暮れから半年間ほど伊藤家に滞在させ、梅子夫人や子供たちの家庭教師兼通訳をしてもらった（本書第七章）。

津田梅子は、「今はこの大きな優雅な家で、大勢の使用人や寛大な友人たちととても素敵な時を過ごして、喜ぶべきことなんですよ。先生として尊敬され、私の年としては過ぎたことではありませんか」と、アメリカで一一年間養育してくれたランマン夫人に手紙を書いている。津田梅子は、伊藤家での生活にそれなりに満足していた。しかし、伊藤の女性関係については手厳しい。「西欧的な考えを持ちながら、彼自身は道徳的ではありません。彼は東京の家では洋館の二階に住んでいます。私は洋館にいても詳しいことはわかりませんが、よく外泊するようです。…（中略）…私にとっては我慢のならないことでも、長い間、男性は結婚して妻を持っていて、その他に二号さんを囲うのはあたり前だと思われて来ました」等と、ランマン夫人に書いている*（大庭みな子『津田梅子』一三三～一五一頁）。

＊　このような津田梅子の見方は、一一年間ランマン夫妻に育てられ、まだ一九歳で十分に社会を体験していないことからきている。ランマン一家は、アメリカ東部のキリスト教の信仰心が厚い中産階級の家庭であり、その交際範囲には伊藤のような「道徳的でない」人間はいなかったのだろう。キリスト教が中心のアメリカ社会においても、たとえばフランクリン・ローズヴェルト大統領やJ・F・ケネディ大統領は、民主化を進めた大統領として評価が高いが、彼らに複数の愛人がいたことは有名である。

その後、津田梅子が女子英学塾（現・津田塾大学）を創立するなど人生経験を積んで、四〇歳代半ばになると、伊藤をもっとバランス良くとらえることができるようになったようである。伊藤が暗殺された時、次のようにかつての出会いを回想していた。

伊藤公は人間性に深い関心を持っていた。彼はその人の身分にかかわらず、訴える力を持つ人間の言葉に耳を傾けた。召し使いであろうと、女子供であろうと、…（中略）…「生も死もわたし〔伊藤〕にとっては同じようなものだ。これから先、何が起こるかを怖れたことは一度もない」といった言い方で、彼は自分を宗教心のない人間だと決めつけていたが、私に言わせれば、彼は、何と言ったらよいか、わけのわからない力（生命の？）といったものを信じていた。彼の多くの言動にはしばしば、信仰と名づけたくなるようなそうした途方《とほう》もない神がかり的なものがあった。

（大庭みな子『津田梅子』一五二～一五三頁）

「貞奴」を寵愛する

この頃、伊藤の寵愛《ちようあい》を受けた「奴《やっこ》」は、後に新派演劇の川上音二郎《かわかみおとじろう》の妻となり、川上貞奴《さだやっこ》として、夫妻で欧米を巡演するなどし、日本の舞台女優の第一号となった女性である。「奴」（本名貞《さだ》、はじめ半玉《はんぎょく》時代は「小奴《こやっこ》」）は、明治四年（一八七一）七月一八日、東京日本橋の両替商に生まれた。父が家業で失敗し、東京葭町《よしちょう》の芸者屋浜田屋の亀吉（本名かめ）の養女になり、一八八三年の冬、一二歳の時に浜田屋の半玉（お酌）となった（山口玲子『女優貞奴』一七～一八、二五～二六頁。レズリー・ダウナー『マダム貞奴』四一～四二頁。藤井宗哲編『自伝音二郎・貞奴』一一、二二頁）。

半玉の「小奴」は、色白で鼻筋が通り、涼しげなくっきりとした目をしており、日本人離れした面立ちだった。また勝気だった（『自伝音二郎・貞奴』二一～二六頁）。

一八八四年七月といえば、憲法調査から帰って一年近くになる頃である。伊藤は多忙な中にも気力を充実させ、憲法制定と政治・官僚制度の改革の準備を進めていた。このような自信から、才気あふれて気の強い「小奴」に魅力を感じたのだろう。

なお、伊藤はこの頃、行儀見習いの女性に文吉を産ませているが、そこで梅子夫人との間で、今後は「素人」女性とは関係を持たない約束がなされたと思われる。以降、そうした意味で伊藤の周りに「素人」女性の姿は確認されない。*

四年後の一八八七年、伊藤に水揚げされ、半玉「小奴」は芸者「奴」となった。伊藤は首相であり、「小奴」は一六歳になっていた（一八八六年とする著作もある）。「奴」が伊藤の後ろだてを得た年、伊藤は夏島の別荘で、井上毅らと憲法草案の検討作業に神経をすり減らしていた。

「奴」は神奈川県夏島の別荘で過ごしたり、当時の女性には珍しく海で泳いだりした。水揚げしたと言っても、「奴」は普段は芸者を続けながら、伊藤からも手当を受け、伊藤の求める時のみ相手をすればよかった。伊藤に水揚げされたことで箔《はく》がつき、「奴」には井上馨・黒田清隆・西園寺公望《きんもち》・井上毅ら上客がついた（『女優貞奴』二九～三二頁）。

水揚げの三年後、伊藤は「奴」に自由を与えた。それから、「奴」は何人かの後援者と関係を結んだ後、川上音二郎と一緒になり、舞台女優「貞奴」としてアメリカ合衆国やヨーロッパを公演して回った。伊藤の最晩年、「貞奴」は大阪市北浜に大阪帝国座を作り、演劇の拠点としようとした。最も有力な後援者は伊藤だった。大阪帝国座の落成式が行われたのは、伊藤が暗殺された約四ヵ月後であった（『マダム貞奴』六〇～二九二頁）。伊藤にはこのようなおおらかさがあり、権力者の魅力とは別の次元でも、芸者たちに人気があった。

＊　一八八七年四月二〇日、伊藤首相の主催で官邸で行われた仮装舞踏会で、伊藤が岩倉具視の娘である

戸《と》田《だ》氏共《うじたか》伯爵夫人を強姦したという話が、当時の新聞記事を根拠として作り上げられている。これらの新聞は、現在の大衆週刊誌的な噂にすぎない記事を掲載している。

しかし、前田愛『幻景の明治』等は、「伊藤の戸田夫人強姦事件」を事実であるかのような叙述をしている（一一一～一三六頁）。

その根拠は、当時の新聞記事の他、(1)三《み》島通庸《しまみちつね》警視総監への密偵の五月三日付報告が、伊藤が「非職」の「書記官」の令嬢を強姦したと報じている、(2)三島警視総監への密偵の報告で、犬養毅も聞いてきたと言って、強姦ではなく、戸田夫人とかねて密通したと証言した、(3)三島警視総監への密偵仮報告で、伊藤が戸田伯爵夫人に通じたというのが事実ならば、天皇に上書を奉呈すべきとの議論が華族の間で起こり、鳥尾・曾我・三浦の三中将が、強く支持したとある、(4)戸田伯爵が五月四日付で奏任官四等の公使館参事官から、勅任官二等の弁理公使に特進し、六月四日にオーストリア駐在全権公使として海外赴任が公表された。これは「異例の栄転」で、伊藤の事件もみ消しの見返りである、等である。

前田氏は三島警視総監への密偵の報告書（「三島通庸文書」国立国会図書館憲政資料室所蔵）に信憑性《しんぴょう》があるという前提で論を進めているが、それらは、噂にすぎない記事を掲載する当時の新聞からの情報と変わらないか、検閲がないという点で、もっと怪しい面もある。これは、三島警視総監が在野の噂まで収集して権力への反感の度合いを探る材料としたかったからだろう。たとえば、(1)の五月三日の報告に、「過日薨去《こうきょ》されたる久宮（静子内親王。明治天皇の第五皇女で一八八六年二月一〇日に生まれ、一八八七年四月四日死去。母は園祥子《そのさちこ》）と申し奉るは、全く伊藤伯の実胤《じついん》実子にして、決して聖胤には之《こ》れあらざるなり。然るに該久宮の生母は宮中の風呂番とかを為《な》し居《おり》たるとき、一度聖上の幸を辱《かたじけの》ふしたる事之れあるを幸ひに、遂に伊藤の策略より、之れを聖胤と為したるなり」、「又伊藤伯には予《かね》て皇太后（明治天皇の父孝明天皇の正室）を姦し居れり云々」等の荒唐無稽の記述すらある。伊藤をめぐる同種の報告は、他にもある（「三島通庸文書」五三七―一五、一六、三〇）。これは、伊藤が権力を持ちすぎているので、その反感からくるものにすぎない。前田氏の挙げた(2)の犬養毅の話は民権派系の、(3)の鳥尾・曾我・三浦三中将の話は政府内の反主流派の伊藤への反感を示すものにすぎない。

(4)に関し、戸田は「奏任官四等」ではなく、「奏任官一等」の公使館参事官であり、五月四日付で勅任官二等の弁理公使へ昇進したのは、一階級昇進したにすぎない（『官報』一八八六年四月二七日、一八八七年五月六日）。ドイツ公使の品川《しながわ》弥《や》二郎《じろう》（長州藩出身）は前年から体をこわして帰国したがっており（伊藤宛品川書状、一八八六年一二月一日、『伊藤博文関係文書』五巻）、帰国した品川を宮中顧問官にし、六月四日付でオーストリア公使西園寺《さいおんじ》公望《きんもち》をドイツ公使に、戸田氏共をオーストリア公使に任命しても、不自然でない。全権公使にするにあたって、勅任官二等を一等にしたのである。すでに述べたように、西園寺と戸田は伊藤の憲法調査の随員と私費の随行者であり（本書第九章）、伊藤が期待していた人材だった。また戸田は、伊藤の恩人の岩倉具視の娘の夫である。

成長する娘生子と嗣子勇吉

一八八二年（明治一五）三月に憲法調査のためヨーロッパに出発してから、伊藤は梅子夫人と手紙で近況を伝え合っていた。同年四月一日の手紙に、子供たちに病気をせぬようにして「能《よ》く稽古《けいこ》せよ」と伝えてください、とあるように（梅子宛伊藤書状、末松謙澄『孝子伊藤公』二五七～二五八頁）、伊藤の関心は一三歳の生子と一二歳になったばかりの勇吉《ゆうきち》（井上馨の兄の実子）の健康と勉強の進み具合だった。

五月七日に、伊藤は生子の日記を受け取った。伊藤はこの日記がとても気に入ったようで、六月六日の梅子夫人への手紙で、勇吉にも日記が書けそうなものと伝えてください、と書き、七月五日の手紙で、「お生・勇吉へ相かは〔変〕らず日記手紙をおくれと」伝えてください、と書いている。

伊藤博文と子供たち（左から博邦〔勇吉〕、生子、朝子）

八月三日の手紙では、梅子の六月四日付の手紙で生子が病気だと知り、その容態を心配した。九月一三日、一〇月二七日には生子と勇吉の日記が届き、二人が元気で励んでいることへの喜びを示した。

一〇月二七日には、生子に紙文庫と勇吉に絵の道具を人に託して送ったと知らせ、一二月一日には、生子と勇吉に金時計を一つずつ送ったことを書いた。同月二六日には、生子と勇吉が金時計を受け取った晩には、うれしくて眠れないだろうと想像しているよ、と子供たちへの思いを記している。またその間にも一一月一五日の手紙で、「生子其外《そのほか》の写真も来る事と待受けたるに大間違《まちが》ひ、甚《はなはだ》失望」したと、家族を恋う気持ちを書いている（同前、二五八〜二七〇頁）。

またすでに述べたように、一八七六年（明治九）一二月に梅子夫人以外の女性から生まれた朝子（後に外交官の西源四郎と結婚）は、この頃六歳から七歳の可愛い盛りであったのに、伊藤の手紙に全く登場しない。

この憲法調査の期間、梅子夫人は大きな病気をしなかったようであるが、一八八〇年代半ばになると、病気がちになる。英語の家庭教師兼通訳として伊藤家に住み込んでいた津田梅子は、一八八四年二月一一日付のランマン夫人への手紙に、「まだ熱海にいます。伊藤夫人に子供たち〔勇吉と朝子〕、伊藤嬢〔生子〕が次つぎに病気になり、とくに夫人のは重く、リューマチで顔が腫れ上がり、ひどいものでした。…（中略）…夫人の顔は膨《ふく》れて、片目が潰《つぶ》れるくらいでした」、二、三日前に伊藤が医者と一緒に着き、夫人の病状も回復した、と書いている。

津田梅子は、伊藤や梅子夫人と子供たちの関係についても、二月二六日付の手紙で次のように観察している。

伊藤夫人は子供に対してとてもよい母親です。幸せな家族で、子供たちは母親の言うことをよくきき、小さな方の女の子〔朝子〕はアメリカの子供は恥ずかしくなるだろうと思うほど素直です。…（中略）…彼らは父親を尊敬し、父の言葉は法律でもあり、父の過ちや不道徳はあったとしても大したことはない問題です。

生子については、津田梅子は「危険な小鼠《こねずみ》さんで、少しわがままで、召し使いにとても辛く当たります。彼女の御機嫌をとり、満足させるのに召し使いは苦労していますし、彼女は彼らをなぐさみものにするんです」と、甘やかされすぎだとみている（大庭みな子『津田梅子』一三六〜一三七、一四六〜一四七頁）。

おそらく、梅子夫人が伊藤を尊敬し、日頃から伊藤を立てていたので、子供たちも伊藤の言葉を「法律」ととらえたのだろう。また、伊藤は常に飛び回っている負い目から、とりわけ生子を可愛がり、叱ったことすらなかったのであろう。そのため、生子は津田梅子から見て、使用人に対して敬愛の念がない、わがままな性格に育ってしまった。

第四部　円熟編

1889年２月、憲法の師・シュタイン博士の追悼の集いを紅葉館で行う

第一二章　見込み違い――大隈条約改正問題

大隈重信と提携する

すでに述べたように、伊藤は条約改正を親友の井上馨《かおる》に託していたが、外国人判事任用問題で井上は外相を辞任せざるを得なくなった。首相として伊藤は、一八八七年（明治二〇）九月一七日から外相を兼任していたが、伊藤には憲法制定という、さらに重要な仕事があった。

同年一〇月には、井上条約改正に反対したグループが大同団結運動を起こし、地租軽減・言論集会の自由・外交の刷新（日本に不利な条約改正反対）など三つの要求をするようになった。一二月になると、それら三つの要求を盛り込んだ建白書を持って、各県から有志または総代が続々と東京に集まってきた。

これに対し一二月二五日、伊藤内閣は山県内相の主導の下で保安条例を公布・施行し、大同団結運動を警官や憲兵の力で抑圧した。

その翌々日、伊藤首相は、薩摩の最有力者の黒田清隆を誘って大隈重信に会見を求め、翌一八八八年一月中旬までに一、二度話し合いをした。伊藤首相は、大隈を入閣させ、いずれ黒田に政権を譲ろうとしたのである。山県は一月二五日までにこの情報を知り、強く反対したが、伊藤は聞き入れなかった。

すでに述べたように、伊藤は憲法調査の過程で、イギリスを含めた欧州の歴史を学んでいた。大同団結運動のような国民の民主化運動が起こるのは時代の成り行きであり、弾圧し続けることは無理であると判断したのである。

そこで、改進党の実質的党首である大隈と連携することにより、大同団結運動グループの一角である改進党を切り崩そうとしたのだった。また、外相を大隈に譲って、行き詰まっている条約改正交渉を進展させようとも考えたのであった（伊藤之雄『山県有朋』第八章）。

結局、一八八八年二月一日に大隈は外相として伊藤内閣に入閣し、四月三〇日に伊藤が首相を辞任、ほぼ同じ閣僚のまま黒田清隆内閣が成立した。伊藤は条約改正を大隈に任せ、枢密院議長として、憲法や皇室典範などの重要法令の審議に全力を尽くす（本書第一一章）。

さて、大隈外相は、これまでの伊藤博文や井上馨の条約改正立案作業の延長線上に、大隈条約改正案を作成していった。また大隈外相は、その過程においても伊藤・井上や黒田首相と相談した。こうして同年秋、大隈案ができた。その内容は、日本が新関税で関税を増加し、治外法権を撤廃するために、法典の整備をし、外国人を被告とする裁判では外国人判事を大審院（現在の最高裁判所にあたる）に任用するというものだった。一一月二六日には、最初の交渉相手国であるドイツの駐日代理公使に大隈案が手渡された（大石一男『条約改正交渉史』三五～四〇頁）。

その後、黒田内閣は大隈案で、翌年二月二〇日にアメリカ合衆国と、六月一一日にドイツと改正通商航海条約の調印に成功した。大隈外相は、条約調印を他の列強に促すため、調印済みの国へは日本の内地を開放し、外国人判事を任用して治外法権を撤廃するという、譲歩を考えた。調印国の国民が日本で内地通商を行うことができるのに対し、条約改正に応じない未調印国の国民は、従来どおり居留地でしか通商できず、極めて不利になる。また、さらに調印を促すため、旧関税による国がある限り、より高い新関税を実施しないことを、アメリカやドイツに保障した。大隈外相は、こうして個別交渉で列強と条約改正を進め、それでもなお調印しない国が残った場合、条約を廃棄すると脅す強硬戦略を取ることを、ひそかに考えていたようである（同前、四〇～四二頁）。

大隈案への批判噴出

大隈条約改正案への反対は、外国人裁判官を大審院に任用する問題を中心に高まった。まず一八八九年（明治二二）六月六日、井上毅《こわし》法制局長官が、憲法上官吏は日本人でないといけないのに、外国人判事を大審院に任用するのは憲法と矛盾する、と条約案を批判した。

井上毅の提言によって、山田顕義《あきよし》法相は条約案の問題点に気づき、七月一九日の閣議では「帰化法」を制定し、大審院に任用する外国人判事には日本国籍を取らせることを主張した。井上毅や彼と連携した天皇側近の元田《もとだ》永孚《ながざね》（枢密顧問官）らの熱心な説得もあり、藩閥内最有力者の伊藤博文枢密院議長や、井上馨も、「帰化法」を制定することや、すでに大隈案に調印したアメリカやドイツにもその公文を撤回することを求めることに賛成するようになった。伊藤や井上馨も条約案が問題を抱えていることを理解し、困難であっても訂正することが必要だと決意したのである。二人は二六日に、大隈外相を説得した。また、山田法相は、この件で閣議を開くことを求めた。

それを受け、八月二日の閣議で以下のような対応策が決まった（大石一男『条約改正交渉史』八一〜八二、一二三〜一二六頁。『明治天皇紀』七巻、三三一〜三三二頁）。

(1)「帰化法」を制定して、大審院に任用する外国人は日本国籍を取ることを条件とする

(2) すでに大隈案に調印したアメリカとドイツには、そのことを説明して了解を求める

(3) 調印していない諸国には公文を発して、前回の改正案を撤回する

(4) 来年二月、あるいはそれ以降半年の間の大隈案に基づく新条約実行の時期において、新条約を承認しない他の列強に対して、現行条約を廃棄するかどうかは、そういうことが起こった際に審議する

黒田清隆

伊藤枢密院議長は班列大臣（現在の無任所大臣）も兼ねていたので、この八月二日の閣議にも参加し、条約施行を延期（中止）することを大隈外相に求めた。すでに述べたように、伊藤と井上馨は大隈と協同で大隈案を作成し、それに賛成したが、その問題点に気がつき条約改正交渉を大隈にやり直させようとしたのだった。

ところが大隈外相は、「帰化法」を制定して外国人判事に日本国籍を取らせることは受け入れたが、条約改正交渉そのものの延期には同意しなかった。大隈は、黒田首相の支持を背景に強引に閣議をリードしたのだった。大隈の結

論は、新条約に調印しない列強に対しては、現行条約を廃棄する可能性すら含んだ強硬なものだった。

それに対し、この閣議に参加したメンバーからも、後に種々の疑問と批判が湧き上がった。主なものは、以下の点である。

A　大審院に任用する外国人判事に日本国籍を取らせるという新たな追加条件を、すでに調印している米・独両国が受け入れるのか

B　まだ調印していない英・仏などの列強が、新たな条件が加わった大隈改正案を受け入れるのか

C　新条約に盛り込まれた、外国人が日本国内の土地や鉱山を所有できるなど、内地の開放（内地雑居）の条項は、現行条約にある最恵国待遇《さいけいこくたいぐう》（他の国が得た良い条件を自動的に得られる特権）の規定によって、新条約に調印しない国にも適用されるのではないか

D　もしCのことが起きたら、日本は将来、無条件の治外法権撤廃、関税自主権の回復など、より有利な条件を求める条約改正交渉を行う際、列強に与える重要な見返り条件を失ってしまう

E　それを防ぐために、新条約に調印しない列強に対し、日本が一方的に条約廃棄を宣言すると、それら列強が戦争に訴える恐れがあるが、日本にはそれに対抗する軍事力が不十分である

F　新条約は翌一八九〇年二月一一日を施行の期限とし、新条約施行の日から二年以内に

法典の編纂を完了し発布することになっているが、このような短い期間にそれができるとは思えない

G　新条約施行から二年以内に法典の編纂・発布が完了しないと、その発布から三年間は治外法権の撤廃を延期することになっており、日本は列強に内地開放という特権を与えたが、大審院に外国人判事任用という条件つきの治外法権撤廃すらできなくなってしまう

以上のように、大隈案には多くの問題があった。元来強引な性格の大隈であったが、この時には特に意地になり、列強を条約廃棄論で脅してでも改正を達成しようとして、あせっていた。

天皇の厚い信頼

井上馨農商相は、一八八九年（明治二二）八月二日の閣議にひどく失望してしまった。翌日井上は、昨日の閣議では黒田首相の意見も結論も判然とせず、いまさら驚くのは自分の愚かさを笑うのに似ている、と伊藤枢密院議長に手紙を書いた。井上は、自分は病気を理由に農商相を辞任する決意であるが、伊藤と同時に辞職しては「疑惑」も生じるので、伊藤が条約改正反対の上奏をする前に辞表を提出したい、と伊藤に上奏のタイミングを尋ねた（伊藤博文宛井上馨書状、一八八九年八月三日、『伊藤博文関係文書』一巻）。

条約改正に関し、伊藤は天皇に召され、すでに七月二四日午前一〇時過ぎから一二時まで

拝謁して、じっくりと意見を奏上していた（井上毅宛元田永孚書状、一八八九年七月二四日、『井上毅伝　史料篇』五巻）。条約改正についても、天皇の伊藤への信頼は厚かった。

しかし伊藤は、八月二日の閣議後、井上馨のように直ちに大隈外相を見限って反対の上奏をしたり辞表を提出したりするような強硬策をとろうとはしなかった。大隈外相が自分で自覚して方針を変えるのを、できるだけ待とうとした。それは、自分と井上で大隈外相を支えてきた行きがかりがあるからだ。また、黒田首相は薩摩の最有力者であり、この内閣を長州出身の伊藤と井上らが強引に倒したなら、その後さまざまなことで薩長に亀裂が生じがちになり、次の政権運営にも大きな影響が出ることが予想されたからである。

その後八月八日、大隈外相はロシアと新条約を調印することに成功した。しかし、列強の中で最も日本との貿易高が多く利害関係の深いイギリスと新条約を結ぶ交渉は、うまくいかなかった。大隈は、もしイギリスが日本の改正要求を拒絶するなら、現行条約を廃棄するほかに手段はない、と天皇に奏聞した。天皇は大隈外相の過激な手段に強い不安を覚えたのであろう。そのことを吉井友実《ともざね》宮内次官を通し、「極密」に伊藤に知らせた。

大隈外相を見限る

一八八九年（明治二二）八月一八日、伊藤は井上農商相に、条約廃棄などということが外に漏れたなら、イギリス政府の「感覚を損」じ、成るものも成らない結果になると「恐懼《きょうく》」の外ない、と手紙を書いた。伊藤は国家のため「憂慮」せざるを得ず、「国家を危険の中より救出す事も尋常一様」の手段ではできそうにない、ただ黙って形勢が進み、万一にも不幸に「陥落」しないことを希望するのみである、とまで大隈の条約廃棄論に危機感を示し、どうしたら良いか直ちに手段が見つからない現状を嘆いた。また伊藤は、松方正義大蔵大臣も「大心配」し、英国が新条約に改正するのを承諾しない場合の政府の方針を決めておきたい、と尽力している最中である、と付け加えた（井上馨宛伊藤書状、一八八九年八月一八日、「井上馨文書」）。

伊藤は、噂になっていた条約廃棄論を大隈が本当に実行に移そうとしているのを知って、最終的に大隈を見限ったのである。[*] 薩摩の有力者の松方も、条約廃棄論を強く心配していた。彼らは天皇と不安を共有していた。

＊　大石一男『条約改正交渉史』は、大隈条約改正を内外の一次史料を使って分析したすぐれた研究である。しかし、一八八九年八月一八日付の井上馨宛の伊藤書状を読み誤り、「伊藤は、井上馨ほどには条約廃棄手段の『無謀さ』を憂慮するものでは必ずしもない」（八二頁）と結論づけ、その上に大隈の条約廃棄論について「この戦略の有効性をはっきり示すことに大隈らは成功した」（九九頁）と論じている。しかし一八八九年四月でも、伊藤は条約廃棄論のような「暴断」は行われるべきことではないと、大隈に伝えている（大隈宛伊藤書状、一八八九年四月一八日、『大隈重信関係文書』〈早〉一巻）。また実際には、条約廃棄論のため、長州の実力者の井上馨、最有力者の伊藤に加え、薩摩の有力者の松方までが大隈を見限り始めた。このことからも、大隈の条約廃棄論は、大隈条約改正を最終的に失敗に導いた原因である。井上馨にいたっては九月初頭、大隈外相は条約改正に失敗したことを隠すために条約廃棄論を唱えており、閣僚が賛成しないなら内閣が臆病であると批判して辞職するきっかけにしようとしているとまで、大隈を疑った（伊藤博文宛伊東巳代治書状、一八八九年九月四日、『伊藤博文関係文書』二巻）。大隈らが廃棄論の有効性を示すことに成功したというのは、誤った評価といえよう。

八月中旬以降になると、大同倶楽部《クラブ》など在野勢力の条約改正中止論が盛り上がった。谷干城《たてき》（前農商相）・三浦梧楼《ごろう》（学習院院長、前東京鎮台司令長官）ら、閣僚クラスの人物も、条約改正中止運動に加わるようになった。黒田内閣の閣僚で最初に強い態度を取ったのは、井上馨農商相だった。九月一日、井上は転地療養を名目に山口県三田尻《みたじり》に行き、内閣への批判姿勢を示した。

この頃、伊藤は毎朝腹痛に悩まされるようになった（伊藤博文宛伊東巳代治書状、一八八九年九月六日、『伊藤博文関係文書』二巻）。条約改正問題への不安から、頑健な伊藤も体調不良となったのであろう。

ところで、黒田首相は九月一八日付で松方蔵相に、(1)条約改正については閣議で十分議論し、天皇の「御英断」があれば直ちに辞職するほかはない、(2)いずれにしても、伊藤枢密院議長が「勇進」してくれること以外に、その後の対応策はない、と手紙を出している（松方正義宛黒田清隆書状、一八八九年九月一八日〔元田永孚宛伊藤博文書状、一八八九年九月二三日に同封〕、『元田永孚関係文書』）。

伊藤はこのことを遅くとも九月二三日以前に知っている。これまでも、伊藤は条約改正で黒田内閣を倒せば、自らがその後を受けて処理せざるを得ないことになるのを自覚しており、慎重であった。右のような黒田首相の気持ちを知ると、伊藤は、薩摩の最有力者である黒田の強い恨みを残さないように、大隈外相が自発的に辞表を出し、条約改正が中止になるのを待つ姿勢を取るべきだと改めて確信したことであろう。

しかし九月二〇日、天皇は条約改正のことを心配するあまり、大隈外相に条約改正の現状について問う一方、元田永孚を小田原にいる伊藤の下に派遣して条約改正について諮問させた。伊藤は外国人判事を大審院に任用するという新条約の告知公文は、「帰化法」等を制定しても憲法との矛盾が残るので、列強への告知公文を撤回し、条約施行期を延期すべきと奉答した。また伊藤は、自ら反対意見を述べたり辞職したりして、内閣を倒すことは望んでいないが、黒田首相と大隈外相が辞任すれば、現下の危急をひとまず回避し、条約改正の対応策も可能になるだろうとも奉答した。翌二一日、元田は参内して、天皇に伊藤の奉答を奏聞した（『明治天皇紀』七巻、三五一～三五四頁）。

伊藤の奉答は、告知公文を撤回すべきことを提案しているが、そのためにどうすべきかを答えていない。天皇の不安は治まらなかった。

山県の帰国を期待して待つ

そこで天皇は、閣僚は人数が少なく十分に意見を申し出ることもできないと思うので、枢密顧問官に条約改正について下問し、その結果を天皇より黒田首相に伝えてはどうかと考えた。天皇は、枢密顧問官でもある元田に、枢密顧問官に諮問することが良いか、伊藤枢密院議長に尋ねるように命じた。

ところが一八八九年（明治二二）九月二三日、元田に答えて伊藤は、天皇は閣員と枢密顧問官同席で条約改正について諮詢《しじゅん》することを考えているが、よく考えてみると、このような重要な問題に対しては結末が予測できないので確かなことは申し上げられない、と書いた。

その上で、閣員と枢密顧問官が同席して討論すれば、分裂の恐れがあるので、まず内閣のみで話し合うほうが穏当だろう、とした。天皇はさらに徳大寺実則《さねつね》侍従長を通して、元田からのものと同じ下問を再度行った。これに対しても、伊藤は同様の奉答をした（元田宛伊藤書状、一八八九年九月二三日、二四日、『元田永孚関係文書』）。

他方二二日、三条実美《さねとみ》内大臣に会った元田は、天皇の命で伊藤に使いに行った話と、告知公文を取り消してこの条約改正を中止し、別の交渉を考えるべきことを述べた。また、そうなると閣員は多少辞任することになるので、三条がしばらく首相となり、次いで伊藤が首相に再任されるべきである、と三条に話した。三条は特に異論を述べなかった（井上毅宛元田永孚書状、一八八九年九月二二日、『井上毅伝　史料篇』五巻）。元田は天皇に身近に仕えており、黒田の後に最終的に伊藤が収拾するというのは、天皇の考えでもあったのだろう。

このように天皇は、条約改正のことが心配でたまらず、この危機に際しても、伊藤に絶大な信頼を置いていた。しかし、伊藤は自分の責任で強引に内閣を倒すことは避けたかった。

九月二三日、伊藤は大隈外相に会い、大隈の動向を確認した。条約改正の談判や情勢は特に変わりがなく、目下の形勢は「頗《すこぶる》憂慮」されるべきで、大隈外相は進退の動きが取れない状態である、と伊藤はみた。ところが伊藤は、二四日夕方には小田原の別荘に帰ってしまう予定であった。伊藤は手紙では「戦々兢々《せんせんきょうきょう》」とか、「薄氷」を踏む「心地」であるとか述べつつも、積極的に動く気配を見せなかった（元田永孚宛伊藤書状、一八八九年九月二四日、『元田永孚関係文書』）。山県有朋の帰国を待っていたのだ。

同じ九月二三日、天皇は徳大寺侍従長を使いとして、黒田首相に、新条約の告知公文取り消しの件、「帰化法」や裁判所「構成法」で外国人判事を取り扱っても差し支えがある件、イギリスとの交渉はどのように進展しているのかについて、閣議で十分審議して、天皇に知らせるよう命じた。翌二四日、元田が拝謁し、前日の命について天皇に尋ねた。すると、黒田首相は条約改正は見込みがあるように話し、大隈外相も告知公文のことは「軽々と」思っているようで、イギリスとの条約改正交渉についても特にむずかしいと言っていない、どうしたものだろうか、と天皇は述べた。

元田は驚いて、告知公文は新憲法と矛盾し、天下の大問題を引き起こしたほどで、大隈外相がそのように「軽易」に申し上げるのはどのような事情があるのだろうか、と天皇に申し上げた。

九月二五日、元田は以上のことを伊藤に知らせ、いずれ山県が帰国するまでは「ぶら〱歟《か》」と思われると書いた（伊藤宛元田書状、一八八九年九月二五日、『元田永孚関係文書』）。

山県が帰国する

一八八八年（明治二一）一二月に日本を出発して二度目の渡欧に出ていた山県は、アメリカを出て一八八九年一〇月二日に横浜港に着くべく、船上にあった。条約改正をめぐる対立解決の糸口が見出せない中で、山県に事態を打開してほしい、という期待が高まる。九月二六日、同郷で山県の養女を妻とし、山県に近かった品川弥二郎《しながわやじろう》（枢密顧問官、前ドイツ公使）は、山県への手紙で次のように彼への期待を示している。(1)条約改正は山県の「一言にて勝敗を決する勢」いであるので、そのつもりでいていただきたい、(2)伊藤も井上も「刀折れ矢尽き一言半句」も言い出せない状況である、(3)黒田の後任首相は山県の他にない、という説が政府内にも在野にも広がっている、と。

一〇月二日に山県が横浜に着くと、まず条約改正中止論者の松方蔵相と西郷従道《つぐみち》海相（いずれも薩摩）と山田顕義法相（長州藩出身）が、真っ先に山県に会って意見を述べた。松方と西郷は、同じ薩摩出身の黒田首相を更迭《こうてつ》し、山県に政権を担当するよう勧めた。

二日の夕方、山県は東京に戻って「椿山荘《ちんざんそう》」に入り、五日から六日に横浜に出かけた他は、七日夕方まで「椿山荘」に滞在した。その間、三日には渡欧の報告をするため天皇に拝謁した。また、品川や野村靖《やすし》（枢密顧問官、前逓信次官、山県と同郷の竹馬の友）、井上毅法制局長官らと面会し、条約改正問題について事情を聞いた。

伊藤も山県の帰国を「一日千秋」の思いで待っていた。伊藤は、山県が神奈川県大磯の別荘「小淘庵《おゆるぎあん》」で旅の疲れを癒やしていると勘違いし、一〇月四日、久しぶりに小田原の別荘を出て、大磯に山県を訪ねたが、山県は東京に滞在中で会えなかった。そこで彼は手紙をしたため、山県の帰国を待ち望んでいたので、山県の都合に合わせていつでもお宅に伺うつもりだ、と山県への期待を伝えた（伊藤之雄『山県有朋』第八章）。

煮え切らない山県

山県を訪れる前、伊藤は一八八九年（明治二二）一〇月四日正午から天皇に陪食《ばいしょく》していた。この日に召されたのは、伊藤と黒田首相・大隈外相・土方久元《ひじかたひさもと》宮相・徳大寺侍従長・吉井友実宮内次官らであったが、黒田は「下痢」を理由に参加を辞退した（井上毅宛元田永孚書状、一八八九年一〇月四日、『井上毅伝　史料篇』五巻。『明治天皇紀』七巻、三七二頁)。この陪食は、天皇が山県が帰国したのを機会に条約改正問題に決着をつけてほしいと、伊藤・黒田・大隈らに促すためのものである。土方・徳大寺・吉井らの宮中関係者は、天皇の条約改正中止の意向を受け、元田枢密顧問官らを使いとして尽力している者だった。この陪食は黒田の不参加で、当初の目的にかなわなくなったが、伊藤は天皇の不安と自らへの信頼、それに応える責任を改めて感じたことであろう。

ところが、山県は伊藤の手紙に積極的に答えず、一〇月七日から大磯の別荘「小淘庵」に行ったきりになった(伊藤之雄『山県有朋』第八章)。山県は伊藤の予想以上に、慎重な行動をとった。

山県有朋

山県が帰国しても事態が動かない状況に、天皇は使者を送り、黒田首相に直に伊藤と協議をして、閣議を開くように度々伝えた(井上毅宛元田永孚書状、一八八九年一〇月一〇日、『井上毅伝　史料篇』五巻)。このように、山県が帰国しても積極的に動かないので、天皇は事態打開の中心はやはり山県ではなく伊藤であると、伊藤への期待を強めた。

黒田首相も、天皇の度々の催促に屈し、西郷海相を自らの代理として小田原の伊藤を訪れさせた。

しかし、伊藤がこれまで何度も話してきたのに、黒田首相や大隈外相は条約改正について楽観的にとらえようとし、強気の姿勢を崩さなかった。また、山県は帰国しても自ら責任を負うような積極的態度を取る気配がなかった。伊藤はこれ以上、黒田・大隈らと話し合っても、時間ばかり経過して意味を成さないと判断したようである。

倒閣の責任をとる

伊藤は枢密院議長を辞任することを決意し、一八八九年（明治二二）一〇月一一日、山県を訪れた。山県は伊藤が直ちに辞表を提出することに反対し、まず伊藤が黒田に意向をはっきり述べることを勧めたが、伊藤は応ぜず、黒田首相に辞表を出した（伊藤之雄『立憲国家の確立と伊藤博文』一六～一七頁）。状況を打開する道が他にない以上、薩摩の最有力者の黒田の恨みを買っても、伊藤は自らが犠牲になって、条約改正交渉を延期（中止）に追い込むべきだと、決断したのだった。

これに驚いた黒田首相は、大隈外相に伊藤が辞表を撤回するよう説得させようとした。一二日、大隈は伊藤に会うが、うまくいかない。大隈は伊藤と一緒に大磯の山県を訪れ、大隈と山県とで説得したが、辞めるという伊藤の決意は変わらなかった（『明治天皇紀』七巻、三七八～三八〇頁）。

そこで黒田首相は、自分が小田原を訪れて伊藤に辞任しないよう説得するので、伊藤の辞表を承認しないように、と上奏した。一五日の閣議には天皇が臨席した。それにもかかわらず大隈外相が条約改正の経過を説明すると、後藤象二郎逓相が詳細に二時間近くも反対論を述べるなど、激しいものとなった（伊藤博文宛伊東巳代治書状、一八八九年一〇月一六日、『伊藤博文関係文書』二巻）。このように状況が切迫してくると、相談役や事後の収拾役として、天皇はますます伊藤に期待したのであろう。

天皇は、伊藤が辞表を提出して四日経った一〇月一五日になっても、伊藤を留任させられないかと考えていた。同日夕方、天皇の意向を知った元田永孚《ながざね》は、次のように、留任できない伊藤の気持ちを代弁し、最終的に山県に政権を担当させてはどうかと助言した。

(1)伊藤は、自分が枢密院議長の辞表を提出すれば、黒田首相は条約改正の断行ができなくなるので、辞任するのを知っています、(2)伊藤は自分の一言で首相を退陣させるのは本意ではないので、自分自身も退任する決意です、(3)したがって、天皇が伊藤に留任するようどんなに話しても、それを受け入れないでしょう、(4)内閣の大臣を大きく替えた後、適当な頃合になれば、伊藤も政府に出るでしょう、(5)今回は、伊藤・黒田・大隈の対立ということで三人が辞任し、山県か三条内大臣が当分首相となり、三条の場合にはいずれ山県に譲るというのが、天皇のお気持ち次第で適当と思います、(6)もし、このまま条約改正を断行するなら、たちまち人心が「激動」し「内乱」が起こり、内閣は倒れ大臣も「身を保たず」、大変な「危乱」が生じるでしょう（井上毅宛元田永孚書状、一八八九年一〇月一七日、『元田永孚関係文書』）。

伊藤が枢密院議長に留任する気がないという元田の見方は正しく、天皇もそれに納得せざるを得なかった。

伊藤の辞表提出は、条約改正交渉や政局に決定的な影響を及ぼしていった。その頃、井上馨農商相も山口県三田尻から辞表を部下の局長に郵送し、このことを伊藤・山県内相・松方蔵相・山田法相らに至急通知するように、電報で命じた（辞表は二一日に黒田首相に提出される)。

一〇月一八日には、山県内相も条約改正延期を求める意見書を書き、黒田首相に示した。同日、大隈外相は条約改正反対の壮士から爆弾を投げつけられ、重傷を負った。

次いで一九日、山県・山田・西郷・大山巌《いわお》(陸相)・松方の五大臣は、条約改正延期(中止)を決意し、黒田首相が聞き入れなければ、辞職する覚悟で黒田を説得することにした。そこで黒田首相は、山県内相とともに条約改正延期を明治天皇に上奏し、一〇月二二日に他の閣僚の辞表を自らのものと合わせて上奏した(大隈外相は傷が回復してから一二月一四日に辞表を提出)。こうして黒田内閣は倒れた。

黒田清隆ら薩摩系の恨み

一八八九年(明治二二)一〇月二一日、天皇が使者をたて、黒田首相・松方蔵相・大山陸相の薩摩の有力者三人に総辞職について意見を聞くと、三人は辞職は仕方ないことで後任首相は山県が適当である、と奉答した。天皇の予想通りである。翌二二日、黒田首相は閣員すべての辞表を奉呈し、山県を首相にするように上奏、翌日山県を訪れて首相就任を勧めた。しかし山県は、応じなかった。二四日も、松方・山田・大山ら閣員が山県を後継首相にしようと期待したが、やはり山県は応じなかった(伊藤之雄『山県有朋』第八章)。

九月段階で伊藤が予想したように、伊藤が決断して倒閣に走ったため、伊藤は黒田首相ら薩摩系の有力者の恨みを買ってしまった。そのため、山県に後継首相の期待が集まることになった。

しかし、山県が組閣を引き受けないので、天皇は一〇月二五日にやむなく三条実美内大臣を首相兼任とし、閣員は黒田内閣のままという形で、新内閣を発足させた。これはあくまで臨時の内閣であり、一二月二四日、第一次山県内閣が成立した。山県が内相を兼任し、外相は山県の腹心の青木周蔵（長州藩出身、前外務次官）で、他の閣僚はほぼ黒田内閣と同じであった。

伊藤は、危険な大隈条約改正交渉を中止させるため、自ら火中の栗を拾って薩摩系の恨みを買い、組閣できなくなってしまった。向こう意気の強い伊藤の性格から見て、苦労して作った大日本帝国憲法や付属法によって行われる最初の総選挙や議会を、自分が取り仕切りたかったはずである。その機会を、山県に奪われてしまったのだ。

元勲優遇の詔勅を受ける

天皇は、この伊藤の失意や黒田前首相の怨念をよく理解していたと思われる。すでに三条内閣の下で、一八八九年（明治二二）一一月一日、伊藤と黒田に同文の以下のような詔勅が出された。

朕《ちん》宮中顧問官従二位勲一等伯爵伊藤博文（黒田の場合、「枢密顧問官陸軍中将従二位勲一等伯爵黒田清隆」）を待つに特に大臣の令を以てし茲《ここ》に元勲《げんくん》優遇の意を昭《あきらか》にす

（『官報』号外、一八八九年一一月一日）

後にこの詔勅は、元老の法的根拠とされるようになる。元老とは、憲法や法令に規定された機関でなく、後継首相候補者を天皇に推薦し、実質的に決定するなど、重要国務について天皇からの諮問に応じる慣例的機関である。もっともこの時点では、二人を元老にするなどの特定の意味を持つ詔勅ではなかった（伊藤之雄「元老の形成と変遷に関する若干の考察」）。

したがって、元勲優遇の詔勅ぐらいでは、条約改正失敗の「汚名」を着せられて首相から引きずりおろされた黒田の鬱憤《うっぷん》は収まらない。一二月一五日、ひどく酔っ払った黒田は、井上馨邸を突然訪れ、「今日は明治政府の姦賊《かんぞく》を誅戮《ちゅうりく》する為に推参したり」などと、応対した使用人に数々の暴言を吐いた。幸い井上は留守だった。黒田は酔いがさめてから後悔しているようだが、ただ黒田の「酔狂」だったというだけでは済まされない。井上は強く抗議した（伊藤博文宛伊東巳代治書状、一八八九年一二月一七日、一八日、『伊藤博文関係文書』二巻、五巻）。黒田が酔って怒りをぶつけたい相手は、本当は井上馨よりも伊藤である。しかしさすがの黒田も、剛直で藩閥第一の権力者の伊藤には、「酔狂」すらできなかった。井上がその身代わりとなったのだ。

同じ頃、同内閣の下で、一二月一三日、日本はすでに条約を調印したアメリカ・ドイツ・ロシア三国に対して、準備ができないとの理由で条約実施の期日の延期を通告した。伊藤が自ら矢面に立って内閣を倒した甲斐があったのである。

他方、三条内閣の最後の日に、伊藤を失望させる政治決定もなされている。一二月二四日に内閣官制が改正され、首相は各大臣の「首班」であるが、内閣制度ができたときに制定された内閣職権《ないかくしょつけん》のような強い権限を、法令上持たなくなった。

伊藤はドイツのビスマルクのような強い権限を持った首相が内閣をリードし、君主を支える「大宰相」主義を理想としていた。このために制定された内閣職権では、首相が各大臣を「総督」し、法律・勅令一切の文書に主任（担当）大臣と共に副署（天皇のサインの左にサインすること）する、となっていた。首相は副署を拒否すると脅すことで、陸・海軍省はじめ各省に影響力を振るうことができた。

伊藤の構想と異なって首相の権限が弱められたのは、首相として強い権限を持った黒田が大隈外相を支援し、他の閣員の意見を聞かなかったため、条約改正で大きな混乱が生じたからだろう。伊藤や井上は、条約改正による混乱に注意を奪われて、この官制改正の影響による、軍の自立の意味を深刻にとらえなかったようである。陸軍は山県・大山巌、海軍は西郷従道という、それぞれの長老を通してコントロールすれば良いし、陸・海相の人事にもこれまでどおり関与できる（伊藤之雄『山県有朋』第七章・八章）、と考えたからであろう。

第一三章　第一議会のとまどい——憲法運用と近代国家の充実

秩序的進歩を目指す

前章で述べたように、第一次山県有朋《やまがたありとも》内閣ができ、その下で最初の総選挙や帝国議会を迎える方向がほぼ固まった。ところが、伊藤は山県内閣成立後二〇日もしないうちに、親友の井上馨《かおる》に宛てて、地方官の交代などは「果断らしく」表面的には見えるが、人選が不適当であり、かえって評価されないように思われる、と不満を洩らしている（井上馨宛伊藤博文書状、一八九〇年一月一二日、「井上馨文書」）。

山県内閣は、組閣当日と、二日後の一八八九年（明治二二）一二月二六日に、警視総監と知事二〇名もの交代を行った。それは、田中光顕《みつあき》を警視総監、白根専一を愛知県知事に任命するなど、内相を兼任した山県の好む人物を要職につけて総選挙に備えるものだった。伊藤は同じ井上馨への手紙の中で、この後内外の事を誤らないようにしないと、面倒が限りなく再発するだろうと恐れている、と山県内閣を見限るようなことを書いた。これは、伊藤は山県の政権運営に不満があり、組閣を逃したことにもわだかまりを持っていたからであった。

伊藤と山県の感覚は、どのように異なっていたのだろうか。一八九〇年二月、議会開設に向けて議院書記官に関し、伊藤は配下の井上毅《こわし》法制局長官に、一気に「欧風」に変えることは良くなく、「秩序的之《の》進歩」が必要である、と述べている（井上毅宛伊藤博文書状、一八九〇年二月一二日、『井上毅伝　史料篇』五巻）。伊藤から見ると山県は保守的で、秩序的進歩を抑制しているように見えたのだった。

また、明治天皇は条約改正や帝国議会開設について不安に思っており、山県首相よりも伊藤博文を厚く信頼していた。

山県首相もそれを察知し、条約改正について、青木周蔵外相が日本政府の覚書を天皇に上奏した際、伊藤を召して下問するように奏請した。そこで一八九〇年一月二九日に天皇は伊藤を召して、意見を聞いた。また同三一日、天皇は青木外相に、条約改正のことは伊藤と相談した後に閣議にかけるように命じた。

山県は同年春になると、首相の激職に耐えられないことを理由に、伊藤に首相になるように求めている。これは山県が組閣したことに対し、伊藤のわだかまりを感じたからであるが、伊藤はそれが山県の真意でないことを見抜き、同意しなかった。そこで山県は天皇に、伊藤が首相になるべきであると上奏した。

山県の真意を十分に理解できない天皇は、その提案に同意し、五月一四日に伊藤に勅語を下して組閣させようとした。天皇は、勅語で、維新以来明治政府の基礎を立てたのは木戸孝允と大久保利通《としみち》であるが、両者はすでに亡くなり、伊藤ひとりが枢機に「十有余年」あってその功は少なくない、と伊藤を木戸や大久保と並べて評価した。その上で、伊藤が政府に出て天皇を「翼賛《よくさん》」するように命じた。しかし伊藤は組閣に動かず、この件は終わった。結果的に、伊藤と天皇は山県内閣が存続するのを承認した形になった（徳大寺実則書取の詔書、一八九〇年五月一四日、「伊藤博文遺書」伊藤博雅氏所蔵。伊藤之雄『山県有朋』二四六～

二四八頁)。

七月一日、山県内閣は「不偏不党」主義を掲げて第一回総選挙を実施し、大きな混乱もなく終わらせた。この時点で、当選者の党派所属は流動的だったが、旧自由党系の三派で全三〇〇議席のうちの一〇〇前後を、また立憲改進党が五〇前後を占めた。これ以外にも政府に批判的な議員が当選しており、政府が議会に提出する予算や法案が議会で衆議院を通過する見通しは、はっきりしなかった。

そこで七月二五日、山県内閣は集会及政社法を公布し、政党活動を抑圧しようとした。これは旧来の集会条例を、議会開設に合わせて改正したものである。その内容は、政談集会の開催や結社の届出の手続きを簡単にするなど、取締りを緩和する一方で、帝国議会開会中は議院から三里(約一二キロメートル)以内での屋外の集会やデモを禁止するなど、新たな規定も設けた。また「政社」(政党)が支社を置いたり、他の「政社」と連結するのを禁止したりする点では、旧集会条例と同じであった。

伊藤は山県内閣の集会及政社法公布に関し、特に意見を示していない。総選挙後、改進党など民党系新聞は、伊藤と山県の関係を論じ、両者の離間を図るかのような記事を掲載している(伊藤博文宛伊東巳代治書状、一八九〇年七月一八日、八月三日、『伊藤博文関係文書』二巻)。そのため、伊藤が山県と対立しないように、集会及政社法への意見を差し控えた可能性もある。しかしそれよりも、伊藤自身初めての議会がどのように展開するか見通しがなく、念のために取締り法規を整備しておくことに対し、あまり違和感が強くなかったと思われる。

条約改正の新体制

すでに述べたように、条約改正は伊藤の最も重視した課題の一つであった。しかし伊藤は、憲法や皇室典範を策定し、立憲国家と宮中制度を整備する仕事に全力を尽くすため、条約改正を井上馨に、次いで大隈重信に託した。しかしいずれもうまくいかなかった。ここでは、再び話を大隈条約改正後にもどし、その後の条約改正について見てみよう。

大隈条約改正の失敗後、三条実美《さねとみ》首相は、井上馨農商相を条約改正の方針を新たに策定する担当者とした。その上で、閣外の伊藤博文（宮中顧問官）の協力も得て、少し後に首相に予定されている山県有朋内相らとも協議し、閣議で方針を確定した。それは「将来外交の政略」と称せられたもので、一八八九年（明治二二）一二月一〇日に閣議決定され、翌日裁可された。その特色は、次のようであった。

(1)　外国出身の法律家を大審院にも任用しない
(2)　法典を早く編成公布することを約束しない
(3)　不動産の所有権は、領事裁判（治外法権）を撤去しないうちは、外国人に与えない
(4)　外国人取り扱いについて、経済または法律上、ある場合において「特種の制限」を設ける

（青木周蔵外相「条約改正記事」、「陸奥宗光文書」九二－6、国立国会図書館憲政資料室所蔵）

これは、大隈条約改正への世論の反発や、憲法との整合性を考慮し（1）、民法や商法など法典編纂の困難さを考慮した（2）ものだった。また、列強に与える最大の見返りである土地所有権は、完全な治外法権撤去まで与えず（3）、その他には外国人に「特種の制限」を設けておいて、完全な関税自主権の回復の際の取引材料としようとするものだった（4）。大隈条約改正の失敗から学習し、伊藤や井上馨、山県首相と閣僚は、より慎重で明確な目標を設定したのだった。

青木外相の自負心

一八八九年（明治二二）一二月二四日に山県内閣ができ、同日に青木周蔵（前外務次官）が外相に就任すると、同日に天皇は青木に「将来外交の政略」を手渡し、その枠内で改正事業に着手するよう命じた。青木外相は、早速一二月二七日に、外務省においてイギリス公使フレーザーと条約改正の談判を開いた（青木周蔵「条約改正記事」）。

さらに一八九〇年一月、青木外相は条約改正方針の青木「覚書」を閣議に提出した。その中には、条約の実施に関し議会の協力を得られるような「幾分」の修正案を提出する、という、新たに開設される帝国議会を意識した内容も含まれていた。この覚書は閣議で修正された後、五〜六名の有力者の諮詢を経て、英公使に示され、数回の協議が行われた（青木周蔵「条約改正記事」）。この有力者の中に、伊藤が含まれているのは間違いないであろう。

この間、山県首相が天皇に伊藤を召すように奏請し、一月二九日に伊藤は天皇の下問に応じ、条約改正について詳細に意見を述べた。一月三一日には、徳大寺実則《さねつね》侍従長が天皇の命で青木外相を訪れ、条約改正のことは伊藤と相談して、後に閣議で議論を尽くすようにとの言葉を伝えた（『明治天皇紀』七巻、四六六～四六八頁）。

伊藤は枢密院議長辞任後、宮中顧問官となっているが、このポストは表の政治に関して明確な権限はない。伊藤は要職に就いていなくとも、主要閣僚以上に重要な政策に関わる、後の元老のような立場にあったのである。明治天皇の信頼を背景にした、このような伊藤の特別の立場から、伊藤は青木外相の条約改正にも深く関わるようになっていったのだった。逆に青木外相は、駐ドイツ公使や外務次官など外務省歴が長く、条約改正を達成しようと意気込んでおり、自負心の強さもあって、伊藤の関与を不快に思ったはずである。大津事件の項で述べるように、青木外相は、京都で伊藤が事件の処理に強く関与したことに、ひどく誇りを傷つけられていたことから、条約改正問題で青木が伊藤にどんな感情を持っていたかがわかる。

初代貴族院議長

最初の議会を前に、山県首相はじめ閣僚らは、伊藤が宮中顧問官という閑職にしか就いていないことが気がかりだった。そこで山県は、伊藤に貴族院議長に就任するように懇願したが、伊藤は同意しなかった。それを知った明治天皇は、一八九〇年（明治二三）七月一日、貴族院議長がいやなら枢密院議長になるように、と伊藤を説得したが、伊藤はやはり辞退した（伊藤之雄『山県有朋』二四九～二五〇頁）。

その後も天皇は伊藤を枢密院議長に引き出そうとしたので、七月四日、伊藤は黒田を訪れ天皇や二、三の閣僚が枢密院議長や貴族院議長に就任してほしいという意向を持っていることについて相談した。黒田は天皇の意向を受けるように勧めた。さらに翌日、黒田は伊藤を小田原の別荘にまで訪ね、天皇の意に従うように勧めた。ところが伊藤は、この黒田の心底は「虚懐」より出たものとし（元田永孚宛伊藤博文書状、一八九〇年七月六日、『元田永孚関係文書』）、黒田の怨念がなくなったとは思っていなかった。そこで、内外の危機に対し、重要なポストに就いているかどうかに関係なく国家に責任を負う者は心を合わせて尽くすべきであり、「小壮輩」と異なりわずかな「功名」を眼前に争うつもりはない、と黒田に伝えて就任するかどうかを明言しなかった。

それでも山県は、伊藤を閑職に放っておくわけにはいかなかった。天皇のさらなる支援を得て、伊藤に貴族院議長になることを承諾させた。こうして伊藤は、一〇月二四日に初代貴族院議長に就任した。

帝国議会は衆議院と貴族院の二院からなっていた。予算はまず衆議院に提出しなければならなかったが、予算や法案は両院を通過しないと成立せず、両院は対等の地位にあった。衆議院は、被選挙人や選挙人（有権者）に納税額の制限があるものの、投票で選ばれ国民代表的性格をもっており、藩閥政府に批判的だった。これに対し貴族院は、華族や藩閥官僚の代表者という性格が強く、藩閥政府を支持する傾向が強かった（小林和幸『明治立憲政治と貴族院』。内藤一成『貴族院と立憲政治』）。

貴族院は、藩閥政府にとって衆議院の法案を妨害する意味で重要であるが、藩閥勢力によって支配されることが確実であり、貴族院議長のポストは首相や枢密院議長に比べ重要とはいえなかった。伊藤は何かポストに就くように求められていたので、少し軽い貴族院議長なら黒田ら薩摩派の反発も少ないと考えたのであろう。

井上毅への温情と権力

この間、一八九〇年（明治二三）六月には、伊藤の腹心の井上毅法制局長官の結核が悪化して、とても治らないだろうと覚悟するまでになり、七月一一日、転地静養を求め、法制局長官の辞意を伊藤に示した。憲法施行上の残件がほぼ片付いたからでもあった（伊藤博文宛井上毅書状、一八九〇年七月一一日、『伊藤博文関係文書』一巻）。

伊藤は井上毅が辞表を提出したことを、七月一六日に知った。翌日、伊藤は井上の辞表を認めた上で、枢密顧問官あるいは宮中顧問官とし、貴族院勅選議員に任命しておけば将来の御用に立つと、徳大寺実則侍従長と宮中に影響力のある元田永孚《ながざね》枢密顧問官に手紙を書いた。

同じ手紙で伊藤は、⑴一八七五年（明治八）以来、井上毅は岩倉具視《ともみ》（右大臣）・大久保利通（参議兼内務卿）の信任を受けたのみならず、常に「枢機の事務」を担当し、「十有余年」の間に「軍国の大計に関する」機密文案の七〇～八〇パーセントは井上の起草である、⑵大久保・岩倉の死後、伊藤がその後を継いだが、井上の助力を受けたことは数えられないほどである、⑶特に「立憲組織」の計画および、憲法の立案などの重要なことは、字句にいたるまで、井上は全身の「熱血」を注いだといっても過言ではない、⑷もちろん天皇も、井上の功績についてはすでによく知っている、等と井上を高く評価し、先の職を推薦した（徳大寺実則・元田永孚宛伊藤博文書状、一八九〇年七月一七日、『元田永孚関係文書』）。伊藤は、法律や重要文書の起草などで日本や伊藤に尽くした井上毅を、正当に評価していた。このように伊藤は、公平で部下思いの情を持っていた。

こうして、井上毅は七月一九日付で枢密顧問官に任命され、法制局長官の職は辞任が認められずに兼任となった。井上の法制局長官の辞表は七月一三日に内閣から奏上されたが、天皇は承認しなかったので、井上は直ちに法制局長官を続けることを了承した。また、一八日に山県内閣が井上を枢密顧問官兼任とすることを上申し、天皇も同意して、一九日に発令されることになった（伊藤博文宛元田永孚書状、一八九〇年七月一九日、『元田永孚関係文書』）。

おそらく、内閣は一三日に井上の法制局長官の辞表を奏上する際に、天皇に辞任を認めないでほしいとも奏上したのであろう。そこで天皇は、伊藤や井上の意向に反して、井上の辞任を認めなかったのである。これは内閣の意に従うということで、君主機関説的行動といえる。

しかし伊藤の意向通り、山県内閣は井上を枢密顧問官に推薦し、井上はそれに任命された。法制局長官は勅任官であるが、枢密顧問官は親任官で閣僚に準じるポストである。井上は「功績」を十分認められる形になった。たとえ有力ポストに就いていなくても、伊藤の政治権力がいかに強かったかということもわかる。

神祇官再興を止める

伊藤の影響力の強さは、一八九〇年（明治二三）一〇月上旬の神祇官《じんぎかん》復興問題でもわかる。神祇官は、祭祀《さいし》と行政を行うものとして明治初年に置かれた機関である。祭政一致の復古主義の象徴的な官庁であったが、明治四年（一八七一）八月には廃止された。

ところが、山田顕義《あきよし》法相（長州藩出身）・吉井友実《ともざね》枢密顧問官（薩摩藩出身、宮内次官兼任）・佐野常民《つねたみ》枢密顧問官（佐賀藩出身）・海江田《かえだ》信義《のぶよし》貴族院議員（薩摩藩出身）らが、国会開設を前に神祇官を復興しようと建白した。これは、全国の神官や敬神党《けいしんとう》の人心を皇室と藩閥側に結集させようというものだった。

一八九〇年一〇月二日、閣議でも「内決」したが、土方久元《ひじかたひさもと》宮相（伊藤系）は、異論があることについて、伊藤に意見を聞くべきであると、天皇に奏上した。そこで同三日、元田が伊藤に意見を問い合わせた。元田自身も神祇官の再興には賛成であり、どうか早く賛成の「御明答」を下さいという手紙で、伊藤に懇願している（伊藤博文宛元田永孚書状、一八九〇年一〇月三日、『元田永孚関係文書』）。

しかし翌日、伊藤は神祇官の再興に関し、閣議で決まり官職を制定することについては「当局の御原議」があるので、「局外之小臣」が何か汚いくちばしを入れるべきではないと考える旨を、土方宮相・吉井次官に回答する、と元田に返答した（元田永孚宛伊藤博文書状、一八九〇年一〇月四日、『元田永孚関係文書』）。実際伊藤は、神祇官を尊崇するのは当然のことであるので、さらに「愚見」を申し上げることはないと、土方宮相・吉井宮内次官に回答を拒否した。その上で、内閣で「深議」を尽くした上は、「御宸断《しんだん》〔天皇の判断〕」が下されるべきだと述べた（土方・吉井宛伊藤書状、一八九〇年一〇月四日、「吉井友実関係文書」国立国会図書館憲政資料室所蔵)。

伊藤は、下問に答えない形で、神祇官再興に反対の意思を示したのである。この結果、閣議で決まったにもかかわらず、神祇官再興は具体化しなかった。

第一議会への準備

日本で最初の議会である第一回帝国議会は、一八九〇年(明治二三)一一月二五日に召集され、一一月二九日に開院式を迎えた。アジアは議会が定着したことはなく、一八八〇年代に伊藤が中心となって推進した憲法制定作業の総仕上げといえた。

憲法には公布日と施行日がある。第二次世界大戦後の日本国憲法は、一九四六年(昭和二一)一一月三日に公布、翌一九四七年五月三日に施行され、五月三日が憲法記念日となっている。大日本帝国憲法(明治憲法)は、すでに述べたように、一八八九年二月一一日に発布(公布)された。天皇の「上諭《じょうゆ》」に、帝国議会は一八九〇年に召集し議会開会の時をもって「憲法を有効ならしむる」とあるので、この意味で明治憲法の施行日は、帝国議会の開院式の一一月二九日である。

帝国議会は、憲法施行の重要な要素である。伊藤は第一議会で十分な審議がなされ、予算など重要法案が成立することを重視した。この第一議会が、欧米人でない日本人が憲法と議会運営を十分に行う能力があることを示す、重要な機会だったからである。議会が混乱に終始するなら、条約改正にまで影響する。これが伊藤ら藩閥側と、かなりの代議士たちに共通した考えだった。

問題は、藩閥側と民党側がどれだけ譲歩しあって互いの要求の妥協点を見つけられるかであった。後に述べるように、藩閥側でも、伊藤は藩閥と民党は日本の独立と近代化という理念を共有できると考え、議会解散から選挙干渉という、高圧的な手段に訴えることを極力避けたいと考えていた。

また伊藤は民党と理念の共有を求めるだけでなく、藩閥と民党の対立の火種となる要因を極力少なくしようとした。それは第一に、憲法六十七条の解釈等について、しっかりとしておくことである。伊藤は法律通の秀才井上毅法制局長官や伊東巳代治《みよじ》（貴族院議員）に調査させ、検討した。

井上毅

憲法第六十七条は、政党側が地租軽減をするための財源を得るため等で、衆議院で官吏の人件費等を予算案中から削除することを防ぐためのものである。次のように、官吏の人件費等を「憲法上の大権」・「法律の結果」による又は「法律上政府の義務に属する歳出」とし、それは政府の同意なしで帝国議会では「廃除し又は削減」できないと規定するものであった。

> 第六十七条　憲法上の大権に基づける既定の歳出及法律の結果に由り又は法律上政府の義務に属する歳出は政府の同意なくして帝国議会之を廃除し又は削減することを得ず
> （伊藤博文『憲法義解』一一二頁）

問題は、たとえば、衆議院で政党側が、官吏の俸給など、「憲法上の大権」等にもとづくものを予算から削除し、政府がそれに同意を与えなかった場合である。それを除いた部分の予算は成立するのか、しないのかということ等であった(佐々木隆『藩閥政府と立憲政治』三一～四七頁)。政党側をも説得できる明確な解釈を確立しておかないと、予算審議が「紛乱」し、解散になることは確実とみられていた(伊藤博文宛井上毅書状、一八九〇年二月二六日、『伊藤博文関係文書』一巻)。これについては、議会中の一八九一年二月中旬、伊東巳代治は伊藤に、政府の同意不同意のために予算全体が不成立になることはないと報告している。

議会に向けて伊藤が行った第二の準備は、政党の動向を掌握し、いざという際のパイプを持つことである。伊藤には、伊藤系官僚である陸奥《むつ》宗光《むねみつ》農商相、井上毅・伊東巳代治の二つのルートがあった。

和歌山藩出身の陸奥は、維新後に神奈川県令・大蔵省租税頭《そぜいのかみ》などになるが非藩閥出身者として不満を持っていた。そこで、西南戦争に加担しようとして五年の刑に処せられた。出獄後、民権運動には加わらず、伊藤・井上馨らの尽力で一八八三年から八六年の間、欧米へ遊学した。帰国後、彼らの支援で外務省に入り、一八八八年、駐米特命全権公使(現在の駐米大使)となった。

陸奥はアメリカで政党政治を実地に観察し、第一回総選挙に向けて和歌山県の自派の地盤を整備した。陸奥も和歌山県から選出され、衆議院に議席を持つ唯一の閣僚となった。他方、自分も含め和歌山県選出代議士五名をまとめて陸奥派を形成した(伊藤之雄『立憲国家の確立と伊藤博文』第二部第一章)。

この陸奥派以上に、自由党幹部の星亨《ほしとおる》が、陸奥の政治力の背景であった。星亨は陸奥の書生として学んだことがある。議会開設に備えるため、星は一年半も欧米視察し、一八九〇年一〇月五日に帰国し、二四日、再建された立憲自由党に入党した（有泉貞夫『星亨』一四七〜一四八頁）。

井上毅が伊藤に尽くす

井上毅は、議会開院式の一ヵ月半ほど前には、結核がさらに悪化した。以前は左肺だけがずきずきうずくように痛んでいたが、右肺にまで及んできた。このままでは、「劇職」を担うことは無理ではないかと思うようになってきたのみならず、神経がますます「過敏」になり、夜も寝られないことがある。憂いと憤りが交わって枕を蹴って「狂呼」することもある、と山県首相に弱音を吐き、休養させてほしいと求めるようになった（山県有朋宛井上毅書状、一八九〇年一〇月一〇日、『伊藤博文関係文書』一巻）。しかし、山県首相は井上の「休養」を認めないし、伊藤も七月とは違って「休養」を提案しなかった。最初の議会を前に、余裕がなくなってきたのである。

それにもかかわらず、井上毅は伊藤に忠実であった。一八九一年（明治二四）一月から三月にかけ、憲法六十七条の解釈や政党各派の動向について、伊藤に情報を差し出すようになった、伊東巳代治と連名のものもあったが、あくまで井上毅が格上の立場にあった（伊藤博文宛井上毅書状、一八九一年一〜三月、『伊藤博文関係文書』一巻、四一一〜四一四頁）。明

憲法六十七条の解釈が議会の焦点となると、井上毅法制局長官がその解釈を内奏した。

治天皇は、法律通の秀才井上毅の解釈を得ても心配で、一八九一年二月一九日、土方久元宮相を使いとして、伊藤博文に解釈を尋ねた。そこで同日、伊藤は、自分の考えと少しも差異がないことを内奏した（井上毅宛伊藤博文書状、一八九一年二月一九日、『井上毅伝 史料篇』五巻）。

法律家としての井上毅の才能は、同時代の人の中で群を抜いていた。しかし天皇はそれだけでなく、法律の本質を理解し、かつ藩閥や政党勢力の動向にも配慮して決断のできる人物の助言がほしかったのだ。そんなことができるのは、伊藤博文以外にいなかった。

井上毅が立案し、伊藤も支持した第六十七条解釈とは、どのようなものであろうか。まず、以下に伊藤と井上毅が考える第六十七条の前提を見てみよう。

(1) アメリカ合衆国のような共和国と異なり、立憲君主国においては、官制の組織は「君主の大権」に属するので、議会は介入することができない

(2) 議会の予算審議の時、予算を全廃したり過度に節減したりし、議会の政府に対する不信用を表明し、これを政府への「脅迫手段」となした例は、ヨーロッパの古い歴史に時々見ることができ、今日においても学者の著述にその議論が残っている

(3) しかし、近来、ヨーロッパの「文明諸国」において、予算の拒絶を手段として政府に迫ることは、ほとんど見ることができないので、「歴史上の遺事」となすにすぎない

(4) その理由は、各国憲法上の徳義が少しずつ「高尚の度」に達したことと、各国の富力が増進して毎年の歳入が歳出を超過するようになったからである

(5)　しかし初めて憲法を実施する国や、国の富力がまだ増進していない場合には、「予算の必要定額を廃除削減し」て、政府の「困迫を促す」のはよく起こることである

(6)　そこで、憲法第六十七条で予算審議の約束を明記し、容易に起こる衝突を防ごうとした

(7)　もし立憲の基礎がすでに「鞏固〔強固〕」であって、行政と立法との間に円滑な慣習ができた後だったら、第六十七条がなくても、議会はあらかじめ政府委員に打ち合わせ、十分「熟議」した後に決議することは疑いない

（伊東巳代治自筆「憲法第六十七条に関する井上毅子の意見」*『井上毅伝　史料篇』二巻、三三三～三三七頁）

すでに述べたように、憲法調査で、伊藤はシュタインから学んできた、歴史は常に変わっていき、憲法の運用や制度も変化していくのが自然である、という憲法観を身に付けていた。井上毅は、その大枠を前提に立案した。法律家としての井上毅は、伊藤の教師役というよりも、伊藤の大枠を受け入れ、個別の条文の詰めについて、伊藤を助ける役を果たしたのだった。

＊　この井上毅の意見書を若干修正したものが、「憲法第六十七条意見」（一八九一年二月二〇日付）として、井上毅の名で印刷・発行されている（『井上毅伝　史料篇』二巻、三二九～三三三頁）。したがって、この意見書は、二月一九日付で伊藤が天皇に井上毅の意見と少しも違わないと内奏したものである。

さて井上毅は、次いで第六十七条解釈に入って、以下のように意見書を続ける。

(8) 議会は第六十七条に拘束されて「自由議決」をすることができないので、第六十七条を解釈して、その効力を弱めようとするが、それは「一の変態」が出現したものである

(9) 議会が第六十七条の効力を弱める手段とは、政府の同意を求めるのを後段に回し、まず衆議院と貴族院で予算を自由に廃除削減し、確定議決を得、上奏した後に、政府の同意または不同意に一任することである

(10) 政府が予算の廃除削減に同意せず、天皇が裁可しない結果、予算全部が不成立となると解釈すると、第七十一条に基づいて前年度予算を執行することになるが、これでは第六十七条を設けた意味がない

(11) 第六十七条の指示するところは、まず事前協議によって政府の同意を得て後に、廃除削減を行うことができるというもので、確定の議決をする前に、まず政府と打ち合わせをしなくてはならない

(前掲、伊東巳代治自筆「憲法第六十七条に関する井上毅子の意見」)

すなわち、伊藤と井上毅は憲法六十七条について、各院は予算の廃除削減の議決をする前に政府と打ち合わせなければならないという、後の第一議会で実際に多数を得て承認された解釈を主張する。すでに示したように、この条文と解釈は、議会の予算への主張を藩閥政府が拒絶する手段ではない。藩閥と議会側が打ち合わせをして、相互に理解を深め、予算を成

立させる慣行を形成するためのものであった。伊藤は、持ち前の楽天的性格から、対立する者とも交渉が可能であると信じていた。また西欧「文明国」の歴史から、そうした慣行を形成することができると信じていたのだった。井上毅もその伊藤に従って働いていたのである。

伊東巳代治は、憲法解釈や条約改正についての山県首相や井上馨および内閣の動向を報じていたが、議会が始まっても政党との関わりは強くなかった。しかし一八九一年一月頃から、政党の動きを伊藤や井上馨に報じるようになる（伊藤博文宛伊東巳代治書状、一八九一年三月二日、『伊藤博文関係文書』二巻。井上馨宛伊東巳代治書状、一八九一年一月一四日、「井上馨文書」）。

第一議会の解散を避ける

山県内閣が第一議会に提出した予算案は、歳入が約八三一一万四〇〇〇円（前年度より約一九五万六〇〇〇円減）、歳出が約八三〇七万五〇〇〇円（前年度より約一八二万七〇〇〇円減）である。これは、陸海軍の拡張費を含む一方で、民党（野党）側の期待する地租軽減は含まれていなかった。

これに対し、一八九〇年（明治二三）一二月二七日、衆議院予算委員会は約八〇六万円（約一割）削減する査定《さてい》案を作成した。この金額には、官吏の削減が含まれており、田畑の地租を二〇パーセント削減し、地価の二・五パーセントより二・〇パーセントにすることができる計算だった。山県首相や内閣は、官吏の削減まで求めるような査定案に反対であった。伊藤も同様であったと推定される（伊藤之雄『立憲国家の確立と伊藤博文』第一部第一章）。

すでに四ヵ月以上前から、山県首相は自由党系の過激派代議士を買収して第一議会を乗り切ろうとしていた。衆議院では、翌年一月中旬にかけ査定案支持者が増えてきた。一月一八日、山県が政党対策のため入閣させた陸奥宗光農商相と、自由党の総理格の板垣退助は、板垣と近い竹内綱《つな》（高知県選出）を介して連絡を取り合っていた（大江卓宛竹内綱書状、一八九一年一月一九日、「大江卓文書」国立国会図書館憲政資料室所蔵）。

同じ一月半ばに、伊藤は、山県内閣が議会に対し、独立と近代化を達成するために現在は地租軽減ができないが将来代替財源ができればそれを拒まない、という演説を行うべきだと考えていた。こうして衆議院の政府支持を増大させようと考えたのであるが、山県首相・松方蔵相は応じず、伊藤と彼らの間の溝が増大していった（佐々木隆『藩閥政府と立憲政治』一〇二～一〇四頁）。

伊藤は民党といえども、日本の独立や近代化を図るという点では、理念を共有できると考えた。そこで、山県のように戦術に過度の期待をかけるのではなく、理念を掲げて理解を求めるべきであると主張したのである。

二月になると、すでに述べた憲法六十七条の解釈が衆議院での大きな争点になってきた。官吏の俸給など「憲法上の大権」による既定の歳出などを削除するため、政府の同意を求める件について、(1)衆議院・貴族院を通過するという議会の意思が確定した後において政府の同意を必要とすると解釈するのか、(2)議会の意思を決定する前において政府の同意を必要とすると解釈するのか、であった。民党など査定案支持派は、(1)の立場を支持し、山県首相らは(2)の立場をとっていた。(1)の方が、両院を通過したものに政府は不同意を述べにくく、議会の権限を強める解釈である。

他方、二月に入ると、山県内閣は解散も辞さない強硬姿勢をちらつかせるようになった。そこで、山県の竹馬の友で、解散という強硬論を主張する野村靖《やすし》枢密顧問官（長州藩出身、前逓信次官）は、小田原で保養中の伊藤のところに一、二度往復し、解散についての伊藤の意向を探った。伊藤と山県が直接衝突しないためである。ところが伊藤は、山県首相が決意を明らかにしていないので自分の意見は述べられないと、はっきりした意思を示さなかった。

同じ頃、二月七日、山県首相は解散論に流されがちな松方蔵相を訪れ、松方の自重を求めた。閣内で強硬論が高まったにもかかわらず、山県は解散よりも政党との妥協を望んでいた。

その一つの理由は、民党に対し、藩閥一丸となった団結を形成する自信がなかったことである。とりわけ、藩閥中の最有力者である伊藤や伊藤と親しい井上馨（前農商相）らが、山県内閣の強硬策を支持してくれるかどうかが不明だったからである。

もう一つの理由は、条約改正などを考えるとき、欧米列強に日本の議会運営能力を見せたかったからである。同じ長州出身の井上馨や品川《しながわ》弥二郎《やじろう》枢密顧問官（前ドイツ公使）も第一議会を無事終了させたいと思っていた（伊藤之雄『立憲国家の確立と伊藤博文』第一部第一章）。

解散に不安を感じる山県首相にとって、伊藤が解散を支持する意思を示さなかったことが決定的影響を与えた。

事態は二月一九日から翌二〇日にかけて、大きく動く。二月二〇日の衆議院本会議で、憲法六十七条解釈において、政府の主張する(2)の解釈を支持して政府との融和を求める動議が、一三七対一〇八で可決されたのだ。賛成したのは、大成会《たいせいかい》など政府に協力的な政派と、立憲自由党の二四名の代議士だった。彼らは土佐出身の板垣退助を盟主と仰いでおり、リーダーの多くも土佐出身であったので、まもなく「土佐派」とよばれるようになった。山県首相が陸奥農商相を通して板垣らに接触してきたことが、効果を見せたのである。

「土佐派の裏切り」とよばれるこの事件の直接の原因は、山県内閣が買収資金を提供したことである。しかし急進的な民権派といわれる植木枝盛《えもり》までこの「裏切り」に積極的に参加したことが示すように、第一議会を無事に終了させたいという思いが、かなりの民党系代議士たちにも共有されていたからでもあった。

その後、政府と衆議院側は六五一万円の削減で妥協が成立し、予算案は三月二日、一五七対一二五で可決された。貴族院も三月六日に通過した。こうして、当初議会側が約八〇六万円の予算削減を要求していたのに対し、山県内閣はその約八一パーセントもの削減に同意した。大幅な妥協を行ったのだった。

以上のように、山県首相は、慎重な態度で第一議会に対応した。伊藤が解散承知を明言しなかったので、伊藤に同調して妥協を目指した。こうして第一議会は、三月八日に無事閉会式を迎えた。

第一四章　明治憲法を守る——第二回総選挙

青木外相への不信がつのる

第一次山県有朋《やまがたありとも》内閣期、青木周蔵外相は条約改正に関する青木「覚書」をもとに、イギリスと交渉を始め、一八九〇年（明治二三）九月にはイギリス政府提案が出てきた。青木の建議で、九月一六日に西郷従道《つぐみち》内相と後藤象二郎《しょうじろう》逓相《ていしょう》（土佐藩出身、前自由党のリーダー）が条約改正全権委員に任命された（青木周蔵「条約改正記事」。「陸奥宗光文書」国立国会図書館憲政資料室所蔵）。こうして青木と西郷・後藤が条約改正の担当者となり、伊藤や井上馨《かおる》は外された形になった。イギリス政府提案が、条約改正の基礎として閣議にかけられると、閣員から異議が多数出て、一〇月に内閣の反対決議がなされた。

この頃の伊藤の第一の関心は、いかに第一議会を乗り切るかにあり、条約改正に直接関与する余裕はなかった。山県内閣自体も同様であった。その後一八九一年三月二日、衆議院で予算が成立すると、翌三日以降、青木の条約改正交渉の可否が閣議で問題となった。

青木が三月中旬頃、イギリス公使に送った条約改正案の要点は、次のようなものだった。

(1)　大審院でも外国人判事を任用しない形で治外法権（領事裁判権）を撤去する。それには、条約実施後六年の猶予期間を認める

(2) 関税自主権は回復できないが、税率従価五分を平均従価一割一分に増大させる
(3) 日本が新法典を一年間実施することが条約実施の条件であることを削除する
(4) 治外法権が廃止される前、英国人に内地旅行のため一二ヵ月通用の旅券が交付される
(青木周蔵「条約改正記事」)

これに対し三月二四日、フレーザー公使は、今回の青木提案の新条約案に対し、「幾分か永久的性質」をつけること、および新法典の一年実施の条件は削れないことを要求してきた(同前)。フレーザー公使の提案を受け入れると、日本は治外法権を回復したものの、関税自主権のない条約に、かなり長く拘束される可能性がある。また当時は民法・商法も実施されておらず、これらの新法典の実施が遅れるなら、条約の実施がさらに一年以上遅れる可能性もあった。

以上のように、青木外相なりに、イギリスを相手に困難な交渉を続け、大隈交渉に比べとりわけ治外法権の問題で成果が上がった。イギリスがこのように日本に対する譲歩を見せたのは、①ドイツが新しい方針を出し対日交渉をリードすることを避ける、②日本に議会が開かれるので、それによって政府が引きずられ、現行条約の廃棄を宣言するのを回避する、等の理由からであった(大石一男『条約改正交渉史』一六四~一七〇頁)。

すなわち、イギリスは日本との貿易の利益を享受するため、ある程度の譲歩が必要と考えたのである。すでに述べたように、フレーザー公使が、日本にとって関税自主権のない新条約をできる限り長く維持しようとしたのは、そのことを裏付ける。

しかし、伊藤の盟友の井上馨は、五月初頭までには、この青木の条約改正交渉は中止されるべきだと考えるようになり、五月二日付の手紙で伊藤にその意見を書き送った。井上は同じ長州出身の山田顕義《あきよし》法相と野村靖《やすし》駐仏公使（パリ赴任前）、すでに次の政権担当者とされていた松方正義には、この意見を伝えていた。井上がこのような姿勢をとったのは、四月四日の閣議で確定案が定まる前に、青木外相がフレーザー公使と交渉を始めたような独断専行に危険を感じたからであろう（坂根義久『明治外交と青木周蔵』一四六〜一四八頁）。

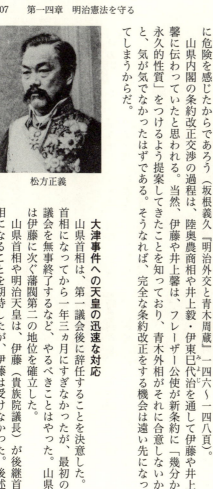

山県内閣の条約改正交渉の過程は、陸奥農商相や井上毅・伊東巳代治《みよじ》を通して伊藤や井上馨に伝わっていたと思われる。当然、伊藤や井上馨は、フレーザー公使が新条約に「幾分か永久的性質」をつけるよう提案してきたことを知っており、青木外相がそれに合意しないかと、気が気でなかったはずである。そうなれば、完全な条約改正をする機会は遠い先になってしまうからだ。

松方正義

大津事件への天皇の迅速な対応

山県首相は、第一議会後に辞任することを決意した。最初の首相になってから一年三ヵ月にすぎなかったが、最初の議会を無事終了するなど、やるべきことはやった。山県は伊藤に次ぐ藩閥第二の地位を確立した。

山県首相や明治天皇は、伊藤（貴族院議長）が後継首相になることを期待したが、伊藤は受けなかった。後述するように、伊藤は政権を担当したくないわけではなかった。しかし、井上馨とともに大隈条約改正案を批判して黒田内閣を倒したので、薩摩系からの反発を考慮し、次期は薩摩系にやらせようと思ったのだろう。

そこで一八九一年（明治二四）五月六日、薩摩藩出身の松方正義（前蔵相）を首相とする第一次松方内閣が成立した。とりあえず山県内閣の閣僚は留任したが、長州藩出身の伊藤や山県、薩摩藩出身の黒田といった藩閥最有力者でない松方が組閣したことで、そのリーダーシップへの不安があった。

その頃、ロシア皇太子ニコライは、四月二七日に長崎に到着し、日本を旅行していた。五月九日夕方、ニコライが京都に着くと、町は歓迎ムード一杯で、特に宿舎となった常盤《ときわ》ホテル（現・京都ホテルオークラの場所）の近くは、拝観する人々で非常な混雑となった。またニコライのために、同夜八時三〇分頃から、東山の「大」文字、その他の山の「妙」・「法」・船形・左大文字などが、特別に点火された（『大阪朝日新聞』一八九一年五月一二日）。

ところが、五月一一日午後一時三〇分過ぎ、ニコライが大津町（現・滋賀県大津市）を漫遊中、警備中の津田三蔵巡査によって、サーベルで切られた。これが大津事件である。ニコライは直ちに京都の常盤ホテルに帰って治療を受けた。

一八八〇年代から日本では、ロシアが朝鮮国から日本に侵略してくるのではないかという警戒感が広まっていた。この事件をきっかけに、ニコライの歓迎ムードに代わって、ロシアが日本に戦争を仕掛けるのではないかとの恐怖が、明治天皇や政府首脳・国民に走った。当時の日本には、大国ロシアと戦う力はなかった。

この急変の電報が皇居に届くと、天皇は伊藤を召すため、侍従職幹事である岩倉具定《ともさだ》公爵（前右大臣岩倉具視の子）を小田原の別荘「滄浪閣《そうろうかく》」に派遣した。ところが伊藤は、箱根の塔ノ沢温泉にいた。伊藤は事件と参内の命を知ると、直ちに東京へ向かった。

事件の後、松方首相・西郷従道内相・青木周蔵外相らが参内したので、天皇はその助言を聞いた上で、翌一二日午前六時三〇分新橋発の特別仕立ての汽車で京都に向かうことにした。また親電を発してニコライを見舞った（『明治天皇紀』七巻、八一〇～八一四頁。「土方久元日記」一八九一年五月一一日、首都大学東京・図書情報センター所蔵）。

天皇を支える

伊藤は一二日午前一時、新橋駅に着く。宮中から差し回された馬車が待ち受けており、それに乗って参内したが、天皇はすでに奥で寝ていた。

伊藤が到着したと聞くと、天皇は直ちに寝室に伊藤を召し、意見を聞いた。伊藤が退出して閣僚らに会って事情を聞くと、すでに午前三時になっていた。午前六時、伊藤は天皇を見送るために新橋駅に行く。天皇の乗った汽車が発車する間際に、天皇は土方久元《ひじかたひさもと》宮相を介し、伊藤に次の便の汽車で京都に来るよう命じた（『明治天皇紀』七巻、八一五～八一六頁）。大津事件の対応について、天皇がいかに伊藤を相談相手として頼りにしているかがわかる。

次いで伊藤は黒田清隆（前首相）とともに松方首相の官邸に行き、閣僚らと犯人の津田の

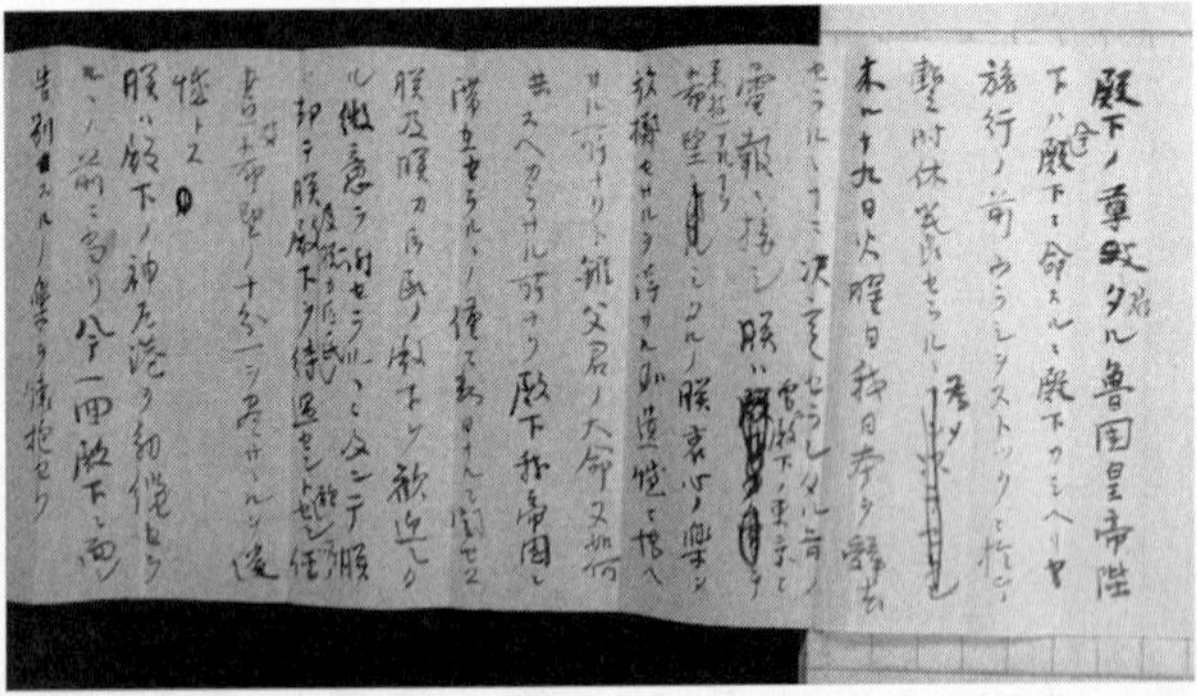

「伊藤博文文書」「秘書類纂 大津事変」の中から発見された明治天皇の親電の下書き

処分について相談した。当時の日本の刑法には、外国の皇族に対する犯罪への特別の規定がなかった。負傷させた場合では、最高刑は無期懲役であった。伊藤や閣員たちは、ロシアと戦争になるという最悪の事態を避けることで一致した。そのため、刑法上で死刑のある日本の皇室に対する犯罪規定である皇室罪を準用し、犯人の津田を死刑にしようとした。伊藤は異論が多く出るようなことがあれば戒厳令を出せばよい、とまで述べた（須賀博志「大津事件という『神話』」。『明治天皇紀』七巻、八一五〜八一六頁）。

裁判官の中には、日本は法治国である限り法の規定を守るべきで、皇室罪の準用は困難であると考える者が多かった。これは法の問題のみならず、裁判官たちが幕末の攘夷思想の伝統を持つ対外硬派思想・ナショナリズムに影響されていたことも関係していた。現実主義者の伊藤は、ロシアと戦争を避けることを第一とし、その目的と法治国家の原則をどのようにすり合わせるかを考えた。その結果、皇室罪を準用という法解釈で切り抜けようとした。*

＊ すでに述べたように、明治憲法を制定する際に、伊藤は緻密《ちみつ》な体系性と論理性を重視した。しかし伊藤は、法の条文を現実よりも重視するような感覚を嫌った。大津事件以外でも、日清戦争中に、大本営が置かれて天皇も滞在していた広島で帝国議会を開いたのは、「百事法文を墨守《ぼくしゅ》する」ことができない事情でやむを得ない、と考えたからだった（黒田清隆宛伊藤書状、一八九四年九月一六日、「黒田清隆文書」国立国会図書館憲政資料室所蔵）。

帝国主義の時代において、国際政治が軍事力など力によって動かされがちな現実がある。また一方で、条約改正のためには、日本が法治国家になったということを列強に印象づけねばならないという課題もある（須賀博志「大津事件という『神話』」）。伊藤はこのジレンマの中で、決断したのだった。後に述べるように、明治天皇も伊藤の判断を支持した。

さて、伊藤が京都に行くため品川駅に向かう直前、後藤象二郎逓相や陸奥《むつ》宗光《むねみつ》農商相が訪れた。二人は裁判官たちが皇室罪を準用することに難色を示していると述べ、津田を暗殺して病死と発表してはどうか、ロシアでは時々このようなことがある、と進言した。しかし伊藤は、どうしてこのような無法の処置をとることができるのか、とはねつけた（『明治天皇紀』七巻、八一六頁）。伊藤は法解釈の枠内で津田を死刑にしようとしたが、暗殺という非合法手段に対しては、法治国を作るリーダーたちが、それを運用する道徳を失ったら真の法治国はできない、と強く反発したのである。伊藤は黒田や閣僚たちと対策を打ち合わせたので、明治天皇より五時間半遅れ、正午に品川駅を発つ汽車で、京都に向け東京を離れた。

天皇の決断

皇太子ニコライの傷は心配されたほどには重くなかった。また、天皇が一五時間近くかけて直ちに京都に行き、夜にもかかわらずニコライを見舞おうとした誠意も、ロシア側に認められていった。

伊藤は黒田清隆を伴って、天皇より約九時間遅れ、一八九一年（明治二四）五月一三日朝六時に京都に着いた。祇園の中村楼に投宿、朝食を食べた後、直ちにロシア公使に面会し、京都御所に行って天皇に拝謁した。天皇はまもなく、ニコライを常盤ホテルに見舞い、一二時前に戻った（松方正義宛伊藤博文書状、一八九一年五月一七日、我部政男他編『大津事件関係史料集』上巻、三五八〜三六一頁）。伊藤と黒田らも、天皇とニコライが対面中の部屋に召された（『大阪朝日新聞』一八九一年五月一四日）。

伊藤は人生五〇年と言われた当時、老齢の域に近づいた四九歳である。しかし、前々日以来ほとんど寝ていないにもかかわらず、一八時間かけて京都に行き、ロシア公使に会い、天皇に拝謁した。また、天皇がニコライを見舞うのに従うなど、必死であった。

ところが、京都にいた青木周蔵外相は、伊藤が京都で事件の処理にすべて介入し、外務・内務両大臣を兼任しているかのように行動する、と不快に感じた。青木外相や西郷従道内相は、自分たちの権限をないがしろにされたと思い、時局が終結したら辞任しようとまで話し合ったという（坂根義久校注『青木周蔵自伝』二五九頁）。元来藩閥トップの立場にいた伊藤は、天皇の意を受け、後の元老のような行動をしたのだった。

さてニコライは予定を変更し、五月一九日にロシアに向けて帰ることになり、その日の午餐に、天皇をロシア軍艦「アゾヴァ」に招待してきた。

御所内でこの招待のことを聞いた伊藤はじめ、黒田・西郷内相・青木外相らは非常に驚き、結論が出せなかった。それは、約七年前の甲申事変の後、清国の将軍が韓国の大院君《テウォングン》を捕らえて汽船で清国に拉致したように、天皇が拉致されることを恐れたからだった。神戸港に停泊中の「アゾヴァ」は、約六〇〇〇トンの軍艦で、これに対抗できる軍艦は日本にはなかった。

ところが、天皇はニコライからの招待の話を聞いて、何の心配もせず直ちに「往《い》かう」と返事した。これを聞いて、徳大寺実則《さねつね》侍従長や侍従長の部屋で待っていた土方宮相らは、みな涙にむせび非常に恐れかしこまって感激した（『「明治天皇紀」談話記録集成』二巻、九五〜九七頁）。伊藤は、明治憲法を運用するのにふさわしい君主を育成しようとしてきたのであり、この話を聞いて、徳大寺・土方ら以上に感動したことであろう。

一九日になり、天皇は「アゾヴァ」に行き、なごやかに午餐を楽しみ、京都に戻った。ニコライを乗せた「アゾヴァ」は、同日夕方、ウラジオストックに向かって出発した。こうして当面の危機は去った。

二一日、天皇は東京に戻るため、午前九時三〇分発の汽車で京都を離れた。伊藤や黒田・西郷内相らも同車した（『大阪朝日新聞』一八九一年五月二二日）。

事件の結末

この間、伊藤をはじめ黒田・井上馨など藩閥の有力者や松方首相ら閣僚は、万一のことを考えて、皇室罪を準用して津田を死刑にすることが良いと考えた。天皇もその立場を支持した。そこで、五月一二日以来、松方首相・西郷内相・山田法相らは、児島惟謙《こじまいけん》大審院長（現在の最高裁判所長官）や判事らに、津田を死刑にするよう直接圧力をかけた（山川雄巳編注『児島惟謙　大津事件手記』一五～二〇、二九～三五、七四～八六頁）。

また一六日に伊藤は、ロシア公使から犯人を死刑にする要求を聞いていた（前掲、松方宛伊藤書状、一八九一年五月一七日）。犯人の津田への判決が死刑でなかった場合のロシアの反応が心配だった。しかし、児島惟謙大審院長ら裁判官側は、皇室罪適用に反対するという当初からの姿勢を変えなかった。

結局、五月二五日、大津地方裁判所で大審院の公判が始まり、二七日、犯人の津田三蔵には皇室罪は適用されず、刑法の殺人未遂の最高刑として無期徒刑の判決が下された。

天皇は死刑の判決が出ると思っていたので、この判決に驚いたという。ロシア皇帝も、津田に死刑の判決が出なかったことを意外に思い、やや不満のようであったが、それ以上のことは言わなかった（井上馨宛杉孫七郎書状、一八九一年五月三〇日、「井上馨文書」国立国会図書館憲政資料室所蔵。『明治天皇紀』七巻、八三六～八五〇頁）。

児島らの意志が反映された判決が下され、ロシア側も特別な行動を起こさなかったことから、児島らの「司法権の独立」を守る行動が正当だったように見える。

しかし児島らは、五月一九日に松方首相・山田法相に出した意見書で、「我が自ら法律を曲ぐるの一事は、彼〔ロシア〕が暴力の侵襲に利害せざるや知るべし」（日本が法律を曲げることは、ロシアが暴力で侵攻して来ること以上の害となるのを知るべきだ）とまで述べている（山川雄巳編注『児島惟謙　大津事件手記』五五〜五八頁）。彼らの動きは、対外硬派思想・ナショナリズムの立場から「司法権の独立」ということだけを考えたもので、帝国主義の時代であるにもかかわらず、皇太子の負傷の程度やロシアの動向を十分に考慮したものではない。

伊藤ら藩閥側の対応は、国際情勢の緊張感を背景にして戦争というリスクを極力少なくしようというものである。その意味でこの考え方もまた、政府の指導者として万一のことを考えた正当なものだったといえる。

組閣への伊藤の意欲

ところで、大津事件の公判が始まった同日、一八九一年（明治二四）五月二五日に、山口県にいた井上馨が伊藤に手紙を書いている。少し長くなるが、この時期の伊藤の気持ちを推定する重要な史料であるので、その要点を紹介しよう。

(1)　伊藤が東京に戻った後も、松方内閣の更迭問題が切迫してくることは間違いない。松方首相をこのまま退職させるのは「上策」ではなく、ひとまず西郷従道内相と青木周蔵外相の更迭くらいに留めておく方がよい

(2)　五月二四日に至急帰れという電報があったが、伊藤と互いに手を取り合って内閣を組

織するのは、内外のため得策でないと思う

(3) その詳細は、野村靖〔長州藩出身、駐仏公使〕に伝えておいたので、聞いてくれたと思うが、何分自分〔井上〕は内外に敵が多いので、伊藤にとってかえって困難を増す心配がある

(4) 黒田清隆とともに内閣を組織するにしても、我々はよく事情を知らないけれど、「薩連」すなわち西郷〔従道、内相〕や松方などは終始敬して遠ざけるという深意かと推察している

(5) ものごとの全部を再三深く考えてみたけれど、「薩人」に当分は充分に施政を行わせ、終《つい》に失敗の極に至ったならば、「半戒厳令」をもって、一〇年位は「内政と法律之《の》事実と連結する」（内政が法律に従って行われる）ように、綿密な心で務めなくては、ただ一時気持ちがよいと思うだけにすぎない

(6) 「薩人」が失敗して行き詰まった時には、「内閣諸省」のみにとどまらず、宮内省その他も「相続人〔伊藤・井上ら維新の世代を継ぐ人々〕」を育成する根本を養わなくては、ついに〔近代〕「国家」を維持することができなくなる

（伊藤宛井上馨書状、一八九一年五月二五日、『伊藤博文関係文書』一巻）

この手紙から、第一に、大津事件の責任を取る形で松方内閣が辞任すれば、伊藤は組閣したいと考えており、その際に井上を重要閣僚として考えていたことがわかる。しかし井上は、伊藤の再組閣は時期尚早とみており、薩摩派の井上への反発も意識し、乗り気でない

(1)・(2)・(3))。

井上の閣僚ポストは、後述するように第一次山県内閣やこの松方内閣でも、井上は伊藤と共に条約改正を検討しているので、外相の可能性がある。しかし、井上は一度条約改正に失敗しているので、悪いイメージがある。それを避けるとすれば、内政や治安の中心となる内相になり、条約改正には有力閣僚として関与することも考えられる。

第二に、伊藤と井上は、薩摩派の反感を緩和するため薩摩派の最有力者の黒田を入閣させることを考えているが、井上は西郷従道や松方が伊藤内閣に積極的に協力しないと見ていたといえる(4)。黒田内閣を伊藤・井上が倒したしこりの解消は、一年半では難しく、伊藤体制への傷となっていたのである。

第三に、井上は、当分は薩摩派にやらせ、大きく失敗するまで見守り、そうなった後に、法令と内政の実態が合っている文字通りの近代国家を作るため、伊藤など長州系を中心に長期にわたり政権を担当すべきであると考えているのが理解できる(5)・(6))。

法令と内政の実態が合っていない国家の状態とは、海軍の薩摩派にみられるように、専門知識が不十分であっても、薩摩出身というだけで将官や高級将校の多数を占めているような状態である。伊藤と井上は、帝国大学を出て法律などの専門知識を身につけた官僚や、陸・海軍の将校養成の学校出身の者が、藩閥意識を超えて、維新世代の「相続人」となることを望んでいたのだった。

伊藤は組閣が可能と考え、彼の親友の井上は今は難しいと判断した。その差は、伊藤は、大久保の後を継いで常に国政を公平にリードしてきたという自負を持ち、天皇は自分を信じてくれるので、藩閥の連中も多少の対立はあっても究極には支持してくれるだろうと、楽観的に見ていたからであろう。しかし大同団結運動が高まるなど政党が台頭する中で、一八八八年以降、伊藤と山県、伊藤と薩摩派の間に政党への対応をめぐって亀裂が生まれ始めていた。大隈条約改正問題も、伊藤と薩摩派の亀裂を広げた。井上は、この実情を伊藤よりも正確に感じていたのである。その意味で、ここでは人に対する猜疑心《さいぎしん》の弱い伊藤の性格が裏目に出たのだった。

結局、井上ですら伊藤の再組閣を支持しなかったので、伊藤内閣を待望する声は高まらず、松方内閣が存続した。

六月一日、伊藤は貴族院議長のまま枢密院議長に任命された。大津事件でも伊藤は影響力を発揮したが、藩閥最有力者の伊藤が要職に就いていないのは不自然と考えられたからだろう。七月二一日、伊藤は貴族院議員を辞任し、貴族院議長を辞めた。

枢密院議長になったものの、伊藤には組閣できなかった悔しさが残った。そこで、六月六日に井上馨に、「政府の威信」はすでに地に墜ち、政党あるいは政治熱中者は、日ごとに「窮迫《きゅうはく》」し、特に大津事件以来人心何となく「殺気」を帯びてきて、治安の一点において、頗《すこぶ》る心配であると、松方内閣の施政を批判した。さらに伊藤は、自由・改進の両党は、藩閥政府の命運がほとんど尽きたと、この機会を失うべきでないと意気込んでおり、その焦点の先は伊藤一身に集まるようである、と自負心を示した（井上馨宛伊藤博文書状、一八九一年六月六日、「井上馨文書」）。

松方内閣では、五月二九日に青木外相（長州）が大津事件の責任をとる形で辞任し、榎本《えのもと》武揚《たけあき》（幕臣、前文相）に代わった。また六月一日に、井上が辞任する者として挙げていた西郷内相（薩摩）が、山田顕義法相（長州）・芳川顕正《よしかわあきまさ》文相（徳島）とともに辞任し、すでに五月一七日には大山巌《いわお》（薩摩）が辞任していた。このため、松方内閣は首相の松方が藩閥の第一人者でないのみならず、閣僚にも薩長の有力者がいない、第二級の内閣となった。

政治への責任感

すでに前項で述べたように、大津事件は青木辞任の決定的な理由となり、伊藤と井上は連携して青木の辞任を推進した。しかし薩摩の第一人者黒田清隆の恨みが残っているということで、伊藤が組閣することはできなかった。

他方、第一次山県内閣末期や第一次松方内閣初期の条約改正や大津事件の処理をめぐり、同じ長州出身の伊藤と青木は関係を悪化させ、青木はさらに山県に近づいていった。この背景には、青木がドイツ留学以来、ドイツ人女性と結婚し、思想的にもドイツ風を信奉するようになっていったことがある。伊藤は秩序的進歩を目指しており、伊藤と青木は初期議会以降、思想的にも食い違いが目立つようになったのだった。

さて、一八九一（明治二四）年五月に松方内閣ができ、伊藤の腹心の陸奥農商相は留任した。伊藤の課題は、一つには陸奥を軸にして、松方内閣が政党に対し適度に妥協し、伊藤が目標とする秩序的進歩を促進するように、内閣を誘導することだった。もう一つは、とりわけ黒田と和解し、薩摩派系と融和することであった。こうすることで、薩長勢力を総結集して近い将来、強力な第二次伊藤内閣を組織し、「憲法政治」（立憲政治）の完成や条約改正という課題に取り組むことだった。これが伊藤の日本や明治天皇に対する責任感であった。伊藤は八月頃に、条約改正について伊東巳代治に意見書の起草を依頼している。伊東巳代治は井上馨からも依頼されており、両者は基本的に同じものであった（伊藤博文宛伊東巳代治書状、一八九一年八月二九日、『伊藤博文関係文書』二巻）。

そこで、同年八月の井上馨の条約改正意見書を見てみよう。注目すべきところは、次のように、

(1) 国際法上においても、一方の国の内政組織に大変動を生じ、条約を締結した当時と事情が大きく変われば条約を無効とできる

(2) したがって、英・米・独など大国から日本が条約を廃棄することについて同意を取り付けた後、条約の「平和的排〔廃〕棄」を行い、日本の求める条約改正を実現すべきである

(3) 条約廃棄後は必要な法律を実施し、列強に不便のないようにするが、もし何らかの示威運動をする国があっても、戦火も辞さない決心が必要である

(4) しかし、条約廃棄のために万一にも戦乱が起こる恐れがないことを信じている

等と、毅然とした態度で治外法権の撤廃・関税自主権の回復（ただし特別の約定を設ける）を目標とした条約改正を実現することを唱えていることであった（井上馨「条約改正に関する意見」、「井上馨文書」）。

井上は「条約廃棄」という用語を使っているが、英・米・独など主要国の同意を取り付けた後の廃棄である。すなわち、伊藤や井上の方針は、イギリスに対し、条約を廃棄するという脅しを使って条約改正を実現しようとした大隈とは、根本的に異なる。

また他方、立憲政治の完成という点でも、伊藤・井上馨と山県、松方首相ら有力閣僚は、首相直轄の政務部という新しい組織を作ることで合意した。次の第二議会では、民党の大攻勢が予想された。それに対し、この組織は、各種政略の調査と検討、閣僚の答弁の調整、機密費の集中管理をし、政府系報道機関を一元的に運用するなどして対応しようとするものであった（佐々木隆『藩閥政府と立憲政治』一五七〜一六九頁）。

政務部長には、伊藤・井上らの期待通り陸奥農商相が任命された。しかし閣僚と関係省庁、とりわけ内務省は、政務部への業務移管に協力せず、政務部の運営は行き詰まってしまった。こうして陸奥は九月一六日に政務部長を辞任した。陸奥は農商相ではあった。しかし山県の保守思想を代弁する品川弥二郎《しながわやじろう》内相らへの憤りはつのり、一〇月末までに、陸奥は松方内閣のために政党や議会対策で熱心に尽力する決意を放棄したとみられるようになった（伊藤博文宛伊東巳代治書状、一八九一年一〇月二八日、『伊藤博文関係文書』二巻）。

一一月中旬、陸奥が伊藤を訪れたが、陸奥は過日来の「気鋒《きほう》」がくじけていないように見えるので、充分に諭《さと》して下さい、と伊藤は井上に手紙を書いている（井上馨宛伊藤博文書状、一八九一年一一月一四日、「井上馨文書」）。伊藤は、陸奥が山県や松方らとの調和を害する恐れがあるので、彼の急進性を少し持て余し気味だった。

他方、一〇月下旬から一一月にかけて、井上馨は松方首相と連絡し、伊藤と松方・山県・

黒田の意思疎通を図ろうとした。井上は伊藤に、三人に会った際は「平穏」の挙動が最も必要だ、と忠告している（伊藤博文宛井上馨書状、一八九一年一〇月二一日、一一月七日、『伊藤博文関係文書』一巻）。

しかし次に述べるように、伊藤・井上の理想は、第二議会の解散と第二回総選挙の混乱によって大きく動揺していく。

憲法停止の不安

伊藤は一八九一年（明治二四）一一月一四日、山口に向けて小田原の「滄浪閣《そうろうかく》」を出発した。旧藩主の記念事業の件で来県してほしいと求められたことが表向きの理由だった。東京での政情は、伊藤枢密院議長の下で書記官長の地位にある伊東巳代治が知らせ、井上毅も補完した。伊藤は一八九二年一月六日に、五三日ぶりで小田原に戻った。伊藤が長期にわたって山口県に滞在していたのは、故郷で静養したいという意味もある。しかし何よりの目的は、次の政権を担当するために政治の中心から離れ、松方内閣が倒れるのを待つためだったろう。

この間、第二議会は、一一月二一日に召集された。松方内閣は自由党や改進党など衆議院の民党（野党）と正面から対決する覚悟だった。そこで、民党側が求める政治参加の拡大や経費削減などで民党に対する妥協をせず、前議会での予算削減の結果、歳計上余っていた六五〇万円の大部分を軍事費に当てる予算案を議会に提出した。

民党側も、すでに述べたように、列強に日本の議会運営能力を見せるため、第一議会は解散を避けたいと考えた。そこで第二議会こそが、藩閥に民党の力を見せる機会と考えていた。一二月二五日、衆議院は予算を大幅に削減し、松方内閣は直ちに議会を解散した。

松方内閣と民党の対立を憂慮し、一二月二六日、明治天皇は、山口に滞在している伊藤に宛てて徳大寺侍従長に手紙を書かせ、次のこと等を伝えさせた。

(1)　第二議会が解散されたが、伊藤が遠方にいるので諮詢《しじゅん》できず、遺憾に思っている

(2)　同一の議員を再選しては、何度も解散するという不祥の結果を生じる恐れがあるので、松方首相に対しても度々注意を促し、各地方長官にも注意するように命じ、将来「良民」の議員が議会を構成するのを望んでいる

(3)　これらについて、伊藤の内奏を望んでいる

天皇は再度、再々度の解散という形で、議会が開かれなくなり、憲法を事実上停止するのをひどく心配していた（伊藤之雄『立憲国家の確立と伊藤博文』八五～八六頁）。

他方一二月二七日、品川弥二郎内相は、同じ長州出身の杉孫七郎宮内省内蔵頭《くらのかみ》に、二、三回の解散は望むわけではないけれども行う覚悟であり、品川の働きで藩閥有力者たちの理想通りの世の中にしてみせる、と犠牲的精神を示した（杉宛品川書状、一八九一年一二月二七日、「杉孫七郎文書」国立国会図書館憲政資料室所蔵）。品川は天皇の真意を誤解し、宮中（天皇）との連携を期待していたのだ。また、伊藤と山県の対立を決定的なものと見ておらず、伊藤も品川の行動を評価してくれると、誤った思い込みをしていた。

すでに述べたように、一八九二年一月六日に伊藤が小田原に戻ると、天皇は翌日に徳大寺侍従長を遣わして、総選挙のこと等を再度尋ねさせた(『明治天皇紀』八巻、三頁)。そこで伊藤は、次のように奉答した。

(1) 枢密院議長を辞任して政党を組織すれば、大隈の改進党くらいの代議士数は得られるので、それで運動すればある程度政府を助けられる

(2) そのことに対する天皇の許可が得られないなら、洋行して条約改正について各国政府に談判することを委任してほしい

(3) もしくは、清国に派遣する大使または公使に任命され、李鴻章《りこうしょう》が生きているうちに、東洋問題や朝鮮国独立などのことを相談しておきたい

(4) それも許されないなら、宮内次官になりたい

(5) 以上のことがいずれも許されないなら、故郷の山に入って残りの人生を送りたい

伊藤は、松方首相から、近いうちに山県・黒田・井上馨と伊藤らの相談会を開きたいという意向を聞いていた。そこで、その際に一つずつ持ち出して、他の有力者と意見を交えた上、天皇の裁可を願いたいと考えたのだった(「徳大寺実則日記」〔写〕一八九二年一月一六日、早稲田大学図書館所蔵)。

(1)〜(4)の目的は、「憲法政治」の完成、条約改正、朝鮮問題等の日清関係の安定、近代的宮中制度の完成であり、伊藤が日ごろから解決したいと考えていた重要問題だった。また、

この時点において緊急性のある課題から順に並んでいる。

なお、(4)の宮内次官になりたいというのは、伊藤ほどの大物が宮内次官という軽いポストに就くことはありえないので、伊藤は内大臣のような形で宮中に入ることを望んでいない、という意思の暗示だった。内大臣は、近代的内閣制度ができた際、太政大臣だった三条実美《さねとみ》が就いた格式高いポストで、天皇の身近で輔弼《ほひつ》（補佐）する要職だった。しかし、三条が内大臣になったこと自体、原則として表の政治に直接関われないという慣行が形成されていくことを示していた。

三条が前年二月一八日に死去した後、内大臣は空席となったまま、徳大寺実則《さねつね》侍従長が内大臣の実務をこなしていた。伊藤は、薩摩派など伊藤の主導を好まない有力者たちによって、内大臣として宮中に押し込められるのを警戒していたのである。

伊藤が天皇の使いである徳大寺侍従長を通して奉答した五点の意見は、天皇の命で土方宮相を通して松方首相に内密に伝えられた。これは、天皇は伊藤の政党組織に反対であり、伊藤が松方・黒田・井上馨・山県ら藩閥有力者の前で突然このことを持ち出し、松方が狼狽《ろうばい》して不適切な対応をとることを予防するためであった（佐佐木高行「佐佐木高行日記」〔写〕一八九二年三月一九日、国立国会図書館憲政資料室所蔵。「徳大寺実則日記」〔写〕一八九二年一月一六日）。

一月二二日、伊藤は山口県より戻って初めて拝謁し、天皇に政党を組織し内閣を援助したいと重ねて上奏した（『明治天皇紀』八巻、一〇〜一一頁）。同じ日、伊藤は病中の松方首相を訪れて、天皇に願ったのと同じ構想を述べた（伊藤之雄『立憲国家の確立と伊藤博文』八九頁)。

政権担当への意欲

伊藤が枢密院議長を辞任し、政党を組織すると突然言い出したのは、なぜだろうか。従来、この有名な事件は、伊藤が本格的な政党である立憲政友会をこの約八年八ヵ月後に組織する前史の一エピソードとして扱われてきた。

しかし、これまでの伊藤の言動を見てくると、この動きは、藩閥内閣と相互に提携できる政党を作り、早期に松方内閣が倒れたなら、それを味方に第二次伊藤内閣を組織しようとするものだったとわかる。そうすることで、総選挙後の第三議会を無事に乗り切り、「憲法政治」を完成させる一方、条約改正にも本格的に取り組んで、これまでの懸案を一掃しようと考えたのであろう。

第二議会の解散当日、定数三〇〇名の衆議院の各会派ごとの所属議員数は、自由党(弥生《やよい》倶楽部《クラブ》)九二名、改進党(議員集会所)四三名が主な野党(民党)で、大成会《たいせいかい》四六名、第一議会で政府に妥協した旧自由党の土佐派の後身の自由倶楽部三三名が政府支持になる可能性のある主な政党・政派であった。

三月中旬に天皇が語ったところによると、伊藤は「大成会等の者を集合して政党を組織」し、内閣を助ける意向で、大成会幹部の元田肇《はじめ》と連絡があるという(「佐佐木高行日記」〔写〕一八九二年三月一九日)。また、伊藤の腹心の伊東巳代治(枢密院書記官長)が経営している新聞に、板垣退助は伊藤の新党結成の内容次第で賛成も反対もすると述べている、という記事が二月下旬に出た。条件付きながら自由党系が伊藤に好意を持っていることを報じている。さらに、自由党幹部の星亨《ほしとおる》が陸奥宗光との関係が深く、星は第一議会期から、藩閥政府が自由党に歩み寄れば彼らとも提携できる、という融和姿勢を示していたのであろう。

これらから、伊藤は大成会を中心に、和歌山県の陸奥派や無所属等の参加を期待していた。この四〇～五〇名の伊藤新党に、総選挙後、自由党や自由倶楽部（土佐派）が連携すれば衆議院の過半数を制することが可能である。それを背景に、藩閥からも衆議院の政党や貴族院からも支持を得て、強力な第二次伊藤内閣を作ろうとしたのだ。

すでに述べたように、明治天皇は伊藤の政党組織に反対であった。その上、第二回総選挙で品川内相が大選挙干渉を推進したため、伊藤の組閣構想は複雑な経過をたどっていく。伊藤構想のみならず、「憲法政治」の根底を危うくしかねない選挙干渉を、伊藤は見逃すことができなかった。壮士の取り締まりを目的とした予戒令《よかいれい》が、一月二八日に施行されたばかりであったが、内務省はその予戒令を総選挙で一般の県議や村議にまで適用する。それを伊藤が批判すると、品川内相は激高し、伊藤が政党を組織し「暴激の言論」を行うなら、予戒令を伊藤にも適用するとまで述べ、伊藤を激怒させた（伊藤之雄『立憲国家の確立と伊藤博文』一五七頁）。

内務省は、自由党も含めた民党候補者に対し一月末から抑圧を強め、高知県下を中心に流血の事態が広がり、死者二五名、負傷者三八八名を出すに至った。品川内相は、衆議院を少なくとも三回続けて解散してもよい、という覚悟を持っており、これは山県の意向を反映していた（伊藤之雄『山県有朋』二六〇～二六一頁）。

このような状況で、伊藤は陸奥を同志として期待し、二月一日に、そのうちお会いして「心事吐露《とろ》」して相談したい、と会見を求めた（陸奥宛伊藤書状、一八九二年二月一日、「陸奥宗光文書」）。

松方首相は伊藤の怒りを感じ、二月四日以前において、品川内相の辞任はやむを得ず、その時期がきたら井上馨を内相にするしかない、と伊藤に伝え、同意を得た（松方正義宛伊藤博文書状、一八九二年二月四日、「松方家文書」、「憲政史編纂会収集文書」国立国会図書館憲政資料室所蔵所収）。

ところが、伊藤が政党を組織することに藩閥勢力内で賛成だった者はほとんどいなかった。二月四日、井上馨ですら陸奥農商相に、政党組織に賛成できないと述べた。この他、山県・黒田・松方首相や自由党とのつながりを持つ後藤象二郎逓相も、反対であった。伊藤を支持していたのは西郷従道と、腹心の陸奥ぐらいだった。

二月一五日の総選挙の結果、やはり民党の優位は動かなかった。そこで一七日、伊藤は枢密院議長を辞任して政党を組織したい、西郷も同意しており陸奥を使って積極的に行いたい、等と松方首相に申し出た。松方首相は他の藩閥有力者たちの意見を聞くため、二三日、首相官邸で会議を開いた。出席者は、薩摩出身の松方首相と長州の伊藤・井上馨・山県、薩摩の大山巌・黒田・西郷の七人で、閣員は松方一人だった。世人はこの会議を「元勲《げんくん》会議」と呼んだ。

この会議でも、西郷が伊藤に近い立場をとった以外に、伊藤を支持する有力者はいなかった。そこで同日、伊藤は病気と称して枢密院議長の辞表を天皇に提出した。天皇は、政党を組織するという提案を藩閥有力者たちが支持しないので、伊藤は「すねて辞表を差出し」たとみた。しかし伊藤の辞表提出は、もう少し深い配慮にもとづいたものだった（伊藤之雄『立憲国家の確立と伊藤博文』八九〜九〇頁）。

憲法を守る

すでにみたように、伊藤は「憲法政治」の完成と条約改正を実現すべく、内政・外交ともに秩序的進歩を目指していた。またその理想を実現できるのは自分のみである、と政権担当への意欲も満々だった。

この頃、陸奥農商相またはその側近が農商務省の用紙に書き、松方首相に提出したと推定される文書では、松方内閣と民党勢力との対立の中で、「憲法中止すべし」との論すら出てくる状況について、藩閥政府は「専裁命令的の攻略」を改め、「協和商議的の方針」を取るべきであると、批判している（「松方正義文書」五二冊の八、国立国会図書館憲政資料室所蔵）。伊藤も、藩閥勢力と民党との融和構想が全く進展していないので、その手段として政党組織を提案した。それが有力者たちや天皇にすら否定されたため、このままでいけば二度、三度の解散から明治憲法の事実上の停止、という事態になることを恐れたのであろう。そこで枢密院議長の辞表提出という最後の手段に訴えたのだった。

伊藤は明治天皇からの信頼を常に感じており、天皇が伊藤の枢密院議長の辞職を認めないことを確信していたと思われる。また、藩閥有力者で親友の井上馨も、憲法停止への道か否かという分かれ道になれば、自分に従ってくれるはずだった。

ただ、伊藤にとって無念なのは、松方内閣に大打撃を与えることにより、せっかく試みてきた黒田清隆ら薩摩派との融和策が台無《だいな》しになってしまうことだった。また品川内相を支援している山県有朋との関係も悪くなることは、目に見えている。

二年四ヵ月ほど前、一八八九年（明治二二）一〇月の大隈条約改正問題の際も、ヨーロッパから帰った山県は、期待に反して何も動いてくれなかった。そのため、自分が枢密院議長の辞職を願うという強硬手段をとって、条約改正交渉中止のきっかけを作り、黒田内閣を倒した結果になり、恨みを買って政権担当の機会を逃していた。

今回も、憲法を守るため、また損な役回りを果たさざるを得ないのか――。すでに述べた二月二三日の首相官邸での「元勲会議」の前に、伊藤はこのような自問をし、決断していたのであろう。井上馨にもその他の誰にも相談していない。日本にとって真に必要なことは何か、幅広い視野で論理的に考え、結論が出ればまっすぐに突き進む。これが伊藤の気概と自負心だった。

伊藤が枢密院議長の辞表を提出した翌日の二月二四日は、天皇が風邪にかかり松方首相は拝謁できなかった。この風邪は、三月六日まで続いた。ところが二月二五日に松方はさっそく拝謁し、伊藤の辞表は了承できず、伊藤は本日より条約改正に尽力すべし、という天皇の命を得た。天皇の苦悩も深かった（伊藤之雄『立憲国家の確立と伊藤博文』九〇頁）。天皇が二四日に風邪をひいていたのは事実であるが（『明治天皇紀』八巻、二四頁）、松方に拝謁を許さなかったのは、伊藤の辞表提出にどう対応すべきか、一日ゆっくり考えたかったのだろう。

に頼んだ。

翌二六日、天皇の命で徳大寺実則侍従長が小田原の「滄浪閣」に伊藤を訪ね、辞表を差し戻した。さらに二七日、黒田が伊藤を訪れ、天皇の心痛ぶりを伝え、辞任を思いとどまるように説得した。伊藤はもう一度辞表を提出する可能性を否定しなかったが、一応辞表は手元にとどめた。その上で、後藤象二郎逓相や陸奥農商相が品川内相の辞任を求めているのはもっての外であり、議会が終了するまでは品川にやらせ、その後に井上馨が内相になるよう円滑に決定するべきである、と伊藤は述べた。またこの意見を松方にも伝えておくよう、黒田に頼んだ。

品川内相の辞任に関する伊藤の発言は、文字通りには受け取れない。伊藤は黒田や松方首相に、陸奥や後藤を煽動して内閣を動揺させていると見られていた。また、品川内相問題は、伊藤と山県の対立を引き起こしかねない問題だった。そこで伊藤は、陸奥や後藤の行動を否定するメッセージを黒田や松方に伝え、松方首相の協力を得て品川を辞任に追い込み、藩閥政府と議会の融和や藩閥内の動向の変革を、秩序的に行おうとしたのである。伊藤や井上馨が、陸奥や後藤の動きを止めようと積極的に動いた形跡がないことも、伊藤の行動を理解する裏づけとなっている（伊藤之雄『立憲国家の確立と伊藤博文』九〇～九一頁）。

伊藤の行動は、民党や実業界などからは好意を持って見られた。たとえば、大阪の実業家層などを読者の中心としていた有力紙『大阪毎日新聞』（現在の『毎日新聞』の前身）は、二月二八日、それまでの議会や選挙について、政府と民党の両者に反省を求めた。その上で、政党内閣は遅かれ早かれ日本にもできるものだが、現在の民党や民党系政治家だけではその実力がないとし、伊藤の政党組織が日本において政党内閣が形成される助けになると論じた。

こうした伊藤の動きに対し、藩閥内で最も反対の姿勢を見せたのは、品川内相（長州藩出身）と樺山資紀《かばやますけのり》海相（薩摩藩出身）・高島鞆之助《とものすけ》陸相（薩摩藩出身）ら、藩閥最有力者（「元勲」）に準じるクラスの人々だった（同前、九三〜九四頁）。

しかし、三月一日、松方首相は伊藤に辞意を述べたが、夏の議会まではやり抜く方が良いのではないかと、伊藤から助言された（井上馨宛伊藤博文書状、一八九二年三月一日、「井上馨文書」）。そこで三月四日までに松方首相と黒田は品川内相を自発的に辞職させ、井上馨を内相とし、伊藤・井上馨らと協力して危機を乗り切る方針を固めた。

それでも樺山海相は、議会停止を覚悟して、二度、三度と議会解散を強行すべきだと品川に述べた。しかし山県は、第三議会まで内相を務めてはどうかと品川に言うのみで、再度、再々度の解散を行うことへの支持を与えなかった。

結局、三月一一日に品川内相は辞任し、同日、伊藤は天皇の勅諭により、枢密院議長の辞表を撤回した。この勅諭下賜《かし》には、井上馨・山県・黒田らと松方首相が関わり、筆の立つ井上毅が草稿を作成し、天皇の意向で真筆ではなく徳大寺侍従長代筆の宸翰《しんかん》という形で出された（「佐佐木高行日記」〔写〕一八九二年三月二〇日）。天皇は伊藤の留任は望んでいたが、伊藤の行動を十分に理解しておらず、代筆という形で不満を示したのだ。

なお、陸奥は伊藤や松方首相・井上馨が留任するように勧めたにもかかわらず、三月一四日に農商務相を辞任した。伊藤は次期内閣を藩閥一致内閣にすることを目指しており、陸奥の行動にむっとしただろう。しかし、非藩閥出身で、自由党など民党とのパイプを大切にする陸奥の立場も理解できた。陸奥は新党組織の際に頼りになるにちがいない――。そんなことを考え、伊藤は陸奥の勝手な行動を許し、その後も陸奥を腹心として重んじ続けたのだろう。

いずれにしても伊藤は、薩摩派や山県との亀裂が生じて次の内閣組織の際に不利になることを覚悟した上で、あえて枢密院議長の辞表を提出し、憲法停止の危機を救った。

山県との「悪感」

伊藤の枢密院議長辞任問題の過程で、松方首相が伊藤に辞意を示し、夏の議会までやるべきでは、と勧められて留任した。このように松方内閣の命運は長くないことが明らかになってきた。

さらに、一八九二年（明治二五）五月二日に召集された第三議会において、選挙干渉があったにもかかわらず、自由党・改進党の民党勢力が定数三〇〇名の過半数に迫る一三〇名を占めた。また、陸奥の影響をうけた新会派、独立《どくりつ》倶楽部《クラブ》にも二五名の議員がいた。自由・改進両党と独立倶楽部は、選挙干渉を行った松方内閣を批判する共同戦線を形成していった。こうして、第三議会を迎えて、松方内閣には先が見えてきた。

しかし、政党とも融和できる藩閥総出の内閣を目指す伊藤にとって、大きな問題が二つあった。

その一つ目は、松方首相や黒田ら薩摩派との関係である。三月二〇日に土方宮相は、佐佐木高行に次のような話をしている。旧来、松方は何事も伊藤を頼る傾向にあったので、薩摩人は松方を「伊藤味噌《みそ》」と呼んでいた。ところが、松方と伊藤の間は近来最も悪くなり、伊藤からは「松方は馬鹿なり、何事も分らず」と松方を評し、松方は「伊藤は腰抜け也《なり》、真坂《まさか》のときには役立たず」と言っているという（「佐佐木高行日記」〔写〕一八九二年三月二〇日）。

このように、伊藤が枢密院議長の辞表を出したことで、松方内閣の命運が尽き、伊藤と松方首相の関係が極めて悪化したのだった。すでに見たように、この問題処理の過程で、薩摩の重鎮の黒田清隆（前首相）が松方を助けて動いている。松方内閣の前途が見えてしまったことで、少し改善しかかった伊藤と黒田の関係も、もとの悪い状態に戻ったといえよう。

二つ目は、さらに重要で、山県との関係が悪化したことである。山県は第一議会においても伊藤との正面からの対決を避けてきたが、品川内相の選挙干渉と辞任で、二人の仲はさらに悪化した。それは一八九二年六月、伊藤の親友である井上馨が、次のように伊藤に忠告していることからもわかる。山県との関係には当分注意した方が良い、お互いに面と向かって議論するのはそれほど「悪感」を生まないが、「子分」や他人に向かって談笑しながら相手の欠点を話すと、人づてに種々の脚色が加わって相手に伝わってしまうので慎むべきである、「三十年来」やってきた事業のことを考えると、今後もすべて山県と密着して行うことが大切だ（伊藤之雄『山県有朋』二六二〜二六三頁）。

二人の仲が悪くなった原因は、政党等に対する時勢感覚に差があったことにある。それに加え、大隈条約改正や品川内相の選挙干渉などの処理で、伊藤には、山県のおかげでいつも損な役割を引き受けざるを得なかったという不満があった。しかも山県は、その間に、首相として第一議会を無事に終了させるという実績を挙げたので自信をつけ、これまでのように伊藤に対し配下の姿勢をとらなくなっていたからである。

伊藤には、大久保利通《としみち》の没後、藩閥のトップとして国政をリードしてきたという自負心がある。それに加え、山県を何度も窮地から救い出してやったという優越感もあった。その山県が独自の主張をして立憲国家の建設を妨げようとしていると憤慨し、伊藤は他人との会話の中でつい山県の悪口を言ってしまうのだ。それが山県に伝わり、二人の関係はますますぎこちなくなっていくのだった。

条約改正に思いをめぐらす

大津事件の後、青木周蔵外相が辞任すると、一八九一年（明治二四）五月二九日、榎本武《たけ》揚《あき》が外相となった。榎本は旧幕臣だが、官軍に降伏した後に明治政府に入り、駐露公使・駐清公使などの外交官歴を持ち、逓相・文相なども歴任し、条約改正に意欲的だった。榎本は青木案を基礎に交渉しようとした。

しかし松方首相が条約交渉再開に消極的であった。すでに見たように、松方内閣は、それまでの伊藤・黒田・山県内閣に比べ、弱体だった。松方首相としては、議会の乗り切りでさえ大変なのに、条約改正交渉どころではない、と考えたのだろう。

それでも榎本外相は、品川内相が辞任して選挙干渉問題が一段落すると、一八九二年四月一二日に、閣僚と枢密顧問官からなる条約改正案調査委員会を設けた。伊藤も枢密院議長として、七人のメンバーの一人となった。しかし委員会は、一度開かれたのみで、五月末に活動を止めた（稲生典太郎『条約改正論の歴史的展開』四六四頁）。

この間、伊藤は三月五日に「条約改正案に対する第一議」、五月六日に「条約廃棄に関する件」を提出している。そこでは、次のような交渉戦略が提示されている。

⑴ 欧米列強と個別談判を開き、「対等」性の高い条約をめざす

⑵ 日本に重大な関係を持つ主な大国とはつとめて妥協に至るようにし、あくまで抵抗する小国が残った時のために廃棄の手段を留保しておく

（大石一男『条約改正交渉史』二一二〜二一三頁）

弱体の松方内閣末期において、なぜ伊藤がこのように条約改正に意欲を燃やしたのであろうか。それは、次は自分が政権を担当し、首相として外相と連携しながら条約改正を達成したいと考えていたからだった。伊藤の構想は、すでに述べた前年八月の井上馨の条約改正構想と類似していた（起草は井上馨のものと同じく伊東巳代治）。まず、日本と利害関係の大きいイギリス等の有力国と交渉し、そこで「対等」性の高い条約改正の合意を得、一気に改正を達成する、というものである。これは、すでに述べたように、イギリス等の強国にも条約廃棄の脅しをかけて改正を実現する、という大隈がとった危険な戦術とは根本的に異なっていた。

身内の病気

ここでは、大隈外相の条約改正が問題となる頃から、伊藤が第二次内閣を組閣する前まで、一八八九年（明治二二）夏から一八九二年夏頃までの伊藤の私生活に目を向けてみよう。

一八九〇年、伊藤は小田原に別荘を作った。太平洋の荒波が望めたので、「滄浪閣《そうろうかく》」と名づけた。伊藤は一八七八年以来、東京の高輪《たかなわ》に本宅を置いており、それまでに神奈川県の夏《なつ》島《しま》に別荘を持っていた。以後、伊藤の生活の中心は小田原の「滄浪閣」となる。憲法が完成した安心感もあって、温暖で自然に囲まれた小田原に居を移したのだろう。

この時期の伊藤は、すでに述べてきた政争のみならず、自分も含めて、一家に次々起こった病気に悩まされている。

まず、大隈条約改正案が憲法と矛盾するなど問題が多いことがわかった頃、一八八九年七月一六日夜、伊藤は、嗣子《しし》勇吉《ゆうきち》（井上馨の甥、のちに伊藤家を継いで伊藤博邦《ひろくに》公爵となる）が欧州留学中に「肺疾《はいしつ》（肺の病気）」にかかり、七月一四日にマルセイユから日本郵船で日本に向けて出発したことを知った。もっとも、目下危険のおそれはないが、医師の勧告で欧州を離れたという。あいにく梅子夫人が病中であり、このことを知れば梅子夫人が「驚愕《きょうがく》」すると心配し、生子《いくこ》の夫の末松謙澄《すえまつけんちょう》（内務省県治局長）に、ほど良く伝えてほしい、と頼んだ（末松宛伊藤書状、一八八九年七月一七日、萩博物館所蔵）。

一八八九年八月二二日頃、勇吉は無事に神戸港に到着し、そのまま神戸で療養した。多忙な伊藤は、神戸へ行って勇吉を見舞う余裕がなかった。その後一〇月一一日に大隈条約改正に反対して枢密院議長の辞表を提出すると、辞表が認められて時間ができたら神戸へ行きた

い、との気持ちを勇吉に伝えた（伊藤博文宛伊東巳代治書状、一八八九年八月二二日、『伊藤博文関係文書』二巻。伊藤勇吉宛伊藤博文書状、一八八九年一〇月一五日、「伊藤博文書状」伊藤公資料館所蔵）。

勇吉は帰国後数ヵ月すると、病が少し回復したと言って、東京に戻りたいと何度も訴えてきた。伊藤はとりあえず船で小田原へ帰らせ、橋本軍医総監らの診察を受けさせ、回復していれば再び洋行させるつもりだった（井上馨宛伊藤博文書状、一八九〇年一月一二日、「井上馨文書」）。

ところが勇吉の病気は、小田原に連れて来られるほど回復していないことがわかった。結局勇吉は、その年一二月になるまで神戸で療養し、井上馨が「至《いたっ》て気色」もよいと述べるくらいまでにようやく回復した（伊藤宛井上馨書状、一八九〇年一二月七日、『伊藤博文関係文書』一巻）。

それから五年半以上経っても、勇吉の体調は万全には回復しなかったようである。一八九六年（明治二九）八月、伊藤の娘生子と結婚していた腹心の末松謙澄（法制局長官）が、勇吉が東京に来て、「至極機嫌」よく暮らしており、気候もとても良くて暑くもないので、もう一、二日滞在を「御許可」下さいますようお願いします、と伊藤に手紙を書いている。また、どうか「令夫人」（梅子）が（勇吉を）迎えかたがた東京に来て下さるよう、「御配意」下さることはできないでしょうか、とも付け加えている（伊藤宛末松書状、一八九六年八月二日、『伊藤博文関係文書』五巻）。伊藤の身近にいた末松の手紙から、伊藤が勇吉のことにとても気を配っていることや、家庭の大枠も取り仕切っていることがわかる。

また一八九〇年六月頃には、末松に嫁いでいた娘生子が病気になり、伊藤もひどく「心労」する。生子の病気は精神的なもののようである。

末松によると、生子は「世事」に慣れていないためか、ずいぶんわがままな面もあったが、「心底」はとてもけなげで感心な点が多くあった。しかもわがままというのも、生子が末松になついていることから出た面も少なくないので、この辺は時を経るにつれ改まってくると信じており、生子も決して他の雑念を抱いているわけではないので、安心してくださいい、と言う。伊藤の依頼で梅子夫人が生子の看病のため、末松邸を訪れたりもした（伊藤宛末松書状、一八九〇年六月、『伊藤博文関係文書』五巻）。末松は妻生子が病気になり、伊藤に対して大変恐縮していた。

さらに八月になると、日頃は元気な伊藤も体調を崩したようである。八月一二日に伊東巳代治を訪れた人が、一、二日前より伊藤が「大患」にかかっていると知らせている（伊藤宛伊東巳代治書状、一八九〇年八月一二日、『伊藤博文関係文書』二巻）。またこの頃までに、伊藤は「胃病」が持病となっていた。一八九二年三月下旬には、その「胃病」で「少々不快」を感じていたので、東京に出るのを取りやめ、何日か養生したりもした（伊東巳代治宛伊藤博文書状、一八九二年三月二五日、「伊東巳代治文書」）。

すでに述べたように、梅子夫人は、一八八九年七月に嗣子勇吉が病気でヨーロッパから帰国するとわかった時も、病中だった。末松も、梅子夫人は「御弱質」の体調とみていた（前掲、伊藤宛末松書状、一八九〇年六月）。同年一二月に梅子は、気管に出血する病気にかかり、井上馨は馬関《ばかん》（下関）などの暖かい場所への転地療養を勧めている。翌年八月にも、梅子の眼病が再発したという（伊藤宛井上馨書状、一八九〇年一二月七日、伊藤宛伊東巳代治書状、一八九一年八月一三日、『伊藤博文関係文書』一巻、二巻）このように眼病は、明治五年以来梅子夫人の持病であった。

一八八九年夏から一八九二年夏までの政治的に多忙でストレスの多い時期、伊藤は、息子勇吉、娘生子、梅子夫人と自分の「胃病」にも悩まされていたのだった。しかし、そのために、政治家として伊藤が弱気になった形跡は見られない。この頃伊藤は、四七歳から五〇歳である。人生五〇年といわれた当時としてはやや老境に入りかけていたが、まだまだ気力が充実し、公私にわたり円熟した生活を続けていた。

第一五章　民党との連携と条約改正——第二次伊藤内閣

「元勲総出」内閣の成立

一八九二年（明治二五）六月、松方正義内閣はそう長くもたないことが明白になっていた。後継首相の最有力候補は伊藤であった。問題は、品川内相の選挙干渉によって伊藤が枢密院議長の辞表を提出したため、伊藤と、松方首相や薩摩派、山県らとの間に、亀裂が生じたり、広がったりしたことだった。伊藤は、腹心の伊東巳代治《みよじ》枢密顧問官や娘婿の末松謙澄《すえまつけんちょう》（衆議院議員）を情報収集と連絡役に使い、藩閥有力者である「元勲《げんくん》」総出の内閣を何とかして作ろうと尽力した。親友の井上馨《かおる》も、同じ長州の山県との関係を調整しようとする等、伊藤を助けた（『伊藤博文関係文書』一・二・五巻。「井上馨文書」等）。伊藤は強力な内閣を作り、立憲国家の完成や条約改正等を達成したかったのだった。

しかし、伊藤の思いは「元勲」たちに十分には伝わらなかった。六月二九日、松方首相邸内での「元勲」の会合で、山県は伊藤が「元勲」総出の内閣を作るべきであると、強く主張したが、自分の入閣はかえって有害だ、と拒絶した。それから四日経って、山県は少し妥協し、井上馨に入閣してもよいと伝えたが、数ヵ月以内に辞任することになるだろう、とあくまで乗り気でなかった。このような状況がその後も続き、伊藤は危機感をつのらせた。

七月三一日、伊藤は井上馨に、現在のような形勢が続くなら二、三年のうちに藩閥政権は倒れ、収拾できない状況になるだろう、と将来を憂えた。また伊藤は、現在のように藩閥政治家各自が「小城郭」を「偏守」して猜疑心《さいぎしん》を湧き上がらせている有様では、外交問題(「外憂」)を防禦するどころではなく、藩閥内(「帷幕《いばく》〔本陣〕」)でも敵味方の判断ができない形勢である。そこで、この憂いを取り除くのが緊急の課題で、その次は他の方策、というふうに優先順位をつけて大体の見通しを立てることだ、と藩閥の団結を図ることが何より必要であると論じた(伊藤之雄『立憲国家の確立と伊藤博文』一〇六～一〇七頁)。

この前日、松方と同じ薩摩の出身で、松方の施政に不満だった高島陸相・樺山《かばやま》海相が辞任し、後任が得られなかったため、松方首相は二度目の辞表を出していた。

結局、八月八日、第二次伊藤内閣が成立した。この内閣は、長州の山県有朋《やまがたありとも》(法相)・井上馨(内相)、薩摩の黒田清隆(逓相《ていしょう》)・大山巌《いわお》(陸相)が入閣した「元勲総出」内閣だった。「元勲」で入閣していないのは、前首相の松方と、西郷従道《つぐみち》の二人だけである。

春以来、伊藤の組閣の準備をしてきた井上馨が、副総理格といえた。また伊藤は、条約改正の責任者として、腹心の陸奥宗光《むつむねみつ》を外相にすえた。陸奥は陸奥派や自由党幹部の星亨《ほしとおる》とつながりが深く、政党対策の意味もある。さらに、旧民権派で自由党に影響力のある、土佐出身の後藤象二郎《しょうじろう》を農商相とした。

この他、閣僚ではないが、腹心の伊東巳代治を内閣書記官長に、娘婿の末松謙澄を法制局長官とした。彼らのこれまでの活動に報いるとともに、今後の情報・連絡や立案・立法機能の中核とするためである。

なお、法律等の起草に関し、伊藤の腹心の中でもっとも有能だった井上毅《こわし》は、特に新たなポストに就かず、枢密顧問官兼文事秘書官長のままだった。すでに前月、松方首相が井上毅を法相にしようとして、病気を理由に断られていた。

井上毅の真意は、病気に加えて、思想的に異なる分子を含んだ松方内閣に入閣しても、十分に働けない、ということだった（伊藤・山県・井上馨宛井上毅書状、一八九二年八月二九日、『伊藤博文関係文書』一巻）。伊藤は井上毅の貢献を評価し、彼の気持ちもわかっていたが、松方の面目と藩閥一致という大義を考えると、法相を辞退して一ヵ月にもならない井上毅を、第二次伊藤内閣に入閣させるわけにはいかなかった。

この時期、伊藤と井上毅の関係は良好で、意思の疎通も良かった。たとえば、八月一日から二日にかけて、事実上伊藤に組閣の命が下ると、同二日、井上毅は「今度は遂に明治政府之《の》負債を御引受之場合に」迫られ、「御迷惑」と察せられる、と伊藤に手紙を書いた（伊藤宛井上毅書状、一八九二年八月二日、『伊藤博文関係文書』一巻）。

これに対し伊藤は、八月八日の組閣後、松方の再度の辞表以来、一時は「紛擾《ふんじょう》」を極めたが、ようやく一段落がついた、と井上毅に手紙を書いた。組閣についても、自分もとうてい逃れることはできないと覚悟し、「貧乏籤《くじ》」に当たった、と井上に述べている（井上毅宛伊藤書状、一八九二年八月八日、『井上毅伝　史料篇』五巻）。

すでに見てきたように、伊藤は黒田内閣の次に組閣して第一回総選挙や第一議会を実施したかった。政権担当に意欲満々だったのである。しかし、大隈条約改正や品川内相の選挙干渉への対応で、組閣の基盤にひびが入り、修復しているうちに松方内閣下で政治の混迷がますます深まってしまった。このように感じていたはずの伊藤にとって、井上毅の手紙は、わが意を理解してくれていることがわかり、心地よいものであった。この七ヵ月後、伊藤は井上毅が結核療養中であるにもかかわらず文相に任じて、これまでの井上の尽力に報いた。

井上馨首相臨時代理には荷が重すぎる

自由党と関係の深い閣僚が入閣し、選挙干渉を批判した伊藤が組閣した。この第二次伊藤内閣に対する民党の反応は、どのようなものであっただろう。

最有力民党の自由党は、第二回総選挙以降の藩閥勢力内の動揺を見て攻勢を強めた。その一方で、板垣退助総理（党首）や星亨ら幹部は、第二次伊藤内閣が自由党の面子《メンツ》を立てる形で相当歩み寄ってくるならば、政府と妥協・提携しても良い、と腹を決めていた。これは一八八九年（明治二二）末以来の星の路線でもあった。星は一八八九年から二年半の欧米視察で、とりわけイギリスの政党政治に深い印象を持って帰国し、この考えにさらに確信を持った（伊藤之雄『立憲国家の確立と伊藤博文』一三～一四、三三～三四、一〇七～一〇八頁）。

他方、民党といっても自由党の四〇パーセントほどの衆議院議員しかおらず、衆議院の第三政派にすぎない改進党は、第一議会以後、存在感を示すために藩閥内閣への強硬姿勢を取ってきた。第二次伊藤内閣に対しても、自由党と改進党を基軸とした民党連合を作り、第四議会に向け、国民や藩閥勢力に対して存在を顕示しようとしていた（同前、二一～三一、四三～四四、一〇八頁）。

ところで、第四議会の開院式の二日前、一八九二年（明治二五）一一月二七日、伊藤首相は馬車の事故で重傷を負った。大磯で療養することになり、翌日から翌年二月六日まで井上馨内相が首相臨時代理となった。

幸い予算と施政方針は、伊藤が事故にあう前に、閣議で決定していた。井上首相代理が議会で示した施政方針は、「遠く将来の利害」を考慮して、国力を養成し、列強の軍備の充実に対応して、軍備とりわけ海軍を充実させ、考えをめぐらして「自衛の道」を追求するというものであった。

先の松方内閣の財政方針は、増税を避け、財政剰余の範囲内で小規模の軍備補充と治水事業を行っていこうというものだった。これは、蔵相を兼任した財政家松方首相の健全財政路線を反映していた。

ところが、第二次伊藤内閣の財政方針は、進んで増税を実施し、海軍の要求を基本的に満たすため、総額二〇〇〇万円に達する膨大な建艦計画を行おうというものであった。それに加え、治水事業費の増額、内国博覧会開設、凶作に備えた資金の充実や水害土木費補助など、積極的な産業振興、災害救助の政策を行っていこうとしていた（室山義正『近代日本の軍事と財政』一八五〜一八六頁）。伊藤内閣の財政政策の大枠は、楽天的で積極的な性格の伊藤首相や井上馨内相の意向を反映している。

伊藤には、自らへの過信もあった。おそらく伊藤は、星の影響力が強くなっている自由党には、陸奥外相の自由党への影響力と、それを補完する後藤農商相の影響力があるので、藩閥系の国民協会と合わせて、衆議院も伊藤内閣を支持するようにできると期待していたのであろう。

このため、伊藤内閣が議会に提出した予算は、民党に対して高圧的であった。自由党側への譲歩は、一部の地域に地租の減税をもたらす効果のある地価修正法案だけだった。軍艦建造費に新たに戦艦二隻分を加えた上、地租の減少分も酒税・煙草《たばこ》税・所得税の増税で補おうとするものだった。この戦艦は、数年後に完成し、日露戦争の主力艦となる「富士」など、世界最先端のものである。

ほとんど見返りがない高圧的予算を前に、自由党も反政府の立場に流れていった。衆議院の予算委員会は、戦艦建造費を削除するなど、政府提出予算案八三七五万円の約一一パーセント、九〇〇万円の削除を査定した。一八九三年一月一二日、衆議院本会議もその査定された予算を可決した（有泉貞夫『星亨』一七八～一七九頁）。

療養中の伊藤が乗り出す

この間、療養していた伊藤は、衆議院が査定案を可決する形勢となった状況を見て、一八九三年（明治二六）一月八日、山県・黒田や井上馨首相代理に手紙を書き、注目すべき提言をしている。伊藤は、政府が予算案で妥協しない姿勢を支持する一方で、新聞の発行停止が二週間あれば取り締まりの上で十分だと、新聞の発行禁止を廃止するという新聞紙条例の緩和を民党側への見返りとして提案した。

新聞紙条例は、政府や皇室等を新聞が批判するのを取り締まる法令で、一八七五年（明治八）に自由民権運動を取り締まるために制定された（本書第六章）。この条例はその後改正されて、行政権（内務大臣）と司法権（司法大臣）による新聞の発刊の禁止や停止を規定しており、民党側は第一議会から同条例の廃止または緩和を要求していた。

今回の第四議会の約一年後に自由党最高幹部が行った要求ですら、発行禁止を廃止し、発行停止を一週間にすることだった。新聞紙条例は、日清戦争を経て、一八九七年（明治三〇）に初めて緩和され、行政権による新聞発行の禁止と停止が廃止される。これらと比較すると、伊藤の提起した、発行禁止は廃止し発行停止二週間のみというのは、藩閥側からの提案としてきわめて急進的なものだった。

伊藤は同じ一月八日の手紙で、民党の態度には問題が多いとする。しかし、藩閥勢力も民党との対抗のみを気にして国民のことを忘れている感があると、政府は民党に歩み寄りをみせるべきことを主張した。

これらから、民党と妥協しようとしている伊藤の熱意がわかる。それとともに、伊藤が立憲国家の完成という大きな理念を実現するため、斬新な妥協提案をすることができる現実主義者であることも、再確認できる。

しかし、伊藤の提言にもかかわらず、新聞紙条例の緩和は政府内で検討された形跡すらない。また伊藤も、井上馨首相代理が内相であるとはいえ、井上馨が保守派の山県や黒田を説得し、内務官僚の反対を抑えて新聞紙条例の緩和を行う力量や可能性があるとは、あまり期待していなかったようである。

政府側から民党側に、新聞紙条例の緩和のような具体的な見返りがないままで、一月一六日、井上首相代理が衆議院の予算修正に不同意であると声明すると、民党側の態度は硬化していった。井上は一八日、伊藤の負傷によって政府と衆議院の対立が激しくなり、自分には才能がなく首相の代理の任を全うすることができず、定めて御不満もあるかと恐察している、と伊藤に手紙を書いた（伊藤宛井上馨書状、一八九三年一月一八日、『伊藤博文関係文書』一巻）。第二議会以降の議会運営は、民党が本気になって藩閥に挑んできており、松方のみならず、気の強い井上馨でも困難であった。すでに述べたように、井上馨は短気という欠点を持っていたからだ。

井上からの手紙を受け取って、伊藤は同日、政府反対党の意向は政府を倒すことにあるので、政府がどのような譲歩をしても、妥協する（「和衷《わちゅう》協同に到」る）のは不可能と考えられるので、政府は自己の信じるところに従って国家を維持するほかはない、と返事を書いて井上を激励した（井上馨宛伊藤書状、一八九三年一月一八日、「井上馨文書」）。伊藤は、自分が負傷したために、井上が首相代理として奮闘し苦しんでいるのを見て、その出来不出来にかかわらず、親友を激励し支援すべきだと考えたのである。伊藤にはこのような情があったが故に、時に辛辣《しんらつ》な正論で正面から伊藤に批判されることがあっても、井上馨はじめ多くの人々が伊藤に従ったのだった。

「和協」の詔勅で憲法を守る

一八九三年（明治二六）一月二三日になると、衆議院は河野《こうの》広中《ひろなか》（自由党）・犬養毅（改進党）ら三派の三人が提出者となり、一四二名の連署で上奏案を議決しようとした。そこでは、政府が衆議院の予算修正に不同意を示したので、立法と行政の「和衷《わちゅう》協同」の実が上がらない、と政府を批判していた。

一月一八日の伊藤の井上への手紙と二三日の衆議院の上奏案が、ともに「和衷協同」（心から和らぎ合って共に力を合わせる〕という言葉を使っていることは、興味深い。この時点での目標や妥協点に関し、伊藤と民党側にはかなりズレがあるとはいえ、両者が歩み寄れば、妥協することはまったく不可能というわけでもなかった。

上奏案を衆議院に提出したことに対し、井上馨が首相代理である内閣は、二月六日まで一五日間の停会を命じた。内閣は予算案を堅持することを確認し、陸奥外相の配下の衆議院議員である紀州組（五名）などの切り崩しを行うことで、民党側に対抗しようとした。しかし、衆議院の大勢は変わらず、二月七日、再開後の衆議院は、一八一対一〇三の大差で上奏案を可決、八日、衆議院議長として星亨が参内して奉呈した。星は民党、とりわけ自由党と藩閥政府が妥協する姿を理想としていたが、藩閥側の明確な譲歩がない限り、打つ手はなかったのだ。

二月六日、このような状況下で伊藤は首相の仕事に戻った。すでに一月二二日、井上毅が次のように、伊藤の一日も早い復帰を願っていた。

(1)　今日は「治乱之《の》機」であるが、「非常〔の〕悪機会」はまた「非常〔の〕好機会」でもある

(2)　もし非常の英断で大勢を挽回するつもりなら、伊藤が帰京し、天皇に拝謁、「公衆」に伊藤が「健全」であることを示し、自ら「大事を料理」することが最も重要である

(3)　自分〔井上毅〕は「愚拙《ぐせつ》」であるが、この際「犬馬之労〔主君である伊藤のために尽くす〕」を行いたいと望んでいる

(4) もし政府が事態を傍観して時機を失うか、中途半端な運動に終わるなら、この際直ちに辞任して故郷に帰って農事に勤《いそし》みたい

(伊藤宛井上毅書状、一八九三年一月二二日、『伊藤博文関係文書』一巻)

すでに約一年前、品川内相の選挙干渉問題の最中に、井上毅は伊藤に手紙を書き、勅諭を出すように提案していた。その内容は、天皇が国防を一日もおろそかにできないことを考え、自ら宮廷の費用を節減し、今後一〇年は帝室費の一〇分の一を国庫に補給し、国防計画の財源を助けるというものだった。勅諭によって人心が一つにまとまり、国家の急務を知り、地租軽減論などを支持しなくなるだろう——。井上毅はこう見ていた(伊藤宛井上毅書状、一八九二年三月八日、同前、一巻)。この井上毅の提言は実行されなかったが、互いに後に引けない藩閥と民党の対立が危機的状況になった場合の対応案として、伊藤の脳裏に残ったことだろう。

さて、井上馨が首相代理である内閣は、一八九三年一月下旬において、(1)査定案を了承するか、(2)内閣が勇退するか、(3)衆議院を解散するか、の三つしかないと見ていた(伊藤宛伊東巳代治書状、一八九三年一月二二日、同前、二巻)。内閣は民党の攻勢の前に、完全に屈服するか(1)、(2)、憲法停止を覚悟した強硬論を取るか(3)の二者択一しか考えることができなかったのである。

職務に復帰した伊藤首相は、まず二月七日に山県法相と、民党への対応策について相談した。山県は、民党に政権を譲りたい云々とまで口にした。二月八日、伊藤は、民党に譲るこ

とも衆議院の解散論も現実的でないと、山県に手紙を書いた。おそらく山県は、民党に政権を譲る気がないにもかかわらず、民党に政権を譲るか衆議院を解散するしか手がないと述べて、暗に伊藤に解散を促したのであろう。伊藤はそれに否定的立場を示したのだった。

九日、伊藤首相は天皇が衆議院に勅答を与えて政府と「和協」の議事を行わせるか、直ちに解散を命じるのか、天皇の判断を仰いだ（伊藤之雄『立憲国家の確立と伊藤博文』一一一〜一一二頁）。伊藤と明治天皇は、自分たちが作った憲法として、明治憲法を最も誇りに思っている日本人である。また一年前の伊藤の言動を、天皇はよく記憶していたはずだ。これらから、伊藤は、天皇が憲法停止の危険をはらんだ解散を好まないことをよく知りつつ、山県らの不満を残さないよう、このような形で天皇の判断を仰いだのだろう。

二月一〇日、天皇は六年間内廷費から三〇万円（内廷費の一〇パーセント）と官吏の俸給一割の納付によって、製艦費を補助するので、議会と内閣は「和協」の道を探るように、との詔勅を出した。すでに述べたように、このアイデアは、一年前の井上毅の着想が原型になっている。また井上毅は、先の御伝言はさっそく土方宮内大臣へ伝えておきました、と二月九日に伊藤に報告している（伊藤宛井上毅書状、一八九三年二月九日、『伊藤博文関係文書』一巻）。井上毅は伊藤と共に、この「和協」の詔勅に大きな役割を果たしていたといえる。

その後、二月一三日、貴・衆両院は詔勅に従うとの奉答文を議決し、二六日、原案より歳入四三万余円を増し、歳出二六二万円を減じる妥協予算を成立させた。伊藤内閣はこの妥協にあたって、第五議会までには行政整理を行って政費を節減する、とりわけ海軍は急いで大改革を実行することを公約した。

第四議会は会期を延長し、三月一日に無事閉会を迎えた。この前夜、井上毅は伊藤に、本日「一段落終局を告げた」ことは、何よりも伊藤の非常な心配りの結果であると思っている、と手紙を書いている（『伊藤博文関係文書』一巻）。「和協の詔勅」は、まさに伊藤首相が井上毅の助言を用いながら、明治天皇と連携して実現したものだった。こうして伊藤は、前年に引き続き憲法停止の危機を回避することができた。

井上毅との別れ

第四議会が閉会して一週間ほどした一八九三年（明治二六）三月七日、井上毅は文相に任命された。井上はこの時四九歳だった。すでに述べたように、伊藤は立憲政治の完成や産業振興のために、法律を理解した官僚や商工業の専門知識を持った実業家の育成を重視した。そこで、帝国大学や専門学校を頂点とした高等専門教育が重要であり、観念的な国家主義・復古的教育を嫌った。そこで文相は、教育制度を設計し新しい教育思想を吹き込む中心として重んじられた。

第一次伊藤内閣の文相には、有名な啓蒙思想家の森有礼《ありのり》を選んだ。森は薩摩出身で、駐英公使など外務省の要職を歴任し、広い視野を持った少壮外交官でもあった。伊藤は、直前の「和協の詔勅」なども含め、井上毅が伊藤を助けて尽力したことを評価し、井上に文部行政を託したのだった。また、再び危機が生じた際には、文相という立場を越えて助力してくれることを期待していたのだろう。

しかし、井上毅は一八九一年一二月の第二議会での民党の攻勢を見て、〔法制局長官として〕昨年までの「内閣中」の「民権家」であった井上毅が、今日にわかに「王権家」に化けたことを「世は様々」であるとお笑いください、と山県有朋に書き送っている。このように井上毅は、すでに民党に失望していた（山県宛井上毅書状、一八九一年一二月一三日、『山県有朋関係文書』一巻）。さらに、文相に就任した頃から、井上毅は民党に絶望を深めていく。

たとえば、一八九三年三月一三日に井上毅は、次のように伊藤に書き送っている。⑴「昨年来の歴史は何等の意義もなき政党の競争」である、⑵政府が唱えた実業教育も、海軍実力の養成等も、どうしてこんなに遅緩していて効果ある実行を見ないのだろうか、⑶この有様で、すでに離れた人心をとらえ、傾いた大勢を挽回するのは難しいと思われる（伊藤宛井上毅書状、一八九三年三月一三日、『伊藤博文関係文書』一巻）。

すなわち井上毅は、なんとか第四議会の憲法停止の危機を乗り切ったものの、民党には絶望してしまったのである。伊藤がこのような井上毅の変化を感じないはずはない。

ところで、三月一一日、当初から入閣に乗り気でなかった山県が、司法大臣を辞任した。山県も第四議会での民党や伊藤首相の対応に、批判的であった。晩年の井上毅は、思想的に山県に近くなっていくのである。

同じ一八九三年八月二五日には、井上毅文相は、現在師範学校で教えている「憲法之《の》大意」の教科書は不適切であるので、穂積八束《ほづみやつか》（東京帝大法科教授）に相談し、新しい教科書を作ったことを、伊藤に知らせている。井上毅は、穂積の書いた論であれば「大主義」において間違いはないと信じているので、将来、広く中学校等で採用されれば国家のために有益であると思っている、とも述べた（伊藤宛井上毅書状、一八九三年八月二五日、『伊藤博文関係文書』一巻）。

伊藤は欧州へ視察に行って、当時ヨーロッパで最先端の憲法学説であった君主機関説を学んできた。井上毅もそれを理解し、明治憲法制定に協力した（本書第九章・一一章）。ところが穂積八束は、伊藤よりも後に欧州に留学しながら、君主機関説より古い学説である君主主権説を学び、帰国後も信奉している学者である。

伊藤は井上毅の変化にあきれたことだろう。また、木戸孝允《きどたかよし》との経験から、井上毅の結核が悪化していることを考え、惜しい人材だが病気のため精神が不安定になってしまったのだろうと、同情心も覚えただろう。こうして伊藤が重要事項を井上毅に相談しなくなり、井上毅からの提言を重んじなくなる、という形で、伊藤と井上毅の関係は、しだいによそよそしくなっていった。

一八九二年一一月に、日本の軍艦「千島号」がイギリス船と衝突して沈没、日本は補償を求めて提訴したが、翌一八九三年一〇月二五日、上海のイギリス高等裁判所で敗訴した。そこで日本は、上級裁判所にあたるイギリスの枢密院に控訴しようとした。

この「千島号」事件は、日本海軍の問題だったが、国際法に関係するので、井上毅文相が関与したがった。そこで同年一一月八日に伊藤首相に意見を述べ、翌九日にも伊藤に提言を書いた。井上は、天皇を原告として、イギリスの枢密院でイギリス女王の名の下での裁判を受ける、という形式を嫌っていた（伊藤宛井上毅書状、一八九三年一一月九日、『井上毅伝史料篇』四巻)。この井上毅の態度は、彼が君主主権説を信奉するようになっていたことと関係している。

ところが伊藤の反応は、一一月一〇日に、直接裁判に関する「御意見」は、海軍の主任者である西郷従道海相に「御談合」して下さい、自分が取り次いでは徹底しないので、場合によってはカークウードに「御面談」くださるよう海相に申し入れておいた、とそっけないものだった(井上毅宛伊藤書状、一八九三年一一月一〇日、『井上毅伝　史料篇』五巻)。伊藤は井上毅の意見を西郷海相に取り次ぐことすら拒否している。

同日、井上毅は、(1)あまり「うるさく色々の事録」を申し上げたので、かえって伊藤に面倒をかけたのではないかと恐縮している、(2)他人の「田畝《でんぽ》を耕すは古人の戒」めるところであるので、「千島号」事件関係には今後関与を慎み、またお断りしたいので、海相にお話しなさるのを見合わせて下さい、と伊藤に返事を書いた(伊藤宛井上毅書状、一八九三年一一月一〇日、『伊藤博文関係文書』一巻)。

伊藤首相は「千島号」事件について、井上毅が提言する前に、陸奥外相に指示していた。その内容は、外相は海相と連携し、金子堅太郎(貴族院議員・法律通)と相談しながら、イギリス枢密院に控訴することを検討せよ、ということだった(陸奥宛伊藤書状、一八九三年一一月六日、「陸奥宗光文書」)。もはや井上毅は、伊藤の法律関係を中心とした最高のブレーンではなく、伊藤の意志決定を支えるグループから外れた存在になっていたのである。

それまでの井上毅の功績にもかかわらず、わずか一〇ヵ月も経たないうちに、井上毅への伊藤の扱いは急変した。自分の理念に合わなくなった人物は外す。これが、山県にはない伊藤の厳しさであった。近代国家を創出していく信念と情熱でもあった。

このように、伊藤は、井上毅が第二次伊藤内閣の文相だったにもかかわらず、一八九三年秋に、婉曲ながら実質的な別れを告げていた。その後、病状がさらに悪化した井上毅は、翌年八月二九日に文相を辞任、半年後の一八九五年三月に世を去る。

なお、「千島号」事件は同年九月一九日、イギリス枢密院が日本側の主張を認める判決を下して落着した。

伊藤・陸奥コンビの条約改正交渉の始まり

すでに述べたように、伊藤は第二次内閣の組閣前から条約改正に強い意欲を持っており、陸奥宗光を外相とし、その実現を期待していた。しかし伊藤内閣は、第四議会直前に伊藤首相が重傷を負ったことや、民党側の激しい攻勢があり、条約改正の準備どころではなかった。

ところで、かねてより日朝間で防穀令《ぼうこくれい》事件が争点となっていた。防穀令事件とは、朝鮮国側が凶作を理由に、日本への穀物輸出を禁止する防穀令を出し、日本側がその撤廃と日本商人に対する損害賠償を要求した事件である。

第四議会後の一八九三年(明治二六)五月、伊藤内閣は約三年半前に起こったこの事件を、清国側の協力を得て、賠償額一一万円(現在の約三〇億円)で日本側有利に解決した。伊藤内閣は、一八八五年の天津条約にもとづく、日清協調路線を維持したのだった(高橋秀直「防穀令事件と伊藤内閣」)。

その後、同年七月五日に、陸奥外相により条約改正の方針が閣議に出され、一九日には天皇の裁可も得た。その主な内容は、次の通りである。

(1) 治外法権（領事裁判権）の撤廃と「対等相互の主義」の通商航海条約を調印する
(2) 新輸入税目・実施期限・外国人居留地に関する事項は、別に議定書で定める
(3) 条約は調印の後、一定の年限の準備を経て実施する
(4) 交渉は英・独・米を先にし、露・仏等に及ぶ

（大山梓・稲生典太郎編『条約改正調書集成』下巻、五〜三一頁）

治外法権の撤廃は実現するが、関税自主権の完全な回復は困難であるので、国内の対外硬派の批判を緩和するため、条約の本文は対等主義で作成し、列強に妥協する点は議定書で定めようとしていた。また、関税については、以前の青木・榎本外相の二つの改正案よりも、国内産業保護の見地から個別品目ごとに定めて、有利なものにするのを狙っていた。さらに何よりも、青木案にはイギリスが新条約に永続性を持たせることを提案してきたのに対し、今回は一定の期限の後には完全に対等な条約を結ぶ余地を明確に規定しておこうとしていた。[*] これは、前年までの伊藤や井上馨の条約改正構想を継承している。この案自体も、伊藤や井上馨の了解を得た上で、閣議に提出されたはずである。

＊　この陸奥案について、「一八八九年八月二日の閣議で大隈外相が述べたのと同様、条約廃棄の決行か否かはケースバイケース、相手の出方次第だというのであった。〔陸奥は〕伊藤の覚悟にくらべ、やや慎

陸奥宗光

重さをともなう発言ではあるが、あくまで廃棄論という選択を捨てない含みをもたせている」と、条約破棄を考慮するという点で、大隈も伊藤・陸奥も同様であったとする見解もある（大石一男『条約改正交渉史』二六九〜二七一頁）。しかし、これは「条約廃棄」という用語に引きずられすぎた見解である。大隈外相が条約廃棄を脅しとして列強に交渉しようとしたことで、伊藤や井上馨が最終的に大隈を見限ったことは、すでに述べた（本書第一二章）。

一八九三年七月八日の閣議においても、陸奥外相は、以下のように述べた。世に条約廃棄論を主張する人は少なくないが、今日においては日本より廃棄することができない。なぜなら、これまでの事実によると、異論は外国から起こらず、国内から生ずるからである。…（中略）…今後、日本の提案に対し、外国が拒否する結果となり、閣議が廃棄に決すれば、現行条約廃棄を宣言し得るだろうが、今日においては廃棄説が起こるべき関係はない。これを受けた伊藤首相の発言は、次のようである。「素より今日に於て廃棄を主張するは無謀の言なり。先づ孰《いず》れか一方より砲撃するにあらざれば戦端は啓《ひら》かれず。我より商議を尽し、談遂に破れば其時廃棄論も起るべきなり」（中田敬義記「条約改正事件日記」第一冊、「陸奥宗光文書」）。これは、条約廃棄論というのは改正の手段として「無謀」の言だとして退けた上で、改正交渉を尽くしても相手国との妥結ができなかった場合、条約廃棄論も起こるだろう、と毅然とした態度で交渉をやり抜く意欲を示しているにすぎない。

なお、陸奥外相は、青木周蔵駐独公使が、外相時代にイギリスと交渉した経験があるので、七月二五日付の手紙で青木にイギリスの意向を探るように命じた。この手紙を陸奥は伊藤首相・井上馨内相と相談して書き、山県有朋枢密院議長にも見せて同意を得ていた（同前）。このように条約改正も、伊藤体制の中枢、伊藤・井上馨・山県と陸奥外相が大枠に責任を持つ形で推進された。

その後、ドイツとアメリカは、日本との条約改正交渉に積極的に応じようとしなかった。そこで一八九三年九月から、イギリスと予備交渉に入り、一一月下旬に日本政府はイギリスとのみ本交渉に入ることを決めた（大石一男『条約改正交渉史』二七一〜二七四頁）。

条約改正の危機

ところが、日本国内において伊藤首相と陸奥外相の条約改正を危うくする事態が展開し始めていた。それは、同じ一八九三年（明治二六）一〇月一日に、対外硬派の横断組織である大日本協会が設立されたことである。しかも、最も積極的に大日本協会に参加したのが、それまで藩閥政府を支持し、「吏党」といわれていた国民協会の衆議院議員たちだった。これは、先に選挙干渉問題で、国民協会の指導者のひとりであった品川弥二郎《しながわやじろう》（前内相）が、伊藤首相との関係を悪化させたことも関係していた。

しかも、一〇月前後から条約を日本国内で厳密に実施するよう政府に求める「条約励行《れいこう》論」を唱えて、国民協会は改進党との連携を形成していった。たとえば、条約上は外国人は居留地にしか住めないが、狭い居留地を嫌って、居留地外に住んでいる外国人もいた。「条約励行論」は、条約を厳密に実行することで、外国人に不便を与え、条約改正への糸口にしようとするものだった（酒田正敏『近代日本における対外硬運動の研究』四八〜五三頁。

佐々木隆『藩閥政府と立憲政治』三四〇〜三四六頁)。

ところが、そのような対外硬派の運動は、列強からの抗議を招き、条約改正交渉を滞らせる恐れがあった。それに加え、星亨と陸奥外相ルートで自由党との連携を構築し、「吏党」である国民協会を利用しながら衆議院の多数を制する、という伊藤首相の対議会戦略を、根本から脅かすものだった。

第五議会が始まると、一一月二九日に伊藤内閣は、歳入九〇六七万五〇〇〇円(前年より二六二万九〇〇〇円増)・歳出八五四七万二〇〇〇円(前年より三六二万四〇〇〇円増)の予算を提出した。政府は行政整理を行い、俸給その他で一七〇万円減少させていたが、自由党や改進党の行政整理要求と隔たりがあった。

同じ一一月下旬には、イギリス人が日本人に暴行されているのを、付近にいた警察官が見て見ぬふりをしていた、という事件が起こった。この事件は、とりわけ在日外国人女性に恐怖を与えた。外務省は英・独・仏などの公使から、どういう対応をするのかと注意を受けた。伊藤首相は事件を深刻に受け止め、一一月二九日、天皇に事件を報告し、保安条例によって処分せざるを得ないと上奏した(伊藤宛陸奥書状、一八九三年一一月二五日、『伊藤博文関係文書』七巻。『明治天皇紀』八巻、三二三〜三二四頁)。

さて議会での戦いは、予算ではなく、まず伊藤内閣と自由党の連携の軸である星亨衆議院議長への攻撃で始まった。その材料は、星が相馬《そうま》家のお家騒動で、弁護士として不正を働いたという疑惑、株式取引所から法案通過に関連して賄賂を受け取ったという疑惑だった。結局、一二月三日に星は自由党を脱党せざるを得なくなり、一三日に衆議院から議員除名とされた。

この間、国民協会と改進党などは、一二月八日に現行条約励行建議案を衆議院に提出した。陸奥外相は、建議案が条約改正交渉に大きな障害になると見た。そこで、建議案が議事日程に上る日に衆議院の停会を命じ、停会の期日が終わるのを待って内閣が建議案の撤回を宣告し、衆議院が応じないときは解散を奏請すべきと閣議に諮《はか》った（『明治天皇紀』八巻、三三九〜三四一頁）。

ここで衆議院を解散すれば、星が失脚した自由党の状況を考慮すると、再度、再々度の解散となって憲法停止の事態を招く可能性が強い。伊藤首相は、立憲国家の完成と条約改正という二大目標の二者択一を陸奥外相に迫られた。そこで陸奥と数回議論したが、決断できなかったようである。この伊藤の気持ちが影響したのか、閣議は停会から解散という可能性を含んだ強硬策を決断できなかった。すると一二月一一日、陸奥外相は伊藤に辞表を提出した。

伊藤と陸奥がやり取りした手紙は、儀礼的な部分がなく、要件をストレートに伝えていて、きわめて短い。病気がちの陸奥が、長い手紙を書きにくかった点を考慮しても、二人の間の信頼感の厚さと意思疎通の良さがわかる。伊藤はすでに事実上井上毅を失っており、ここで陸奥を失うわけにはいかなかった。

同日、伊藤は「短慮短気」をもって今日の大計を処断できないことは、今日まですでに数回議論を尽くしてきたところである、と辞表の撤回を陸奥に求めた（陸奥宛伊藤書状、一八九三年一二月一一日、「陸奥宗光文書」）。

伊藤は数日後、議会の状況と陸奥の提案を天皇に奏上した。天皇も議会の状況を憂慮した。一二月一九日、条約励行建議案が、国民協会や改進党等、衆議院の多数を占めるようになった対外硬派の六派などの支持を得て議事日程に上ると、天皇は伊藤の奏請に従って、一〇日間の停会を命じた。

しかし、硬六派は建議案を撤回しようとしなかったので、天皇は伊藤内閣の方針に応じ、休会明けの一二月二九日に、さらに一四日間の停会を命じ、三〇日に衆議院を解散した。こうして伊藤内閣は、条約改正の危機のみならず、憲法停止の危機にも直面することになった。

伊藤の国際観と「条約廃棄論」

衆議院を解散したものの、伊藤内閣は、条約励行《れいこう》建議案に対抗する論理を提示しなくてはいけない。そこで、伊東巳代治（内閣書記官長）が経営する『東京日日新聞』において、「条約励行論」について反論した。同新聞は、一八九四年（明治二七）一月七日と一一日に、「区々たる不完不正の条約を励行するよりも、寧《むし》ろ之《これ》を改正し若《も》くは断然之を廃棄せんと企つるの勇《ゆう》かつ利なるには如《し》かざるなり」等と、条約廃棄も覚悟し、条約改正に当たる強い論調を掲げた。

一月一三日、陸奥外相はこれらの記事について、伊東の申し出通り費用を支給して下さいと、伊藤首相に手紙を書いている（伊藤宛陸奥書状、一八九四年一月一三日、『伊藤博文関係文書』七巻）。この記事は、伊藤と陸奥の合意の上で掲載されたのだ。しかし、この記事はあくまで国内向けのもので、伊藤・陸奥らが「条約廃棄戦術」を取っているわけではない。

むろん、この時点における日本の軍事力、とりわけ海軍力は、四年余り前の大隈条約改正の頃とは比べ物にならないほど強化されていた。大隈条約改正当時の日本海軍の主力艦は、三六五〇トンの巡航艦「浪速《なにわ》」・「高千穂《たかちほ》」の二隻にすぎなかったが、この頃には、巨砲を一門持つ最新鋭の巡航艦「厳島《いつくしま》」（四二八〇トン、一八九一年九月竣工）・「松島」（「厳島」と同型、一八九二年四月竣工）や、世界最新の快速艦「吉野」（四一六〇トン、一八九三年九月竣工）が戦列に入り、「秋津洲《あきつしま》」（三一五〇トン、一八九四年三月竣工）も戦列入りが近づいていた。

日本の条約交渉相手国のイギリスも、日本の軍事力が強化されてきたことをよく認識していた。一八九四年一月一二日付の外務次官補バーティの覚書によると、日本が現実に条約を廃棄した場合、地域的にみて現行条約の権利を強要できない。日本は清国にほぼ匹敵する海軍を持っている。海岸防衛はほぼ完成しており、陸軍は七万のよく武装された錬度の高い軍勢から成っている、という（大石一男『条約改正交渉史』二八六〜二八七頁）。

このようなイギリスの情報は、伊藤首相や陸奥外相および、駐独公使でイギリスとの条約改正交渉も担当していた青木周蔵にも入るわけがない。しかし、たとえ伊藤がこの情報を偶然につかんだとしても、伊藤は「条約廃棄論」など実行しようとしないだろう。たとえ、「条約廃棄」をした日本への対応がイギリス一国で手に余るとしても、独・仏・露などが協力すれば、日本は屈服せざるを得ない。現に、この一年半後に日本は日清戦争に勝ち、清国から遼東半島を得たことに対し、露・独・仏が三国干渉を行ってそれを清国に返すように要求し、日本はそれを受諾している。

ところが、伊藤・陸奥が国内向けに「条約廃棄論」を『東京日日新聞』に掲載したことは、彼らの思いもよらぬ所に影響を及ぼした。それは、イギリス側が、日本が条約廃棄論をちらつかせてイギリスを「威嚇《いかく》」していると受け取ったことである。イギリスは、一八九四年四月二日に第一回の正式な日英交渉で、そのことをあげ、青木公使を問い詰めた。これには、ド・ブンセン駐日代理公使が二月一四日付で本国に上申した文書が影響している。そこでは、陸奥外相は、イギリスとの談判に希望を失った場合、他国に向かうか、又は日本が固有の権利と信じる所を確かめるため、他の手段を執ると、「条約廃棄論」を言外に述べたとされている(大石一男『条約改正交渉史』二九二～二九四、二九九頁)。

伊藤首相は、イギリスからの「条約廃棄論」の指摘を、寝耳に水と驚き、陸奥に問い合わせたらしい。陸奥は病床にあったが、四月六日に伊藤に手紙を書いて返答している。その中で陸奥は、「ブンソン〔ド・ブンセン〕に小生が条約廃止云々申したりとは全く何かの誤解なるべし」。ゆえにこの件については、近日中に林董《ただす》(外務次官)を派遣し、一通りド・ブンセン公使の記録を調べてもらうつもりである、と述べた(伊藤宛陸奥書状、一八九四年四月六日、『伊藤博文関係文書』七巻)。

伊藤と陸奥の間で、イギリスとの交渉にあたって「条約廃棄論」を使うという戦略を共有していたとしたら、このような手紙が出されるわけはない。*すでに述べたように、伊藤の国際観は、日本が好むと好まざるとにかかわらず、列強を中心にした国際秩序が形成されている、ということを前提に出発していた。そのため、日本がそのルールを破って短期的に何かを達成しても、長期的には維持できず、日本にとってそうした行動は結局害になるのだ、という現実主義的なものだった。こうした論理からも、「条約廃棄戦術」は出ようがない。

＊　大石氏は、伊藤と陸奥が「条約廃棄戦術」を使ってイギリスとの交渉を進めたとしているが（大石一男『条約改正交渉史』二九一～二九九頁）、本書で、大隈条約改正交渉以来の伊藤の姿勢を述べてきたように、伊藤は条約廃棄論を一貫して否定している。またこの時期においても、伊藤・陸奥ら政府中枢が「条約廃棄戦術」を使う合意をしたという史料もない。

結局、四月一六日に陸奥外相は、ド・ブンセンが陸奥の発言を誤解していると、青木公使に弁明するよう伝えた。また翌一七日に、日本政府は現行条約に「明定」する方法によらないで、条約改正をしようとは思わない、という「口上書」をフレーザー公使に送って、この件を決着させた。こんな問題で、世界の最強国イギリスと争い、条約改正が停滞しても、日本の得るところは何もないからだ。

「我等の双肩に日本の運命懸る」

こうして、一八九四年（明治二七）七月一六日、イギリス外務省で、日本は当初の目標の範囲内で、イギリスとの新条約を結ぶことができた。その内容は、すでに述べたように、第一に治外法権（領事裁判権）を撤去し、第二に付属議定書での規定も含め、関税を五パーセントから、個別品目について五パーセントから一五パーセントの間で協定するものだった

（この他、板亜鉛・板鉄などは例外的に低い）。これらの改正で、日本は独立国としての誇りを得、国内産業の保護をかなり達成できるようになった。

第三に、外国人の不動産所有は認めないなどの制限があるものの、外国人の住居や旅行などに制限を加えない、いわゆる内地雑居を認めた。これは、対等な国として列強相互が行っていることであり、また第一・第二を実現するための取引条件だった。

第四に、新条約は調印から五年後に発効し、その期限を、実施から一二年としたことである。三年余り前の、青木外相とイギリスの交渉では、イギリスは新条約をできる限り永続的なものにすることを望んでいた。陸奥外相らが当初望んでいた七年という短い期限は実現できなかったが、青木外相時代に比べ、日本の軍事力は増強されており、永続的ではなく一二年という期限を設定することができたのだった。

この他、条約存続期間と同じ一二年間、日本の沿岸貿易をイギリスに片務的に許すことや、新条約の実施までの期間、イギリス人に一年間通用する内地旅行の旅券を交付するなど、いくつかの譲歩も行われた。

伊藤首相や陸奥外相にとって、当時の日本の国力から考え、この条約は十分満足できるものであった。新条約調印の二日前の夜、伊藤首相は陸奥外相に、これから一六時間、何も「変局」がなければ、新条約は結ばれる、あたかも百里の道を行くのに一里を残すところまで来たような感じである、「我等《われら》之《の》双肩《そうけん》」に「日本之運命」が懸っているのだ、と手紙を書いた（陸奥宛伊藤書状、一八九四年七月一四日、「陸奥宗光文書」）。

すでに朝鮮半島では、農民反乱である甲午《こうご》農民戦争が起こっており、六月に日本は出兵していた。伊藤首相は、条約改正という大魚を、何としても逃したくなかった。

新条約は、予定通り七月一六日に調印された。その旨、一七日に日本に青木公使より電信が入り、天皇に奏上すると、天皇も喜んだ。次いで、青木公使はイギリス外相の同意を得て、条約の写しを駐英ドイツ大使と米国大使に与えた。すると米国大使は、非常に満足な結果を得たことを祝福した、という。二〇日、日本政府は青木からの電信でこのことを知った（中田敬義編「日英条約改正記事」、大山梓・稲生典太郎編『条約改正調書集成』下巻、三三三～三四三頁）。

駐英アメリカ大使が日英新条約に好意を示したことで、アメリカのみならず他の列強との条約改正への見通しが明るくなった。伊藤首相は、青木の電報で「大《おお》いに安心」したことでしょう、「着々御成功」し国家のため大幸の至りだと思います、と陸奥外相に喜びを表した（陸奥宛伊藤書状、一八九四年七月二〇日、「陸奥宗光文書」）。

残された問題は、この新条約を、完全な条約改正を主張する日本国内の対外硬派に納得させることだった。また、アメリカ・フランス・ドイツ等ともイギリスと同様の条約改正を行うことであった。

憲法中止の危機

すでに述べたように、一八九三年（明治二六）一二月、衆議院で条約励行建議案が議事日程に上げられた際、伊藤首相は衆議院の解散を奏請し、衆議院が解散された。これはイギリスとの条約改正交渉を優先させるため、憲法停止のリスクを負うものだった。伊藤首相は陸奥外相を失うわけにはいかなかったこともあり、少し時をおけば何か方策が出てくるのではないかと考え、解散に踏み切ったのであろう。

翌一八九四年三月一日に実施された第三回総選挙の結果、自由党が大きく議席を伸ばし、衆議院の約四〇パーセントを占めた。伊藤内閣を条約励行論で攻撃した硬六派は、その中の国民協会が半数ほどに議席を減らすなどした結果、改進党と合わせても衆議院の約三〇パーセントを占めるにすぎなくなった。

五月一二日に召集された第六特別議会に対し、陸奥外相や伊東巳代治内閣書記官長は、人脈を使ったり議員に対し鉄道建設の誘惑や買収工作などを試みたりして、政府派を育成しようとしたが、もう少しのところで失敗した。このため五月三一日、硬六派の推進する伊藤内閣批判の上奏案が、賛成一五三、自由党等の反対一三九の票決によって可決された。

六月一日、衆議院議長が上奏案を天皇に奉呈したが、二日、天皇は上奏を採用しないとの口頭の沙汰を、宮相を通して出した。同日、衆議院は再び解散される。

政府批判の上奏案可決後の対応は、すべて伊藤首相の思惑通りだった。この状況を見て、六月一日、山口県知事の原保太郎《やすたろう》（京都府出身）は、衆議院を治療できないなら、「陛下は深厚の勅諭を以《もっ》て明治五十年〔一九一七〕まで憲法中止の大命を御発《ごはっ》せられ」、その間に「維新政府」の実績を挙げて、明治五〇年に再び憲法を実施されるように、と井上馨内相に提案した（井上馨宛原保太郎書状、一八九四年六月一日、「井上馨文書」）。原保太郎は米国留学経験もあり、特に山県や品川に近い藩閥官僚ではない。その原までがこのように考えたところに、第六議会の状況に対して藩閥官僚たちの間に絶望感が広がっていたことがわかる。深刻な憲法危機であった。

ところが、ここに至っても伊藤首相や陸奥外相らには、原知事のような強い危機感がない。伊藤らは、清国と実際に戦争をするかどうかは別として、朝鮮問題を利用して憲法危機を乗り越えようと考えていたからであろう。ちょうど、福沢諭吉をはじめとして、各界が朝鮮問題に日本が関与すべきだという要望を強めていた。

すでに三月二八日には、朝鮮国の親日派の指導者金玉均《キムオッキュン》が上海で暗殺され、その死体の送還をめぐり、日本と朝鮮国、あるいはその背後にいると見られた清国との間に、対立が生じていた。四月二六日には、東学教徒や農民が白山《ペクサン》に集結し、甲午農民戦争（東学党の乱）が始まりつつあった（伊藤之雄『立憲国家の確立と伊藤博文』一四四～一五一頁）。

米・英いずれを頼るか

一八九四年（明治二七）六月二日、伊藤内閣は朝鮮国に混成旅団（兵力は数千名）を出兵することを決定、五日に派兵した。この時、陸奥外相は清国との対決を考えていたが、伊藤首相は天津条約以来一〇年近く続いてきた清国との協調を維持するつもりであった（高橋秀直『日清戦争への道』三一七～三三六頁）。

日本の朝鮮国への出兵に対し、六月一〇日、清国が朝鮮国は清国の属邦であると通知してきたので、日本側は陸奥外相から、朝鮮国を独立国と認めているので清国の通知は承諾できないと回答した。一一日には、伊藤首相は山県枢密院議長と会合し、現在の状況と将来の予想について話し合った。伊藤も山県も、今後、日清間は面倒なことになるかもしれないと思っていた（井上馨宛芳川顕正書状、一八九四年六月一二日、「井上馨文書」）。

六月一五日、伊藤内閣は、朝鮮国を日清共同で改革し、たとえ清国が同意しなくとも日本独自で改革するという方針を決めた。今後、清国が日本の朝鮮国関与を傍観していれば日清戦争にならないが、さもないと戦争になる。伊藤内閣は、場合によれば日清戦争もやむを得ないことをも決定したのである。

しかし清国がどう出るかのみならず、列強の動向についても伊藤首相には十分な確信があるわけではなかった。六月下旬、陸奥外相は「有事」（清国と開戦）の際に頼るべき国について問い合わせてきた。六月二七日夜、伊藤は、雨が降らないのに「綢繆《ちゅうびゅう》〔前もって準備すること〕」する陸奥の用意周到さに感服したと応じ、米国を第一にすべきだ、と答えた。伊藤はイギリスとロシアは避けるべきだと考えた。この両国は「両極端」の「異見」を持っているからだった。もし陸奥が米国は適当でないと考えているなら、ドイツがその次に良い、他は考える必要はない、と伊藤は続けた（陸奥宛伊藤書状、一八九四年六月二七日、「陸奥宗光文書」）。

この手紙から、朝鮮国に出兵して一ヵ月近く経っても、伊藤が清国と戦争になるという確信を持っていないことがわかる。また、日本はイギリスと条約改正交渉を進め、ほとんど締結するところに来ていながら、伊藤はそれと極東の国際政治を区別して考えている。

運輸・通信手段の未発達な当時、極東の国際政治は、北京駐在の列強の公使たちの判断によってかなり左右される。翌日に伊藤は陸奥に、北京駐在の米公使の人物を探聞することが必要だ、と伝えた（陸奥宛伊藤書状、一八九四年六月二八日、同前）。

結局、北京の日本公使館からの電報の写しを読んで「推考」し、六月三〇日、伊藤首相は、日本はイギリスを「レラーイする〔頼る〕の傾向を取」ることは、不得策とは思われない、という結論に達した（陸奥宛伊藤書状、一八九四年六月三〇日、同前）。

七月一日、伊藤首相は、横浜に滞在中のイギリス艦隊が、予定している函館への回航をやめて、なるべく朝鮮国近海に航行するか、そのまま横浜に留まるよう、イギリス側に申し入れることを陸奥外相に提案した。薩摩出身ながら伊藤が気に入っている川上操六参謀次長（陸軍中将）も、同様のことをたびたび伊藤に申し入れていた。また翌日、伊藤は、ロシア公使に日本を批判する口実を与えないようにせよ、とも陸奥に注意している（陸奥宛伊藤書状、一八九四年七月一日、二日、同前）。

七月初頭には、日清開戦となった際は、イギリスに頼り、ロシアを警戒することが、伊藤首相・陸奥外相と軍当局の間で合意されていたのである。こうして、日本が進める条約改正と極東の国際政治の方針が、イギリスを頼ることで一致した。

伊藤と陸奥は、自分たちの内閣で憲法停止の危機に直面し、日本の国力の増大を背景に対清戦争に勝てそうであり、イギリスの好意を得た以上は列強との関係上も不利にならないだろうと考え、戦争への道を進んでいったのだった。

伊藤の後ろめたさ

日清戦争の可能性を強めていくこのような選択を、伊藤はやむを得ないものだと自分を納得させつつも、国際政治的には十分に正当性を主張できるものではない、と自覚していたようである。伊藤は七月中旬になっても、日本が強引に日清開戦を進めていくことに、後ろめたさとためらいを感じていた。

たとえば、七月に清国が小村寿太郎《こむらじゅたろう》駐清代理公使に日本の行動についての「照会」を出したのに対し、陸奥外相が清国と開戦するのを誘引するかのような回答を小村に送った。小村は、現在日清両国は交戦国でない以上、このような命令を発するような陸奥外相には従えない、と陸奥に返答した。

七月一六日、このことを伊藤首相は取り上げ、陸奥の側に良い案があれば自分の考えに固執しない（陸奥宛伊藤書状、一八九四年七月一六日、「陸奥宗光文書」）、と婉曲に陸奥の再考を促している。

七月一九日、清国軍が朝鮮国へ兵力を増派されたという情報を得て、日本政府は連合艦隊と混成旅団に対し、清国軍が増派されるならばそれを撃破すべし、という命令を出した。これは日清開戦に大きく踏み出す判断だった。

しかし、陸奥外相や現地で指揮をとっていた大鳥圭介《おおとりけいすけ》朝鮮国駐在公使が望んだ、朝鮮国の王宮を包囲するという計画は、閣議で同意されなかった。それは、伊藤首相や明治天皇が、清国と交渉し戦争を避ける可能性を残しておきたかったからである。他の閣僚も、伊藤の方針を支持した。

ところが、現地の大鳥公使と朝鮮国に派遣された混成旅団長大島義昌《よしまさ》少将（長州藩出身）は、独断で日本軍を動かし、七月二三日早朝に漢城（現・ソウル）の王宮を占領、朝鮮国の行政の中枢を押さえた（高橋秀直『日清戦争への道』三四九〜三五七、四二六〜四四三頁。

檜山幸夫「明治天皇と日清開戦」）。次いで二五日、日本海軍は、増援部隊として漢城に向かう清国兵を運ぶ輸送船と護衛艦を、豊島《ほうとう》沖で撃破した。こうして、日清戦争が始まった。

第一六章　伊藤体制の満開――文官首相の日清戦争

大本営入りと軍事関与

日本が混成旅団を朝鮮国に派兵した日、一八九四年（明治二七）六月五日に、出兵した将兵を統率する最高作戦指導会議として、大本営が参謀本部に置かれた。

それまで、維新後の最も大きな戦争であった西南戦争では、軍事関係事項は京都御所の行在所《あんざいしょ》で発令され、大阪に征討総督府本営が置かれ、大久保利通《としみち》と伊藤博文らが軍の動員や編制と重要人事、全体の戦略に当たった。まもなく、征討総督府本営が九州に移っても、大阪で大久保と伊藤らが戦略の大枠や重要人事をリードした（本書第六章）。

したがって、大本営が置かれるのは初めてのことだった。これは前年五月に公布された戦時大本営条例によるもので、参謀総長が幕僚長であった。かつては太政官制下の大臣・参議からなる閣議が、戦争指導の中心だった。西南戦争の場合は、実力者である大久保と伊藤が、文官ながら戦争指導において実質的に最も重要な役割を果たした。今回は明治憲法にある、「天皇は陸海軍を統帥す」（第十一条）という統帥権の独立条項に合わせて、組織が変わったのである。

さて、大本営の最初の会議は、七月一七日に天皇の出席する御前会議として開かれた。その列席者は、参謀総長の有栖川宮熾仁《ありすがわのみやたるひと》親王・陸相の大山巌《いわお》・海相の西郷従道《つぐみち》ら陸海軍当局者や、陸軍の長老で陸軍大将でもある山県有朋《やまがたありとも》枢密院議長ら、武官たちであった。

その後、いよいよ清国と戦争になる可能性が強まると、天皇は七月二七日午前の大本営会議に伊藤首相を召し、今後大本営会議に列席するようにとの指示をした。これは天皇が、出兵経費のみならず、軍事作戦について伊藤首相が詳細に知ることが、外交交渉に必要であると考えたからであった。七月二六日、伊藤は天皇の命を承諾した（伊藤宛徳大寺実則書状、一八九四年七月二六日〔二通〕、『明治天皇紀』八巻、四六九頁）。伊藤は藩閥勢力中で最高の実力者で、天皇の信頼も厚かったので、文官でありながら戦争の作戦指導に関与するのを、天皇によって認められたのであった。

この天皇の決定は、明治憲法の条文から見ると少し異例であるが、すでに見たように、一八八〇年代まで伊藤・井上馨《かおる》ら文官が軍備計画や軍の人事という重要事項にも関与していた。また、明治憲法発布後の一八九三年三月になっても、仁礼景範《にれかげのり》海相（薩摩藩出身）の後任人事に、伊藤首相（文官）・山県法相（陸軍大将）・黒田清隆前首相（文官）・井上馨内相（文官）・大山陸相（陸軍大将）と薩長の文官も関与して、西郷従道（薩摩藩出身）を海相に選定している（伊藤之雄『山県有朋』第六章・七章）。

伊藤の大本営列席は、むしろ維新以降の文官の軍事関与という慣行に従ったものである。また、有力文官中でも伊藤一人のみが列席を認められたので、大津事件への対応過程にもみられた伊藤の特別な地位が、改めて確認される。それと共に、憲法制定後、文官の軍事関与がしだいに行いにくくなってきていることもわかる。

目論見通り

さて、日清戦争における日本軍と清国軍の最初の軍事衝突は、一八九四年（明治二七）七月二五日の豊島沖海戦であった。この海戦での日本海軍勝利の報は、七月二七日夕方から二八日夕方にかけて、大本営に入ってきた。沈められた輸送船にはイギリス人二人が乗っており英国旗が掲げられていた、との情報があったので、伊藤首相は、直ちに西郷従道海相に確認を行った（西郷従道〔山本権兵衛〕宛伊藤書状、一八九四年七月二八日、「山本権兵衛文書」国立国会図書館憲政資料室所蔵）。伊藤首相は軍事行動を、常に外交に関わらせて考え、広い視野から統制しようとしていた。

次いで日本陸軍は二九日に成歓《ソンファン》を、三〇日に牙山《アサン》を占領した。八月一日、日本は清国に宣戦布告した。これらの戦果は、毎日のように各新聞の紙面を飾り、『大阪朝日新聞』（現・朝日新聞）が「王者の兵は文明の戦」（八月一四日）と論じたように、日本国民は朝鮮国を改革し清国から独立させるという「大義」に酔いしれていった。

すでに七月一六日に、ロンドンで治外法権を撤廃する等の新条約が調印されており、八月二〇日に条約本文や付属議定書が日本に到着した。条約は、二四日に枢密院で審査・可決されて批准された。翌二五日、外務省で陸奥外相と英公使の間で批准の交換がなされ、二七日に公布された。新条約に対し、対外硬派は多少の不満を示したが、条約反対運動は生じなかった。開戦直後の勝利のおかげである。

ところで、明治天皇は軍事作戦の修正等の最重要事項に関しても、文官の伊藤首相に期待するところが大きかった。たとえば、第三師団の朝鮮国への出兵問題である。八月一三日、大本営はすでに朝鮮国に派遣されている第五師団に加えるべく、第三師団を出兵させることを決めた。

このことが上奏された後、天皇は現在の状況では第五師団の兵で十分だと考えた。そこで、第三師団はいずれ他の必要な場所に出兵するとしても、経費節減にもなるので、とりあえず第三師団の出兵は見合わせるよう、川上操六中将（参謀次長、薩摩藩出身）に通達してほしい、と伊藤首相に命じた（伊藤宛徳大寺実則書状、一八九四年八月二三日、『伊藤博文関係文書』六巻）。当時の制度では、参謀総長の有栖川宮熾仁は陸・海両軍の上に立つ参謀総長であり、川上が陸軍の作戦の最高責任者だった。

天皇は、近代国家として初めての対外戦争に不安だったのだろう。そのあまりとはいえ、この時の天皇の行動は、君主は政府の意思決定が困難な状況の時にのみ調停的に政治関与できる、という君主機関説的天皇の行動の枠から外れ気味である。天皇にもその自覚があったからこそ、大元帥として川上参謀次長に直接命令するのではなく、伊藤首相に命じたのであろう。

この件で返答が遅れたので、八月二三日、天皇は徳大寺侍従長を通して伊藤首相に回答を求めた（同前）。伊藤首相がどう対応したのかは、今のところ定かではない。おそらく伊藤首相は、君主機関説的枠組みから天皇が外れる行動をしていると判断し、個人的にも親しい川上参謀次長に天皇の意向を伝えたが、作戦を変える必要はないだろう、といった話をしたのだろう。

作戦は変更されず、第三師団の一部で作った支隊は、八月下旬に朝鮮国北東部の元山《ウォンサン》に上陸、第三師団本隊は、九月中旬に漢城（現・ソウル）に近い仁川《インチョン》に上陸した。これに先立ち、大本営は第五師団と第三師団で第一軍を編制し、八月三〇日、山県有朋大将が天皇から第一軍司令官に任命された。

その後、日本陸軍は九月一五日から一六日の平壌《ピョンヤン》の戦いに、日本海軍は一七日の黄海《こうかい》海戦に圧勝して、日本の勝利が固まった。また、大きな戦いでの日本の大勝利に対応し、国民の戦争協力と政府支持の空気がさらに強まった。条約改正が実現し憲法危機が解消したという点では、伊藤首相の目論見通りだった（伊藤之雄『立憲国家の確立と伊藤博文』一七二～一七三頁）。

戦後に向けた新体制の模索

すでに述べたように、一八九四年（明治二七）九月中旬の平壌の戦い、黄海海戦に日本軍が大勝すると、戦争の勝利への見通しも固まり、天皇は大いに安心した。伊藤首相も陸奥外相・渡辺国武蔵相らと、外交・経済上の問題を処理しつつ、戦後を意識して内外の体制を整えようとする余裕が出てきた。

すでに八月二九日に、井上毅《こわし》は病気が重くなったことを理由に文相を辞任しており、山県の腹心の芳川顕正《あきまさ》法相が兼任していた。伊藤首相は、内閣に若い人物を登用しようとした。また伊藤首相は、日本が「将来倍《ますます》文明的に進歩を要する時態《じたい》」になるに違いないと考え、それを牽引する人材として、文相をきわめて重視した。

そこで伊藤は、盟友で副総理格の井上馨内相に相談した。伊藤は、西徳二郎駐露公使（薩摩藩出身）が教育上もっとも適任と思うが、現在条約改正交渉中であり、かつ日清戦争の関係でロシアとの交渉も重要であるので、日本に帰国させることはできない、そこで西園寺《さいおんじ》公《きん》望《もち》（公家、枢密顧問官、前ドイツ公使）が良いと思う、と提案した（井上馨宛伊藤書状、一八九四年九月二四日、「井上馨文書」）。

西園寺は西より二歳若く、四四歳だった。伊藤が初めて太政官制下の内閣のメンバーであった参議になったのは、三二歳の時であり、近代的内閣制度ができて伊藤が初代首相になったのが、四四歳の時である。それに比べると、西園寺の入閣は早くない。伊藤たちとその少し後輩の世代が長く閣僚ポストを占め続けたので、閣僚の年齢は年々高くなっていた。そこで伊藤は、若い世代を登用し、数年から一〇年後に自分たちの世代が引退する時期に入ってもスムースな世代交代ができるように、と考えをめぐらしていたのである。常に数年から一〇年先を予見して行動できるところが、伊藤の強みであった。

西園寺は、二〇歳から三〇歳にかけて九年半もフランスに留学し、法律を学んだ人物で、帰国後伊藤に見出され、伊藤の憲法調査団の一員として渡欧、のち外交官として欧州滞在が長かった（伊藤之雄『元老　西園寺公望』第二章・三章）。西も二〇歳代に数年間ロシアに留学し、ペテルブルク大学法政科を卒業し、外交官として欧州に長く滞在している。伊藤は、英語が得意で自らもイギリスに留学（密航）して以来西欧体験が豊富だったので、類似した経歴を持ち、日本社会を漸進的・秩序的に進歩させようと考える人物を好んだ。

この時期、伊藤首相は将来構想として、「朝鮮改革」も気にかけた。伊藤と陸奥は、憲法を維持して立憲国家を完成させるため、また条約改正への批判を抑えるため、たまたま生じた朝鮮国問題を利用した（本書第一五章）。日本政府が日清開戦について列強に示した「口実」は、「朝鮮改革」である。したがって、「幾分」かの「成績」をあげなくては「国家之威信」に関わる、と伊藤は考えた。

当時の朝鮮国駐在公使は、大鳥圭介《おおとりけいすけ》（清国公使を兼任）であった。伊藤は娘婿で腹心の末《すえ》松謙澄《まつけんちょう》法制局長官を、朝鮮国の実情を調べるために派遣したところ、改革は大変難しく、到底何もできない状況だった。そこで伊藤首相は、大鳥公使の後任を選ぶとしても人材を得ることが困難である、と井上馨内相に苦しい心中を訴えた（井上馨宛伊藤書状、一八九四年九月二四日、「井上馨文書」）。伊藤は言外に、井上馨に内務大臣から一等下がって朝鮮国の公使となり、首相級の大物公使として「朝鮮改革」に取り組むことを頼んでいるのだった。

伊藤は、現在の朝鮮国政府が何を言っても、将来の当てにはならず、軍国機務処と大院君《テウオングン》が両立する形で対抗しあい、地方には一つの命令ですら実行されるのが困難な状況である等と、朝鮮国の現状を厳しくとらえていた（井上馨宛伊藤書状、一八九四年一〇月一二日、「井上馨文書」）。だからこの際、大物でやり手の井上馨が必要だったのだ。

井上馨は一〇月一五日に内相を辞任し、朝鮮国駐在公使となった。この三日後、陸奥外相は、朝鮮問題は最早欧州各国の「本舞台の脚色」となり、「上等の俳優」がその技量をたくましくしていると、井上公使に書き送った。各国公使も井上公使に注目しており（井上馨宛陸奥宗光書状、一八九四年一〇月一八日、「井上馨文書」）、伊藤首相の大胆な人事は、成功するかに見えた。井上公使は、明治維新以降の近代化過程をモデルとした朝鮮国の内政改革を行おうとした（森山茂徳『近代日韓関係史研究』二三〜五二頁）。

すでに述べたように、伊藤は軍に関し、文官の井上馨の協力も得て、同じ長州出身の山県有朋と連携し、陸軍を統制してきた。海軍は陸軍の補助的存在であり、山県が軍統制の基軸といえた。

日清戦争の開戦時、山県大将は五六歳になっており、人生五〇年と言われた当時としては、老境に入っていた。また、胃病・気管支の炎症・痔など種々の病気を抱えてもいた。

ところが日清戦争が始まると、その山県が朝鮮国に出征することを望み、八月八日に第一軍司令官の内命を得て、三〇日に正式に任命される。伊藤は、山県があえて戦場に赴くことに感動し、中国の詩に、「老圃《ろうほ》の秋容《しゅうよう》淡きを羞《は》じず、ただ寒花《かんか》晩節香るを見る」（古い田畑の秋景色のわびしさ〔老農夫の容貌のおとろえ〕を恥とはしない、ただ冬咲く花が一生の終わりに香っているのを見るのだ）という句があったのを思い出した、と山県に手紙を書き送った。大隈条約改正以来、感情がもつれ始めた二人の心が、再び通いあうようになったのである。九月四日に山県が第一軍司令部を率いて東京から広島に向かった時、伊藤は神奈川県の国府津《こうづ》まで見送った（伊藤之雄『山県有朋』二七一～二七三頁）。

広島へ行く

一八九四年（明治二七）九月一三日から、戦場により近く、軍主力部隊の出発点である広島に大本営を置くことになった。天皇は九月一三日に広島に向けて汽車で出発、一五日夕方に広島大本営に到着した。

伊藤が梅子夫人に出した手紙によると、一三日に伊藤首相も天皇に供奉《ぐぶ》し同じ列車で広島に出発した。ところが、車中で大山巌陸相・西郷従道海相の持参した洋食の弁当をたくさん食べ、その後和風弁当を「相応に」食べたところ、昼過ぎより気分が少し悪くなった。名古屋に着いた頃には熱気を感じ、宿舎で熱を計ったところ三八度六分位あった。酒の二、三杯も飲めば治るだろうと思っていたら、夜中に急に熱が高くなり、三九度九分にもなった。五三歳になる少し前というのに、伊藤は病気で倒れる直前まで食欲旺盛で、病気になっても酒で治そうとするなど、まだまだ負けん気が強かった。

名古屋でそれを聞いた天皇は、侍医局長を遣わして診察させ、伊藤に休暇を与え、名古屋に留めて療養させた。伊藤の病気はまもなく良くなったが、一四日には皇后の命で東京からベルツが診察にやってきた。ベルツが回復を確認したので、一六日に名古屋を出発、一八日に広島に着き、翌一九日に参内して拝謁した（『伊藤博文伝』下巻、八九～九一頁。『明治天皇紀』八巻、五〇一～五二一頁）。病気をしたことで、天皇や皇后がどれほど伊藤のことを心配しているかを、伊藤は痛いほど感じたと思われる。

九月一六日夜に平壌の戦いの勝利の報が大本営に入り、二〇日午前一時過ぎに黄海海戦の戦勝が大本営に達した。伊藤はますます元気になったことだろう。

陸奥・井上馨の支えで戦時を指導

伊藤首相は戦時外交に関し、陸奥外相と朝鮮国公使になった井上馨を極めて重視した。伊藤内閣の中枢は、この三人と言ってもよい。

たとえば、井上が朝鮮国に出発する前より、イギリスが日本に清国との和平の仲介を提案してきたことへの対応があげられる。陸奥外相と伊藤首相は数回討論した後に、謝絶することにした。陸奥は、この事情を井上に伝えるようにと伊藤から依頼されたので、陸奥が伊藤にあてた手紙の写しも添えて、一〇月二六日、井上に手紙を書いた（井上馨宛陸奥宗光書状、一八九四年一〇月二六日、「井上馨文書」）。

この六日後、伊藤首相も井上公使に手紙を書き、イギリスの動きには、他の欧州の諸「大国」は「時機未熟」として加担せず、イギリスとしても「一《ひ》と先泣寝《まずなきね》〔入〕り」の姿にみえる、と状況を知らせた。伊藤は、清国は簡単には和議を乞いそうにないので、旅順を陥落させて、天津《テンシン》に大攻撃をする必要があるとみた。そのうち「軍務」を担当している者にも申し入れておく、とも述べた。また最後に、朝鮮関係のことはまず井上に相談するよう、陸奥外相に指示してある、とも伝えた（井上馨宛伊藤書状、一八九四年一一月一日、「井上馨文書」）。

すなわち戦時外交は、伊藤首相を陸奥・井上馨が支えて展開していたのである。それに加え、イギリスとの条約改正が成功し、イギリスを頼る方針を決めていても（本書第一五章）、日本がイギリスに隙《すき》を見せれば、イギリスは利益を拡大しようと動くだろう、と警戒していた。伊藤は、常に緊張感を持ってイギリスと接していたのである。さらに、大本営に列席した伊藤が、日本の軍事戦略にも発言していたこともわかり、興味深い。

ところで、先の手紙で陸奥は、山県有朋大将（第一軍司令官）は以前から外交交渉の件で「苦慮」しているので、井上から山県に手紙を出す機会があったら、イギリスとの交渉について大要を伝えても差し支えがないと、井上公使に伝えている（井上馨宛陸奥書状、一八九四年一〇月二六日、「井上馨文書」)。伊藤と陸奥・井上馨の中枢グループと山県は、外交交渉の重要機密の概要を共有できる程度に連携していた。伊藤と井上馨にとって山県は、味方にしておいて、軍の統制のみならず薩摩の有力者等を説得する際に、頼りにしたい存在だった。

山県の病気を心配する

山県は第一軍司令官として朝鮮国に渡り、仁川《インチョン》に上陸、陸路を漢城《かんじょう》(現・ソウル)から平《ピョン》壌《ヤン》に行った。一八九四年(明治二七)一〇月下旬、第一軍が朝鮮国と清国の国境にある鴨緑《おうりょく》江《こう》を渡河すると、山県も清国側に入った。

しかし山県は仁川上陸後から気管支や胃腸の病気に悩まされ、一一月初めには胃病が悪化し、衰弱がはなはだしくなった。五六歳の山県の体には、朝鮮国や南満州(満州は中国東北地方)の秋から冬へ向かう寒さや悪路が、ひどくこたえたのである。

伊藤首相は山県の病状を心配し、山県を日本に帰らせるように、明治天皇に奏請したらしい。一一月二九日に勅語が下され、一二月八日、山県は鴨緑江の朝鮮側の義州《ウイジュ》で勅語を伝達された。そこで翌日、山県は第一軍の指揮を野津道貫《みちつら》中将(第五師団長)に一任、天皇の滞在している大本営がある広島に向かった。

山県は帰国することが非常に不満だった。途中、山県が仁川に着いた際に、井上馨公使は山県に会う。井上は山県の様子を見て、帰国後に山県を大本営御用掛《ごようがかり》として、有栖川宮熾仁《たるひと》参謀総長を補佐させる命令を天皇から出す他ない、と伊藤に提案した。もしこれが実行されないと、第一軍司令官を解職されたのを理由に、山県は陸軍を引退する決心のようにも見える、と井上馨は続けた（伊藤之雄『山県有朋』二七三〜二七九頁）。

山県は一二月一六日、宇品《うじな》港（現・広島港）に着いた。伊藤首相は、土方《ひじかた》宮相や陸海軍将官らとともに、小型の蒸気船で山県の乗った船まで出迎えに行った（『東京日日新聞』一八九四年一二月二〇日）。伊藤の山県への思いやりである。

同じ日、伊藤は、井上馨朝鮮国公使に次のような手紙を書いている。自分は帝国議会の準備のために一、二日の内に東京に行かなければならないが、山県の落ち着くポストだけは決めておかないと安心できないので、やむをえず出発が遅れている――（井上馨宛伊藤書状、一八九四年一二月一六日、「井上馨文書」）。伊藤首相と井上公使が、山県の前途を心配し、軍の人事に介入しようとしていた。

旅順虐殺事件への憤り

同じ手紙で伊藤は、第二軍の第一師団が旅順占領の際に、清国兵の捕虜や旅順住民を虐殺した事件についても触れている。この事件は、一八九四年（明治二七）一二月一二日にアメリカの新聞『ニューヨーク・ワールド』で報じられてから、欧米で注目を集めた。陸奥外相がアメリカの各新聞に、同月一七日、一八日と弁明書を掲載したこともあり、その後欧米の日本非難の論調は沈静していく（大谷正『近代日本の対外宣伝』第二部第四章）。伊藤は、「旅順虐殺云々之《の》一事」は、列強の「感触上」はなはだおもしろくなく、力を尽くして弁護に資金を使って努力している、と井上馨に報じている。

旅順が陥落すると、米国が講和の仲介を申し出てきたので、陸奥外相は伊藤首相と遼東半島方面を得るなどの講和の条件を検討し始めていた（伊藤宛陸奥書状、一八九四年一一月二六日、『伊藤博文関係文書』七巻）。そこで伊藤や陸奥は、列強、とりわけアメリカでの事件報道について神経をとがらせたのである。

その後旅順虐殺事件について、大本営は第二軍の「非違」を問うのは「刻下不得策」ということで、不問に付すことになった（伊藤宛伊東巳代治書状、一八九五年二月二五日、『伊藤博文関係文書』二巻）。伊藤首相は、帝国主義の時代の国際的な規範を常に気にし、陸軍の配慮のなさを憤る一方、起こってしまった事件に対し、欧米への説明に努めたのである。*

＊ 一九世紀末において、旅順虐殺事件が列強のジャーナリズムの関心を引いたように、非戦闘員や捕虜の殺害は「文明国」が行うことではない、という規範が形成されつつあった。ところが、アメリカにおいても、白人が先住民を征服し土地を奪っていったいわゆる「インディアン戦争」で一八九〇年に重武装の騎兵隊が、婦人・子供を含む二〇〇人のスー族を殺した「ウーンデッド・ニーの虐殺」が起こっているように、規範意識は不十分だった。これが、日本への批判が沈静化した背景である。

山県の窮地を救う

さて帰国した山県は、一八九四年（明治二七）一二月一八日に天皇から「優詔《ゆうじょう》」を下され、枢密院議長と第一軍司令官を免じられ、監軍に任命された。監軍は陸軍の中で閑職的ポストになっており、あくまで一時的な処置だった。また山県は、一二月二〇日に二回目の「元勲《げんくん》優遇」の詔勅を下された。伊藤や黒田はこの詔勅を一度受けたのみで、山県に対する破格の優遇である。これは伊藤首相と明治天皇の配慮であることは間違いない（伊藤之雄『山県有朋』二七九〜二八〇頁）。

伊藤首相は、一二月一八日午前一一時五〇分の汽車で、東京へ戻るため広島を離れた（『東京日日新聞』一八九四年一二月一九日）。山県に関するすべての段取りをした上での出発であろう。

山県は帰国後、大本営の軍議に再び出るようになるが、川上操六参謀次長（陸軍中将、薩摩藩出身）ら後進の軍人との関係が円滑に行かなかった。日清戦争の作戦をめぐり、第一軍司令官であった山県が、川上ら大本営の作戦に忠実でなかったことも背景にあった。

そうした中で、一八九五年一月一五日、有栖川宮熾仁《たるひと》参謀総長が病死した（公式な死去の日付は一月二四日）。当時の参謀総長は、参謀次長（陸軍）と軍令部長（海軍）の上にあって、陸海軍の作戦作成を統率する立場にあった。山県にとっては、申し分のないポストである。

伊藤首相は井上馨朝鮮国公使と連携し、山県を参謀総長に就任させようと動いた。ところが、川上参謀次長と樺山資紀《かばやますけのり》軍令部長（海軍中将、薩摩藩出身）は、表面上は伊藤に賛成する姿勢をみせながら、内実は山県が参謀総長になったら二人で辞任しようと考えていた。皇族の場合と異なり、山県がそのポストに就けば、自らの意向を強く打ち出すと予想されたからだ。

そこで伊藤は、一月二五日には参謀総長に小松宮彰仁《こまつのみやあきひと》親王（陸軍大将）を当てる方針を決め、山県には西郷従道海相が兼任していた陸相になるように勧めることにした。陸相は戦時には比較的軽いポストで、第一軍や第二軍司令官か、参謀総長の方が名誉ある重要ポストだった。

伊藤には、面子《メンツ》をつぶされた山県の気持ちが痛いほどわかった。伊藤が山県に、寒梅の一枝に添えて、梅のすがすがしさと春の息吹を詠んだ旧作の七言絶句を書き贈ったのは、山県が参謀総長になれなかった直後だと思われる。

結局三月七日に、山県は監軍兼任で陸相に就任した。それでも山県は、陸相に任命されたことを「復職」ととらえ、とても喜んだ。伊藤の友情を感じたからでもあろう（伊藤之雄『山県有朋』二八〇〜二八三頁）。

下関講和条約を結ぶ

山県のポスト問題が続いていた一八九五年（明治二八）一月二七日、日清戦争の講和条件が御前会議で審議された。出席者は、明治天皇と伊藤首相・陸奥外相・山県大将（監軍）・西郷従道海相兼陸相・樺山資紀海軍軍令部長・川上操六参謀次長だった。この会議のため、陸奥外相は伊藤首相と相談して、基本的な講和条件について原案を作っていた。陸奥は、朝鮮国の独立、遼東半島の割譲や軍事費の賠償等を提示し、出席者に異議がなかったので、天皇に裁可された。ところが天皇は、遼東半島の割譲は最初から求めるべきではない、と思っていたらしい（『佐佐木高行日記・かざしの桜』一八九五年七月二九日）。

その後、二月二日に日本軍は、清国最強の北洋海軍の根拠地で、山東半島にある威海衛《いかいえい》を占領した。こうして三月二〇日、伊藤首相と陸奥外相が全権となり、清国の最有力政治家で全権の李鴻章《りこうしょう》と、下関の春帆楼《しゅんぱんろう》で講和会議を始めた。その四日後に、李全権が狙撃されて負傷する事件が起きたことも影響し、清国側は日本の講和条件に抵抗した。

伊藤が最も心配したのは、ロシアの動向であった、伊藤は三月中旬には、ロシアは独力でも干渉を試みようとするだろう、との情報をつかんでいた（陸奥宗光宛伊藤書状、一八九五年三月一九日、「陸奥宗光文書」）。

講和条約が調印される二日前、ロシアは遼東半島の日本への割譲など、大陸分割に不同意であるのは明白で、また、フランス海軍と連携して日本が澎湖《ほうこ》諸島を占領するのを妨害しようとしている、との密報も伊藤に伝わっていた。イギリスは全く傍観するように見えた。朝鮮国のことについても、ロシアから何か申し出てくるのは疑いない、と考えられた。

このように国際的には困難な状況であっても、伊藤は基本的な講和条件を貫徹するつもりだった。この頃、陸奥は病気が悪化、伊藤が一人で問題を処理する状況であった（井上馨宛伊藤書状、一八九五年四月一五日、「井上馨文書」）。

下関条約の最終案も、伊藤首相が中心となって作成し、陸奥外相には最終確認を求める形になった（陸奥宛伊藤書状、一八九五年四月一六日、「陸奥宗光文書」）。

李鴻章

四月一七日、朝鮮国の独立承認、遼東半島・台湾・澎湖諸島の割譲、賠償金二億両《テール》（約三億一〇〇〇万円）の支払いからなる日清講和条約が、下関で調印された。日本側は当初三億両（約四億六五〇〇万円）の賠償金を請求していたが、緩和した。それでも、日清戦争の戦費約二億円に対し、約一・五倍の賠償金が日本に入ってくることになった。

四月一九日、伊藤は条約調印について、過日来の「〔陸奥の〕御苦心」が、いささか「成蹟を表章」するようになったのは、陸奥の「御尽力」のおかげである、と陸奥に手紙を書いた。これはもっぱら国家のため、心に深く感じて忘れられないことである、昨夜来発熱しているということですが、この際どうか養生第一にして下さい、と伊藤は陸奥の体をいたわった（陸奥宛伊藤書状、一八九五年四月一九日、「陸奥宗光文書」）。

伊藤は下関講和条約について、それなりに満足していたが、ロシアなど列強の干渉を警戒し、イギリスとの新条約調印の時に比べると、手放しで喜んでいない。それでも結核に冒されながらも、外相として日清戦争の指導から講和条約まで大きな役割を果たした陸奥を、自らの功績以上に賞賛している。伊藤は強い自負心を持っていたが、腹心の働きを感謝をこめて評価できる素直でフェアな精神を持っていた。これは、井上毅に対しても見られた点である。

三国干渉

下関講和条約の内容を知ると、ロシアはドイツ・フランスを誘い、一八九五年（明治二八）四月二三日、遼東半島を清国に返すように日本に勧告した。イギリスにもロシアの誘いがあったが、イギリスは応じなかった。

日清戦争で清国が日本に敗北するまで、ロシアは、朝鮮国はもちろんのこと、清国の東北地方である満州に対しても積極的な政策を持っていなかった。それはロシアが、東アジアにおける陸軍力に自信がなかったからである。一八八六年段階で、ロシアの極東派遣の陸軍はわずか一万五〇〇〇人で、そのほとんどがウラジオストック近隣に駐屯していた。ところが、清国が日本に敗北すると、ロシアは満州進出への野心を持ち始めた（Andrew Malozemoff, *Russian Far Eastern Policy*）。遼東半島の旅順などは、ロシアの欲しい不凍港の候補地であり、日本が遼東半島を領有するのはロシアにとって妨げであると思われた。

他方イギリスは、日清戦争で日本の国力を見せつけられ、極東での戦乱などの際、イギリスの利益を守るために連携する相手として、清国ではなく、日本が望ましいと考えるようになった。そこで干渉に参加しなかった（Ian H. Nish, *The Anglo-Japanese Alliance*）。

しかし、とりわけ海軍力を考えると、日本には三国を相手に戦う力は残っていなかった。伊藤首相は三国干渉への対応を、山県陸相や陸奥外相の意向を重視して検討した（伊東巳代治宛伊藤書状、一八九五年四月二五日、「伊東巳代治文書」）。伊藤は、ロシアは今さら後へ引けず、たとえ単独ででも干渉を実施すると見ていた（陸奥宛伊藤書状、一八九五年五月三日、「陸奥宗光文書」）。そこで五月四日、閣議で三国の提言を入れ、遼東半島を放棄することに決定した。

この八日後、伊藤は東京の梅子夫人に手紙を書いている。その中で、今また戦争を始めて数万の人を殺すよりも獲得した土地を返す方が良いことである、また天皇もそうせよというお考えであるので、決めたのだ、と伝えている。さらに、日本人の中のわからず屋はあれこれとやかましく言うことだろうが、私としては日本のためにはこれ以外にやり様はないのだ、安心していてくれ、と述べている（『伊藤博文伝』下巻、二二九〜二三〇頁）。

三国干渉に屈服したことに、伊藤が悔しくないはずはない。しかし、これが今の日本の国力であり、ロシアを警戒していたものの日本としては打つ手がなかった、というのが正直な感慨だったろう。

破格の恩賞と陸奥への気配り

下関条約で、日本は清国から台湾を割譲されたので、台湾占領のため近衛師団を派兵した。同師団は一八九五年（明治二八）六月七日に台北を陥落させる等、台湾占領を着々と進めた。このように、日清戦争の戦後処理も一段落したので、八月五日に第一次の戦争恩賞の発表があった。

文官の伊藤首相は、大勲位《だいくんい》に叙せられ菊花大綬章《きっかだいじゅしょう》を授けられた。日本人で皇族以外には旧公家の三条実美《さねとみ》・岩倉具視《いわくらともみ》・中山忠能《なかやまただやす》、薩摩藩の実権者であった島津久光のみが授与されていた。伊藤のような足軽身分であった者が授与されるのは、初めてである。

長州と薩摩の最有力軍人の山県有朋（第一軍司令官、のち陸相）や大山巌（第二軍司令官）・西郷従道（海相兼陸相）は、臣下の武官として最高の功二級金鵄《きんし》勲章（年金一〇〇〇円〔現在の約二〇〇〇万円〕）と、旭日桐花大綬章《きょくじつとうかだいじゅしょう》を授けられた。伊藤はすでに、明治憲法発布の際に旭日桐花大綬章を受けていた。

次いで、伊藤は山県・西郷・大山と共に、伯爵から侯爵に陞爵《しょうしゃく》した。儀式などの際の序列である宮中席次は、基本的に現職ポストと勲章で決まり、爵位のみでは序列の上に行くことができない。伊藤が授けられた大勲位菊花大綬章は、現職ポストで序列が最高の首相より上である。伊藤はあらゆる公式行事で、臣下として最高の席次を得るようになったのだった。

さらに、天皇の特旨で、伊藤に一〇万円（現在の二〇億円以上）、山県・西郷・大山らにそれぞれ三万円が与えられた。山県ら三人にはそれぞれ金鵄勲章の年金一〇〇〇円があるとはいえ、金銭面でも伊藤は破格の扱いだった。

こうした藩閥最有力者への勲章の下賜については、この頃は首相および藩閥の最有力者等の助言を重んじて、明治天皇が決定するのが普通である。その慣例からすると、首相かつ藩閥筆頭で天皇から厚く信頼されている伊藤は、天皇への助言を通し、勲章決定の実権を握るはずである。ところが今回は、伊藤や藩閥最有力者たちに関わる事柄であり、伊藤らに相談することなく、天皇が宮相や侍従長など宮中関係者と相談して決定したらしい。伊藤首相が陸奥に出した次の手紙は、そのことを示している。「恩賞之《の》一事、小生も初期之《の》部に被加入《くわえいれられ》、頗《すこぶる》迷惑仕候《つかまつりそうろう》故《ゆえ》、既に奉辞《ほうじ》仕置候《つかまつりおきそうろう》（恩賞のことは、自分も初期の部に加えて入れられてしまい、大変に迷惑しているので、すでに謹んで辞退しておいた）」（陸奥宛伊藤書状、一八九五年八月七日、「陸奥宗光文書」）。

このように、伊藤は恩典の辞退を申し出たが、天皇の許可はなかなか出なかった。恩典の下賜の当日も、病気を理由に出席できないと届け出ておいたが、「種々之事情」によってやむを得ず参内した（同前）。

伊藤は、陸奥への恩典が後期になったことについて、「御不快も可有之歟《これあるべきか》（ご不快もきっとあることでしょう）」と気遣い、伊藤の発言が伝わらず、このように時期に差をつけられる結果となった不行き届きをお許しください、と陸奥に述べている（同前）。

結局、伊藤は恩典を固辞し続けたので、八月九日、一〇日と、天皇はそれぞれ土方久元《ひさもと》宮相、黒田清隆（枢密院議長）を使いとし、恩典を受けるように「内諭」を伝えさせた。さらに一四日、天皇は伊藤を召して説諭し、また土方宮相より、「日清交渉事件」はじめ、その他の功績が顕著であったため勲章と爵位を進めるので、辞退は許さない、との天皇の意向を示した「御沙汰書」を伝えさせた。こうして伊藤は恩典を受けた（『明治天皇紀』八巻、八七五〜八七六頁）。

恩典を辞退する、と伊藤がかたくなな行動を取ったのは、何よりも陸奥に配慮したためだった。伊藤が陸奥に出した手紙にもあったように、陸奥は八月五日の第一次の発表に漏れた。この一次の名簿には、伊藤・山県・大山・西郷といった大物のみならず、樺山資紀《かばやますけのり》大将（軍令部長、台湾総督）・川上操六中将（参謀次長）らもあった。伊藤は、陸奥が自分と同格の働きをしたと評価し、陸奥の自負心もよくわかっているので、ここに陸奥の名がないのは陸奥の感情を害すだろう、と心配したのだった。

陸奥の名は、八月二〇日の二次の恩典名簿に上がり、旭日大綬章をうけ、子爵から伯爵になって、二万円が下賜された。

伊藤が陸奥にこのような気配りをしたのは、外相として首相の自分を支えてくれた功績への感謝の気持ちがあったからである。腹心の功績を自分のそれと区別して評価できる度量と人の良さが、伊藤にはあった。また、今後も二人で日本に「憲法政治」を定着させ、国際規範に従いながら日本の発展を図る外交を展開したい、という期待もあったからだろう。

閔妃（明成皇后）殺害事件

ところで、三国干渉の後、その延長でフランス公使は、朝鮮国に対してロシアと提携して事を行ってはどうか、とすら助言した。そこで一八九五年（明治二八）六月三日、陸奥宗光外相は伊藤首相に、日本の朝鮮政策を再検討すべきだと提案した。これまで日本は独自で朝鮮国の内政改革を行ってきたが、成功していない。それでもこれまで通りに日本独自で干渉政策を実施するのか、干渉を抑制するのか、検討するべきという意味である。しかし閣議では、明確な政策を決定できなかった。

この状況下で、朝鮮国での日本の立場を挽回するため、八月一七日、井上馨に代わって新たに三浦梧楼《ごろう》が朝鮮国公使に任命された。三浦は一八四七年に長州藩士の子として生まれ、奇兵隊に参加した。維新の後、東京鎮台司令官（陸軍中将）まで昇進したが、山県と陸軍改革をめぐって対立、左遷されて陸軍を辞めた。その後、学習院院長や貴族院議員を歴任し、官界から引退していた。

三浦は公使の就任依頼を受けると、政府の朝鮮政策の方針を尋ねる意見書を出したが、明確な答えを得られないまま、朝鮮国に赴任した。伊藤内閣はロシアやイギリスを中心とした列強の動向を十分につかめず、朝鮮政策を決めかねていたのであった。

三浦が赴任すると、明成皇后《ミョンスンスン》（閔妃《ミンビ》）が実権を握った李王側が、日本の将校が訓練した軍隊、訓練隊の武装解除を承諾するよう求めてきた。日本の朝鮮国への影響力をさらに削減しようとしたからである。三浦公使は、国王の父である大院君《テウォングン》を擁して、クーデターを行うことを決意した。

こうして、一〇月七日夜から八日の早朝にかけて、三浦公使の意を受け、訓練隊は大院君を護衛し、これに日本の守備隊や武装した公使館員・領事館員の一部が加わってクーデターが実行された。クーデターに参加した日本人は朝鮮人の服装をし、漢城(現・ソウル)の景福宮《キヨンボックン》に押し入って、明成皇后らを殺害したが、当時王宮にいたロシア人やアメリカ人に目撃された。また、夜が明けて、異様な風体《ふうてい》の日本人が王宮から引き上げてくるのを、一般の朝鮮人にも見られた。こうして明成皇后殺害は日本人の行為であることが知られていった(伊藤之雄『立憲国家の確立と伊藤博文』一九二〜一九四頁)。

事件に驚く

この明成皇后殺害について、近年韓国においては伊藤首相や閣僚が関わっていたという見解が出されたが、これは史料の誤読から起こった誤りである。

そのことは、事件が終わった日、一八九五(明治二八)一〇月八日に伊藤首相が井上馨に書いた手紙でもわかる。一〇月八日午前六時三二分に、漢城(現・ソウル)から新納時亮《にいろときすけ》少佐が、訓練隊が大院君を擁して王宮に討ち入ったと、樺山資紀軍令部長に電報を打った。伊藤はこの電報で事件を知り、「日本士官の訓練に係る兵隊大闕《だいけつ》〔王宮の門〕を犯すに至ては事態不容易《ようゐならず》」と思われます、「御観察」はどうですか、とただちに井上馨に意見を求めている(井上馨宛伊藤書状、一八九五年一〇月八日、「井上馨文書」)。これは公開を前提にしていない、親友に宛てた手紙であり、これにより、伊藤がこの事件のことを全く知らなかったことは明白である。

また、明成皇后殺害事件から一三日後、伊藤首相は事件についての上奏意見書を書いている。そこでは、三浦公使以下の犯罪を「証拠顕然」と認め、列強から朝鮮国の独立を無視するものであるとの非難を受けないことが必要だ、と論じた。さらに、井上公使が帰国するとともに、ロシアに向かって、日本の朝鮮国に対する方針および撤兵その他の措置をとることを通告しようとしていたのに、意外にも、今回このような事件が突然起こってしまった、と述べている。伊藤は、このために日本の朝鮮国における「地位上更に一転を来《きた》せり」と、その間の事情も述べている（「伊東伯爵家文書・朝鮮王妃事件関係資料」国立国会図書館憲政資料室所蔵）。この上奏意見書も、伊藤が事前に事件に関わっていないことを証明している。*

＊　二〇〇五年一〇月六日付で、韓国の有力紙『朝鮮日報』は、伊藤博文が明成皇后（閔妃）殺害に関わっていたとする、センセーショナルな記事を掲載した。この記事（Digital Chosunilbo, Japanese Edition による）は、芳川顕正司法大臣が、〔山県有朋と〕陸奥宗光外相に送った一八九五年六月二〇日付の手紙を取り上げ、(1)「一八九五年の明成皇后殺害に、日本の総理大臣伊藤博文や閣僚が関わっていたことを裏付ける史料が日本の国立国会図書館憲政資料室で発見された」、(2)芳川は井上馨駐韓公使に、「〔伊藤総理に〕弥《び》縫《ほう》策はきっぱり放棄し、決行の方針を採択するよう強く勧めよ」といった内容を話している、(3)「芳川は手紙に『〔井上の〕心の中を探ったところ、反対していないようなので、こちらの希望通り動きそうだ』と書いている」とする。また、李《イ》泰《テ》鎮《ジン》ソウル大学教授の「内閣レベルで明成皇后の殺害について話し合っていたものとみられる」や、崔《チェ》文《ムン》衡《ヒョン》漢陽大学名誉教授の「伊藤の明成皇后殺害事件への介入を明確に暗示する資料だ」との談話で主張を裏付けようとしている。

　この手紙は、国立国会図書館憲政資料室所蔵の「陸奥宗光文書」にあるもので、目録まで備わっており、「発見」とはいえない。

また、一八九五年六月二〇日付の手紙の「決行の方針」とは、私の著書『立憲国家の確立と伊藤博文』で示したように、その少し前から話題になっていた、日本独自で朝鮮国へ干渉する政策方針を放棄して、ロシアと提携する等の大転換を行うことを指す。明成皇后殺害事件は、この四ヵ月も後のことである。これが明成皇后殺害事件を指していないことは、この手紙以外の史料も読んで、当時の政治外交の流れの中で考察すれば、容易にわかることである。なお、この時点で伊藤の最大の関心は、外交政策の転換よりも、松方正義蔵相が財政政策の対立から伊藤内閣を倒そうとしているとみて、それにどのように対応するかということにあった（陸奥宛伊藤書状、一八九五年六月一七日、「陸奥宗光文書」）。

さらに、六月二〇日付の手紙の原文の解釈にも、誤りがある。この手紙の原文は、「春畝《しゅんぼ》伯〔伊藤博文〕と面晤《めんご》談話《だんわ》有之折《これあるおり》は、是《ぜ》非《ひ》共《とも》弥縫策は断然拋棄《ほうき》し、決行の方針を採らるべき様、強く勧誘致《いたし》呉《くれ》候《そうろう》様《よう》、〔芳川が井上に〕反復談話及候処《だんわにおよびそうろうところ》、委曲領承《いきょくりょうしょう》せりと〔井上が〕被答申候《こたえられもうしそうろう》。其《その》意中を〔芳川が〕察するに、〔井上は〕不同意には無之《これなき》様相《あい》見へ、多分御期《ごき》〔希〕望通《ぼうどおり》運動致呉《いたしく》るゝならんと被考《かんがえられ》申候」である。すなわち、「井上がおそらく山県や陸奥の希望通りに伊藤に運動してくれるだろう、と芳川には考えられる」という意味であり、井上の動きに対する芳川の希望的観測を述べているに過ぎない。『朝鮮日報』の記事にある「こちらの希望通り動きそうだ」との、政府内の合意形成を暗示する解釈は、明らかに間違いである。

また、この記事の作成関連者は、宛先の一つ「含雪《がんせつ》将軍〔含雪は山県有朋の号〕」の文字が読めなかったのか、理解できなかったのか、より重要な山県の名を落とし、この手紙を陸奥のみに出したものとしている。

この事件の結果、三浦公使は罷免され、他の公使館関係者も非職になるなどの処分がなされたが、広島で行われた裁判では、参加者のいずれもが証拠不十分として無罪になった。伊藤首相は事件について、列強の国際スタンダードを外れていると怒った。また、伊藤の腹心の西園寺公望外相臨時代理は、一〇日あまり後、陸奥宗光に「朝鮮一件」は「一大獄」になると思う、と手紙を書いている（伊藤之雄『元老　西園寺公望』九〇頁）。しかし伊藤は、関係者に厳罰を下すまでには追及しなかった。藩閥内にそれを好まない空気が強かったからであろう。

伊藤首相は、このような事件を再び起こしてはいけない、と明白に考えていた。たとえば翌一八九六年五月五日に、『中央新聞』が朝鮮国に政変が切迫していると題し、親日派の「開化党」の勢力回復がほとんど実現しそうだとの記事を載せると、陸奥外相に、小村朝鮮国公使から何らかの「報道」がないなら、電報で問い合わせてほしいと依頼した。伊藤は「又々寝耳に水に出会」っては、大変であると考えたからである（陸奥宛伊藤書状、一八九六年五月五日、「陸奥宗光文書」）。伊藤は、明成皇后殺害事件のようなクーデター計画がないかと恐れていたのだった。

日露協商路線を作る

朝鮮国においては、明成皇后（閔妃）殺害事件の後、親日内閣ができた。しかし、事件への朝鮮国国民の反感は強く、その内閣に反対する気運が全国的に広まり、朝鮮国への日本の関与の排除を唱えるゲリラである義兵の活動も始まった。また、李王高宗《コジョン》も、日本に好意を抱いておらず、自分も殺害されるのではないかと恐れていた。

この空気を利用して、ロシア公使ウェバーは、ロシア軍艦から一一〇名あまりの部隊を漢城（現・ソウル）に入れ、親露的な故明成皇后派の宮臣と打ち合わせ、一八九六年（明治二九）二月一一日に、李王とその世子（皇太子）をロシア公使館に連れ出した。李王らは、新たに親露派の政権を作った。またその後一年間、李王と世子はロシア公使館に滞在し、そこで政務を執った。

朝鮮国は清国の属国であったが、日本は日清戦争で清国を追い払い、朝鮮国を独立させて日本の勢力圏としようとした。この狙いは、戦勝と下関条約で成功したかに見えたが、たちまち窮地に立たされた。

朝鮮国王がロシア公使館に入って半月あまりしても、伊藤内閣は朝鮮国を日本独力で勢力圏とするか、列強と協議して朝鮮国の情勢に対応するか、利害関係の最も密接な日露両国で協定を結んで対処するか、いずれを選ぶか決められないでいた（『日本外交文書』二九巻、七四五頁）。

ロシアにおいては、この年の五月に皇帝ニコライ二世の戴冠式が予定されていた。すでに前年一一月になると、伊藤首相は同じ長州出身の山県大将か、薩摩出身の黒田清隆または松方正義に首相職を譲って、戴冠式出席を兼ねて欧州に行こうとした。朝鮮国等の問題を、ロシアや列強首脳と話し合って解決したかったのである。

ところが、明治天皇に欧州行きを願い出ても、天皇は同意しなかった。陸奥外相は反対であり、山県も、西園寺公望（外相臨時代理）から陸奥の考えを伝え聞いて反対にまわったという。井上馨も伊藤のロシア行きを本気でとらえていないように、反対の意見だったようである（伊藤之雄『元老　西園寺公望』九一～九二頁）。

それは、日清戦争後の軍備拡張や戦後の経済政策など、日本のあり方を決める第九議会が、一八九五年一二月から翌年三月まで予定されていたからである。日清戦争前から、衆議院で自由党や改進党など、政党の勢力が伸びていた。日清戦後経営のために必要な予算を議会で可決するためには、伊藤内閣とつながりの深い自由党の協力を得る必要があり、伊藤内閣の存続が望ましかったのである（伊藤之雄『立憲国家の確立と伊藤博文』一九五～一九六頁）。

ところが、第九議会の最中に、すでに述べたように朝鮮国王がロシア公使館に入ってしまうと、伊藤首相は、ニコライ二世の戴冠式に全権大使となり皇族の随員として参列することを強く望むようになった。朝鮮国王のロシア公使館入りの約一週間前に、衆議院の本会議で戦後経営予算が可決されており、第九議会が無事に終わる見通しは立っていた。

議会後の政権担当もそれなりに大変であるが、ロシアとの交渉は、ロシアが強気に出てきた場合、きわめて困難なものとなる。自負心の強い伊藤は、困難だがやるべきだと信じる仕事を常に選ぼうとした。大隈条約改正問題、品川内相の選挙干渉問題の始末の時と同様に、今回もそうだった。

ところが、陸奥外相や元老などに反対があり、このことを決める一八九六年二月二〇日の閣議は、天皇が臨御する重々しいものとなった。この閣議の前、山県大将は健康に自信がないこともあって、全権大使となってロシアに行く代わりに山県内閣を作ってもよく、伊藤が全権大使となってロシアへ行くべきだと考えていた。しかし、閣議で伊藤がロシア行きに固執しなかったため、皇族の伏見宮貞愛《ふしみのみやさだなる》親王と山県が全権大使と決まってしまった（山県宛伊

藤書状、一八九六年二月二九日、「井上馨文書」)。

この結果に山県は非常に不満であり、そのことが伊藤に伝わった。伊藤と山県の意思疎通が必ずしも良くないことが、裏目に出たのだ。伊藤は自ら苦難を背負う考えでいたのに、それを逃れたかのように山県から見られ、怒りが爆発した。二月二九日、伊藤は「いかにも不本意至極」であり、ロシア派遣の任務を自分が引き受ける、と山県に手紙を書いた。さらに続けて、もしそうならないなら公職を辞めるつもりであり、国家将来のことは山県及び元老その他の有力者にゆだね、あえて一言も発言しないのでご承知下さい、と激情をぶつけた(同前)。

右の手紙が井上馨の下に残ったのは、山県が受け取って驚き、伊藤の親友の井上馨に相談したからだろう。おそらく、井上が間に立って伊藤の気持ちをなだめたのに違いない。伊藤は首相を続け、山県は三月半ばに全権大使としてロシアに出発した。

この間、李王らがロシア公使館入りした時に、日本は列強の意向を探ったが、イギリスも含め、列強は日本を支持して介入する姿勢を示さなかった。他方、駐日ロシア公使は、伊藤首相や西園寺外相臨時代理に対して、日露の協商を働きかけた。そこで、日本は日露協商を結ぶ方向でロシアと交渉を進め、六月九日に朝鮮国において日露が政治的に対等であるとの主旨で、山県―ロバノフ協定が成立した。この協定では、両国の朝鮮国での勢力圏を明確に分割しないものの、一応ロシアは北半分(漢城以北)、日本は南半分(漢城以南)を勢力圏とした(伊藤之雄『立憲国家の確立と伊藤博文』一九六～一九九頁)。

日露協商路線は、伊藤首相や内閣と、山県全権の合作だった。伊藤が、自らロシアと交渉しようと覚悟したほど神経を遣った日露関係であったが、ふたを開けてみると案外たやすく妥協が成立したようにもみえる。その背景には、ロシアの極東政策が場当たり的で、一貫した方針を持っていなかったこと、ロシアの主な関心がバルカンなどヨーロッパ方面に向いていたことなどがあった。

自由党と提携する

日清戦時下の第七臨時議会（一八九四年一〇月）や第八議会（一八九四年一二月〜一八九五年三月）において、衆議院は協力的で、軍事関連予算案や関連法案を全会一致で可決し、一八九五年度予算もほぼそのまま通過した。

ところが、下関講和条約締結の後、三国干渉が起き、一八九五年（明治二八）五月四日に政府がその受諾を決定すると、同日、自由党も含めた政党間で、伊藤内閣の責任を追及しようという動きが生まれた。中心となったのは、尾崎行雄ら改進党系の衆議院議員であり、九つの政派で対外硬派グループを作った。

伊藤首相は、日本を必要以上に排外的に導きかねない対外硬派の勢力を増大させるわけにはいかなかった。そこで五月一五日から二五日の間に、三国干渉について内閣の責任を追及する四一もの新聞を発行停止処分にした。六月一九日には、対外硬の九派を結びつける団体を結社禁止とし、その後も対外硬派の集会を解散させるなど、毅然として弾圧を続けた。

他方、日清戦争中に、伊藤の腹心で内閣書記官長を務める伊東巳代治《みよじ》と、自由党土佐派幹部の林有造との間で、内閣と衆議院第一党の自由党との提携関係が深まっていった。したがって三国干渉の責任を追及しようとする対外硬派に対しても、自由党全体としてはその動きを積極的に支持しなかった。

一八九五年六月になると、幹部の林有造は伊東書記官長の注文通りに、自由党の方針を起草するまでになった。林は反対党が自由党を攻撃したのに対し、伊藤内閣が反対党の集会・演説を取り締まるのではなく、政党相互の争いに任せてほしい、と伊東書記官長に申し出た。伊藤首相はこの件を、野村靖《やすし》内相（長州藩出身、山県の竹馬の友）に命じた（伊藤之雄『立憲国家の確立と伊藤博文』一七七〜一八五頁）。伊藤首相は、腹心の伊東書記官長に、内閣を支持する政党としての自由党の育成工作を行わせたのみならず、自由党の申し出に応じ、弾圧を緩和する形で、健全な政党の発達を見守る行動をとった。

その後も内閣と自由党の提携の動きが進み、一一月二二日には、自由党が伊藤内閣に提携宣言を出すまでになった。伊藤内閣側の自由党への見返りは、⑴議会後に板垣退助総理（党首）が入閣するなど、自由党の意向を受け入れた政治をする、⑵自由党の機関紙を維持する費用を援助する、⑶政治的自由を拡大する、等であった。

この交渉の過程で、首相が自由党に加入する等の条件も出されたようで、伊藤首相は自由党側の提携条件の要求が過大になりそうなのを警戒した（同前、一八六〜一八九頁）。前項で述べたように、朝鮮国をめぐり日露の対立が深まっており、伊藤首相は、山県大将ら藩閥内の保守派の協力を得て日本の方針を確定する必要があった。日清戦後経営予算を審議する第九議会の衆議院内で、内閣を支持する多数派を形成することや政党の発達を促すことは大切であっても、山県らの支持を失うことは避けねばならなかった。

日清戦後経営の大枠を固める

さて一八九五年（明治二八）一一月一二日、閣議で第九議会に提出する予算について閣内の合意ができると、伊藤首相は、療養のため当分、神奈川県大磯の別荘「滄浪閣《そうろうかく》」に滞在する、と話した。閣議後、伊藤は参内して天皇に辞意を願い、翌日大磯に去り、一二月一五日に東京に戻るまで約一ヵ月間、大磯に滞在した。

天皇に拝謁した際、伊藤は、後任首相として山県有朋か松方正義が適当であると述べている。天皇は、伊藤を辞めさせたくなかった。一一月一六日に黒田清隆（枢密院議長）と山県大将を召して下問、二一日に伊藤に辞任を認めず、第九議会の開会まで休養するように伝えた。伊藤も第九議会の閉会まで留任すると奉答した。

伊藤首相は、困難が予想される第九議会を前に辞意を示すことで、藩閥官僚内部の伊藤内閣支持を確認したのだった。

しかし、伊藤が日清戦争をはさんで三年以上にわたって政権を担当し、体を悪くしているのも事実であった。この三ヵ月後であるが、伊藤は持病が少しずつ悪くなり、とうてい回復がおぼつかないとベルツから伝えられた、と陸奥に知らせている（陸奥宛伊藤書状、一八九六年二月一七日、「陸奥宗光文書」）。

一八九五年一二月二五日、第九議会は召集された。伊藤内閣は、歳入約一億三八〇〇万円（前年度の一・五倍）、歳出約一億五二〇〇万円（前年度の一・七倍）の一八九六年度予算を提出した。ロシアに対抗するための膨大な軍備拡張と、一部に実業奨励を含む予算であった。衆議院では、改進党など対外硬派の五政派が行政費一割削減、陸軍拡張費半減、海軍拡張費倍増などの大幅な修正案を出し、内閣に対抗した。

これに対し、自由党と藩閥系の国民協会が政府の予算案に賛成し、ほぼ原案通り通過させた。自由党は伊藤内閣と提携宣言をしており、国民協会は山県のおかげで伊藤内閣支持に回ってくれた。三月五日、貴族院も、衆議院の修正通りに予算を成立させた。こうして伊藤内閣は、日露協商路線のみならず、日清戦後経営の大枠も固めたのだった。

ところで伊藤首相と自由党の提携が進むと、薩摩の有力者松方正義（前首相）と大隈重信（前外相）の提携も進んでいく。松方は伊藤内閣の蔵相だった。しかし、健全財政を主張する松方と、健全財政に松方ほどこだわらない伊藤首相とはそりが合わず、一八九五年八月二七日に松方は辞任した（室山義正『近代日本の軍事と財政』二二四〜二四八頁）。結局、一八九六年三月一日、改進党を中心に対外硬の政派が合同し、進歩党が結成される。参加した代議士数は合計九九人で、第一党の自由党に匹敵するものになった。

自由党への見返り

第九議会で予算通過に協力した自由党にとって、伊藤内閣からどのような見返りが得られるかが重要だった。議会後の一八九六年（明治二九）四月一四日、自由党総理板垣退助が内相に就任した。また同じ土佐派から、二人が県治局長と内相秘書官という高級官僚に任命された。

伊藤首相は、板垣の内相就任を、伊東巳代治内閣書記官長と慎重に相談して進めた。四月に入っても、他に知っていたのは、親友の井上馨と腹心の陸奥宗光外相、薩摩の有力者の黒田清隆（枢密院議長・班列〔無任所〕大臣）ぐらいであった。山県は、ロシア皇帝の戴冠式に参列するため欧州へ行っていたので、特に知らされなかった。

伊藤内閣と自由党との提携や、松方と大隈が提携し旧改進党を中心に進歩党ができたことに、藩閥官僚たちは反発した。こうして一八九五年一一月頃から翌年にかけて、彼らは山県を自分たちの盟主として期待するようになり、内務省を中心に山県系官僚閥が形成されていった（坂野潤治『明治憲法体制の確立』一二五頁。伊藤之雄『立憲国家の確立と伊藤博文』一八八頁）。

しかし伊藤首相にとって当面の問題は、進歩党や山県系官僚閥の形成ではなく、自由党側が板垣が内相になったこと等だけでは満足せず、さらに就官を求めようとしたことだった。板垣の入閣後三ヵ月余り経った七月下旬になると、見返り人事として知事の更迭が本格的に問題となり始めた。一九四七年（昭和二二）までは、知事は内務官僚であり、内相が実質的な人選権を持っていたからである。

この要求に一部応えるため、板垣内相や林有造らと伊東内閣書記官長が交渉し、八月に自由党員の一人が群馬県知事に就任した。伊藤首相は、自由党のみに肩入れすることで、自由党側の就官要求などが膨れ上がることを、望ましいと思っていなかった。*

＊第九議会中から、伊藤は自由党との提携のため、「行政権を犠牲に供し条件を約束し、憲法政治の基礎を紊乱《びんらん》するが如き事には同意」できないと、地方官に自由党員を登用することに賛成でなかった。しかし、「人物適任にして不都合なければ」と、自由党員を知事に任命するのは提携条件ではないとの理屈

で、一人程度に限って知事に任命する妥協を考えていた（野村靖宛伊藤書状、一八九六年一月二九日、「野村靖文書」、国立国会図書館憲政資料室所蔵）。自由党員が行政権を公平に運用するかどうか、伊藤はまだ信頼を置けなかったのだ。

陸奥の旅立ち

この間、陸奥外相は結核が悪化し、一八九六年（明治二九）五月三〇日に辞任した。陸奥は、すでに前年八月に病気を理由に辞表を提出していたが、伊藤は慰留していた。ただし、これは表向きのことで、陸奥は伊藤内閣の存立が難しいと判断したから辞表を出したのであった（『原敬日記』一八九五年八月二六日）。伊藤首相は、陸奥の辞職を承諾したのは、回復してもらって再び国家のために尽力するのを望んだからである、原敬《たかし》外務次官が近日中に公使に命じられ朝鮮国に赴任するので、すべてにわたって注意してほしい、等と陸奥に手紙を書いた（陸奥宛伊藤書状、一八九六年六月四日、「陸奥宗光文書」）。

伊藤首相は陸奥の辞任に心さびしいものを感じながらも、外相であろうとなかろうと、自分に協力してほしいと願ったのであろう。また明成《ミョンスン》皇后殺害事件後、再びあのような事件を起こさせないため、すでに見たように伊藤首相は朝鮮国の情勢に神経をとがらせていた。伊藤は小村寿太郎公使に十分な信頼をおいておらず、陸奥の腹心の原を公使にしたのであろう。伊藤は一八八五年（明治一八）頃から原を知っており、枢密院議長時代に秘書官にしようとしたほど（『原敬日記』一八九〇年一月一三日）、原を評価していた。原は朝鮮国公使に就任して四年半後、伊藤に誘われて、伊藤が創設した立憲政友会の幹部として入党し、さらに一八年後、政友会内閣の総理大臣となる。

陸奥は主治医ベルツの勧めで、海気治療のために六月二六日にハワイに向けて出航、八月一六日に少し回復して帰国した。この頃、陸奥の腹心の原敬たちは、陸奥が単に外相等の閣僚として伊藤に協力する段階は終わった、と見ていた。原らは、陸奥は自由党を掌握し首相として政権を獲得するのを目指すべきで、その手段として伊藤と連携すべきだ、と考え始めたのである。陸奥自身の気持ちも同じだったはずだ。陸奥や原は、伊藤にすら長州出身の藩閥の一員として違和感を持っていたのである。伊藤が陸奥や原に期待していたにもかかわらず、こうして伊藤が知らない間に、彼らは伊藤からの自立を目指すようになっていた。

内閣の勇退

伊藤内閣の辞職への序曲は、一八九六年（明治二九）七月下旬から始まった。松方が蔵相を辞任した後、蔵相になっていた渡辺国武（前大蔵次官）は、松方のような大物ではなかったために銀行など実業界に人気がなく、国債を募集できなかった。このため、次年度予算の編成が困難となり、渡辺蔵相は辞表を提出した。そこで伊藤首相は、大隈を外相に、松方を蔵相にして内閣を強化することを井上馨から進言され、同意した。

伊藤にはうぬぼれがある。藩閥勢力のみならず、自由党系・改進党系など主要政党の有力者を網羅した強力な内閣を自分が率い、「憲法政治」を定着させて外交路線を確立したかったのである。もう一つの狙いは、大隈と進歩党を、板垣・林と自由党に競合させて、自由党の就官を阻止することだった。そうすれば、山県や山県系官僚の信頼もつなぎとめられるように見えた。

八月一七日、伊藤首相は黒田清隆（枢密院議長・班列大臣）・大山巌（陸相）・西郷従道（海相）ら四人の薩摩系閣僚と板垣内相を、東京市伊皿子《いさらご》の自邸に集め、内閣の進退について相談した。そこでは、(1)板垣以外の閣僚は、松方・大隈の入閣に賛成した、(2)板垣は松方の入閣を支持したが、大隈が入閣するなら辞任する意思を示した。また同じ日、松方は大隈が入閣するのを自らの入閣の条件としていた。

結局、板垣内相と松方・大隈の入閣問題の調整はできなかった。八月二七日、伊藤首相は辞表を提出し、三一日に天皇から承認された。日清戦争をはさんで四年以上も首相を務めており、すでに述べたように持病も悪化していたので、辞め時であった（伊藤之雄『立憲国家の確立と伊藤博文』二二四頁）。

転居と新築好き

末松謙澄は、一八七五年（明治八）には伊藤と面識を持ち、一八八九年に伊藤の娘生子《いくこ》と結婚、伊藤の人柄や生活を身近に見聞している（伊藤宛末松書状、一八七六年一月一六日、『伊藤博文関係文書』五巻。末松謙澄『孝子伊藤公』二七六、四二五頁）。その末松が、伊藤はしばしば転居し、家を新築したので、新築好きとまで言われていた、と回想している。しかし、伊藤の新築はいつも速成が必要条件であり、ただ手早く造られ、材木の選択や工事の精巧さなどはほとんど気にしなかったとも書いている（『孝子伊藤公』三九六頁）。以下のように、伊藤は何度も転居し、多くの家屋を質素に造った。

まず、伊藤は明治四年（一八七一）に東京の高輪《たかなわ》に自宅を構えたが、一八七四年（明治七）の秋には売却し、間もなく芝の赤羽の小山町に新築の邸宅を建てて住んだ。しかし、一八七六年には赤羽邸を売却、一時は霊南坂《れいなんざか》下の小さな官舎に住んだが、一八七八年秋に再び高輪邸を買い戻した。その後、十余年間は、家族は主に高輪邸で過ごし、伊藤は官舎または高輪邸で生活した。父母も高輪邸内の別邸に移って、一家が揃った（同前、二四九〜二五〇頁）。

一八八六年（明治一九）に神奈川県夏島に別荘を建てた。しかし一八八九年には夏島に砲台築造が始まったので、同年夏、小田原緑町に夏島別荘の移築を始め、一〇月に完成させた。これを父十蔵の住居とした。また同年一二月頃より小田原を本拠地とし、その翌年、小田原十字町に自分の別邸を建築し、「滄浪閣《そうろうかく》」と名づけた。これに加え、一八九二年には神戸の諏訪山《すわやま》にも小別荘を持っていた（同前、二七七〜二七八頁）。諏訪山からは神戸港が一望に見下ろせる。また伊藤があこがれていた楠　正成《くすのきまさしげ》の最期の地、湊川《みなとがわ》も近かった。

他方、一八八九年に高輪邸を岩崎家に売却した。その後、一八九二年に伊皿子《いさらご》に邸宅を購入し、父母のために近くの高輪に隠居所として家を借りた。父十蔵は、この高輪隠居所において、一八九六年三月一九日に、七九歳の生涯を閉じる（同前、三二七頁）。

大磯に「滄浪閣」を移す

伊藤は東京から小田原への往復の途中で、神奈川県大磯の駅すぐ近くにある旅館招仙閣《しょうせんかく》や群鶴楼《ぐんかくろう》に立ち寄るようになった。伊藤は、穏やかな大磯の気候が気に入り、また交通の便も良いので、日清戦争後の一八九六年（明治二九）五月一三日に大磯に邸宅を竣工した。五月二四日には、皇太子嘉仁《よしひと》親王の行啓もあった（『伊藤博文伝』下巻、二九一～二九二頁）。伊藤はこれを小田原邸と同じく「滄浪閣」と名づけ、小田原を引き払い、家財をすべて運んで本宅とした。梅子夫人や伊藤の母琴子も、大磯の「滄浪閣」に起居した（古谷久綱『藤公余影』二三九～二四〇頁）。一八九七年一〇月には本籍も東京から移し、大磯は名実ともに本宅となった。同年冬に、東京の伊皿子邸は売却された（『孝子伊藤公』三三三頁）。

大磯「滄浪閣」の屋敷地は五反四畝二九歩（約五五〇〇平方メートル）の広大な敷地だった。そこに和風平屋で茅葺《かやぶき》の居宅とレンガ造の二階建瓦葺《かわらぶき》の洋館が建っており、建坪はそれぞれ八七坪と七〇坪である。

徳富蘇峰《とくとみそほう》が、「滄浪閣」を田舎の郡役所か警察署に見えると評しているように（徳富蘇峰『東西史論』一〇〇頁）、伊藤の質実を好む性格を表している。

「滄浪閣」の北に東西に走る道路があり、南は砂地の丘陵を経て海岸につながっている。「滄浪閣」の東側二軒隣に大隈の別荘、三軒目に陸奥の別荘、四軒目に山県の別荘「小淘庵《おゆるぎあん》」がある。最も早く別荘を建てたのが山県で、一八八七年だった。次いで陸奥が一八九四年一二月に敷地を購入し、別荘を建てた。

日清戦争後に三国干渉を受けた後、朝鮮政策が定まらなかった頃、伊藤首相と陸奥外相や山県有朋は、別荘の隣人であることを生かし、大磯で話し合いをしている。

また「滄浪閣」の西側には、一八九九年一一月に西園寺公望が別荘を建てた。これは伊藤の紹介だった。陸奥の死後、西園寺は伊藤の最有力の腹心となる。二人の親しさがここからもわかる（伊藤之雄『元老　西園寺公望』一〇二～一〇四頁）。

ところで、伊藤が「滄浪閣」を小田原から大磯に移した理由の一つは、大磯が交通の便が良いので、「滄浪閣」を本宅とする生活をしたかったからだった。日清戦争をはさんで四年も政権を担当した疲れを、海岸の自然の中で癒したかったのである。

ところが次章以下で述べるように、その後も様々な問題や課題が出現し、伊藤は老境に入ったにもかかわらず長期にわたって大磯でゆっくりすることは、かなわなかった。そこで伊藤は、東京では永田町の首相官邸、霊南坂の宮内省所有の官舎や、鳥居坂の借家、帝国ホテルに滞在し、病気で長期に療養するとき以外は、時折大磯に帰る、という生活をせざるを得なかった（古谷久綱『藤公余影』二四〇～二四二頁）。

大磯「滄浪閣」は本宅兼別荘といえたが、伊藤は神奈川県金沢にも一八九六年末から別荘の建築を始め、翌年一月に落成している（『孝子伊藤公』三三三頁）。

以上のように、伊藤は精力的に自宅や別荘を建てて転居を繰り返したが、その時期は、大久保利通が暗殺された後に伊藤が伊藤体制を築き、日本の近代化をリードした時期とほぼ重なる。伊藤は政治上のストレス発散も兼ねて、気に入った場所が見つかれば、自邸や別荘の建築を行ったのだった。

神奈川県金沢の別荘が一八九七年一月に落成して以降、伊藤はこれまでのような頻度で建築を行わなくなり、大磯の「滄浪閣」で、じっくりと疲れを取り、英気を養う日々が多くなった。伊藤は転居と建築の面でも、老境に入ったのだった。

二人の男児誕生と梅子夫人

伊藤博文には男の子が生まれず、すでに述べたように、盟友井上馨の甥《おい》の勇吉《ゆうきち》（のちに伊藤家を継いだ博邦《ひろくに》）を養嗣子としていた。ところが、一八八五年（明治一八）一二月一五日に、実子としては初めての男児文吉が生まれた。伊藤が四四歳の時である。文吉の母は正妻の梅子ではなく、東京の多摩あたりの家の娘で、行儀見習いのため伊藤家で働いていた女性だった（「伊藤文吉」『吉野信次』所収。伊藤真一「父・博文を語る」『日本文化を考える〈村松剛 対談集〉』三二〇〜三二一頁）。

文吉は、生まれると梅子の兄である木田幾三郎（前山口藩士）のもとに出され、そこで育った。系図上は木田の子で、後に伊藤の養子になるという形をとった。

その後、文吉が実父伊藤博文に初めて会ったのは、伊藤が下関講和条約の交渉をした時期である。誰かに連れられて下関の春帆楼《しゅんぱんろう》を訪ねたという（『伊藤文吉君を偲ぶ』一七頁）。博文は五三歳、文吉は九歳になっていた。可愛い盛りの男の子を、博文は手元で教育したかっただろう。しかし文吉は、その後も梅子夫人の実家で育てられた。

文吉は優秀で、その後旧制山口高等学校から東京帝国大学法科を卒業後、農商務省に入る。梅子は文吉の生活費や学費を送金し続けた。

文吉を引き取らないし、会いたい気持ちも抑える、というのが伊藤の梅子への配慮である。また、文吉を梅子の実家に預けて、送金し、きちんと育てるというのが、梅子の伊藤への思いやりとプライドであった。

なお、文吉は三〇歳代半ばまで実母を知らずに成長し、突然実母から手紙が来て母のことを知った。実母は、息子が岡山県の農学校の校長になって赴任するのに同行するという（「伊藤文吉」『吉野信次』所収）。実母は、生きているうちに文吉に会う最後のチャンスだと考えたのだろう。二人が対面したかどうかは定かではない。文吉の実母は、文吉を手放した悲しみは消えなかったであろう。しかし、農学校の校長になる息子がいたということから、その後、他の人と結婚し、それなりの生活を送ったことは間違いない。実母の実家が裕福であったのか、そうでないなら、伊藤の気持ちを察した梅子の心配りがあったのだろう。

文吉に次いで、一八九〇年七月一日、伊藤の実子として真一が誕生する。母は、新橋の芸者の「歌」であった。その後、「歌」は宮内省高官の杉孫七郎（長州藩出身、皇太后宮大夫〈局長〉）の「家扶《かふ》」をしていた堀某と結婚し、真一はその夫婦に育てられた。真一も秀才で、当時東京市で最も難関だった府立第一中学校に通った。さらに、旧制高校の中で最難関だった第一高等学校を受けろ、と伊藤が強く勧めたので、真一は受験したが失敗する。その後、第二高等学校（仙台）に進み、東京帝国大学法科で学んだ（「父・博文を語る」『日本文化を考える〈村松剛　対談集〉』三〇～四六頁）。

伊藤には、梅子から生まれた生子《いくこ》ら以外に、多くの実子がいると噂され、真一自身も八七歳の時に、「博文の子はたくさんいましたが、養子か、さもなければ芸者か女中の子がほとんどで、私もその一人です」と証言している。しかしこの時の真一の記憶は、高齢のためにかなりの乱れがある。伊藤の実子として確認されるのは、梅子夫人から生まれた貞子（幼時に死去）・生子と、他の女性からの朝子・文吉・真一と澤子（末松謙澄・生子夫婦のもとで末松の養女として育てられる）だけである。

すでに述べたように、梅子は伊藤が他の女性に産ませた最初の子朝子を、遅くとも七歳の頃には、伊藤家に入れていたが、その後に生まれた二人の男の子は、他所で育てるようにした。このため、文吉・真一は日露戦争の前までは伊藤家とは離れて成長したが、どちらも当時の最も恵まれた教育を受けた。これには、教育を大事にする伊藤の方針と、それを支える梅子の配慮があった。

なお朝子は、のちに長府（現・山口県下関市）出身の外交官西源四郎と結婚した。

また、伊藤の子の伊藤真一と、伊藤の孫の清子（西源四郎・朝子の娘）の二人の談によると、澤子については、伊藤も梅子夫人も疎《うと》んじるところがあったという。それは、布団を蹴《け》飛《と》ばしたり、お櫃《ひつ》の上に腰をかけたり等、「ジャンカジャンカ」騒ぎ回るからだったという（中尾定市『伊藤博文公と梅子夫人』四二、五七、一七五頁）。この澤子も、文吉の世話で一九二〇年五月、大蔵官僚の大竹虎雄（東京帝大法科卒）と結婚した（『京都日出新聞』一九二〇年五月二一日）。伊藤の死後も、伊藤家の威信で、子孫はそれなりに遇された。

第五部　斜陽編

1898年、清国漫遊中の伊藤博文（右）

第一七章　元老としての強い自負心——第三次伊藤内閣

西日本を漫遊し疲れを癒す

第二次伊藤内閣の次の首相選定に関し、明治天皇は山県有朋《やまがたありとも》・黒田清隆・井上馨《かおる》・松方正義に下問した。彼らは伊藤を除いた、薩長の有力者たちだった。すでに進歩党の党首格の大隈重信と松方の連携ができており、商工業者やジャーナリズム等は、大隈と松方への強い期待を示していた。その流れに乗る形で松方が首相に選定され、一八九六年（明治二九）九月一八日に第二次松方内閣ができた。

閣僚は松方首相が蔵相を兼任し、大隈が外相となり、他に薩摩系三人、山県系二人、いずれでもない者二人であり、伊藤の系統は一人もいなかった（伊藤之雄『立憲国家の確立と伊藤博文』二一四～二一六頁）。伊藤はしばらく政権から離れ、充電して次の機会に備えようとしたのだ。

問題は、板垣が内相となってわずか四ヵ月半で、伊藤が政権を投げ出したため、自由党内に不満が強かったことである。一八九六年一〇月頃、伊藤は伊東巳代治《みよじ》を媒介にかなりの金額を自由党の活動資金として渡した（伊藤宛伊東巳代治書状、一八九六年一〇月二〇日、『伊藤博文関係文書』二巻）。伊藤は、次に政権を担当しても自由党との連携を重んじるつもりだった。

伊藤は一一月一〇日に大磯を出発し、西日本の漫遊旅行を始めた。伊藤が旅行に出る前の一〇月二五日に、雑誌『二十六世紀』が「宮内大臣論」を掲載し、伊藤は一八八五年に宮相を兼任して以来、後任の土方久元《ひじかたひさもと》宮相らを使って専横し天皇をないがしろにしている、と攻撃した（野村治一良『米寿閑話』一七九～一九八頁）。土方宮相は処分を求め、松方首相や内相・法相に文書を送った。閣議は紛糾したが、清浦奎吾《けいご》法相・田中光顕《みつあき》宮内次官ら山県系官僚が土方宮相と連携して処分に向けてリードし、一一月一四日、『二十六世紀』と、その記事を一一月九日付で転載した新聞『日本』は、それぞれ発行禁止と発行停止の処分を受けた（山県宛清浦書状、一八九六年一一月一四日、『山県有朋関係文書』二巻）。伊藤は自らが攻撃されていたが、旅行中であり、この二十六世紀事件には深く関わらなかったようである。

伊藤は奈良・舞子・広島・宮島・下関と進み、一二月二三日に福岡県の三池に着いた時、東京在住の旧藩主の病気が重いとの報を受け、東京に引き返した。以下、陸奥宗光への手紙で、旅行の様子をみてみよう。

神戸付近に滞在中には、旧友が来訪し、山県にも出会った。一一月二九日に夜汽車で広島に行った。広島では地方官・軍人などの歓迎を受け、酒席で談笑して一夜を過ごした。翌日は宮島（厳島）を訪れて滞在、弘法大師ゆかりの地を訪れたり、景色の美しい場所で遊んだりした（陸奥宛伊藤書状、一八九六年一二月五日、「陸奥宗光文書」）。

その後、西郷従道《つぐみち》海相から、広島県江田島にある海軍兵学校（海軍将校養成機関）の卒業式に臨席するので、是非同行してくれと誘われ、一二月一一日に臨席した。同夜は西郷とともに広島に帰り、例のごとく「沈酔中」にいろいろな話を聞いた（陸奥宛伊藤書状、一八九六年一二月一五日、「陸奥宗光文書」）。この時、伊藤は五五歳である。いつも「沈酔」するほど酒が強いことがわかる。すでに述べたように、日清戦争の初めに天皇に従い大本営の設けられた広島に行く際に、洋食と和食の二食分の弁当を食べて病気になった。これもあわせて見ると、伊藤は当時としては老境であった五〇歳代半ばになっても、よく飲みかつ食らう元気さを持っていた。

伊藤は一二月一五日付の同じ陸奥への手紙で、「雲煙千里之《の》外、夢寝恍惚之間に尊容〔あなたのお顔〕に遭逢《そうほう》する」のみだ、と書いている。すでに見たように、陸奥はこの頃伊藤に悟られないように伊藤から自立する行動をとっていた。伊藤はそれに気づかず、陸奥への愛着と期待を抱き続けていたのだった。

伊藤は、列強に対してはつねに厳しい目で状況判断していたが、盟友・腹心・側近に対しては、天真爛漫に、信じすぎるほど人を信じる人の良さを持っていた。それが伊藤の弱点でもあるが、魅力でもあった。青年期から伊藤はこの性格で人に接し、明治天皇をはじめ多くの人々の信頼を勝ち得てきたのである。そこが、容易に人とうちとけず猜疑心《さいぎしん》の強い山県有朋と、伊藤が大きく異なる点だった。

伊藤は十分英気を養った上で東京にもどり、陸奥とともに政党の育成も含め、さらなる日本の改造事業を行おうとした。

陸奥への失望

翌一八九七年（明治三〇）二月二〇日、伊藤はさらに陸奥に手紙を書く。近況はいかがでしょうか、寒気のためお困りと想像しています、自分も少し風邪を引いて咽喉に炎症を起こしています、という出だしに続けて、伊藤は陸奥に東京の情勢を尋ねた。新聞の情報と大差はないと思っていますが、お聞き及びのことがあれば心得のために知らせてください、河野《こうの》広中《ひろなか》〔自由党前最高幹部〕に会うと伝えられていますが、虚報ではないですか——（陸奥宛伊藤書状、一八九七年二月二〇日、「陸奥宗光文書」）。

この手紙は、大磯で三軒先の隣同士に住んでいる二人の意思疎通が、良くないことを示している。また伊藤は、自分が知らない間に、陸奥が自由党の前最高幹部と接触しているとの情報を気にしている。

この頃自由党は、二月一五日までに幹部の河野広中ら一五名もの衆議院議員が脱党するなど、動揺していた。これは、伊東巳代治と連携した林有造など土佐派が、板垣を総理（党首）にして、河野らの自由党の改革運動を抑圧したからであった。自由党改革運動の推進者たちは、政策や条件が合うなら第二次松方内閣やその与党の進歩党とも連携していこうとしていた。

その後、混乱の責任を取らされる形で、板垣や林らの土佐派による自由党支配は、二月下旬以降に崩壊した。松田正久が事実上唯一の最高幹部となり、三月九日、陸奥に自由党に入党して総理（党首）に就任するよう要請した。自由党を再建するためだった。陸奥は、ただちに腹心の岡崎邦輔衆議院議員（和歌山県陸奥派の中心、陸奥の従弟）と幕末の海援隊以来の友人である中島信行（貴族院勅選議員、前自由党幹部）を入党させ、自らの入党の準備とした（伊藤之雄『立憲国家の確立と伊藤博文』二一八〜二二三頁）。なお、陸奥の腹心で自由党関東派の有力者の星亨《ほしとおる》は、当時駐米公使となってアメリカの政党政治や公共事業を学んでいたが、いざとなれば帰国し、陸奥を支えるだろうという期待があった。

結核が悪化していた陸奥は、自分に残されたタイムリミットを考えている。彼は死ぬ前に、陸奥総理（党首）として自由党を率いて政党内閣を組織したかった。しかし、伊藤は陸奥が主体となって内閣を組織するのを承知しないだろう。伊藤が許してくれるのは、将来伊藤が政党総裁となるための露払いとして、陸奥が自由党入りすることぐらいだろう。もはや伊藤に従うだけの自分であってはならない、と陸奥は決意した。

陸奥は自由党への入党について、西園寺公望《きんもち》（前外相・文相）に相談している。政党の党首なんてダメになると一人もついてこない、やめる時についてくる者がいるか確かめてみたい、と西園寺に言ったという（原田熊雄述『西園寺公と政局』四巻、三九九〜四〇〇頁）。陸奥は西園寺より五歳上で、二人は一〇年来の親友だった。陸奥は、西園寺が病気の陸奥に代わって外相臨時代理をしている際に、様々な助言を与えた。西園寺は陸奥に心酔し、多くのものを学んでいる。しかし、西園寺は伊藤の腹心でもあり、伊藤にも心酔していた（伊藤之雄『元老 西園寺公望』三章・四章）。陸奥は、西園寺も入党させて自由党幹部にしようと思ったのであろう。この策動は陸奥から伊藤に伝えられた形跡はみられないが、西園寺から伊藤に伝わった可能性がある。

さらに、板垣を引退させて陸奥を自由党総理（党首）にするという裏工作は、『大阪朝日新聞』（現・『朝日新聞』三月一六日）や『国民新聞』（三月一九日）などにスクープされてしまった。伊藤がこの話に気づかないわけはない。

伊藤は陸奥を腹心だと思い、政界改造のため政党を創設するとすれば、自由党系を掌握する中軸として期待していた。また、伊藤の後輩の中で、伊藤が最も評価していたのが陸奥であることから見て、健康が許せば伊藤の後継者第一候補であったといえる。その陸奥が自分に相談せずに自由党党首になる動きをしたことに、伊藤はひどく失望したことだろう。その五ヵ月後に陸奥が死ぬまで、伊藤と陸奥の間に交わされた手紙が残っていないのは、伊藤の落胆を物語っているように思われる。

ヴィクトリア女王即位六〇年祝典参列

一八九七年（明治三〇）四月二二日、明治天皇は有栖川宮威仁《ありすがわのみやたけひと》親王に、イギリスのヴィクトリア女王の即位六〇年祝典に参列することを命じ、手当として三万円（現在の約六億円）を親王に与えた。有栖川宮は、任が重大なので、伊藤も随員として同伴させ一行に威信を添えたい、と願い出た。天皇は伊藤が東京から遠く離れるのを好まないようで、なかなか許可しなかったが、五月四日に許可が出た。同七日、伊藤は手当として銀貨二万円を天皇から下され、横浜より出発した。伊藤にとって、憲法調査以来十数年ぶり、四回目の欧州行きである。久しぶりに欧州の実態を見、陸奥に失望した気分を変えたかったのだろう。

出発後の五月二五日に、天皇は伊藤に、ヴィクトリア女王の六〇年祝典に参列した後、有栖川宮の随行を免じ、フランス・ドイツ・ロシア・オーストリア・イタリア諸国を巡視するよう命じた。また特別手当として、先の手当と合わせ、銀貨五万円を下賜されることになった。これは大隈外相が、伊藤が単独で欧州諸国を歴訪するのは、日本の外交に役立ち、他日政権を担当した際にも役立つ、と上奏したからだった（『明治天皇紀』九巻、二五八頁）。大隈は、伊藤に長くヨーロッパにいてもらった方が、自分が松方内閣を主導できる、と考えたから、このような提案をしたのだろう。

伊藤はアメリカを経て、六月六日にパリに着き、それからイギリスに行った。六月二一日の祝典第一日目、伊藤は有栖川宮に従い、バッキンガム宮殿に参上、ヴィクトリア女王に拝謁し、同夜は公式晩餐会に参列するなど、二八日までの行事を済ませた。その後、有栖川宮に従ってパリに行き、七月一三日に宮が帰国するためにパリを出発したので、随行の任を免じられた。

そこで伊藤は、イギリス・フランス・イタリア・オーストリア四ヵ国を視察した。続いてドイツ・ロシアを訪問しようとしていた時、日本国内の政情が変化し、伊藤の帰国が必要だという情報が伝わってきた。そこで八月七日、伊藤は帰途につき、九月五日に帰国、七日に参内して有栖川宮の随行や欧州情勢について奏聞した（『伊藤博文伝』下巻、三〇三～三一二頁）。

伊藤の帰国を促した情報とは、伊東巳代治が知らせた、次のようなもの等だったであろう。

(1) 第二次松方内閣が不人気となり、松方首相兼蔵相・大隈外相ともに疲労している
(2) 渡欧する際、岩崎弥之助男爵が、結局、伊藤と大隈・松方らで「国務に任ずる」の外

ないと述べたところ、伊藤があえて拒絶しなかったので、是非「大融和」を実現したいと、伊東巳代治に語った

(3) 六月二八日に、井上馨と大隈外相の会見も極秘に行われ、「第一流政治家」を集めた「最強の内閣」を作り、財政の治療や外交を行うべきであるとの声が強まっている

(4) 伊東巳代治は板垣とは親交を続け、板垣も重要問題については通常伊東に相談する
（伊藤宛伊東書状、一八九七年七月八日、『伊藤博文関係文書』二巻）

伊藤はこうした情報から、帰国後は、藩閥官僚・自由党・進歩党などを背景とする挙国一致内閣を組閣し、「憲法政治」の発展と外交政策を確立したいと考えたのだろう。この策動には福沢諭吉も加担していた。明治十四年政変の前と同様に、福沢には政治に関わる野心があった（『大阪毎日新聞』一八九七年九月八日）。

伊藤の帰国と金沢別邸建築

伊藤の帰国の途中、一八九七年（明治三〇）八月二四日に陸奥は五三歳で死去した。伊藤と陸奥の精神的つながりはすでに弱まっており、伊藤は陸奥の死を深く悲しむよりも、新しい政権への抱負に燃えていた。

九月五日、伊藤は自由党・進歩党系も含めて、一流の政治家を集めて「最強の内閣」を作り、政策刷新をしようと、欧州から帰国した。帰国後まもなく、同年一〇月、神奈川県金沢の野島の山林二一二二坪を買い受ける。その年のうちに、茅葺《かやぶき》平屋五棟（一〇四坪五合）の

別荘、金沢別邸を建築した。その後一九〇六年には、約六七八八坪の土地を買い増す。金沢別邸には、皇太子嘉仁《よしひと》(後の大正天皇)・同妃をはじめとする皇族や、韓国皇太子李垠《イウン》も訪れた(楠山永雄『伊藤博文公と金沢別邸』四九〜五四頁)。金沢別邸から海に向かって右手間近に、憲法草案を作成した夏島が見える。夏島に陸軍の砲台が設置された後も、伊藤は夏島を眺め、「憲法政治」の完成に向けて決意を新たにしたのだろう。

伊藤がヨーロッパから帰国すると、藩閥官僚・自由党・進歩党の連携の話には大きな問題があることがわかった。それは、伊東巳代治や岩崎弥之助男爵の尽力や情報分析と、伊藤の期待にもかかわらず、大隈外相が伊藤を首相とする内閣に協力することに消極的だったことである。

天皇と藩閥官僚からの伊藤への期待

第二次松方内閣は財政難に対応するため、地租を増徴しようとしていたが、地租増徴は農民が強く反対し選挙に不利になるので、進歩党は実施する気があまりなかった。そこで松方内閣は、進歩党の歓心を買うため、第二次伊藤内閣が自由党の四人を就官させたのに対し、一八九七年(明治三〇)八月までに大隈外相を含め局長・知事など約三倍の一一人もの就官者を出した。

それにもかかわらず、この程度では進歩党は満足していなかった。そこで、大隈や進歩党側は、松方や薩摩派の進歩党への好意を不十分とみて、松方内閣の地租増徴に反対し、一八九七年一〇月三一日、松方内閣との提携を断絶した。

また、伊藤が藩閥のみならず、自由党・進歩党両党の協力を得た強力内閣を組織しようとする構想を持っても、自由党と進歩党は対立していた。九月中旬に、板垣は伊藤博文の組閣を促し、増税にも協力する姿勢を示したが、伊藤と松方・大隈の提携を警戒したもので、伊藤は積極的に応じることができなかった。

ドイツ・ロシアへの旅行を切り上げ、意気込んで帰国したにもかかわらず、伊藤を取り巻く政党の状況は変わっていなかった。伊藤はひどく失望しながらも、政局を見守るしかなかった。

その後、進歩党が松方内閣と提携を断絶すると、松方内閣は自由党と提携交渉を始めた。しかし、星亨を大臣にし、衆議院議員を二〇〇名増やして五〇〇名とする等の自由党側の要求を、内閣は了承することができず、一一月下旬に交渉を中止した。

こうして一一月下旬には、松方内閣は衆議院の二大政党である進歩党・自由党、いずれの協力もなく、第一一議会を乗り切らなければならなくなった。しかも財政難に陥っているので、軍備拡張計画等を実施するためには、いずれ地租増徴法案を通過させなければならなかった。

他方、同年一〇月になると、韓国（一〇月一六日に朝鮮国は国号を大韓帝国と改める）がロシアの士官を韓国兵訓練のために招くことが明らかになり、松方内閣や藩閥内を緊張させた。これは約一年半前に、山県―ロバノフ協定を結ぶ際に、山県大将ら日本側が同意せず、他日に協商することになっていたものである。このように、ロシア側が一方的に士官を派遣するなら、日露の協商体制は崩れる可能性もあった。

さらに、一一月一四日、ドイツが膠州湾《こうしゅう》を占領し、一二月一五日、ロシア艦隊が旅順港に入るなど、列強の中国分割の気配が強まった。藩閥勢力、とりわけ山県系官僚は危機感を持った。一二月二三日、山県の側近の平田東助《とうすけ》（枢密院書記官長）は、列強から日本が孤立する恐れがあると見て、松方内閣では頼りないと、山県に倒閣の提言すら行った。

一二月二一日に第一一議会が召集されると、二五日に進歩党・自由党らにより内閣不信任決議案が上程された。もう松方内閣には問題に対応する力は残っていなかった。松方首相は衆議院の解散を上奏し、辞表を提出した（伊藤之雄『立憲国家の確立と伊藤博文』二一六～二一七、二二六～二三〇頁）。

こうして、衆議院は解散された。総選挙では進歩党・自由党などが多数を制することが予想された。したがって、憲法停止を覚悟するのでない限り、天皇と藩閥内からは、藩閥勢力を結集でき、両党または少なくともその一つと提携できる政権の登場が期待された。それができそうなのは、伊藤だけであった。

酒でも飲まないとやりきれない

明治天皇は黒田清隆枢密院議長に善後処置について下問、黒田は一八九七年（明治三〇）一二月二七日に、伊藤か山県のどちらかを天皇が選ばれれば悪くない、と奉答した。その夜、天皇は土方宮相に命じ、大磯の「滄浪閣《そうろうかく》」にいた伊藤に、明日参内するよう電報で伝えさせた。

伊藤は昨年退職して以来内外の情勢に暗く、眼を病んでいることを理由に、参内の猶予を求めた（『明治天皇紀』九巻、三六一～三六三頁）。伊藤の性格では、困難な状況で逃げることはできない。厳しい事態をじっくりと見極め、新しい体制を構想するとともに、藩閥有力者たちの支持を確認したかったのである。

その後も、天皇は黒田枢密院議長を大磯に派遣し、伊藤の参内を求めた。二九日午前、伊藤は大磯を出発、帝国ホテルに投宿した。午後三時頃に参内すると、天皇から組閣するよう命じられた。この日も伊藤は、返答には一、二日の猶予をいただきたい、と願った（「徳大寺実則日記」〔写〕一八九七年一二月二九日）。天皇は了承し、このことを黒田と山県という、伊藤に次ぐ薩長の有力者に伝えた。三一日、黒田は山県とその側近の芳川顕正《よしかわあきまさ》（前法相）を訪れ、伊藤を出馬させるよう説得した。天皇は、首相が決まらないことをひどく思い悩み続けた（『明治天皇紀』九巻、三六三～三六五頁）。こうして、伊藤は黒田の支持を固め、山県も協力せざるを得ない状況を作り出した。

しかしこの頃の伊藤の精神状態は、必ずしも良いものではなかった。盟友の井上馨は、伊藤の眼病と風邪の心配をした上で、とりわけ酒だけは控えて下さい、「友情として黙視」できません、と述べている（伊藤宛井上馨書状、一八九七年一二月三一日、『伊藤博文関係文書』一巻）。政党が自らを律せず、就官など利権のみを求める状況になったことに、「憲法政治」の完成を理想とする伊藤は、強い不満を抱き、酒でも飲まないとやり切れない思いになっていたのだろう。

元老筆頭の権力と限界

一八九七年（明治三〇）一二月三一日、伊藤は、松方の辞表提出後二度目の参内をした。伊藤はすでに閣僚候補者との交渉を行っており、組閣の命を拝受することや、その構想と状況を天皇に報告した。

伊藤の閣僚構想は、陸相桂太郎中将（山県系）・海相山本権兵衛《ごんべえ》少将（薩摩藩出身）〔当人は辞退し、西郷海相の留任を求める、交渉中〕・蔵相渡辺国武（伊藤系）か芳川顕正（山県系）・法相板垣退助〔固辞する〕・農商相大隈重信〔固辞する〕・文相末松謙澄《すえまつけんちょう》（伊藤系、妻は伊藤の長女生子《いくこ》）、逓相伊東巳代治（伊藤系）・内相芳川顕正（山県系）・外相西徳二郎（薩摩藩出身）か西園寺公望《きんもち》（伊藤系）か〔未定〕であった。他に、台湾総督も児玉源太郎中将か、と提示した。さらに伊藤は内閣員ではない宮相まで、土方久元《ひじかたひさもと》から井上馨に替えようと提案し、天皇から「参謀本部と宮内省は」後にすべきであると、たしなめられている（「徳大寺実則日記」〔写〕一八九七年一二月三一日）。

伊藤の構想の特色は第一に、第二次伊藤内閣に入閣した山県・井上・黒田・大山といった長州・薩摩の元老クラスを閣員からはずし、長州・薩摩を問わず少壮の人材を閣僚として登用しようとしていることである。その代表的なものが、まだ少将で海軍省軍務局長にすぎない山本を海相にしようとしたことである。山本は、西郷海相に信頼され、その下で事実上海相的役割を果たしていたとはいえ、あまりにも斬新な人事であった。

第二に、自由党と進歩党の事実上の党首である板垣と大隈を、比較的軽いポストである法相と農商相として入閣させ、両党の協力を得ようというものである。

第三に、伊藤は内閣のみならず、宮内省・陸軍・海軍・台湾総督など、宮中から軍・植民地までも含めた大改革を考えていることである。土方宮相は伊藤系であったが、さらに実力者で盟友の井上馨を宮相にしようとしていることから、伊藤の宮中改革への熱意がわかる。伊藤にとって、皇室典範で大枠を規定される宮中の改革は、憲法で枠が定まった表の政治改革に準じて重要であり、連動したものだった。

しかしここに落とし穴があった。伊藤は征韓論政変の後に最年少で参議兼工部卿になって以来、つねに日の当たる道を歩き続けてきた。そのため、伊藤を支えて働いてきた盟友や、伊藤の風下に立たされてきた先輩たちの屈折感が十分にわからなかった。自分は私心を捨てて日本を良くしていこうと奮闘している、彼らはそれを理解して自分についてこなくてはいけない、という思いが伊藤には強すぎた。

たとえば、井上馨が宮相になると、年齢から考えて、井上が首相となって表舞台に名を残すチャンスがほとんどなくなってしまう。井上馨はこれまで、伊藤を支えて近代国家を作っていくことに生きがいを感じ、藩閥の最有力者の一人でありながら、伊藤に頼まれれば朝鮮国公使にすらなった。しかし、井上から見て格下の松方正義（薩摩藩出身）ですら、二度も首相になっている。一度くらいは自分が首相となり、逆に伊藤が影となって自分を支えてくれる機会があっても良さそうだ――。後述するように、井上はこんな思いを抱くようになっていた。

大隈や板垣は、伊藤より年齢が上で、三年または二年早く参議になった先輩である。二人は藩閥の外に出たとはいえ、日清戦争後にそれぞれ外相と内相という晴れやかなポストに就いている。また、衆議院の二大政党の党首格であり、党員が彼らの行動を注目している中で、政府の軽いポストに就いたなら、党内での威信を失いかねない。その二人に農商相と法相という軽いポストで入閣を求めるのは、藩閥内で二人の入閣を快く思っていない勢力からの反発を軽減する意味だったとしても、あまりにも二人の立場への気配りに欠けた感覚といえた。*

＊　自由党の要求は板垣が内相になること、進歩党の要求は大隈が内相となり、進歩党が陸・海軍以外の枢要三大臣を得ることであったという（大津淳一郎『大日本憲政史』四巻、七四三～七四五頁）。大津淳一郎は、一八九七年末に進歩党の衆議院議員で、のち憲政会幹部となる。『大日本憲政史』は、日本に政党政治が展開していた一九二七年に刊行されている。

そのため、政党が台頭するのが当然との立場から、提携が失敗した第三次伊藤内閣との提携条件についても、一八九七年末の進歩党や自由党の要求、とりわけ進歩党のそれについて、最も強硬な、理想の要求に固定して叙述する傾向がある。自由党については、一八九八年一月八日、板垣は伊藤に、党員より一～二名入閣させるか、伊藤が内相を兼任する下で、林有造を次官にすれば良い、との妥協案を出したという（山県宛芳川顕正書状、一八九八年一月八日、『山県有朋関係文書』三巻）。したがって伊藤が、大隈を外相、板垣を内相とするが進歩・自由両党からの就官は抑制するとの条件を出したなら、折り合える可能性もあったのではなかろうか。また、大隈や進歩党との妥協は困難であっても、自由党との提携の可能性はあった。

第三次伊藤内閣の多難な門出

結局、大隈や板垣と折り合いがつかず、一八九八年（明治三一）一月一二日、伊藤は衆議院の二大政党の協力がないまま、第三次内閣を発足させた。首相の伊藤以外の閣僚は、陸相が桂太郎（山県系、当初の案と同じ）、海相が西郷従道（薩摩藩出身、当初の案では山本）、蔵相は伊藤の盟友の井上馨（天皇の言葉もあり、井上を宮相にするのを撤回）、法相が曾禰《そね》荒助《あらすけ》（長州藩出身、伊藤・山県の両方と良い関係）、農商相が伊東巳代治（伊藤系）、文相が西園寺公望（伊藤系）、逓相が末松謙澄（伊藤系）、内相が芳川顕正（山県系）、外相が西徳二郎（薩摩藩出身、外交官）であった。曾禰法相を除外すると、伊藤首相を含めて伊藤系五名を中心に、陸軍・内務という軍・治安関係を担当する山県系二名と、薩摩派有力者西郷の協力を得た内閣だった。この内閣は、伊藤が目指した政党の協力も得た挙国一致内閣とは違って、伊藤系官僚を中心とした内閣にすぎなかった。

組閣の過程で、進歩党・自由党いずれからの協力も得られないことがわかると、伊藤は御前会議を奏請し、一月一〇日に御前会議が開かれた。出席者は従来よりも拡張され、その人選は伊藤が行った。伊藤の奏請にもとづき、天皇から出席を求められて参内した者は、伊藤・山県・井上馨（以上、長州藩出身）と西郷従道・黒田・大山（以上、薩摩藩出身）の六人である。首相を辞任した直後のため召集されなかった松方（薩摩藩出身）を含め、七人が元老として承認されたといえる。元老の人選は、一八九二年夏に第二次伊藤内閣が成立する際に、天皇が自分で人選して善後措置について下問して以来、天皇が主導権を持ってきた。この会議は、元老の人選を伊藤が掌握するようになったものとして注目できる（伊藤之雄「元老制度再考」）。

もっとも、御前会議として元老会議を開いても、政党の動向は、元老には統制できなかったので、伊藤内閣の前途は多難だった。

また、一月一〇日の御前会議で、伊藤は前年の欧州巡遊で、イギリスのソールズベリー首相やフランス外相と極東情勢について会談したことを話した。ロシアは満州より清国に迫り、遼東半島・大連・旅順を占領しようとし、フランスは雲南地方を、イギリスは揚子江(長江)河口を、ドイツは膠州湾・山東省を領有しようとしている、と伊藤はまず列強の中国分割の動きと、それへの危機感を示した。

さらに、韓国の仁川港《インチョン》にイギリスの軍艦が停泊しているが、イギリスとロシアとの間に争いが生じたら、日本はイギリス側について露・仏・独三国を敵にするのか、ロシアを支持してイギリスを「疎外視」するのか、見通しがない、とも続けた。最後に伊藤は、現在の日本の内情は、兵備が十分でないのみならず財政も困難であるので、強敵に当たることができない、局外中立で安全を図るしかない、と結論づけた。

山県ら元老は、伊藤の意見に異議がなく、天皇も特に意見がなかった(「徳大寺実則日記」〔写〕一八九八年一月一〇日)。

すでに見てきたように、伊藤は列強の間の国際規範を理解し、守ることで日本の安全を保とうとしてきた。しかし極東において、列強の中国分割が進展するなど列強の力の対決になり、国際規範が混乱し、十分に対応できないと考えていた。日本の国力を過信していないため、自信がなかったのだ。

「憲法政治」の危機への苛立ち

第三次伊藤内閣が発足して三日たった、一八九八年（明治三一）一月一五日、ロシアの駐日公使は、西徳二郎外相に対して新たに日露協商を結ぶことを求めてきた。日本側は、ロシアも朝鮮半島における影響力の拡大に失敗しているが、イギリスは北清のことでロシアに干渉する気がなく、日本独自でロシアと当たらねばならないとみた。

そこで伊藤首相や西外相らは協商を支持し、四月二五日、伊藤内閣は西―ローゼン協定によって、かつて山県―ロバノフ協定で日露は韓国において政治的に対等であると決められた内容を、改めて確認し合った。その上で、ロシアは日本が韓国において商工業を発達させている現実を認め、それを妨害しないことを確認した（第三条）。この第三条は、三月二七日にロシアが清国から旅順・大連を租借したことを黙認する見返りだった。

また、一八九八年四月二四日、伊藤内閣は、清国が福建省および沿海一帯を他国に譲渡したり租借させたりしない、との協商を清国と結んだ。福建省は、日本が日清戦争で得た台湾の対岸にある。帝国主義の時代、列強が争って中国に勢力圏を拡張し、そこから利権を得る中、日本もそうしなければ列強に圧伏されてしまうと、藩閥の指導者のみならず、多くの日本人が信じていた。

山県や山県系官僚を含め藩閥官僚たちは、とりあえず西―ローゼン協定や福建省の不割譲に満足した。東アジアにおいてすら、日本の国力（軍事力）が列強、とりわけロシアに対して弱いとの認識を持っていたからである（伊藤之雄『立憲国家の確立と伊藤博文』二三二〜二三四頁）。このように、第三次伊藤内閣は外交面ではそれなりの達成をした。

さて、松方内閣は総辞職の前に衆議院を解散していたので、三月一五日に総選挙が行われた。この選挙は、第一回総選挙以来、もっとも静穏に行われた（『国民新聞』一八九八年三月六日）。これは、伊藤内閣が勅令で、選挙運動員が人を殺傷することが可能な凶器を所持することを禁止したからである。

民権運動以来、日本には壮士《そうし》がおり、刀や、刀を杖《つえ》の中に仕込んだ仕込杖《しこみづえ》を持って、反対派や政府との争いに活躍した。伊藤首相は時機を待って、選挙運動の中の旧武士的要素をそぎ落とし、「文明国」の選挙に近づけたのである。自由党・進歩党を、少しでもより理性的な政党にしようとする、伊藤の願いを反映していた。

しかし問題は、総選挙の結果、伊藤が期待するような、現実を踏まえて合理的に判断できる議員が本当に当選し、政党の体質が変わるかどうかである。

総選挙の結果、第一二特別議会に臨むことになった議員の数は、自由党九八名、進歩党九一名、山下倶楽部《クラブ》五四名、国民協会（藩閥系）二六名等で、自由党は約一・二倍に議席を増加させ、進歩党の議席が若干減少した。しかし、伊藤と関係の深い自由党が藩閥系の国民協会と連携しても、過半数には及ばなかった。

それにもかかわらず、自由党幹部の林有造（土佐派）は、進歩党との連携よりも、土佐派を軸に伊藤内閣と提携する従来の路線を好んだ。三月末、林は伊藤首相に板垣の入閣を求め、伊藤が積極的に応じなかったので、四月中旬に督促した。そこで四月一五日、伊藤が板垣の入閣を拒否すると、一八日には自由党は内閣との対決姿勢を公表した（伊藤之雄『立憲国家の確立と伊藤博文』二三六〜二三七頁）。

四月一四日の閣議の時に、伊藤首相は次のように、政党の現状への批判を口にしている。

自分は憲法発布以来、是非とも憲法を「満足に運行」しようと種々苦心してきたけれども、このような「政党之《の》情勢」では結局はどうなるかと「憂慮」せざるを得ない——（山県有朋宛芳川顕正書状、一八九八年四月一六日、『山県有朋関係文書』三巻）。伊藤は、主に就官など利権を求めることにばかり熱心に見える自由・進歩両党の政情に、苛立《いらだ》ちを覚え始めたのである。

また伊藤首相は同じ閣議で、この際むしろ政府をそっくり板垣らに明け渡し、彼らに自由に「執政」させてみてはどうか、と板垣らに政権を譲る話すらした。

他方、山県系の芳川内相は、伊藤の発言を受け、政党に政権を渡すか、そうでなければ政府と議会が衝突した折は、二度、三度と解散を重ねて終局までやるほかない、と述べた。また翌日、黒田枢密院議長は芳川に、場合によれば「憲法は一旦中止候とも」心を集中して国家の前途を「経営」しないといけない、と述べた（同前）。

伊藤から見れば、政党が主に就官などの利権を追い求めている中で、藩閥有力者の間で再び憲法停止論まで出てきた。この状況を前に、憲法調査団を率いて渡欧して以来十数年経つのに、「憲法政治」の前途は危うい、と伊藤は憤慨していた。そのあまり、一度政党に政権を譲り、彼らに政権運営の困難さを思い知らせてやりたいと、感情的な発言すらした。

この発言は、藩閥官僚のほとんど誰からも支持されないものであり、こんなことを閣議で発言するほど、伊藤は精神的に疲れ、追い詰められていた。しかし伊藤の発言は、半分本音でもあった。彼がこんな気持ちになったのは、四月中旬になって、西—ローゼン協定が成立する見通しが強まる等、東アジア情勢に対する危機意識が当面減退したからであった。

急進的な構想と精神疲労

総選挙後の第一二特別議会は、一八九八年（明治三一）五月一四日に召集された。伊藤内閣は、この議会に地租増徴法案を提出し、それまで地価の二・五パーセントであった地租を、四八パーセント上昇させ、地価の三・七パーセントにしようとした。

第一二議会は特別議会であり、地租増徴法案は次の第一三通常議会で提出してもよかった。井上馨蔵相は特別議会に提出しない考えであったが、伊藤首相が提出を主張した。伊藤は、もし通過しないときは議会の解散を重ね、場合によっては「憲法一部の中止」を行っても必ず決行するべきだ、とまで閣員に明言し、かつ枢密院でも公言したという（平田東助「伊藤内閣交迭《ママ》事情」〔未定稿〕、国立国会図書館憲政資料室所蔵）。

「憲法一部の中止」とは、伊藤らしからぬ発言だ。この時、伊藤は政党側の無責任な主張に苛立っていた。政党側は少なくとも政府と同じ程度には三国干渉を屈辱と感じ、第九議会では自由党も進歩党もそれぞれ軍備拡張を主張していた。軍備拡張には財源がいる。財源がないのに地租増徴に反対し、代案すら出さない――。伊藤にとって、政党側は非合理的だった。それへの苛立ちが、「憲法一部の中止」という心にもない発言になったのだろう。また、衆議院に強い与党がなかったにもかかわらず、地租増徴法案という困難な法案を、特別議会に早く出そうとするのも異常である。伊藤は政党側に対し、むきになっていた。

伊藤は、二年以上前の第二次内閣を指導した伊藤と、明らかに違っていた。精神的に疲労していたのだった。

もっとも、山県や山県系官僚、薩摩派の黒田や松方も地租増徴法案を支持し、この法案は、藩閥内閣や藩閥官僚を団結させる役割は果たした。

ところが伊藤は、同じ議会の重要法案として、衆議院選挙法改正法案まで提出した。選挙法改正法案は、日清戦争後に産業革命が進展し、商工業者や都市部の経済的比重が高まったので、彼らの政治参加という点から、選挙制度の改革をしようとするものである。

法案では、すべての市を独立の選挙区とし、都市商工業者を基盤とした都市部選出の代議士数を、当時の施行法で全代議士中の五・七パーセントにすぎなかったものを、二三・九パーセントに急増させようとしていた。また、有権者の納税資格を地租一五円以上から下げ、地租五円以上もしくは所得税または営業税三円以上を納める満二五歳以上の男子とし（年齢と男子のみというのは施行法と同じ）、有権者を五倍以上に拡大しようとした。この他、選挙区は小選挙区制から大選挙区制を原則とするものに変え（郡部は府県単位の大選挙区制）、投票は単記・無記名制としようとしていた。

地租増徴・選挙法改正両法案には、伊藤首相のかなり急進的な体制変革の意図がこめられていた。それは、産業革命の進展に応じ、農業部門に税金を重くし、都市部の商工業者の参政権を拡大することで、日本が農業国から商工業国に転換するのを促進しようとするものだったのである。

両法案が成立すれば、地主層は農業部門からの収益を農業部門に再投資するのみならず、率先して商工業部門に投資する。また、従来の政党は主に地主を基盤としていたが、都市商工業者を基盤とする代議士が増加することで、政党の体質や立法志向も変わる。

伊藤内閣が選挙法改正案を提出した時には、商工業者たちはその問題に強い関心を持っていなかった。伊藤の構想は時代を先取りしたものだった（伊藤之雄「立憲政友会創立期の議会」）。

ところが、山県系官僚たちは、伊藤の選挙法改正法案が、選挙権を大幅に拡大するものであることに驚き、ほとんど普通選挙であると恐れた。

他方、自由党や進歩党は、選挙権の拡大という点では大きな異論がなかったが、市部選出議員の増加には消極的であった。それは両党ともに地主層を基盤の中心としていて、党の指導者に新しい時代への明確な構想がなかったからである（伊藤之雄『立憲国家の確立と伊藤博文』二三八～二四〇頁）。

したがって、選挙法改正法案は地租増徴法案を通すのに役立たず、また地租増徴法案ほど注目を集めなかった。伊藤の体制改革の思いは空回りし、両重要法案にエネルギーが分散することで、伊藤は地租増徴法案の通過に十二分に精神を集中できたとはいえない。

ところで、伊藤内閣は衆議院で地租増徴法案を通すため、近畿・中国地方などの農業の先進地で高まっていた地価修正要求を利用しようとしていた。一八七〇年代後半から八〇年代初頭に実施された地租改正事業で、税の基準として固定した地価が決められる際、東北地方など農業生産力の低い場所は、地価が低く設定された。ところが、農業技術が向上し、地価が低く設定された地域の農業生産力が高くなった。そのため、近畿・中国地方など当初から地価を高く設定された地域では、相対的に地価が高すぎると不満が出て、地価を低く修正する運動が起きるようになった。

伊藤内閣は、地価が修正されるのであれば地租増徴に応じてもよい、と考える代議士が相当数現れることを期待していた。そうなれば、地租増徴反対派を切り崩し、地価修正と交換に地租増徴が実現できる。しかし、その確信を持っているわけでもなかった。

たった半年で窮地に

伊藤内閣の地租増徴法案に対し、進歩党と自由党は反対を打ち出した。そこで伊藤首相は、一八九八年（明治三一）六月七日から九日まで三日間衆議院を停会とした。六月一〇日、再開された衆議院本会議で、地価修正建議案の上程動議は、賛成一二七対反対一六五で否決された。地価修正派の代議士の多くは失望して地租増徴反対に回り、地租増徴法案は賛成二七対反対二四七の大差で否決された。伊藤首相は衆議院の動きを読み誤り、衆議院を解散せざるを得なかった。この時伊藤は、選挙法改正法案を提出せず、地価修正と地租増徴法案だけに集中するのが正解だった。以前の伊藤なら、そうしていたはずである。

その後、伊藤首相は、渋沢栄一・大倉喜八郎ら大商工業者の協力で、藩閥系の国民協会、地価修正を求める代議士や商工業者を集めて政党を組織しようとした。総選挙後の特別議会に備えるものだった。

六月一三日、政党を組織することへの合意を取り付けようと、伊藤は元老の山県有朋元帥の出席も求めて閣議を開いた。しかし、山県も盟友の井上馨蔵相も、また他の元老たちも、伊藤を支持しようとはしなかった。井上は、いったん政党に政権を譲り、国民が政党に失望するのを待って再び組閣する方がよい、と伊藤に忠告した。

山県や腹心の平田東助（枢密院書記官長）らは、藩閥の最有力者である伊藤首相が政党の党首になり閣員も入党させると、政党内閣を組織したことになる、と反対であった。山県は、日本に政党内閣が組織されるようになると、将来はスペインやギリシアと同様の運命になる、と心配していた。

一五日、平田は国民協会最高幹部を訪れて、政党内閣を批判し、伊藤の新党に参加しないように説得した。また、最有力商工業者の三井や三菱は伊藤の新党に参加しようとしなかったので、大倉も参加をためらい、帝国ホテルでの一回目の組織協議会への参加者は数十人にすぎなかった。

こうして伊藤の政党組織計画は、一八九二年二月に引き続いて失敗した。失望した伊藤は、元老を召して善後策を下問するよう上奏し、一九日に東京を去って大磯に帰ってしまった（平田東助「伊藤内閣交迭《ママ》事情」〔未定稿〕。同「山県内閣」〔未定稿〕）。

この間、六月七日から自由党と進歩党が合同する動きが始まり、一〇日に衆議院が解散されると弾みがついた。こうして六月二二日、自由党と進歩党が合同して憲政党が創設された。

自由党系の板垣と、進歩党系の大隈のいずれを党首にするかを決めることは困難であるので、党首は置かれなかった。また、わずか二週間ほどで結成されたので、旧来より対決してきた旧自由党系と旧進歩党系の間で、経済政策など重要政策での基本的な合意すらできていなかった。しかし憲政党が次の総選挙で圧勝することは、明らかだった（伊藤之雄『立憲国家の確立と伊藤博文』二四一～二四七頁）。

この状況で藩閥側ができることは、一つは、一致団結して憲法を中止する覚悟で何度も解散をくり返し、衆議院を藩閥支持に誘導することである。もう一つは、憲政党の板垣や大隈に政権を与えることだった。

倒閣・憔悴・錯乱

天皇は事態を憂慮し、一八九八年（明治三一）六月二四日、伊藤・黒田・山県・西郷従道・井上馨・大山巌《いわお》ら元老を召して、対応策の相談を命じた。松方正義は、兵庫県御影《みかげ》の別荘から戻るのが遅れ、列席できなかった。

その御前会議で、伊藤は、元老中の誰かが政権を担当しないなら、憲政党の大隈・板垣に組閣させるしかない、と述べた。山県は政党内閣組織に反対し、元老総出で入閣し難局に当たるしかない、と論じた。しかし、西郷と大山が伊藤の説に同意したので、山県は松方が来るのを待って決めようと提案、結論が出ないまま、会議は休憩になった。そこで伊藤首相は、しかたなく辞表を天皇に提出した（平田東助「伊藤内閣交迭《ママ》事情」〔未定稿〕。井上馨宛伊藤書状、一八九八年六月二五日、「井上馨文書」）。

この会議での伊藤の様子について、山県は、自分がいくら政党内閣に反対しても、「伊藤は一向承知せず」、ほとんど「人の発言の了《おわ》るを待たずして弁ずると云ふ有様で」、ひどい激論だったと回想している。山県があくまで自説を変えないと、伊藤は「そんなら君が自身で其局《そのきょく》に当たったら何《ど》うか」と言い出したという（原敬「山県侯爵との対話筆記」一八九八年六月二八日、『原敬関係文書』六巻）。

伊藤は、憲法政治を守るためには大隈・板垣にやらせるより他ない、と判断していた。この決断は妥当である。しかし、伊藤は政府のトップの座に二〇年以上もおり、五六歳にもなっているにもかかわらず、伊藤の考えを理解できない山県に対して、感情的なまでの対応をしている。

その後、伊藤は天皇に召され、しかたなく善後策が決まらないまま、辞表を奉呈した。その後、伊藤は再び召され、天皇から自由党のみに政権を担当させることができないか、と質問された。伊藤は大隈・板垣両人に政権を担当させる以外に手段はないと答え、天皇もやむなくそれを了承したと理解した（井上馨宛伊藤書状、一八九八年六月二五日、「井上馨文書」）。

しかし、平田枢密院書記官長の回想によると、大隈と板垣を加えて伊藤首相が内閣を組織するものと天皇は誤解し、二四日午後に再開された御前会議でも、大隈・板垣を入閣させて組閣せよ、との勅裁があった（平田東助「伊藤内閣交迭《ママ》事情」〔未定稿〕。同「山県内閣」〔未定稿〕）。

大隈・板垣両人に政権を担当させることで天皇の了解を得たと思った伊藤は、どのような心境だっただろうか。この日、伊藤が天皇の前から退出した後に、松方は伊藤に会っている。松方は次のように、伊藤の様子に驚いた。

顔色も憔悴《しょうすい》し、何《ど》うも本気の様じやない、…（中略）…兎《と》に角《かく》君は早く大磯にでも行つて、健康を養つたら善からうと云《い》ふた所、伊藤は荐《しき》〔頻〕りに法衣を着て、法師になると云ふて居つた。君が天窓を円《まる》めて法衣を着た所が、心が法師になれぬでは無駄じやないかと云ふて笑ふた、こんな話をして居る内も、伊藤の様子が何うも穏かならぬ様であるから、荐りに大磯行を勧めてきた。

（原敬「松方伯との対話要概」一八九八年七月二日、『原敬関係文書』六巻）

伊藤は、後継内閣が自分の意見通りに決まって不幸中の幸いだと、それなりに満足しているのではない。ひどく疲れ、動揺していた。それが松方には精神的にも異常に見えたのである。

この背景には、伊藤にとって、憲政党の創設という思わぬ事態が発生し、自分の内閣がわずか五ヵ月半という、これまでの最短期間で倒れることになった屈辱感があるだろう。また、これまで「憲法政治」が完成するのを目指して尽力してきたが、果たして大隈と板垣が、その精神を受け継いで上手に政権運営をやってくれるだろうか、との強い不安もあっただろう。もしこの結果、憲法が停止されたり、列強と大きな問題が生じたりしたらどうなるか、と考え始めると、さすがの伊藤も僧侶になりたいとまで口走るほど、追い詰められた精神状況になったのである。

この翌日の六月二五日に、天皇の使いで岩倉具定《ともさだ》侍従職幹事が伊藤を訪れたことで、天皇は誤解を悟った。天皇は驚く。直ちに伊藤ら各元老を召し評議させると共に、特に山県を召し内閣の組織を依頼した。天皇は狼狽《ろうばい》のあまり、君主機関説的原則をはずれかける行動をとったのである。

しかし、この時までに御前会議の結末や、天皇が大隈・板垣が組閣することに「同意」したという話が、伊藤から内々に大隈・板垣にまで伝わっていた。山県は、自分が内閣を組織すれば、天皇を欺いて山県が政権についたと攻撃する口実を政党側に与え、天皇にも累を及ぼす恐れがある、と述べて辞退した。こうして、伊藤の勧めにしたがって、天皇は大隈・板垣に組閣を命じることになった。

宮中改革の志

すでに述べたように一八九六年（明治二九）秋に、雑誌『二十六世紀』は、元老伊藤博文と土方久元宮内大臣が皇室をないがしろにしていると批判した。これに対し、松方内閣の清浦法相と田中宮内次官ら山県系官僚が、土方宮相と連携し、内閣が、雑誌『二十六世紀』等を発行停止処分にするようリードした。

清浦法相らは、この二十六世紀事件で雑誌等を発行停止処分にするように動いたものの、宮内省の空気にも腐敗がないとはいえないので、土方宮相も時期を見て更迭すべきだと考えた。そこで薩摩の有力者で元老の西郷従道（海相）にもそのことを話し、元老山県が動くよう提言した（伊藤之雄「山県系官僚閥と天皇・元老・宮中」）。

その翌年五月には、伊藤は山県と相談して宮中改革を行う気持ちになり、それに井上馨も関与していた（井上馨宛伊東巳代治書状、一八九七年五月五日、「井上馨文書」*）。この時点においても、元老の伊藤・井上が山県と連携するという伊藤体制のやり方で、宮中改革を行おうとしていた。

＊　国立国会図書館憲政資料室『井上馨関係文書目録』では、この手紙の年代を「一八九八年カ」と推定しているが、一八九七年が正しい（前掲、「山県系官僚閥と天皇・元老・宮中」）。

伊藤は宮中改革構想の基軸として、盟友の元老井上馨を宮相にする構想だったことは、すでに述べた。第三次内閣の組閣の人選の際に、それらを伊藤が天皇に述べると、天皇は宮内省と参謀本部の問題はあとにすべきだ、と言って同意しなかった。結局井上を蔵相とし、伊藤は宮中改革の中心となる大物宮相候補をあきらめた。

この結果、第三次伊藤内閣が出発して約一ヵ月後、一八九八年（明治三一）二月九日に宮内省最高幹部の人事異動が行われたが、大改革を推進できるような新体制はできなかった。その主な内容は、(1)伊藤系と見られていたが批判を受けていた土方宮相が二月九日に辞任し、同日に山県系官僚の田中光顕宮内次官が就任、(2)田中の後任の宮内次官には、山県系に関係ない堤正誼《つつみまさよし》（前宮内省内匠頭《たくみのかみ》）が就任、(3)財政を担当する重要ポストである内蔵頭《くらのかみ》には、伊藤系の渡辺千秋が留任、等である。

一〇項目の宮中改革意見書

同じ一八九八年（明治三一）二月九日に、伊藤首相は一〇項目の意見書を明治天皇に奉呈した（『明治天皇紀』九巻、三九〇〜三九四頁）。

その主旨はまず、(1)皇族の「婚嫁」は、皇族・華族のうち「門閥・血統」の両方が最高の地位のある者とする、(2)皇族は上流の交際を除く外、「民間普通の事業」等に関係しない、

(3)皇族の経済は、民間企業の株券所有等を避け、国家の公債や自家の不動産の二種に少しずつ転換していく、(4)神社および寺院等から賜金の下賜などの求めがあっても、維新の「国是」にもとづいて、皇室は宗教の外に立ち、国民の自由な信仰に放任し、なるべく介入するのを避ける、等だった。

以上は、皇室・皇族が民間や宗教から中立的な立場を守り、威信を維持するためのものである。

また、(5)教育美術等の奨励や、天災などの救助に関しては、財源に限りがあるので、一定の基準で行う、(6)皇族や「勲功」ある官僚に賞与を与え、又は国葬にすることを内閣に命じるなら、内廷費ではなく、国庫の負担とする、(7)叙爵〔爵位を与えること〕および陞爵《しょうしゃく》〔爵位を上げること〕は宮内省の専管事項であり、内閣が介入してみだりに行われないようにする、(8)宴会・園遊会での各国外交官等の待遇は一定にし、外国交際に関することは、宮相・外相が十分協議し、重要なものは首相も協議に加わる、等も提言された。

これらの目的は、皇室・皇族の活動に、内閣や宮相・宮内官僚などの恣意が入る余地を狭めることである。

さらに伊藤は、(9)皇太子は体が弱く重病を患ったため、学業等が遅れているので、なるべく「簡便」な方法で、政治または陸海軍に熟通できるようにする、このため、皇族や臣下のうちから一定数の「伺候《しこう》」を置き、陸海軍の士官数名を選び宮内省の東宮職を兼務させ、進講・談話を行わせる、と主張した。

この提案は、皇太子の実情に合わせて、政治や軍事について、簡便であるが実践的な形で皇太子にポイントを習得させようとするものである。

また、⑽従来の帝室経済会は、皇室の経済について、宮相の仕事を「総摂《そうせつ》（すべて管轄する）」してきたが、皇室や皇族の冠婚葬祭や皇族の待遇、皇族および「勲臣」の賞与または国葬、叙爵および陞爵等にまで対象を広げた新しい組織を作る、と提言した。

これまで、伊藤らが元老となって宮中の問題に関しても宮相等への指導をしてきたことに対し、今後はなるべく制度上の機関で行うようにしていこう、というのである。伊藤は、最有力元老として種々のことに積極的に介入しながら、「憲法政治」の維持発展を図ってきた。それにもかかわらず、「憲法政治」を成熟させるためには、元老が介入する必要が減っていくような制度整備を考えていたのである。

以上の伊藤首相による一〇項目の宮中改革の提言は、伊藤が首相として地租増徴問題や選挙法改正問題などに忙殺された上、宮内省に伊藤の提言を受けて動く強力なリーダーがいなかったので、十分に具体化しなかった。すでに述べたように、地租増徴に加えて、選挙法改正という重要問題を同時に実現しようとするだけでも冒険であった。伊藤首相はその上さらに宮中改革の提言も行った。自負心が強すぎて、実現の可能性やそのための手段が、見えなくなってきているといえよう。

この伊藤の提言ですぐに実行されたのが、皇太子の教育組織の改革であった。提言の九日後に、中山孝麿《たかまろ》侯爵（前東宮侍従長）が皇太子担当の責任者である東宮大夫《とうぐうだいぶ》に任じられ、元老の大山巌《いわお》元帥が東宮監督という新しい役職に就いた。さらにその一ヵ月後の三月二二日、天皇は、有栖川宮威仁《たけひと》を皇太子賓友《ひんゆう》に、元老の伊藤と松方、前宮相の土方久元を皇太子の伺候に任命し、皇太子が赤坂離宮に滞在中は一週間に二回参上すること等を命じた。賓友や伺候の設置は伊藤の提案を受けたものである。しかしその後も、学問をはじめとする皇太子の諸学習が遅れる状況が続いた。そこで伊藤らの助言を入れ、わずか一年余り後の翌年五月に、東宮監督とともに東宮伺候が廃止された（伊藤之雄『明治天皇』三六九〜三七〇頁）。

こうして、実現しかけたただ一つの提言も、むなしいものになってしまった。

伊藤体制の凋落

すでに述べたように、大久保利通《としみち》が暗殺された後の一八七八年（明治一一）から第二次伊藤内閣が倒れる一八九六年（明治二九）まで、伊藤は伊藤体制を維持し、政府を主導し、「憲法政治」（立憲政治）を定着させていった。それが可能であったのは、⑴明治天皇の信任を得、薩摩系の有力者とすら協調できる明朗な人柄、⑵英語力や中国・日本の古典などに裏付けられた法律や経済・歴史などに対する深い洞察力と西欧の規範への理解、⑶現実主義の立場から内政や外交を処理する実務能力と、「剛凌《ごうりよう》強直《きようちよく》」な性格による政治への決断力、などがあったからだった。

ところが、わずか五ヵ月半で第三次伊藤内閣が倒れたように、伊藤体制は明らかに機能していない。二〇年近くも続いた伊藤体制が凋落《ちようらく》したのは、なぜだろうか。

それは第一に、政党が台頭したからである。

伊藤の目指す「憲法政治」とは、より多くの国民に教育を普及させ、国民の自覚を促し、少しずつ国民の政治参加を拡大することである。その結果、政府（行政府）と議会（立法府）とが、合理的な議論を積み重ね、自覚した幅広い国民の意思を反映した国策の決定ができる、と伊藤は考える。これが、伊藤の理想とする政府と議会の調和した体制である。これは、国力を強めるための源泉となるのみならず、日本が「文明国」であるとの実績を列強に誇示でき、条約改正などの外交交渉にも役立つ、と伊藤は考えた。

初期議会以来、伊藤は日本の政党の状況に不満を持っていたが、右の目的のため、政党（議会）側と妥協し、その要求もできる限り受け入れようとした。また、政府が暴力的に政党を抑圧しようとするのを阻止した。

このため、政党が着実に力をつけ、日清戦争後には、自由党、次いで進歩党が政府与党となり、それぞれ板垣退助や大隈重信の入閣を実現し、党員を高級官僚に就官させた。自信をつけた自由・進歩の二大政党は、藩閥政府と提携する見返り条件をさらに膨張させ、伊藤の統制から離れていった。

伊藤の腹心だった陸奥宗光が、伊藤から精神的に離れ始めたのも、陸奥の病気の進行に加え、政党が台頭したことが大きい。

伊藤体制が凋落した第二の理由は、政党の台頭への対応をめぐって藩閥内で意見の対立が生じ、各勢力が自立し始めたことである。

その最も大きなできごとは、日清戦争後に、山県有朋を盟主とする山県系官僚閥が形成されたことである。

一八八〇年代まで、山県は同じ長州の伊藤や井上馨に支えられて、薩摩の大山巌と連携して陸軍を統制し、近代化を図った。しかし、山県の狙いは、専門家集団としての陸軍が、なるべく政府から干渉されない形で自立することだった。陸軍は、日清戦争に勝つことで威信を高めて自立を強め、日清戦争後は伊藤ですら人事等の重要事項に関与できなくなっていった。

また、初期議会以降に藩閥政府と政党が対立した際に、伊藤が政党に融和的な姿勢を見せたことも、山県系官僚閥の形成を促進した。一八九二年の第二回総選挙における品川内相の選挙干渉問題や、日清戦争後の第二次伊藤内閣と自由党への接近によって、内務官僚は山県の下に結集するようになった。

それのみならず、薩摩系も伊藤から離れていくようになった。

伊藤が品川内相の選挙干渉をとがめて、薩摩系閣僚の多い松方正義内閣を倒したことで、松方など薩摩系の有力者は、伊藤と冷ややかな関係になっていった。たとえば、それまで松方は、薩摩出身ながら「伊藤味噌《みそ》」と言われるほど、伊藤に従っていた。ところが、第一次内閣を倒されて以降、伊藤からの自立を強め、第二次伊藤内閣でも、財政上の意見の違いで、わずか五ヵ月余り蔵相を務めただけで辞任した。その後、大隈重信と連携し、伊藤の再度の入閣要請に応じず、松隈《しょうわい》内閣として第二次松方内閣を作った。

また、大久保亡き後、薩摩の最有力者であった黒田清隆とも、伊藤は比較的良好な関係にあった。しかし、一八八九年に伊藤が大隈条約改正を中止させるため、黒田内閣を倒すことになって以降、伊藤と黒田はしっくりいかなくなった。また、黒田は政党に対して元来否定的な感情を持っていた。そのことも関連し、伊藤が影響力を及ぼせる薩摩系有力者は、海軍の長老西郷従道ぐらいしかいなくなった。

盟友井上馨も、伊藤に自分の主張を強く述べて通そうとするという意味で、伊藤からの自立を始めた。第三次伊藤内閣への入閣に際しても、一八九八年一月、井上は伊藤と対立し、伊藤が山県有朋に助力を求める手紙を書くほどであった（山県宛伊藤書状、一八九八年一月五日、『山県有朋関係文書』一巻）。井上は、蔵相として副総理格で入閣したが、かつて板垣が不正事件で井上を失脚させようとして以来、板垣とは不仲であった。同年四月にはその感情をむき出しにし、板垣が入閣するなら蔵相を辞任する決意すら示した（伊藤之雄「日清戦後の自由党の改革と星亨」）。

この頃までに藩閥の有力者は、ほとんど組閣を経験している。まだ組閣したことがないのは、兄の西郷隆盛に関する責任から組閣を辞退し続けている西郷従道を除けば、井上馨だけだった。年齢を考えると、井上もそろそろ組閣したいと願うようになった。重要閣僚であっても、伊藤を助けるためのみに入閣することに、以前のように張り合いを感じられなくなったのである。

以上のように、伊藤の権力、すなわち伊藤体制は衰えていたにもかかわらず、伊藤はそのことを十分に自覚せず、第三次伊藤内閣ではかなり強引な政権運営を行おうとした。これが伊藤体制の凋落を、さらに早めることになる。

伊藤がこのような行動をとったのは、「憲法政治」の定着を目指し、現状を分析し将来を構想する洞察力が、十分すぎるほどあったからである。このため、現状を変革したいという思いのみが募る形になり、それをどのように現実のものとしていくか、という点が甘くなったのである。伊藤は、当時としては老境に差し掛かり、体力が以前ほどでなく、疲れやすく十分な判断ができない状態になっていた。それにもかかわらず、「剛凌強直」な性格が頭をもたげ、判断が裏目に出たのだった。

いずれにしても、伊藤体制が凋落した状況では、伊藤が藩閥勢力に立脚しながら政党をも従えて「憲法政治」の定着を図ることは困難になる。「憲法政治」の定着のためには、政党創立を土台作りからやる必要がある。伊藤がこのような考えを持つようになるには、もう少し時間が必要だった。

伊藤博文の遺書二通

第三次伊藤内閣で、伊藤はかなり強引な政権運営を行おうとして失敗したが、必ずしも自信の余りではなかったことは、すでに述べた。それは、この間の一八九八年（明治三一）二月一三日に、伊藤が遺言を書いていることからも確認できる。この時五六歳と、老境に入りつつあった伊藤は、自分の体にこれまでにない変調を感じ、死後のことが気になり始めたのである。

遺言の主旨をわかりやすく示したい。その内容は、「第一号」として、以下のように財産分与のことが書いてある。

(1)　軍事公債証書は額面一〇万円（現在の約二〇億円）である。これは目下毛利家に預けてあり、年八パーセントの利子で預かる契約なので、一年間に八〇〇〇円（現在の約一億六〇〇〇万円）払われるはずである。この元利ともに、梅子夫人が終生所有するもので、他日に親族中の誰に贈与または分配しても、夫人の自由である。

(2)　十五銀行株券二〇〇株、小野田セメント会社株券四〇〇株、日本鉄道会社株券旧株一八三株、新株一一八株。これらは相続人勇吉〔後の博邦《ひろくに》〕に譲り渡し、同人の所有と定める。

(3)　整理公債四万円の内、三万円〔現在の約六億円〕を生子に分与し、同人の所有とする。右の内、一万円〔現在の約二億円〕は朝子に贈与する。

右のほか、預金は親族が相談し、家事の都合により梅子夫人の指図にしたがって処分すべきこと。

（「伊藤博文遺書」伊藤博昭氏所蔵）

この遺言の特色は、伊藤家には公債だけで一四万円（現在の約二八億円）の財産があったことである。それらの財産を、伊藤は梅子夫人を中心に、嗣子勇吉《ゆうきち》（二七歳）・生子（二九歳）・朝子（二二歳）らに分与しようとしている。生子が朝子の三倍もの公債を相続するのは、伊藤と生子の人間関係の深さや、生子が梅子夫人から生まれた子であり、朝子は他の女性が産んだ子であることが関係しているのだろう。文吉や真一らに財産分与がないのは、まだ少年だったからであろう。おそらく、梅子夫人が、自分に分与された財産のうちから、彼らが成人した際に、朝子への分与を一つの基準とし、少なくともそれと同等の額を分与してやることを期待していたのだろう。伊藤と梅子夫人は、そのような信頼で結ばれていた。

伊藤のもう一つの遺書は、一九〇七年（明治四〇）七月一日に、統監として韓国に赴任中に、勇吉（後の博邦）に宛てた手紙である。*

その中で伊藤は、⑴自分の身上に万一のことがあった時は、母〔梅子夫人〕が多年祖父母〔伊藤の父の十蔵と母の琴子〕に「孝養を尽し、余《よ》と浮沈を共《とも》にし、余終生の事業を内助したる堅貞之《の》心を諒察し、十万円〔現在の約一三億円〕割譲し、以《もっ》て隠居料」とするので、承知しておいて下さい、⑵今日にこの事を言っておくのは早計であるが、万一のことを考えてのことなので、洞察して下さい、⑶かつ、過日母〔梅子夫人〕の面前で申しておいた事なので、誤解のないように再述しているので、よろしく賢察して下さい、等のことを勇吉に伝えている。最後に、「玉子〔勇吉の妻〕及緑児《みどりご》等〔未熟な子供、勇吉の子供たちのこと〕」へよろしく申し伝えてください、と書いている。

さらに重要なのは、手紙の冒頭の余白に、追加の形で、「此《この》書面は末松へも御示《おしめし》万事御相談」してよろしいので、含んでおいて下さい、と生子の夫で伊藤の腹心末松謙澄に書面を見せて相談するように、婉曲に述べていることである（「伊藤博文遺書」伊藤博雅氏所蔵）。

伊藤は一八九八年二月の遺書でも、梅子夫人に額面一〇万円の軍事公債を分与するように述べていた。しかし、それから一〇年近くたって、伊藤家の財政状況も変わったので、改めて梅子夫人に一〇万円渡るように勇吉に念を押し、末松もその保証人としようとしたのである。その遺書としての手紙は、伊藤の梅子夫人への愛情と信頼の深さが改めて確認できる。

なお、この手紙で伊藤が万一の死をも覚悟しているのは、健康上の問題以上に、ハーグ密使事件への対応として、強硬な対韓政策を採用せざるを得ないと考え、その反発が伊藤に及ぶと考えているからである。後述するように、この手紙の一ヵ月以上前の、五月二二日には、伊藤は韓国皇帝の高宗《コジョン》が裏面で巨額の運動費を出して、オランダのハーグ平和会議に向けて密使を派遣し、日韓保護条約の無効を列強に確認させようとしていることを知っていた（第二二章・二三章）。

＊　この手紙には年が記されていないが、一九〇七年と推定した。それは、文中に「小子赴任早々公務多端、特に不在中宮廷之《の》紛擾、韓両地方之暴動等」、いまだすべて鎮静に至っていないとある。これらは、一九〇七年三月二〇日に漢城（現・ソウル）に帰任した伊藤が、一九〇六年秋から翌年にかけて、反日ゲリラである義兵の蜂起が盛んになったことや、宮廷（高宗）によるハーグ密使事件に直面したことに合致する。

なお、一九〇一年五月に伊藤は、所有している中山道《なかせんどう》公債の処分をして日本銀行からの借財を返却したいと、杉孫七郎子爵（長州藩出身、枢密顧問官）に頼んでいる（杉宛伊藤書状、〔一九〇一年カ〕五月二四日、「伊藤博文書状」萩博物館所蔵）。杉は、宮内省の財政を担当する内蔵頭《くらのかみ》（局長）などを務めた人物である。内蔵頭は宮中の財政運用を図るため、大蔵省等から最新の経済情報を得ることができた。その経験者や大物宮内官僚も同様である。伊藤家の金融資産は、かなり安定した形で運用されていたようである。

第一八章　休養と充電——清国漫遊・西日本遊説

隈板内閣の成立と清国行き

一八九八年（明治三一）六月二五日夜、伊藤首相は大隈重信（旧進歩党系）と板垣退助（旧自由党系）を官邸に招き、後継内閣の担当者として憲政党のこの二人を明治天皇に推薦したことを告げ、天皇の命があれば組閣するように勧めた。こうして二七日、天皇から大隈と板垣の両者に組閣の命があり、六月三〇日、第一次大隈内閣（隈板《わいはん》内閣）が成立した。

第一次大隈内閣は、陸・海軍大臣以外のすべての閣僚を憲政党員から採用した。憲政党は衆議院の多数党であり、日本で最初の政党内閣である。閣員は、旧進歩党系が大隈首相兼外相・尾崎行雄文相ら四人で、旧自由党系の板垣内相・松田正久蔵相・林有造逓相の三人に比べ、一人多かった。

大隈と板垣のどちらが首相になるかについては、板垣が外交上の儀式典礼に通じていないから、と内相を選んだので、大きな問題とならなかった。問題は、旧進歩・旧自由両党ともに、様々なレベルで就官熱が高まっていたことである。大隈の兼任している外相ポストを筆頭に、次官・局長・知事や道府県の幹部、郡長に至るまで、憲政党員の期待は高く、しかも旧進歩党系と旧自由党系がポストを求めて争う状況だった。

しかし、当面は問題が表面化せず、七月を中心に判明するかぎりでも、憲政党の地方組織として三七道府県三九ヵ所の支部、二つの出張所が設立された（伊藤之雄『立憲国家の確立と伊藤博文』二四三〜二四九頁）。

その後、伊藤は大磯に戻り、穏やかな潮風と波の音で、政変の疲れを癒した。伊藤の性格で最も優れた点の一つは、大きな打撃を受けても、いつまでもくよくよせず、しばらく休養すればすぐに立ち直ることである。伊藤は大隈内閣の前途を心配していたはずだが、七月に憲政党の地方支部の整備が進んでいくなど、それなりの展開を見せたことにほっとしたのだろう。

七月一三日には、大磯から東京に戻って帝国ホテルに泊まり、大隈首相と会談し、翌日に板垣内相と会った。また記者に、北清から南下し揚子江流域まで清国を漫遊することを語ったらしい（『東京日日新聞』一八九八年七月一五日）。

目的は、列強の中国分割の状況を実地に見聞し、清国の内政の動向を知ることであった。清国では、六月一一日に若い光緒帝《こうしょてい》が変法自強の詔勅を出して、国政の大改革を始めていた。また伊藤の数少ない趣味の一つが漢詩の創作であり、中国の大地に触れて次の政権担当に向けて英気を養う、というのも目的の一つだった。旅行は、随員が数人という質素なものだったが、中国語の通訳や英語に精通している人物が一人ずつ付き、漢詩人の森泰二郎（泰次郎、槐南《かいなん》）を同伴していた。一八八五年に伊藤が最初の首相になって以来、森は常に伊藤の供をしていたと、森夫人は回想している（『東京日日新聞』一九〇九年一〇月二八日）。

七月二六日、いよいよ伊藤は大磯を出発した。京阪地方を経て、八月一六日に神戸港を出航した。一八日に長崎に着き、韓国仁川を経て、二五日に漢城（現・ソウル）に入った

（『伊藤博文伝』下巻、三九四～三九五頁）。

この間に、納涼で知られる岐阜県の養老渓谷や京都の宇治・嵐山など景勝地を遊覧した。この年の夏は極めて暑く、二年前に行った台湾の暑さよりひどく感じられる、と伊藤は梅子夫人に手紙を書いている。長崎では、郵便会社の案内で、新船の試運転を見学し、帰ると五〇人ほどの賑やかな宴会が待っていた。

仁川では伊藤を出迎えるため、皇族が一人派遣された。漢城では毎日毎晩のように人に招かれ、ご馳走攻めにあった。韓国も暑く、「汗は水の流るゝ」様に出るが、「幸に疲れも弱りもせず日々飛《とび》ある」いている。夜会や晩餐について、韓国王や韓国政府の伊藤への待遇は、今まで誰も受けていないほど良いものである、と梅子夫人に手紙で知らせた（末松謙澄『孝子伊藤公』三四五～三四八頁）。

このような各地の歓待に、伊藤は自尊心を満足させ、しだいに政変の屈辱を忘れ、機嫌が良くなっていったようである。

その後、九月八日に仁川を出発、一一日に清国の天津に着き、一四日に北京に入った。二九日に北京を発って、一〇月五日に上海着、漢口や南京を訪れた後、二二日に再び上海に帰還した。

伊藤は天津でも、清国の上下の人々が伊藤を「歓迎することは中々筆にも文にも書き尽しがた」いほどの歓待をうけた。昼も夜も宴会に忙しく、多数の中国人が引きもきらずにやってきて、中国のために力を尽くしてくれと依頼した。

北京では、九月二〇日に皇帝に謁見を許され、先例にないほど丁寧な扱いを受けた。ところが二一日に政変があって、西太后が政治を行うことになり、失脚していた李鴻章《りこうしょう》が再び中枢に返り咲いた。その後も伊藤は、イギリス公使館や清国政府からの晩餐の案内を受けた。

上海では、清国官吏だけでなく学者や商人まで伊藤を訪問し、来遊を喜び、伊藤を饗応した、等と伊藤は梅子夫人に書き送っている。また、清国の政情についても報じている（同前、三四八〜三五四頁）。

これらから、国内で伊藤体制が崩壊したとはいえ、清国や韓国では、維新以来の近代国家への改革のリーダーであり、日本有数の権力者として、伊藤の名声と彼への期待が極めて高かったといえる。伊藤はすっかり気分を良くしたことだろう。酷暑の漢城（現・ソウル）での昼夜の宴会も楽しんでいることから、健康への自信も回復した。また、伊藤が梅子夫人への手紙から、夫人を単に家庭を切り盛りする妻としてではなく、政治のこともわかり、伊藤と心の深いレベルで意思疎通できる相手として接していることがわかる。

ところで、第一次大隈内閣（隈板内閣）では、与党憲政党内の旧進歩党系と旧自由党系の対立が激しかった。旧自由党系の星亨《ほしとおる》は、駐米大使の辞表を出して、八月半ばに帰国し、一〇月上旬には倒閣の体制を作り、板垣退助内相らと連携、旧自由党系を率いて行動を起こした。

星は、山県系官僚と連携して次期内閣として山県内閣を成立させ、旧自由党系がその与党となることにより、旧自由党系政党を刷新することと勢力拡大することを目指した。星は旧進歩党系と提携して不十分な政党内閣を維持するよりも、この方向の方が政党政治を早く実現させる近道だと判断したのである。まず板垣ら旧自由党系閣僚が辞表を出したので、一〇月三一日、やむを得ず大隈首相や旧進歩党系閣僚も辞表を提出した（伊藤之雄『立憲国家の確立と伊藤博文』二四六〜二五九頁）。

一〇月末、大隈内閣や憲政党内の内紛が激しくなると、天皇は徳大寺侍従長に命じ、上海に滞在している伊藤に帰国を求める電報を打たせた。これに応じ、伊藤は日本に向け、直ちに上海を出発した。

「憲法の試験」は「上結果」

大隈首相らが辞表を出すと、天皇は黒田清隆枢密院議長に善後策を下問した。黒田と松方正義・西郷従道《つぐみち》・大山巌《いわお》の四元老は、あくまで山県有朋に好きなように組閣させたい、と考えた。彼らは伊藤が帰国して異論を唱えるのを恐れ、山県に組閣の命が下るよう急いだ。

天皇も、元老はじめ藩閥官僚の中にある山県への期待を察知し、伊藤の帰国を待つことなく、一八九八年（明治三一）一一月五日、山県に組閣を命じた。伊藤は一一月七日に長崎に帰着したが、この流れに対し、どうすることもできなかった。伊藤の強引なまでの提案で、第一次大隈内閣ができたにもかかわらず、わずか四ヵ月で、何の成果もなく内紛によって倒れたことで、伊藤の後継首相推薦に関する威信が低下していたのだった。

一一月八日、六〇歳の山県は、第二次内閣の組閣を完了した。新内閣では、元老が山県（首相、長州藩出身）と松方（蔵相、薩摩藩出身）・西郷（内相、薩摩藩出身）と主要閣僚を固めた。他を桂太郎（陸相、留任、長州藩出身）・清浦奎吾《きようらけいご》（法相）・青木周蔵（外相、長州藩出身）ら五人の山県系官僚や山本権兵衛《ごんべえ》（海相、薩摩藩出身）らの藩閥官僚で占めた。

星亨の率いる旧自由党系が改めて創立した新しい憲政党は、一一月二九日に山県内閣と提携を成立させた。アメリカ合衆国から帰った星は、従来の提携とは異なり、入閣を求めず、鉄道国有・選挙権拡張などの政策の実現を要求するという、新しい志向を示した。

山県内閣の最大の課題は、一一月七日に召集されていた第一三議会（一八九九年三月閉会）において、予算の財源となる地租増徴法案を通過させることである。衆議院各党派の議員は、第一党の憲政本党（旧進歩党系）一三一名は野党だったが、憲政党（旧自由党系）一一三名、国民協会（藩閥系）一八名などの与党が数の上で優勢だった。

当初、山県内閣は地租を地価の二・五パーセントから四パーセント、約一・六倍に上げようとした。しかしこの急激な増税に賛成することについては、選挙地盤である地主層をはじめとする農民の反発を恐れて、憲政党でも意見がまとまらなかった。そこで憲政党幹部は、地租を地価の三・三パーセントと、一・三二倍に上げるにとどめ、増税期間も一八九九年から一九〇三年までの五年間に限定する修正をすることで、ようやく党内をまとめた。

こうして、地租増徴法案は一八九八年一二月二〇日、憲政党・国民協会や無所属議員の会派の賛成で、一五五対一五で衆議院を通過した（憲政本党は退場し、採決に加わらず）。同法案は、一二月二七日に藩閥系の多い貴族院でも可決され、成立した（伊藤之雄『立憲国家と日露戦争』三〇〜三四頁）。

ところで、地租増徴法案が成立したのは、半年前に、伊藤が大隈と板垣に政権を与えるように主張し、隈板内閣ができたからでもあった。旧自由党系が、隈板内閣および進歩党と自由党が合同した憲政党の失敗に懲りて、もう旧進歩党系と連合することは考えられなくなったからである。これで初期議会以来、自由党や改進党（後の進歩党の中心）の間で、折に触れて構想されてきた民党（政党）連合路線は、当分現実味のないものとなった。

また、伊藤と比べ自分の能力の限界をわきまえている山県首相が、地租増徴への見返りとして、憲政党側の求める地方制度改革を実現させるなど、丁寧な議会運営をしたことも、地租増徴法案の成立に役立った。この結果、これまで府県会議員と郡会議員の選挙は、複選制だったのが改められ、有権者による直接選挙となった。複選制とは、府県会議員・郡会議員を市町村民に直接選挙させないで、市会・町会・村会などの議員にのみ選挙権を与えて選出させる制度である。さらに、郡会議員の定数の三分の一を、地価一万円以上の大地主で互選した議員に与える制度も、廃止された（伊藤之雄『山県有朋』三〇八～三〇九頁）。

この第一三議会の最中、一八九九年二月一一日に、憲法発布一〇年紀念祝賀会が行われた。伊藤は「帝国ホテル」での演説で、最初の議会の時も首相は山県で、今回もまた同じく山県であり、「今日の状勢を以て見れば議会を解散するの必要もなく、誠に其《その》職務を完全に尽されたものと申すの外はない」と、山県を称えた。

さらに伊藤は、一八八九年より今日に至るまでの一〇年の間は、「憲法の試験」であったといえる、と続けた。その上で、おおむね「憲法の試験は誠に上結果」であったということを「断言するに憚《はばか》らぬ」のである、と「憲法政治」の成果を高く評価した（『伊藤公演説全集』三三四～三三五頁）。これは、第一三議会で、憲政党（旧自由党系）の協力により、地租増徴法案が通過したからであった。

伊藤は自分の第三次内閣が倒れる原因をつくった第一二特別議会では、政党に大きく失望し、憲法政治の前途に大きな不安を覚えた。自分が失敗した地租増徴法案を、山県が比較的簡単に実現してしまったことへの嫉妬にとらわれることなく、伊藤は「憲法政治」の定着を喜んだのだった。

「憲法政治」の定着の他、一八九九年は、五年前にイギリスと結んだ新条約が、七月一七日に施行されることになっていた。立憲国家の定着と条約改正の実施という、維新以来の目標が達成されつつある状況に、伊藤はかなり満足していたことであろう。

理想の政党を目指して

伊藤は第二次山県内閣が地租増徴案を成立させ、順調に展開しているのを素直に喜ぶことができた。これは、憲政党が変化し、自分の目指す憲法政治の完成にとって、良い条件が整ってきた、と実感できたからだった。改正条約の施行によって、列強と肩を並べる条件はかなり整った。それに加え、憲法政治を完成させるために、いよいよ理想の政党づくりに乗り出すのだ。

すでに第三次伊藤内閣が倒れた時に、伊藤は腹心の一人の西園寺公望《きんもち》文相から、将来新党を組織しよう、という情熱ある申し出を受けていた。このとき西園寺は神奈川県葉山で静養していた。西園寺は倒閣を知ってひどく驚いたが、深く考えると「最上の御卓見」であり、反対派が慌てふためいている様子は可笑《おか》しいくらいである、と伊藤の行動を評価した。

さらに続けて、伊藤と板垣（旧自由党系）・大隈（旧改進党系・進歩党）の三角同盟を説く者がいるが、検討する価値もない、伊藤がかねてから抱いている「勲位顕爵《くんいけんしやく》〔勲章・位階・爵位〕」を天皇に返却するという志は、日本の「民度」に対して絶大の反響があるので、困難なことだが是非実行してほしい、と書いた（伊藤之雄『元老 西園寺公望』一〇一頁）。

伊藤は、臣下の中で並ぶ者のないほど勲章などの高い恩典を受けている。その伊藤が恩典を返上し、「平民」となって新党を組織するという志を、西園寺に語っていたのだ。おそらく、新党を率いて総選挙に出馬し組閣したら、日本の憲政も大きく変わるだろうと考えていたのだろう。

伊藤は倒閣の失意の中で、心の奥で響きあう西園寺の提言に、深い喜びを感じたことだろう。

その後、第二次山県内閣が成立した日、西園寺は、清国漫遊から帰国したばかりの伊藤に手紙を書いている。西園寺は、旧自由党系や旧進歩党系は伊藤の下に統一されることを希望しているが、両派はまだ伊藤の政策に従うかどうかはわからないとみた。しかし、いわゆる雨が降って地が固まるのも遠いことではなく、天下の形勢は「条理《じょうり》〔物事の筋道〕あり経綸《けいりん》〔天下をきちんと治めること〕有る」内閣を歓迎するようになるだろう等と、伊藤が将来政党を基礎とした内閣を作るのにふさわしい状況が生じることを期待した（同前、一〇二〜一〇三頁）。

先に述べた、憲法発布一〇周年を記念する伊藤の演説は、西園寺が期待し伊藤も望んでいる状況が形成されつつあると、伊藤が確信し始めたことを背景としている。

伊藤が演説したのと同じ日、憲政党の指導者星亨は、憲政党祝賀会で政党内閣を作ることへの意欲を公言した。また、星の配下の憲政党関東団の準機関紙は、婉曲にではあるが伊藤が憲政党に入党し政党改革に尽力することや、貴族院議員や商工業者も入党することを求め始めた（『日刊人民』一八九九年三月一六日、一七日、一九日、五月二七日）。

二月末、伊藤は横浜で思いがけなく西園寺と出会ったので、是非大磯の「滄浪閣《そうろうかく》」に来いと誘い、西園寺をその夜泊めた。五七歳の伊藤と四九歳の西園寺は、このように急速に親しくなっていった。その後、西園寺は伊藤の紹介で、「滄浪閣」の隣に別荘地を買うまでになり、一一月に別荘が完成した（伊藤之雄『元老　西園寺公望』一〇三頁）。

すでに述べたように、二年前、伊藤は陸奥が彼から精神的に離れ始め、数ヵ月後に病死してしまったことで、かなり失望したと思われる。その空白を埋めるかのように、陸奥の腹心の一人の西園寺が伊藤と親密になり、後継者の最有力候補となっていった。

政党創立の準備に動く

ところで、地租増徴法案が成立すると、一八九九年（明治三二）二月、第二次山県内閣は、第三次伊藤内閣が第一二議会に出した選挙法改正案と基本的に同じ内容の法案を、第一三議会に提出した。

当然、地租五円以上を納める者（当時の施行法では一五円）を有権者とする等の選挙権の大幅拡大や、市部選出議員の割合を二二パーセントに増やす（当時の施行法では五・七パーセント）等、山県や山県系官僚が好まない内容も含まれていた。

これは山県首相らが、伊藤博文らとの直接の対立を避けるため、貴族院で修正させることを前提に提出したものである。貴族院の委員会では山県系会派がリードし、有権者資格を地租一〇円以上に、市部選出議員の割合も一四・三パーセントに後退させる等、保守的な修正を加えた（伊藤之雄『立憲国家と日露戦争』三四〜三六頁）。

しかしこのような修正は、新党を創立して政党を改良しようと考えている伊藤の納得するところではない。三月九日の貴族院本会議で、ふだんは登院しない侯爵議員の伊藤が、一議員として出席し、政府案を擁護する演説を行った。

伊藤は、日本は四〇〇〇万人以上の人口を有しながら、参政権を持つ者がわずか四十有余万人に過ぎない、と衆議院が十分に国民代表の役割を果たしていないことを論じる。そこで、五円の税額を基礎とし、一七〇万〜一八〇万人に選挙権を得させ、また商工業者層の代表を増すことが列強に伍《ご》していくために必要であると訴えた。この演説の結果、伊藤の腹心の末松謙澄《すえまつけんちょう》（前逓相、娘生子の夫）らにより、政府案に復活する意見が続出し、ほぼ政府原案に近い修正案が本会議で可決された（『帝国議会貴族院議事速記録』一五巻下、七一四〜七一六頁）。

貴族院には山県系官僚閥の勢力が伸びつつあったが、合理的に訴えかける伊藤の影響力も大きかったのだ。伊藤は貴族院でのこの結末に気を良くしたことだろう。

しかし、貴族院の修正に衆議院が同意せず、選挙法改正案は成立しなかった。政党側は、選挙権の拡大には賛成だったが、元来多くの議員が農村部を基盤として当選してきており、市部選出議員の割合を大幅に増やすことには反対だったからである。

第一三議会が終了すると、同年四月一〇日、伊藤は長野市で新政党の創立を訴える演説をしたのを皮切りに、全国諸都市での遊説を始めた。伊藤は六月までに大阪・神戸・福岡・名古屋などを訪れ、官民の大歓迎を受け、二十数回もの講演を行った。各都市で伊藤が人気を集めた大きな理由は、選挙法改正問題などで、伊藤が都市部の商工業者を重視する新姿勢を打ち出していたことである。結局、一九〇〇年に第一四議会で、伊藤の尽力もあり、市部独立選挙区、直接国税一〇円以上、大選挙区制とする改正選挙法が成立した。

宮中改革について再度の提言をする

伊藤は新政党創設に向けた遊説を行いつつも、「憲法政治」を完成させるためには、宮中改革が不十分であることも承知していた。その一つが、皇太子（東宮《とうぐう》）嘉仁《よしひと》親王の教育がうまくいかず、学問をはじめ様々なことが遅れていることであった。

一八九九年（明治三二）四月二三日、皇太子の賓友《ひんゆう》の有栖川宮威仁《たけひと》親王は、伊藤博文ら皇太子の伺候《しこう》等を集めて、皇太子の教育方法などについて相談した。伊藤は、教育に統一が必要であるので、天皇といえども介入を控え、責任者に一任すべきだと提案した。また、その責任者として、有栖川宮を推薦した。一同は、伊藤の意見に同意した（『明治天皇紀』九巻、六四一～六四五頁）。

明治天皇は、皇太子とほとんど接触しないにもかかわらず、皇太子の教育を自分で掌握しようとする意欲が強すぎた。これは、病気がちで体の弱い息子への愛情と、天皇としての責任感、臣下の前では親子の接触を控える天皇の自制心からであったが、大きな問題だった（伊藤之雄『明治天皇』三六二～三六九頁）。

天皇は伊藤の提言をすぐには受け入れなかったが、有栖川宮に促されて同意した。五月八日、東宮監督と東宮伺候という皇太子教育のためのポストを廃止し、代わりに東宮賓友の有栖川宮を改めて東宮輔導《ほどう》に任命し、皇太子教育の最高責任者とした。有栖川宮は日曜日を除く他、毎日東宮御所に出仕してその任務にあたることになった。

また、伊藤や大山巌元帥・土方久元《ひじかたひさもと》（前宮相、伊藤系）・田中光顕宮相ら五人が東宮輔導顧問に任命された。

天皇はこの決断をする前に、有栖川宮と大磯にいる伊藤のもとに、侍従長徳大寺実則《さねつね》を訪問させて意思を伝えさせた。また、伊藤が皇太子に政治講話を行うのはこれまでと同様であると、伊藤に念を押している（『明治天皇紀』九巻、六四一～六四四頁）。

皇太子など皇室の子女の教育は、公務の側面があるものの、天皇家の内部の問題という側面も強かった。このため、天皇の介入がかなりあり、表《おもて》の政治における君主機関説的行動規範には必ずしも制約されないものとみなされている。皇室内部の問題に、表以上に君主が介入するのは、立憲君主制が日本よりも発達したイギリスでも同様であった（伊藤之雄『明治天皇』二四二～二四四、二七三～二八〇、三六二～三七一、四二二～四二六頁）。

このような状況を考慮すると、天皇の伊藤への信頼は比類ないものであり、二人の関係は、天皇や有力元老としての体面や立場を越えていた。むしろ、友情に近いものに成熟していたのである。明君として威信を高めている天皇に対し、伊藤は言外に、あなたの皇太子教育への介入は場当たり的でむしろ害になっていますので、それを控えられ有栖川宮や私たちにお任せ下さい、とまで提言したのだ。こんなことができるのは、伊藤しかいなかった。

その後八月二四日、天皇は宮中に帝室制度調査局を設け、朝儀典礼および皇族・皇室財産、その他皇室に関するいろいろな事項を調査・審議することを命じた。また、伊藤がその総裁に任命され、一二の調査項目が定められた。二九日には、伊藤が拝謁して副総裁以下の人選を内奏した。

九月五日、副総裁に土方久元、御用掛《ごようがかり》に伊東巳代治《みよじ》（前農商相、伊藤の腹心）らが任命された。

同月九日、伊藤が使っている赤坂霊南坂《れいなんざか》の宮内省官舎に局を置いた。帝室制度調査局の設置は前年二月に伊藤が宮中改革について一〇項目の意見書を出し、一二月に清国漫遊から帰国した後に改めて調査機関を設けることを提案したことにもとづいていた（『明治天皇紀』九巻、六九五頁。『伊藤博文伝』下巻、四一七〜四二六頁）。明治憲法と共に皇室典範が制定されたが、大綱を定めたものにすぎなかった。そこでこの調査局では、一二の調査項目を検討して細目を確定しようというものだった。

後に述べるように、この調査局は、日露戦争後に、公式令《こうしきれい》という法令の制定を通して、憲法の条文上の天皇の権限の主要なものを、首相に代行させようとする。これは伊藤が、日露戦争後の陸海軍、とりわけ陸軍の台頭と自立化を抑制しようと意図したものだった。一八九九年のこの時点では、このような項目が独立した形では入っていなかった。

日露協商路線の動揺

伊藤が新党組織のための準備として全国の都市へ遊説を始め、また皇太子の教育体制が不十分だと再度の改革を提言した頃、一八九九年（明治三二）五月、ロシア海軍は朝鮮半島南岸の馬山浦《マサンポ》に自らの拠点となる土地を得ようとしていた。これは前年一〇月に駐韓ロシア公使となったパブロフが、馬山浦や木浦《モッポ》などのような朝鮮半島南岸の良港に、ロシアの勢力を伸ばそうと活動し始めたからである。パブロフは、この帝国主義の時代の基準から見ても、押しが強くて陰謀好きの人間だった。

パブロフの行動は、韓国において日露は政治的に対等であるとの西—ローゼン協定の精神を脅かすものだった。翌月、田村怡与造《いよぞう》大佐（参謀本部第一部長）は、陸軍の作戦立案部門の責任者としての立場から、ロシアが馬山浦を支配するようになれば、日本は何もできなくなる、と危機感を示した。田村は、日露戦争が起きた際に日本軍が朝鮮半島に上陸する作戦の障害となると心配したのである（Ian Nish, *The Origins of the Russo–Japanese War*, pp. 60–61）。

同年一〇月一一日、山県首相も同様の意見書を出して、状況を無視できないことを訴えた。山県の意見書は、日清戦争後に伊藤と山県らが提携して成立させた日露協商路線を再検討することを主張する形で、場合によれば日露対決にも踏み出す可能性を考慮していた。他方、伊藤は日露協商路線を維持する考えで、ロシアに対する意見が山県と異なるようになった（大山梓編『山県有朋意見書』二五四〜二五五頁）。

軍や外務省の高官の中には、山県以上に、ロシアは常に南下を目指し満州から朝鮮半島支配を狙っている、とロシアへの強い不信感を持つ人々がいた。これに対し伊藤は、現実主義者としての哲学を持っている。些細な事実に過剰に反応すべきではなく、事が具体化したら

ていたのだろう。

当事者のロシアと話し合い、それでうまくいかなかったら最後の決断をすればよい、と考え

義和団の乱と山県内閣への助言

ところで清国では、一八九九年（明治三二）から山東省で義和団が勢力を増し始めた。一九〇〇年六月に入ると、北京を天津・保定《ほてい》などから孤立させるような勢いとなった。六月二〇日、義和団はドイツ公使を殺害し、北京の公使館のある区画に籠城《ろうじょう》した列強の公使館員・兵・居留民を、清兵とともに攻撃し始めた。各国公使館の護衛兵や居留民からの義勇兵を合わせても、五〇〇人にもならなかった。

列強は救援の兵を送ることになったが、清国までは遠いので、時間がかかり人員にも限界があった。七月五日、イギリスのホワイトヘッド駐日代理公使は、ソールズベリー首相の命で、列強の中では反対がないので、日本が清国に向けて救援部隊を送ってほしい、と日本に伝えた（『日本外交文書』三三巻、七一六〜七一八頁）。

元老の伊藤は、事態が容易でないと判断し、その後首相官邸に、山県首相・西郷内相・松方蔵相の三元老や、青木外相・桂陸相・山本海相ら主要閣僚を集めて会議をした。伊藤が、局面がどのように展開するかわからないので、軽挙に走って国力を消耗しないようにするべきだと意見を述べると、各大臣ともに了解した。特に山本海相は事件の経過を詳しく述べ、伊藤の意見が事情に適していると論じ、全幅の支持をした（伊藤博文「清国事件に関し大命を奉したる以来の事歴」）。

義和団の乱で、清国や同国における列強の秩序が大きく変わる恐れがある。すでに七月五日朝、山県が拝謁すると、明治天皇は清国問題について元老伊藤に相談するように命じた。その後伊藤は参内を命じられ、夕方五時に拝謁すると、天皇は伊藤に清国問題についての意見を問い、閣僚に助言するように命じた（伊藤之雄『立憲国家と日露戦争』四八頁）。

伊藤は元老の一人であるが、山県内閣の閣僚や枢密院議長といった特定の要職に就いているわけではない。その伊藤が主要閣僚を集めた会議を主導し、義和団の乱に慎重に対応するという考えを、閣僚にのませてしまった。伊藤体制が崩壊したとはいえ、明治天皇の信頼は変わらず、伊藤は元老筆頭で特別な地位にあったのである。

さて、日本は北京救援のため、列強中で最も多い二万二〇〇〇名の将兵を送った。ロシアは二番目に多い四〇〇〇名を派遣した他、それとは別に将兵を派遣し、八月になると北から満州の占領を始めた。一方、八月一四日には日本を含めた八ヵ国連合軍が北京に入り、連合国軍出兵の目的は達成された。満州を除き、日本は列強中で最多の将兵を派遣し、列強中での存在感を高めた。

連合国軍による北京の占領を見て、八月二二日、伊藤は出兵の目的は達せられたので、列強に率先して撤兵を提議すべきである、と山県首相・青木外相に勧告した。伊藤は、出兵した日本軍が形式上ドイツの総指揮官の配下にあったことも、統帥上の問題だと指摘した（伊藤博文「清国事件に関し大命を奉したる以来の事歴」）。これは、統帥上の問題に神経質な山県首相に、撤兵を促すための作戦だったといえる。

山県・青木は伊藤の勧告に同意したかに見えたが、三一日になっても実行せず、ロシアが先に北京からの撤兵を提議してしまった。しかも山県内閣は、ロシアからの提案にもすぐには応じなかった。伊藤は、日本が撤兵の提議者としての地位と名誉を失い、さらに撤兵の快諾者にもなれなかったと憤慨、天皇に陳謝する上奏を行った（伊藤博文「清国事件に関し大命を奉したる以来の事歴」）。

山県首相らは、北京周辺に駐兵することで、日本の発言力を増し、場合によれば大陸における勢力圏拡張に役立てようと考えたからである。伊藤は、天皇の命があっても、山県らへの自分の影響力がここまで低下してしまったのか、と現実の厳しさを味わった。

その間、七月中旬になると、ロシアの駐日公使のイズヴォルスキーや駐韓公使のパブロフは、元老伊藤や日本の駐韓公使に、義和団の乱が満州から韓国に飛び火した場合には、韓国内で日露の勢力範囲を分けようと提案した。これに対し、伊藤・井上馨両元老は、交渉に応じようとした。しかし山県首相は、満韓交換によって韓国全部を日本の勢力範囲に入れることを目標としており、韓国で日露両国の勢力範囲を分割することに反対であった。青木外相はさらに強硬で、対露開戦も辞さないとすら唱えた。義和団の乱が韓国に広がらなかったこともあり、韓国で日露が勢力範囲を分ける話はそれ以上進展しなかった（小林道彦『日本の大陸政策』三六～三七頁）。

また八月下旬には、アモイ（厦門）事件も起こった。児玉源太郎台湾総督（山県系官僚閥の陸軍軍人）らが謀略により、義和団の乱の混乱に乗じて台湾の対岸にある清国のアモイにあった日本の本願寺の布教所を焼き払い、アモイを占領しようとした事件である。台湾と福建省の間では、人や物の移動が自由に行われていた。児玉らは、台湾統治の安定のためにも、台湾の対岸にある福建省を支配しようと考えたのだった。

伊藤はこの事件の真相を知らなかった。山県首相も同様だったと思われる。山県内閣は当初から事件を拡大させることに慎重だった。しかし、現地からの出兵要求があると、山県内閣はアモイ占領を認め、歩兵一個大隊（数百名）を中心とした小兵力を派遣することを決定した。天皇の許可も得て、まず海軍陸戦隊二個小隊をアモイに上陸させた。

ところが、イギリスをはじめ列強が、日本軍のアモイからの撤兵を要求してきた。児玉らはアモイ占領に固執したが、事件の真相を知った伊藤は、撤兵を強く求めた。山県内閣や軍中央もこれに応じ、日本軍は撤兵した（斎藤聖二『北清事変と日本軍』第五章）。

義和団の乱の場合と異なり、今回は伊藤と山県の意見が一致したので、直ちに撤兵できたのである。山県は伊藤に比べ、列強と協調して清国問題を処理していこうという姿勢は弱いが、列強と強く対立する事態は避けようとはしている。これが伊藤の救いだった。しかし山県内閣では、列強と協調し東アジアに秩序を作るのは困難であることもわかってきた。

第一九章　肉体の衰えと「憲法政治」への理想
――立憲政友会創立・第四次伊藤内閣

立憲政友会を創る

話を国内問題にもどそう。旧自由党系の憲政党は、星亨《ほしとおる》をリーダーとし、第二次山県有朋内閣と一年数ヵ月もの間提携を続けてきた。その結果、地租増徴法案に賛成した見返りとして、複選制や大地主議員の廃止など、府県制や郡制において政治参加を拡大することができた（本書第一八章）。また、一八九九年秋の府県議選では憲政党が勢力を伸張し、党の基盤を強めた。

しかし、星らの憲政党リーダーは、政党政治を実現する一つの段階として山県内閣と提携したのであり、いつまでも党員の入閣すらない提携を続けていくわけにはいかなかった。しかも一九〇〇年（明治三三）五月一九日に、山県内閣は陸軍省・海軍省官制を改正し、陸・海軍大臣は現役の大将か中将に限ることにした。従来から文官の軍部大臣は出現していないが、この官制改正はそれを法的に不可能にするもので、憲政党への挑発ともいえる動きであった。

一九〇〇年五月三一日、星らは山県首相に、山県内閣の閣僚が憲政党に加盟するか、憲政党から入閣させるか、いずれかを実施するように申し込んだ。星らは山県に大幅に譲歩させせて提携を続けるのか、伊藤に憲政党党首になることを求めるのか、どちらかに方向性を決めようとしたのだった。

山県は首相としての達成感を味わい、そろそろ辞め時だと考えていたようである。五月二四日、天皇に辞意を示していた。当然、政党嫌いの山県は星の要求を拒絶した（伊藤之雄『山県有朋』三一九〜三二五頁）。

そこで六月一日、星らは伊藤に憲政党党首となることを依頼するために訪問し、伊藤から逆に新党の結成を切り出された。星にとって政党内閣を実現するため伊藤と連携するのは、一年以上前から求めてきたところであり、星らはすぐに伊藤新党への参加を決めた。こうして、後に立憲政友会として結実する、伊藤の新党構想はにわかに具体化した。

伊藤は山県らの了解を求めたが、山県は強い反対もしない代わりに、積極的な支持もしなかった。山県は伊藤の新党結成に反対であるが、明確にしなかったのである。

そんなことは、伊藤も承知の上だった。伊藤は七月中に、腹心の伊東巳代治《みよじ》や星らと党組織に関する相談を行った。伊藤は官界や実業界からの参加を容易にするため、本部と地方組織の関係を、倶楽部《クラブ》としてルーズな集団にする考えだったが、星や伊東がそれでは統制が取れないと反対したので、本部と支部組織の関係にすることになった。

「和協の詔勅」の妥協で、一八九三年四月に集会及政社法の改正が公布され、政社（政党）は支社（支部）を置くことができるようになった。これ以降、旧自由党系も旧改進党系も支部組織を充実させ、党員数も増大させていた。政党支部活動の経験のある政党人に支部を置かないことを提案するのは、伊藤の時勢を見る眼がなくなっていたからである。

八月二五日、伊藤は東京市の芝公園「紅葉館」において、西園寺公望《きんもち》ら一三人を招き、新党創立の趣旨と綱領を発表し、創立委員とした。ところが、伊東巳代治は、伊藤が自分を十分に重んじていないと考え、伊藤との感情の行き違いを生じ、創立委員に加わらなかった。約二年八ヵ月前、第三次伊藤内閣組閣の際にも、伊東巳代治は伊藤を怒らせ、破門寸前となっていた。これも、伊藤から逓信《ていしん》大臣の内示を受けていたのに実際は農商務大臣を命じられたという些細なことで、入閣辞退の意を示したからであった。

今回、伊藤は年齢のせいもあり、さらに気難しくなっており、伊東巳代治は政友会創立の動きから離れることになった（伊藤之雄『立憲国家と日露戦争』五三、一〇六頁。升味準之輔『日本政党史論』二巻、三四五～三五八頁。山本四郎『初期政友会の研究』二九～五七頁）。

九月一三日、憲政党は解党し、党員は自動的に立憲政友会に入党することになった。その二日後、九月一五日に一四〇〇名余の出席者を得て、帝国ホテルで立憲政友会の発会式が行われ、伊藤が総裁になった。帝国ホテルは伊藤が大磯から東京に出た際の定宿だった。

政友会創立の意図

伊藤が政友会を創立した意図は、一九〇〇年（明治三三）八月二五日に伊藤の名で出された新党創立の趣旨や演説、九月一五日の発会式での伊藤の演説からわかる。

それは第一に、政友会を媒介に、より多くの地方有力者の意見を政治に反映させ、立憲政府（「憲法政治」）の完成を目指すことである（八月二五日の演説）。

第二に、伊藤はまだ政党の発達を不十分であると考えていたので、閣僚の任免や内閣の政策に関し、政党からの関与をできる限り避けようとしていた。そのため、伊藤は総裁の権限の強い政友会会則を作った。

会則では、総裁の任免や任期についての言及がなく、最高幹部の総務委員や庶務会計を担当する幹事長・幹事などの党役員の選任は、総裁の権限であった。また総裁が総務委員の人数を決め、毎年一回党大会を東京に招集、議会開会中や必要の場合に議員総会を招集することになっていた。

さらに、壮士的動きをするような無産者の入党を避け、秩序と規律ある党を目指すことも述べられた（八月二五日の演説）。

こうして、伊藤は政策の立案と政権担当能力のある本格的な近代政党を創ろうとしたのであった。伊藤は、すでに一八九九年二月には、イギリスの「党派政府〔政党内閣〕」や、七、八百年かけて政治を変革してきた成果を目標とするような演説をしている（「欧州選挙法の変遷と我が改正案」『伊藤公全集』二巻）。おそらく、伊藤はまず一つのモデル政党として政友会を創ろうとしたのである。それに刺激され、将来もう一つ別の近代政党ができて、イギリスのような二大政党制になることを否定する気持ちはなかったであろう。

第三に、伊藤は政友会に列強の国際規範を身につけさせ、自らがこれまで進めてきた協調外交と、国防とバランスのとれた産業振興という政策を支える存在になることを期待した。*

＊　伊藤は産業振興を重視し、「憲法政治」が発達すれば、合理的な政策決定ができて、産業振興にも寄与すると考えていた。伊藤の「憲法政治」という言葉は、立憲政治とほぼ同義であるが、合理的な政治制

度改正や産業振興など、少し幅広いニュアンスも含んでいる。すでに述べた、選挙法改正への熱意はその一例である。

また、官営八幡製鉄所設立予算は、第二次伊藤内閣が第九議会で通過させ、一八九六年三月二九日に製鉄所官制を公布した（施行は四月一日）。その後、伊藤は完成間近の八幡製鉄所を訪れ、第一高炉の前で、幹部と記念写真に収まった（写真の日付は一九〇〇年一一月三〇日）。伊藤は、憲法制定の感慨を詠んだ「万機献替廿余年典憲編成奏御前」云々の有名な漢詩を、掛け軸用に書いて、八幡製鉄所に寄贈している（新日鉄住金高見倶楽部所蔵）。このことからも、「憲法政治」と産業振興の関連がわかる。

九綱目からなる政友会の綱領の中で、外交に関したものは一つで、それは「外交を重《おも》んじ友邦の誼《ぎ》〔親しい関係〕を厚くし、文明の政《まつりごと》以《もっ》て遠人を倚安《いあん》〔安心して頼る〕せしめ、法治国の名実を全《まった》からしめむ」と、列強協調と条約などの法を守ることを唱導している。また一つの項目で「国防を完実」することも唱えられているが、それも「常に国力の発達と相伴行して、国権国利の防護を充全ならしめむ」と、国力の発達に応じるという限定がついていた。

伊藤の政党改造の現実

伊藤総裁は、自らを補佐する最高幹部の総務委員として、一三名を指名した。その内訳は、伊藤系官僚等が西園寺公望（前外相・文相）・末松謙澄《すえまつけんちょう》（前逓相、伊藤の娘生子の夫）・金子堅太郎（前農商相）ら七人が中心であった。この中には、後に第四次伊藤内閣の倒閣の原因を作る渡辺国武（前蔵相・逓相）もいた。党人系では、憲政党（旧自由党）系の星亨

（前駐米公使）・松田正久（前蔵相）・林有造（前逓相）の三人や、尾崎行雄（前文相、旧改進党・進歩党系）らがいた。一三名という数は、党の意思決定を迅速に行うには多すぎたが、できる限り多くの有力者を集めた強力な政党を創立しようとすれば、やむを得ないことであった。

また、政友会の創立後約一年で党をリードするようになる原敬《たかし》（前外務次官・朝鮮国駐箚《ちゆうさつ》公使）がいる。彼は陸奥の死後も伊藤・井上馨《かおる》との接触を保ち、二人の勧めで入党しようとしていたが（『原敬日記』一九一四年九月一七日）、大阪毎日新聞社長辞任の引継ぎが遅れ、政友会発会式には参加できなかった。ようやく一九〇〇年（明治三三）一一月下旬に大阪毎日新聞社の退社を発表し、一二月一九日に総務委員兼幹事長に就任した（伊藤之雄『立憲国家と日露戦争』五四〜五七頁）。

この時の幹事長の地位は、第二次世界大戦後の自民党等のそれと比べると、極めて軽いものだった。すでに第四次伊藤内閣が発足しているにもかかわらず、入閣できなかったので、原は伊藤に対して非常な不満を抱いた（伊藤之雄「日本政党政治研究の課題」）。もっとも、原の能力や自負心は別として、原は入党時には閣僚歴がなく、伊藤系官僚中で最末席だったといえるので、伊藤のこの処置はしかたがなかった。

なお、旧憲政党員（旧自由党系）は自動的に政友会に入党することになった。伊藤が政党改造を実現するには、旧憲政党員以外の入党を求める必要がある。そこで八月二六日以降、政友会の発会式に向け、入党勧誘状が有力者たちに幅広く発送された。それは無所属代議士、無所属前代議士、市長・助役・市参事会員および市会議員、商業会議所会頭・副会頭、諸会社社長（資本金五万円〔現在の約七億五〇〇〇万円〕以上）、多額納税者、府県会議員・郡会議員、弁護士、銀行頭取（資本金一〇万円以上）、その他各府県の名望家たちであった。

また皇族を除く貴族院議員にも、政友会創立の趣旨書を送り、婉曲に入党を勧誘した。憲政党と並ぶ衆議院の二大政党である憲政本党員（旧改進党・進歩党系）には、入党勧誘状は出されなかった。憲政党と対立する憲政本党員を勧誘することは、中核となる憲政党員に対して挑発的だったからである。

とはいえ、伊藤は憲政本党の一部も切り崩そうと、密かに動いた。憲政本党幹部の尾崎行雄に一万円（現在の約一億五〇〇〇万円）を与えて（伊東巳代治『翠雨荘日記』一九〇一年一〇月六日）、相当数の憲政本党員を引き連れて入党するように誘ったのだ。しかし結局、尾崎一人しか入党しなかった。

ところで、山県系官僚閥を背景に伊藤と並ぶほどの実力者となった山県有朋は、内心伊藤の政党創立に反対であった。そのため、三井・三菱・住友など中央の大商工業者たちは、伊藤・山県の両者から中立を保って政争に巻き込まれないようにしようとし、ほとんど政友会に参加しなかった。貴族院からの参加も、西園寺公望や金子堅太郎ら伊藤系官僚を中心に、少しあっただけだった。

九月一五日の政友会創立時には、一五二名の衆議院議員が政友会に所属した。こうして政友会は、衆議院三〇〇議席のうち、単独で過半数を獲得した。しかし、同会に所属した衆議院議員の中で、約七三パーセントの一一一名が旧憲政党からの入党者であった。政友会は中央において、自由党から憲政党への流れの延長で成立した。

もっとも、和歌山市の例に見られるように、地方都市の有力商工業者たちは、選挙法改正にみられた伊藤の商工業者や都市部重視の姿勢に共鳴していた。その上、積極的な公共事業を期待して、かなり政友会に参加したようである。多くの地方と同様に、和歌山県においても、県内を縦貫する鉄道も、本格的な道路もなく、和歌山港すら築港されておらず、インフラ整備の要望は強かった（伊藤之雄『立憲国家と日露戦争』五七～五九頁、第二部第二章）。地主層を基盤とした政党から、有力商工業者も参加した政党に改造するという点では、伊藤の構想は一部達成された。

「勅許政党」政友会

立憲政友会創立と当面の運営のための政治資金は、どこから出たのであろうか。

政友会を創設し、その総裁になるため、一九〇〇年（明治三三）九月一一日、伊藤は帝室制度調査局総裁・東宮輔導《ほどう》顧問などの皇室関係の職の辞表を提出、一四日に認められた。明治天皇は、二万円（現在の約三億円）と紅白縮緬《ちりめん》一匹ずつを伊藤に下賜した（「徳大寺実則日記」〔写〕一九〇〇年九月一一日）。

下賜の事務の責任者である田中光顕宮相によると、政党を組織する費用として宮中から賜金が出たことが外部に漏れると、宮内省の政治的中立性が疑われ、皇室に累を及ぼす恐れがある。そこで表向きの下賜の理由は、「功臣優遇」ということだった。ところが伊藤は、その内密の約束を少しも気にしないようで、政友会会員に、今後必要があればいくらでも宮内省から金を出させる、と公然と言った。暗に天皇から期待されていることを誇り、宮内省に対する勢力を示すようであった（伊東巳代治『伊東巳代治日記・記録　未刊翠雨荘日記　憲政史編纂会旧蔵』一九〇一年一〇月六日）。

田中宮相は山県系官僚であったが、山県に内緒でこのような処置をしたのは、天皇が伊藤の新党創設を理解していた以外の理由は考えられない。隈板《わいはん》内閣ができる直前、伊藤が政党を組織する意向を示した時に反対したように、一八九八年六月まで、天皇は藩閥官僚が政党を作ることに反対だった。四七歳のこの頑固な天皇が、とうとう伊藤に説得されたのである。

また伊藤が、宮内省から金が出ていくらでも引き出せる、と公言していることから、元来強気な伊藤も、新党を創るという初めての試みに、かなり不安を持っていたことがうかがえる。少しでも党員を引き付けたい、とあせっていることもわかる。しかしその気持ちを考慮しても、伊藤体制の凋落《ちょうらく》と五九歳に近づいた年齢のせいと、長年権力の中枢にいた疲れとで、政治家伊藤の精神が緩みかけていることも、見て取れる。

なお、政友会創立のための資金としては、政友会結成の際に元老井上馨と星亨・原敬の連絡役を務めた野崎広太によると、財界に顔のきく井上馨が別に三〇万円（約四五億円）工面したという（野崎広太『らくがき』一八四頁）。

さらに多額の政治資金が天皇から伊藤に流れるのは、伊藤が党創立後一ヵ月で第四次内閣を組織した後で、田中宮相によると、二〇万円（約三〇億円）にも及んだ。伊藤はその金を、星亨に一万円、尾崎行雄にも一万円、渡辺国武外遊の旅費として一万五〇〇〇円、政友会のために三万円を出ない程度使ったという。内閣が倒れる頃には、一五万円内外の金が伊藤の手元に残されていたという（『伊東巳代治日記・記録　未刊翠雨荘日記　憲政史編纂会旧蔵』一九〇一年一〇月六日）。

明治天皇が伊藤の新党創設やそれを率いた第四次伊藤内閣を資金的に援助していたことから、政友会は裏面で「勅許政党」として発足したのである（伊藤之雄「立憲政友会創立期の議会」）。

山県首相の辞任

さて、義和団の乱が鎮圧され、政友会結成の準備が進むと、一九〇〇年（明治三三）八月末から九月初頭にかけ、山県首相は伊藤に辞意を伝え、後任となるよう要請した。しかし伊藤は引き受けなかった。山県は伊藤が新党組織の準備をするのを見て、準備が整う前に政権を譲り、第四次伊藤内閣と新党を失敗させようとしたのである。

これは、山県が単なる権力欲から伊藤に打撃を与えようとしたのではない。有力政党は国家にとって害だと信じる、山県の信念からである。他方、伊藤は「憲法政治」（立憲政治）の健全な発展のためには本格的な近代政党が必要だとの信念から、新党を創ろうとしたのであり、山県の潜在的な妨害をかわし、じっくりと準備してから政権に就こうとしたのである（伊藤之雄『山県有朋』三二四〜三二六頁）。第三次伊藤内閣はわずか半年もせずに倒れており、次はそのような事態になるわけにはいかないと、誇り高い伊藤は強い決意を持っていたはずである。

天皇には伊藤の気持ちがよくわかっていたと思われるが、山県は二年近く政権を担当し、地租増徴問題や義和団の乱などの事件を解決、辞意を表明している。いつまでも山県の辞任を引き止めるのは困難だった。また、義和団の乱によって、ロシアが満州に出兵し引き続き駐兵している状況で、伊藤を首相とする内閣に外交を託して安心したい、という気持ちもあっただろう。いずれにしても、伊藤と山県という両巨頭の思惑が正面から対立し、元老制度が十分に機能しなくなっている状況では、天皇自身が決断しなくてはならなかった。

九月二四日、天皇は伊藤を山県の後任にしようとし、松方正義・井上馨の両元老に説得を命じた。二六日に井上が伊藤を訪ねたことを聞いて、山県は辞表を提出した。伊藤はそれでも組閣を辞退したが、天皇はさらに井上・岩倉具定《ともさだ》侍従職幹事（公爵、かつての岩倉具視家の跡継ぎ）・松方らに伊藤を説得させたので、一〇月六日、内閣組織を承諾した。こうして、伊藤は政友会を十分に掌握しないまま、準備不十分で組閣せざるを得なくなった。

四度目の組閣

一九〇〇年（明治三三）一〇月一九日、第四次伊藤内閣が成立した。すでに、陸相・海相に加えて外相も政党員でない専門家が望ましいとの慣行ができつつあった。首相の伊藤と桂太郎陸相（留任）・山本権兵衛《ごんべえ》海相（留任）・加藤高明外相（前駐英公使、陸奥宗光の腹心）を除いた閣僚のうち、政党出身者は、旧自由党から憲政党の流れを汲む松田正久文相・林有造農商相・星亨逓相の三人である。

加藤は伊藤よりも大隈重信に近かったが、四〇歳の加藤を外相という要職に抜擢《ばってき》したのは、伊藤の意志だった。伊藤は、加藤の剛直さと外交手腕に期待した（奈良岡聰智『加藤高明と政党政治』三六～六二頁）。伊藤は、日本の政治が成熟し、イギリスモデルを導入しても良い頃合いとなってきたと考えており、その意味でも、英国好きの加藤は好ましかった。

伊藤系閣僚は、渡辺国武蔵相・末松謙澄内相（伊藤の娘生子の夫）・金子堅太郎法相・西園寺公望（班列大臣）の四人だった。伊藤が西園寺を特定の閣僚ポストに就かせなかったのは、自分の後継者として育成しようと考えたからだ。すでに伊藤は組閣前から体調を崩しており、一〇月二七日に西園寺を首相臨時代理にすると、翌二八日に大磯に帰って一一月三日から熱海温泉に出かけた。また黒田清隆枢密院議長が死去したので、西園寺は首相臨時代理に任じられると同時に枢密院議長にも就任した。

第四次伊藤内閣は、藩閥官僚の最有力者であった伊藤が新党を組織して組閣したものであったが、陸・海・外相以外は政友会員であり、形式的には政党内閣ともいえた。なお、内閣成立後、旧憲政党員や伊藤系官僚またはその配下の者など、一四人の政友会員が内閣書記官長（現在の内閣官房長官）・総務長官（次官）・官房長・大臣秘書官として、中央ポストに就官した。これは、第一次大隈内閣での延べ四二人の中央ポストおよび知事など地方長官への就官者に比べると、かなり抑制したものだった（伊藤之雄『立憲国家と日露戦争』六〇～六一頁）。

しかし、政友会創立直後に組閣せざるを得なかったので、組閣過程から党の不統一が露わになった。それは伊藤が盟友の井上馨を蔵相にしようとしたところ、政友会創立委員長であった渡辺国武（前蔵相）が、伊藤が星らに操られているとの理由で脱党の意を示し、新聞に漏れたことである。渡辺がこんなことをしたのは、自分が蔵相になれるという自負があったからだった。伊藤は、一致の動作を欠いては党の目的を遂げることができない、「立憲の要訣《ようけつ》〔一番大事なところ〕は譲歩にある事」を忘れてはいけない、と渡辺に忠告した（渡辺宛伊藤書状、一九〇〇年一〇月一五日、「渡辺国武文書」国立国会図書館憲政資料室所蔵）。

他の政友会幹部は、渡辺の身勝手さに憤慨したが、伊藤はやむなく渡辺を蔵相にした。新党創立直後に最高幹部から脱党者を出したくなかったのだ。渡辺問題は、内閣の将来に暗い影を投げかけた（山本四郎『初期政友会の研究』八〇～九〇頁）。

山県系官僚の反感

伊藤は初代の貴族院議長であり、政友会を創るまでは、貴族院に対しても相当な影響力を持っていた。ところが、伊藤が政党を背景に組閣したことで、山県系官僚のみならず、貴族院においても、伊藤や伊藤内閣・政友会への反感が高まっていった。

まず貴族院が攻撃対象としたのは、旧憲政党系の実力者、星亨逓信大臣だった。星は、横浜埋め立てスキャンダルなどで賄賂を取っている、と噂されていたが、一九〇〇年（明治三三）一二月に東京市会疑獄事件が起きると、市会の実権を握っていた星への疑惑が、一気に強まった。

そこで、第一五議会の召集を前に、一二月一七日、山県系会派がリードし、貴族院の中核となった六会派の幹部が、伊藤首相に次のような勧告を行った。それは、(1)星が逓相の職にあっては、内閣の威信が保てないので措置を望む、(2)官吏の選任を慎み官紀を粛正する、(3)

国務と党務を混同しないこと、等である。結局一二月二二日、星は辞任し、原敬が後任の逓相となった。

伊藤は原の能力を買っていたものの、貴族院に閣僚（星）を辞任させられるのは屈辱以外の何物でもない。それに反発するかのように、一九〇一年一月二八日、政友会議員総会で、伊藤は行政・財政整理への意欲を公言し、二月一三日に貴族院でも同様の演説を行った。

伊藤の主張は、⑴これまでの行政に関する大きな改正は一八八五年冬から翌年にわたって行われたものであり、それ以降は枝葉に関する改正しか行っておらず、根本的な改正が必要となってきた、⑵昨年来、十分に調査して行政改革を行いたいと希望しており、半年か一年を目標に実現したいので協力してほしい、⑶同様に財政整理も実現したい、等だった。

すでに述べたように、伊藤は一八九八年に、一八九〇年にできた選挙法の大幅な修正を構想していた。それと同様に、一八八五〜八六年にできた官僚制度の大改革を考えたのである。

伊藤は、財政整理の中心として盟友の井上馨を、行政整理には腹心の伊東巳代治（枢密顧問官）を考えていた。この後、伊藤内閣は三ヵ月ほどで倒れてしまったため、伊藤の行政・財政整理構想の中身は十分に明らかでない。しかし、井上馨は同年六月の第一次桂太郎内閣成立前後と思われる時期に、行政・財政整理意見を書いている（「井上伯財政整理意見」、「井上馨文書」）。そこから、ある程度スケールの大きさを推定できる。

井上の意見は第一に、行政・財政整理で剰余金を作り、既定の増税と合わせて、鉄道事業などの積極政策を行おう、というものだった。公債や新税にたよらなくてもできると見ていたのだ。

このため、第二に、各省の間や各省内の局ごとのセクショナリズムを修正し、文武官の人数を減らし、人を精選して行政効果を上げようと考えていた。

第三に、軍関係の工場を民間に移すか統合し、兵卒の現役三年の期間を短縮し、憲兵を少しずつ減らしたり、地方幼年学校を廃止したりするなど、陸・海軍関係の整理や、内務・司法・文部・外務・逓信・農商務省等、各省の組織や制度を修正することである。

伊藤のこのような姿勢は、伊藤が一九〇一年一月末に行政・財政整理への意欲を公言する前に、山県系官僚に感知されたようである。前年一二月二二日、山県の腹心の清浦奎吾《きようらけいご》（貴族院議員、前法相）は、伊藤が文官任用令や分限令に改正を加え、広い範囲から人物を採用するのではないか、と警戒する手紙を山県に書いている。

山県系官僚や貴族院の、伊藤や伊藤内閣に対する反感は、星への攻撃に続いて、北清事変費を埋め合わせる予算への攻撃となって表れる。伊藤内閣は、北清事変で軍艦水雷艇補充基金のうちから臨時に約二九〇〇万円（現在の約四三五〇億円）を使用した。これを回復するため、第一五議会で、酒類税や海関税の増額などの増税諸法案を出した。これは衆議院を通過したが、二月二五日に貴族院の特別委員会で否決された。貴族院の本会議でも否決されそうな空気であったので、内閣は議会を二月二七日から三月八日まで停会、さらに停会を一三日まで延長した。

伊藤首相は停会中に、山県や松方・西郷・井上など元老に調停を依頼したが、うまくいかなかった。そこで伊藤首相と他の元老は詔勅によって切り抜けることとし、三月一二日、貴族院に「廟謨翼賛《びょうぼよくさん》（朝廷の政治に協力し天皇を助けること）」せよとの詔勅が出された。こうして三月一六日、貴族院は増税諸法案を衆議院の議決通りに可決した（山本四郎『初期政友会の研究』九六〜一三四頁。「徳大寺実則日記」〔写〕一九〇一年二月二七日〜三月一四日）。

元老制度・枢密院・貴族院改造構想

この間、貴族院が政府にとって理不尽な動きを止めようとしないので、一九〇一年（明治三四）三月一一日、伊藤は他の元老に向かい、貴族院を改造する決意を示した。伊藤は上奏の草案を作り、多くの閣員の賛成を得た。

伊藤の腹案は、⑴枢密顧問官を増員して二倍の五〇人位とし、貴族院議員中より採用し、枢密院は内閣更迭のような大問題だけを諮問される、⑵貴族院の有爵議員はそのままとし、勅選議員を一〇〇名位として任期を定め、勅選議員の終身任期の制度を廃止すること、等だった（『原敬日記』一九〇一年二月二六日、三月一一日）。

すでに伊藤は第二次伊藤内閣辞職後に、枢密顧問官を定員の二倍の五〇人に増加し、枢密院が天皇から後継首相の下問を受けることを構想していたという。また、伊藤は一八九九年一一月頃から一九〇〇年七月頃までに、貴族院議員の特権を削減する貴族院令改正を構想していたようである（伊藤之雄『立憲国家と日露戦争』四五〜四六、一〇八頁）。

貴族院のいやがらせをきっかけに具体化した枢密院や貴族院の改造構想は、一八八九年から九〇年代前半に形成された憲法体制を大きく修正しようとするものだった。一八八九年かこの意味は第一に、元老が行っている後継首相推薦を、強化された枢密院に移すことにより、慣例的な元老制度を法制化しようとするものである。

第二に、数人から七人の元老で後継首相を推薦するのでなく、従来の元老も含めた五〇人の有力者に広げることで、わずかながらイギリスの議院内閣制下の後継首相選出制度に近づけることである。さらに枢密院の機能を限定することで、相対的に議会の地位を高めることができる。これは、政友会を創り、理想の政党として衆議院を中心に帝国議会に根を張ることを目指す、伊藤の意欲を背景としていた。

第三に、勅選議員の任期を定めることで、内閣の勅選議員へのコントロールを強めるのみならず、山県系官僚の勅選議員集団が貴族院をコントロールするのを防ごうとしたのである。

勅選議員が貴族院で重きをなしていくのは、彼らが官僚としての「功績」から、伯爵・子爵・男爵などの爵位を持っていることが多く、その場合、伯・子・男爵など爵位ごとの貴族院議員の選挙にも投票権を持っていたからである。勅選議員でない伯・子・男爵の三つの爵位の者は、貴族院議員になろうとすれば爵位ごとでの選挙で当選しなくてはならなかった。このため有爵議員にとって、自らが貴族院議員の選挙に出馬する必要のない勅選議員の爵位ごとの票が大切になり、勅選議員集団が貴族院に影響力を増す一因となったのだった。

伊藤首相や閣僚の多くが貴族院の改造すら構想したことは、増税諸案の通過に関し、山県系官僚の貴族院に対する圧力となったものと思われる。すでに前項で見たように、三月一二日の詔勅から一六日の増税案の貴族院通過という形で、貴族院の伊藤内閣への事実上の屈服を促進したことは間違いないだろう。

しかし、伊藤内閣が文官任用令・分限令を含む行政改革をするかもしれない、と山県系官僚を警戒させたことと同様に、貴族院改造構想によって、山県や山県系官僚たちは伊藤内閣への非協力姿勢や反感をより強めた。このことが、内閣に内紛が生じると、倒閣をもたらす要因になっていく。

すなわち、選挙法改正・行政改革に加え、貴族院改革等を持ち出し、伊藤は一八八五年から一八九〇年代の前半に形成された政治体制を大幅に修正しようとした。伊藤の構想は、当初の政治体制が試行錯誤的な試みにすぎなかったことや、産業革命が本格化する日清戦争後の新しい状況を考慮すると、時代を先取りする合理的なものであった。しかし権力基盤を整備したり支持層を集めたりしたりして反対派を圧倒するなどの準備を十分にしないまま、強い反発が予想される困難な改革構想を一度に提示したことで、伊藤の権力基盤はかえって弱まっていった。人生五〇年といわれた当時、このとき伊藤は五九歳、しかも長年権力の中枢にいた疲れで神経をすり減らしていた中で、自分への自負心から、「憲法政治」の完成という理想のみが先走りしたのだった。

財政方針をめぐる混乱

一九〇一年（明治三四）三月二四日、第一五議会は無事終了した。しかし、第二次山県内閣で地租増徴法案が成立し、一八九九年度から実施されているにもかかわらず、一九〇〇年に恐慌が起きて税収が悪化、政府の財源難は深刻だった。

すでに伊藤首相は、先に述べた行政・財政整理に加え、遅くとも一九〇〇年一二月には外債を導入することを考え、上奏していた。伊藤の構想では、財政通の元老である松方正義と井上馨をドイツ・イギリス・フランス等へ派遣し、外債を起こすことを打診しようとした（「徳大寺実則日記」〔写〕一九〇〇年一二月一四日）。しかし、外債募集は具体化しなかった。

そこで、一九〇一年四月九日、伊藤首相は各種鉄道または製鉄所・電話などの事業を中止しても二〇〇〇万円を削減できるだけで、総不足額は七五〇〇万円（現在の約一兆一二五〇億円）であり、公債募集の見込みもないので、内閣継続の見通しは立たない、と山県に手紙を書いて、窮状を訴えた。伊藤はいずれ松方・西郷・井上の三元老にも相談するつもりだった（『山県有朋関係文書』一巻）。一一日に、伊藤首相は山県ら元老に、北清派遣の軍事費等を除いて三〇〇〇万円（現在の約四五〇〇億円）内外の財源不足があると述べていた（伊東巳代治『翠雨荘日記』一九〇一年四月一二日）。

他方、第一五議会終了後、渡辺国武蔵相は一九〇一年度の公債を財源にする政府事業をすべて中止すべきである、という意見書を伊藤首相に提出していた。政友会に集まった多くの党員は、公共土木事業など積極政策実施への期待を持っていたが、渡辺蔵相の意見書はこの希望に反するものだった。

それにもかかわらず、伊藤首相は、後継者の西園寺公望（班列大臣）にのみ、渡辺蔵相を更迭して井上馨を後任としても良いかのような意向を洩らすのみで（『原敬日記』一九〇一年四月六日）、渡辺の意見をはっきりと否定する行動をとらなかった。

伊藤が渡辺の意見書を黙認するかのような態度をとったのは、第一に、就官を抑制する代わりに公共事業という新しい理念を掲げることが、政友会の発展にとってどれほど重要であるかを、十分に認識しきれなかったからである。

第一五議会での疲れのせいか、伊藤の健康状態は良くなく、山本海相が、伊藤が自ら行政整理委員会の総裁になるべきだ、と勧めても、「体力」がないと応じなかった（同前、一九〇一年四月九日）。議会の疲れを考慮しても、数年前の全盛期の伊藤なら、政友会の要望を理解できないことや重要事項を自分で担当しないことなど、あり得なかった。老いを意識し、日頃から政友会の主な幹部の意見を素直に聞いて、目標を限定し、迅速に対応しようとする自覚が弱くなっていたからである。また、そういう行動ができるためには、国政の中枢にあり続けて主導してきた伊藤の自負心も、障害になった。

第二に、第一五議会で貴族院が北清事変に関係する諸増税に反対した際、元老が初期から一貫して伊藤に強い支持を与えてくれなかったからであろう。伊藤は、外債を起こすなど財源問題に自信をなくしていたのだ。

伊藤は、肉体の衰えのなかで、自負心と不安とを十分に整理しきれていなかった。

原敬逓相の活躍

渡辺国武蔵相に対する批判の動きの中心となったのは、伊藤系官僚の原敬逓信大臣だった。すでに述べたように、原は前年一二月に党人系最有力者の星が逓相を辞任した後任となっていた。一九〇一年（明治三四）四月七日、閣議の議論が公債事業の中止に傾くと、原は辞職を暗示すらして、事業を次年度以降に繰り延べて継続することで妥結させ、事業の中止を避けた（『原敬日記』一九〇一年四月五日、七日）。

四月九日、伊藤首相は元老山県に対し、国家存続の手段を相談したいと協力を求めたが、山県は積極的に応じなかった。次いで、伊藤は財政難に関し諸元老の協力を得ようと、四月一一日、山県・井上・松方を招いて元老会議を開いた。伊藤は、財政の困難を説明するとともに、元老らが国家の重責を分担するのでなければ、内閣を投げ出すより他はないと言明したが、積極的に協力を申し出る元老はいなかった（伊藤之雄『立憲国家と日露戦争』七二～七三頁）。

伊藤はすっかり失望した。このため、四月中旬以降、政友会幹部の突き上げに応え外債募集等により次年度以降の公共事業を維持するか、渡辺蔵相の意見を採用し次年度の公債事業を中止するかについて、必ずしも一貫しない言動をするようになる。

まず、四月七日の閣議の後、渡辺蔵相は一九〇二年度の公債事業すら否定する意見書を伊藤首相に提出し、先の繰り延べという妥結に挑戦してきた。四月一五日、伊藤は閣議の前に原を招き、他の閣僚と共に渡辺の方針に十分に反論すべきであると、渡辺批判に取れる意向を述べた。閣議でも伊藤首相は渡辺の意見に反対したので、渡辺は意見書を撤回した。原は書面の撤回に満足せず、渡辺蔵相の財政方針があいまいだと問い詰めたので、閣議は激しい論争の場となった。

この間、党内には、有志代議士が一九〇一年度事業費繰り延べについて議員総会を開くことを決議するなど、大きな動揺が広がっていった。そこで四月一三日、伊藤は最高幹部会である総務委員会を開き、閣議に調査を任せ、総会を開かないことを決定、かろうじて統制を

維持した（『原敬日記』一九〇一年四月一五日。『中央新聞』一九〇一年四月一六日。『政友』一九〇一年五月一〇日）。

伊藤が後継者として期待した西園寺公望（班列大臣）や閣外の実力者の星も、原と連携して動いた。ところが渡辺蔵相は、一九〇二年度の公債事業を中止する意見書を再び伊藤首相に出してきた。四月二五日、原逓相が伊藤首相を訪問すると、伊藤は一九〇二年度の公債事業を中止せざるを得ないことを述べた。原は伊藤に反論し、夕方に西園寺・星と会合、渡辺が原らの意見を受け入れないなら、内閣総辞職を覚悟しても譲らない方針を決めた。

二六日以降、原らは松田文相・加藤外相・林農商相・末松内相などの支持を得て、閣内で渡辺を孤立させていった（『原敬日記』一九〇一年四月一六日〜四月三〇日）。

他方、伊藤首相は、行政整理の総裁を伊東巳代治に委嘱することを閣議で反対されたので、四月下旬には自分が責任者となり、奥田義人《よしひと》法制局長官に計画を立案させることにした。また、伊藤は四月二七日までに行政・財政整理について、天皇に何度も上奏していた。奥田は、まもなく伊藤首相に行政・財政整理構想を提出した。その中には陸海軍政を改革し軍費節約をすることや、文官分限令および任用令について適当の改廃を加えること等、が入っていたようである（伊藤之雄『立憲国家と日露戦争』七三〜七四頁）。奥田の行政整理構想が山県らにどの程度伝わったのか不明であるが、この構想は山県や山県系官僚に対して挑発的ですらある。

また月日は不明であるが、伊藤は行政整理において文官任用令や分限令などの改正を行うことを山県に話していた。その時山県は議論しなかったが、伊藤は山県が反対であることを知っていた（『原敬日記』一九〇一年五月二一日）。山県ら元老の協力を求めて、外債募集や行政・財政整理を行おうとするのなら、伊藤は体制改革を一度に提起すべきではなかった。

　さて五月二日、伊藤首相は閣僚の辞表を取りまとめ、閣内が不統一であることを名目に、辞表を天皇に提出した。しかし、閣内不統一だけであるなら、渡辺蔵相に辞表提出を求めれば済むことである。伊藤の本心は、辞表提出によって、他の元老の支持を取り付け、伊藤内閣を再組織することだった。

元老たちの非協力

伊藤首相が辞表を提出すると、明治天皇は一九〇一年度予算については、すでに閣議で繰り延べ政策を決め、上奏され裁可がなされているので、執行上問題はないと述べた。また一九〇二年度予算計画に閣僚の統一を欠くという理由も、渡辺蔵相以外の閣僚の意見は一致しているので、渡辺を罷免《ひめん》し、適当な人物がいないなら井上馨を蔵相とすることも可能だ、とも提案した。これに対し伊藤は、井上は政友会会員でないので後任とするのは不都合であると答え、天皇に奇妙な感じを与えた。

　それは天皇が、伊藤の辞意が本心からでないことを知っていたからであった。他方、伊藤は、天皇の慰留で中途半端に内閣を継続するよりも、元老会議を開き、後継首相がいないということで、山県をはじめ元老全員が伊藤に協力を申し出ることを期待していたのである。そのため、伊藤は理由にならない理由で辞意を申し出、井上を就任させるつもりであった天皇の好意を断ったのだった。

五月四日、天皇は、西園寺枢密院議長（班列大臣）を臨時首相代理に任命し、山県・松方・井上馨・西郷従道《つぐみち》ら四元老に対し善後措置についての下問を行った。また西園寺もこの元老会議に参加させた。これは山県ら元老と伊藤の関係が、必ずしもしっくりいっていなかったことを天皇が配慮したからであった。伊藤の意向を元老会議に反映させるため、元老でない西園寺を元老に準じる資格で元老会議に加えたのだった。

五月五日、元老と西園寺は宮中で元老会議を行い、伊藤に留任を勧告することを決定した。しかし、伊藤は使者に固い辞意を伝えた。

そこで、五月八日、西郷邸で元老と西園寺が出席して元老会議が開かれた。井上馨が首相を引き受けたい気色を多少匂わせたものの、いずれの元老も後継首相になることを名乗り出なかった。彼らは伊藤の辞意を疑い、伊藤の希望を聞いた上でなくては決定できない、と述べた。

そこで西園寺は、兄の徳大寺実則《さねつね》侍従長兼内大臣（内大臣は徳大寺の格式が不十分で本官ポストでない）から聞いたことを元老に述べた。それは徳大寺が一個人の資格で伊藤に手紙を送り、首相である間は元老会議に加われないというなら、首相を辞任し元老会議に加わったらどうか、と問い合わせた。すると伊藤は、天皇の意があるなら元老の善後策の審議に参加してもよい、との返答書を送ってきた、ということである。

山県はこれを聞くと、徳大寺が「一個の資格」で行ったこととしても、伊藤は天皇の「内勅」として受け止めただろう、と徳大寺の専断を非難した。また井上馨は、伊藤が元老会議に参加すれば山県と大衝突する恐れがある、と強い不安を示した（伊藤之雄『立憲国家と日露戦争』一一七～一二〇頁）。

ここで、いつも伊藤の気持ちに配慮して伊藤を助けてきた井上が、後継首相への野心を匂わせているのが注目される。この時点までに、兄の西郷隆盛との関係で首相を辞退している西郷従道を除き、井上以外の藩閥有力者はすべて首相を経験していた。年齢を考えると、自分が組閣できるのは今回が最後のチャンスだ。一度くらいその機会を与えられてもよいのではないか。こう考えた井上は、今回、ほとんど伊藤に協力しなかったのだろう。

また徳大寺侍従長は、明らかに天皇の意向に配慮して動いているにもかかわらず、山県が徳大寺の行動を強く戒めたことで、伊藤が首相を続けることを、山県がひどく嫌っていることがわかる。山県は、伊藤が政友会を組織したことや、行政・財政整理で陸軍・内務官僚などの山県系官僚閥の基盤を弱めようとしていることを警戒しているのだ。

天皇はその後も、伊藤の再組閣を期待した。徳大寺を五月一一日に山県のもとに、一四日には松方のもとに派遣し、言外に元老会議で早く伊藤内閣の再組織を決め、天皇のもとに推薦してくるように促した。

ところが元老会議は、一丸となって伊藤に再組閣を求めたり協力したりする、という姿勢をとることはなかった。代わりに井上馨を後継首相に推薦し、一六日、井上は天皇より組閣の命を受けたが、期待した閣僚を得られず、二三日に組閣を辞退した。

不完全燃焼で倒閣

そこで一九〇一年（明治三四）五月二五日、元老会議は、山県系官僚の桂太郎大将を後継首相にすることにした。桂は、一八九八年一月から四つの内閣にわたって三年近く陸相を務めたことからも、山県の後継者とみなされるようになっていた。五月二六日、桂に組閣の命が下る（伊藤之雄『立憲国家と日露戦争』一二〇頁）。

元老は桂を推すことで、伊藤の再組閣の芽を摘んでしまったのである。その後、桂から伊藤の再組閣を求める動きがあるが、元老が一丸となって求めるのでない以上、伊藤が受けるはずはなかった。こうして五月三〇日、天皇は改めて桂に組閣を命じ、六月二日、第一次桂内閣が成立した。

この桂内閣は、山県系官僚が中枢を固めた内閣で、原敬は日記に「山県、伊藤両系の懸隔《けんかく》は是にて益々《ますます》判明となる」（『原敬日記』一九〇一年六月二日）と記した。

主な顔ぶれは、首相の桂の他、外相・小村寿太郎（九月二一日より、前駐清公使）、蔵相・曾禰《そね》荒助《あらすけ》（山県系、伊藤とも親しい）、陸相・児玉源太郎（山県系）、海相・山本権兵衛（薩摩派）、法相・清浦奎吾（山県系）などである。一〇人の閣僚中、山県系の閣僚が七人もおり、第二次山県内閣の六人よりも多かった。

政友会創設および「憲法政治」の完成をめざした強い意気込みがあったにもかかわらず、伊藤はわずか七ヵ月で、大した成果のないまま、内閣を投げ出さざるを得なくなった。抱負が不完全燃焼に終わったことへの、強い挫折感があったことだろう。

第二〇章　国際協調と行政と議会の調和——日露対立回避への努力

日露協商か日英同盟か

すでに述べたように、日清戦争後、当時の伊藤博文首相・陸奥宗光《むつむねみつ》外相（西園寺公望《きんもち》外相臨時代理）や山県有朋《やまがたありとも》大将らが協力して、日露協商を中心とした列強協調の外交路線を定着させた（本書第一六章）。

第四次伊藤内閣は、義和団の乱（北清事変）が鎮定された後の外交を担当した。加藤高明外相は、清国と可能な条件で議定書を結び、日本や列強が速やかに撤兵して清国の混乱や分割を避けようとし、伊藤首相も同じ意見だった（伊藤之雄『立憲国家と日露戦争』七五～八二頁）。

問題はロシアの満州からの撤兵だった。ロシアは義和団の乱で、シベリア鉄道（一八九一年起工）の支線として工事中の東清鉄道に、人的・物的な被害を受けていた。東清鉄道はシベリア鉄道から分かれて満州を南下し、旅順に至るものである。

帝国主義の時代において、列強間では、このような被害を受けた国に対する慣例ができていた。それは、領土か利権・賠償金を受け取り、今後はそのような事態が起きない保障を得て撤兵するか、一定の駐兵権を得る、というものだった。

ロシアはそれを得ようと清国に圧力をかけ、清国は他の列強の干渉を誘ってロシアの要求を退けようとした。露清の交渉はまとまらず、ロシアは満州に駐兵し続けた。

一九〇一年（明治三四）二月までに、このロシアの駐兵に対し、日本がリードして、イギリス・ドイツ・アメリカ合衆国などとともに、ロシアの要求を受け入れないよう清国に警告した。これは間接的なロシアへの抗議であったが、ロシアは政策を変えなかった。しかし、ロシアの満州駐兵に関し、日本と列強との連携はここまでであった。

イギリス・ドイツやアメリカは、ロシアの満州占領について、日本ほど強い利害を感じていなかったからである。それに比べ日本は、ロシアの満州占領を黙認すれば、ロシアは韓国を支配し、日本の自衛上に危険を及ぼすとみていた。

そこで日本は、同年三月から四月にかけ、ロシアが清国と結ぼうとしていた露清協約に対して、単独で二回、抗議を行った。この露清協約は、鉄道保護を中心としたロシア軍による満州の治安維持と新たな鉄道利権を認め、清国が満州でロシア以外の国に利権を与えることを制限するなどの内容で、ロシアによる事実上の満州支配を保障するものだった。

結局、ロシアは、日本の二回目の抗議がなされる前日に、官報上に露清協約の撤回を公表し、公表の三日後に日本に通知した。ロシアのラムズドルフ外相やヴィッテ蔵相が、日本と戦争になることを恐れたからだった。ロシアの内情はわからないものの、ロシアが協約を撤回したことに、伊藤首相や明治天皇も満足した。しかし、ロシアの満州への駐兵は、そのままであった。

従来の日露協商路線の延長でロシアと交渉して日露両国の緊張を緩和するか、イギリス等と同盟を結んでロシアと対抗する形で日本の安全保障を図るか――。何らかの手段をとらなければいけないという考えが、一九〇一年春以降、日本国内に広まっていった。

前者の日露協商の場合、ロシアは交渉相手としてどこまで信じられるのか、ロシアは満州から韓国へ一貫して南下するのではないか、という疑問があった。しかし、日露協商で妥協と勢力均衡ができれば、日露戦争を避けられるという利点がある。元老の伊藤や井上馨は、この立場だった。また、衆議院第一党の政友会も、この立場を理解していた。

伊藤らの外交構想の背後には、ロシアは利害をめぐって基本的に合理的な外交をする国であり、交渉が可能な相手だ、というロシア観があった。また、満州はイギリスやドイツにとって重要な利害関係のある地域ではなく、日露戦争になっても、それらの国から本格的な支援を得ることは困難で、日本が払う犠牲や負担が膨大なものになってしまう、という直感があった。伊藤らはこのことを、第四次伊藤内閣の外交過程を通して確信していったのだろう。

日露協商路線を捨て、ロシアとの対決も覚悟して日英同盟を結ぶべきだと考える人々には、ロシアは一貫して南下する志向を持っていて、協商など結んでも破棄されてしまう、というロシアに対する強い不信感があった。日清戦争直後は、日本の国力がないので、イギリスは日本の同盟打診に見向きもしてくれなかった。その後、日本は極東ではロシアに対抗できるようにと軍事力を強化したので、イギリスも日本を同盟の相手として考慮するようになったのではないか、との期待が出てきた。第一次桂太郎内閣の外交をリードした桂首相・小村寿太郎《むらじゅたろう》外相や、山県有朋など伊藤・井上以外の元老たち、陸・海軍首脳はこの立場だった。

すなわち、財政問題をめぐり、山県ら元老の非協力と政友会の内紛で伊藤内閣が倒れ、桂内閣が成立したことで、日本の外交は日露協商路線から日英同盟路線に変わる素地ができたのだった（伊藤之雄『立憲国家と日露戦争』七五〜一三〇頁）。

イギリスの孤立と日本の不安

一八九九年（明治三二）にイギリスの植民地南アフリカでボーア戦争が始まると、イギリスに大きな犠牲や負担が生じた。それがきっかけとなり、イギリスでは、同盟等を結ばないという従来の孤立政策を修正すべきではないか、とする議論が生じた。イギリスは世界一の強国とはいえ、相対的に国力の衰えた現状から、このままではイギリスにとって大打撃となるような事態が生じるのではないか、という不安からであった。

一九〇〇年一一月にランズダウンがイギリス外相になると、まずドイツかロシアと協商か同盟を結べないか、と検討し始めた。この頃、ドイツはヨーロッパで、ロシアはイランやインドをめぐって、イギリスと対立していた。その主要な相手の一つとの対立を緩和できれば、イギリス本国と植民地の安全は格段に守りやすくなるからだった。

しかし、イギリスとロシアまたはドイツとの協商か同盟の交渉は、ロシアやドイツに積極的な姿勢が見えず、進まなかった。そこで一九〇一年八月末、ランズダウン英外相は、同年春より日本側から持ちかけられていた日英同盟の話に応じることにした。

日英同盟がロシアやドイツとの協商・同盟に比べて不利な点は、ヨーロッパやイラン・インドなどの危機に際して、直接役立たないことである。しかし、日英同盟によって日本海軍と連携することになれば、イギリスは他の有力な二国の海軍力に対抗できる強力な海軍力を維持する、という伝統的な政策を継続できる形になる。それは極東のみならず、より重要なヨーロッパにおいても、イギリスの立場を強めるように思われた。しかしイギリスは、日英同盟によってロシアに満州での駐兵をやめさせようと動くほどには、満州に関心はなかった(Keith Neilson, *Britain and the Last Tsar*, pp. 205–219)。

すなわち、イギリスにとって日英同盟は、ロシアやドイツとの協商や同盟が成立しなかった場合の次善の策だった。イギリスは、極東での日露の争いに、必要以上に巻き込まれたくなかった。しかしこのようなイギリスの本音は、伊藤も含め、日本側の知るところではなかった。

さて一九〇一年二月、在英のドイツ大使館参事官（代理公使）エッカルトシュタインは、日本の駐英公使館員に、イギリスは日本と同盟を結ぶ意思があり、その話が成立すればドイツも仲間入りする、という話を持ちかけた。これはエッカルトシュタインの独断的行動で、イギリス政府もドイツ政府もそのような構想を持っているわけではなかった。しかし、林董《ただす》駐英公使はこの話に関心を持った。

同年四月中旬、第四次伊藤内閣の加藤高明外相も、林公使に、林個人の責任でランズダウン英外相等にイギリスの動向を確認するように命じた。また山県有朋元帥もこの話に乗り気で、四月下旬、伊藤に手紙を出し、ロシアの南下を抑制し戦争を避けるには、イギリス・ドイツと同盟を結ぶことが良い、と提案した。

その後伊藤内閣が倒れ、桂内閣が成立すると、桂首相は、日英同盟を結ぶ方針を内閣の重要な柱の一つとした。八月四日、元老の伊藤は桂首相を葉山に訪れ、日英同盟の経過の説明を受け、相談した。二人は、日英間に協約をなすことを、「主義」において合意した（伊藤之雄『立憲国家と日露戦争』九三～九五、一二二～一三〇頁）。

まず日露協商を考慮すべし

これまでみてきたように、条約改正や日清戦争に関する外交指導において、伊藤は可能ならばイギリスと連携することに違和感を持っていない（本書第一五・一六章）。

この間、第四次内閣倒壊後も、伊藤は比較的元気で、後継者の西園寺公望（枢密院議長）や原敬《たかし》などと連携しながら、政友会の党務をみた。原が井上馨《かおる》の推薦で大阪の北浜銀行頭取になる話が生じると、伊藤は原が大阪に行ったきりになるのではないかと心配し、あまり喜ばないほどだった。原はそれを知って、大磯に伊藤を訪れ、東京から大阪に時々出張するということで話をまとめたい、と説明した。

また一九〇一年（明治三四）六月二一日午後三時頃、党人系の実力者星亨《ほしとおる》が刺殺されると、前日に川崎の知人の別荘に行ったところであった伊藤は、夕方には星家を弔問して、二六日の葬式でも弔辞を読んだ（『原敬日記』一九〇一年六月二一、二二日）。

第四次内閣で、原が渡辺蔵相の財政政策批判の急先鋒となり、首相の伊藤と対立する局面すらあったのに、伊藤が政友会幹部として原を極めて高く評価しているのが注目される。伊藤は外交官時代から原を評価していたが、内閣末期に渡辺蔵相問題で、政友会の発展に関わる理念を掲げ、党をリードした原の実力に注目した。そこで、列強の外交規範を守る理念が確かで、党運営のリーダーシップのある原に、西園寺とならんで高い期待を寄せるようになったのだろう。

その後、アメリカのイェール大学が創立二〇〇年記念式典で、各国の有力者に名誉博士号を贈ることになり、日本では伊藤がその一人に選ばれて招待を受けた。このように、日本の政治家の中で、伊藤は突出して西欧社会に知られた存在だった。当時、快適な季節に船旅をして海の空気を吸うのが健康に良いとされていたこともあり、伊藤はこの機会にアメリカに渡って漫遊することを決意した。

井上馨はこの話を聞いて、八月二六日、桂首相とともに大磯の「滄浪閣《そうろうかく》」に伊藤を訪ね、アメリカ行きを取りやめて、むしろロシアを訪れ、首脳会談を行うことを勧めた。その日、桂が帰った後も、伊藤と井上は話を続け、夕方、井上は桂に手紙を書いた。

桂太郎

その要旨は、(1)イギリスより日・英・独三国同盟の申し入れがあるが、イギリスの態度はあいまいである、(2)現在は有力者がロシアを視察して回り、双方の意向を知り合う良い時期である、(3)伊藤はイェール大学の名誉学位贈与に関した米国旅行を取りやめ、ヨーロッパからシベリア巡回の名目でロシアに行き、ロシア側と会談すべきである、(4)伊藤の出発前に、政府の方向を定める必要があるので、来月七、八日頃には山県を東京に呼び戻す手段を考えてほしい、等である（「桂太郎文書」国立国会図書館憲政資料室所蔵）。

すでに一九〇一年一月、ロシアの事実上の首相であるヴィッテ蔵相の意を受けたラムズドルフ外相は、駐日ロシア公使を通して、日本に列強の共同保障による韓国の中立化を提案した。元老の伊藤首相・井上馨らは、その提案を歓迎した（森山茂徳『近代日韓関係史研究』一二七〜一三〇頁）ほどで、二人は、まず問題の当事国と交渉するという現実主義的外交観を持っていた。

そのことも含めてこれまでの経過から考えると、一九〇一年八月下旬においても、日露交渉を先に考慮するという井上の意見は、伊藤の意向を反映しているといえよう。韓国に関連する満州をめぐって日露が対立を深める中で、ロシアと十分な交渉をせず、直接そこに強い利害関係を持っていないイギリスと同盟を結ぶ交渉を急ぐことには、伊藤も不安を覚えたのだろう。

伊藤の渡欧と日英同盟の締結

桂太郎首相は、日英同盟・日露協商のいずれにも肩入れしないという姿勢を、表面上は井上馨に示した。それは伊藤にも伝わった。伊藤は米国からヨーロッパに入り、ロシアまで巡遊することにし、外交に加えて外債の打診も課題とすることになった。ところが、長州出身の山県系官僚で桂と親しい児玉源太郎陸相が山県元帥に知らせたところによると、桂は、伊藤の米欧旅行の目的を外債問題に限定したいと考えていた。

一九〇一年（明治三四）九月一三日、桂首相は私邸で伊藤を送別する小宴を開いた。この宴で、山県と桂が伊藤に独断専行しないようにと発言したため、伊藤が不機嫌になり、井上馨が調停に回る一幕すらあった。

すでに二日前、伊藤と桂は、日本は韓国の政治に関与する行動の自由と専権を得るべきである、という大枠で合意していた。しかし、その権利に軍事的なものまで含まれるのか、またロシアが満州における権利をどの程度拡大するのを認めるのか等、日露交渉の基本的な条件すら詰めていなかった。また何よりも、伊藤の米欧旅行の役割すら明確でなかった。山県や桂はそれらをあいまいにすることで、外務省ルートで日英同盟を促進しようとしていたのである。

九月一八日、伊藤は都筑馨六《つづきけいろく》（妻は井上馨の娘、前外務次官）を伴い、加賀丸に乗船して横浜港を出発した。一〇月二日にシアトル、二〇日にワシントンに着き、アメリカ大統領セオドア・ローズヴェルトと会見、二三日にイェール大学創立二〇〇年祭に出席して、名誉法学博士（LL.D.）を受け、一一月四日にフランスに入り、大統領・外相と会見した。

同一四日、伊藤はパリで林董駐英公使から日英同盟交渉の経過説明を受けた。その後、伊藤はロシアに向かい、ペテルブルクに入り、二八日にロシア皇帝ニコライ二世に拝謁した。

伊藤は一二月二日と四日に、ラムズドルフ外相と、三日にヴィッテ蔵相と会見した。これらの会見で、伊藤は韓国を軍略的に使用しないなどの若干の制限をつけて日本の勢力圏としようとした。ロシアへの見返りとしては、東清鉄道の安全のための軍隊の駐留と、満州での一定程度の権益の拡大を認めようとした。伊藤は日露協商が成立する可能性があると考えた。

ところが、一〇月以降、日英同盟交渉は急速に進んでいた。一一月二八日、桂首相は閣議で日本側修正案を決定、山県・西郷従道《つぐみち》・松方ら元老の賛成も確認した。こうして、三〇日、小村寿太郎外相は在日イギリス公使館に、日本はイギリス案に少し修正を加えた上で承諾することに決定した、と伝えた。伊藤はこれを知ると、「頗《すこぶ》る大早計なり」と不満を示した。

井上馨は日英同盟への賛否を答えなかったが、一二月七日に開かれた元老会議では、山県・松方・西郷の元老や桂首相・小村外相の日英同盟促進説に従った。

ところが翌一二月八日に、伊藤がベルリンから出した長文の電報が届いた。それは、(1)日露両国が韓国を「軍略の目的」に使用しない条件で、日本が韓国の「工業上・商業上・政治上且《かつ》又軍事上」の独占的自由行動を認められる可能性がある（ただし、軍事的動作は反乱・騒乱の鎮定に限られる）、(2)ロシアの求めるものは、満州において、ロシアが事実上の自由行動を有することである、(3)日英同盟の締結は、ロシアと協調できるかどうかを確かめ、ドイツの感情を害する疑いがなくなるまで延期するのが得策であること、等を求めていた。

一二月九日、天皇は七日の元老会議の結果を承認したが、伊藤の電報について念のために再び元老会議に諮問せよ、と桂首相に命じた。そこで翌一〇日、松方邸に松方・井上・桂首相・小村外相が集まって、伊藤の電報に関して小元老会議が開かれた。が、結論は七日の元老会議と同じだった。山県・西郷の二元老が参加しなかったのは、元来日英同盟推進に大賛成だったからだろう。こうして、日英同盟を結ぶことが確定した。

その後、一二月一四日にベルリンで、伊藤はラムズドルフ露外相からの日露協商の土台としての書状を、駐独ロシア大使を通して受け取った。伊藤は日露協商の交渉に着手すれば、細目はすべて日本に満足な協定ができると確信し、一二月一七日に、桂首相にその旨打電した。ところが、一二月二八日、伊藤はロンドンで事実上、日露交渉の中断を求める桂首相からの電報を受け取り、この交渉は中止となった。

こうして伊藤の日露協商交渉は成果を見ずに終わった。イギリスが日露の提携を警戒したことが、伊藤の意図を離れて、日英同盟の締結を促進したのだった。

第一回日英同盟協約は、一九〇二年一月三〇日、ロンドンで調印され、二月一二日、別款を除き各国に通告された（伊藤之雄『立憲国家と日露戦争』一三一〜一四二頁）。

日英同盟の内容と効力

日英同盟の特色は、第一に、以下に述べる日英の利益の防護に関し、日英のいずれかが列強と戦争する場合は、他の一方は厳正中立を守り、他国が同盟国に対して交戦に加わる時は、他の同盟国は援助を与え協同戦闘にあたる、ということである（第二条、三条）。すなわち、イギリス側が極東での戦闘に巻き込まれたくないと考えていたことを反映し、日本とロシアの戦争ではイギリスは参戦義務が生じない。しかし、フランス等がロシアに加担することは、この同盟で抑止できる。

第二に、イギリス政府の要望により、韓国と清国を同列に扱って、その「独立と領土保全」の維持と、各国の商工業者に均等の機会を得させることを掲げた（前文）。

第三に、日・英は、英については主に清国、日本については清国で有する利益に加えて韓国において「政治上並に商業上及工業上格段に利益を」持っているので、列強が侵略的行動をとったり、清国または韓国で騒動が発生したりしたら、必要欠くべからざる措置をとることを承認することである（第一条）。こうして、日本は韓国が日本の勢力圏であることや、その権益の現状維持までを、出兵権も含めてイギリスから承認された。また、日本はイギリスのヨーロッパからインド等での戦争に巻き込まれる心配はなかった。

さて、ロシアは日英同盟交渉をまったく察知しておらず、日英同盟の通告に、ラムズドルフ露外相は「驚愕《きょうがく》」した。その後、日英同盟の圧力によって、ロシアは満州からの撤兵に関する露清条約を一九〇二年（明治三五）四月八日に結んだ。

ところが、ロシアは第一期の撤兵を実施するが、満州からロシア兵を実際に撤収する第二期・第三期の撤兵を実行しなかった。したがって、ロシアを満州から撤兵させ、韓国を日本の勢力圏として確保する、という日英同盟の最も重要な目的は達成できなかった。

また、日露戦争を避けるために一九〇三年八月以降に行われた交渉でも、すでに述べた一九〇一年一二月の伊藤とヴィッテ蔵相・ラムズドルフ外相の交渉ラインと少なくとも同程度に強硬なところから、ロシアはスタートしている。日露交渉にとっても、日英同盟はそれほど効力を発揮していないのだ（伊藤之雄『立憲国家と日露戦争』一三九〜一四六頁）。

日露協商の可能性

後述するように、この二年後に日本は日露戦争を単独で戦うことになり、かろうじて勝利するが、その犠牲は大きかった。また日露戦争後、第一次世界大戦という「天佑《てんゆう》（天の助け）」があるまで、日本の経済は疲弊し、膨大な外債の負担で破産寸前の状態に陥ることになる。

日露戦争が必ず起きるという前提に立つと、日英同盟は戦争に勝つために必須のものとみえる。しかし実際には、後で述べるように、ロシアの政府としての横柄さや能率の悪さもあって、日露戦争は、ロシアが戦争を仕掛けて来ると思い込んだ日本が、ロシアに先制攻撃を行って始まった戦争である。

伊藤が目指したように、満州をある程度の制約を加える形でロシアの勢力圏とし、韓国が多少の制約が加わる形で日本の勢力圏とする趣旨で、日露協商がまとまっていたなら、日露戦争を避けられる可能性もあったように思われる。また、ロシア軍は、ヨーロッパ方面でドイツ軍と、インド・イラン方面でイギリス軍と対峙していた。日露協商が成立した後も、日本が極東におけるロシア軍と対抗できる兵力を維持しておけば、ロシアが極東のみに軍事力を移動して日露戦争を仕掛けてくるという可能性は、高くなかっただろう。

その意味で、元老の伊藤や井上馨が行おうとした日露協商が、単に歴史上の失敗としてのエピソードとして扱われるのは、不当である。むしろ、その時代の国際規範の中で、係争の当事国に向き合って、問題を解決していこうとした可能性を評価すべきだろう。それは、伊藤が公平な元老としてふるまったために、国内でのリーダーシップをとり損ねたことによる失敗事例としてとらえるべきだと思われる。

これまで見たように、老獪《ろうかい》なイギリス外交は、まず係争当事国との協商か同盟を目指し、それが不可能とわかった後、初めて直接の利害関係が大きくない日本からの同盟要請に応じてきた。伊藤や井上の外交姿勢は、イギリスの行った正統派外交に近いといえる。

桂内閣の「無事」を求める

さて、話を桂内閣が成立した年の内政問題に移そう。桂内閣は財政難に対応するため、曾《そ》禰《ね》荒助《あらすけ》蔵相を責任者として、行政・財政整理を行おうとした。曾禰案は、第四次伊藤内閣のように文官任用令・分限令を改正してまで行う積極的なものではなく、わずか三五〇〇万円の削減を目指すものだったが、それすら各省の官僚の抵抗で、閣僚である山県系官僚同士の対立まで引き起こし、失敗した。また、第四次伊藤内閣と同様に外債を発行しようとし、アメリカで五八〇〇万円（現在の約八七〇〇億円）発行する可能性を探った。しかし、最終的に一九〇一年（明治三四）一一月には、募集の失敗が明らかになった。

一九〇一年九月段階で、行政・財政整理が失敗し、外債募集も進展せず、桂内閣は窮地に陥った。そこで事業の繰り延べを行うとともに、義和団の乱による賠償金五〇〇〇万円を清国から獲得する条約が成立したのを利用することにした。この償金債券を額面の八〇パーセントで大蔵省預金部に売却し、三八〇〇万円を得て、桂内閣は一九〇二年度予算を作成した（歳入総額二億七八三五万円、歳出総額二億七五七五万円）（伊藤之雄『立憲国家と日露戦争』一四六〜一五五頁）。

桂内閣は財政難に対し、第四次伊藤内閣に比べて特に政策的に成功したわけではない。事業を繰り延べ、北清事変賠償金を利用し、かろうじて予算を作成しただけである。伊藤も、一九〇一年五月に政権を投げ出さずに渡辺蔵相を罷免《ひめん》して対応していたら、内閣を存続させることができた。そうすれば、新しい日露協商が成立する可能性もあった。

桂内閣が行政・財政整理も外債募集も失敗したのを見て、原敬は伊藤総裁の米欧旅行の直前には、桂内閣を倒し政友会内閣を作ることを考え、伊藤や西園寺と会談していた。この頃までに、原は党人派の松田正久と共に、政友会をリードするようになっていた。

伊藤は原や松田に次の第一六議会を「無事」に終えるよう求めていたが、原らは、⑴行政・財政整理がなければ反対せざるを得ない、⑵翌一九〇二年は前回の解散から四年になり、総選挙があるので、政友会内閣で行うことが得策であると主張した（『原敬日記』一九〇一年九月一七日）。伊藤は第四次内閣が失敗に終わったにもかかわらず、最有力元老としての立場から、桂内閣への配慮を示し、原らに自重を求めたのであった。

しかし伊藤が日本を離れてしまうと、政友会は、第一六議会で桂内閣が北清事変賠償金で予算を作成せざるを得なかったことを中心に、内閣と対決した。これに対し、伊東巳代治《みよじ》が政友会の一部を切り崩して、政友会と桂内閣との妥協を達成し、予算を成立させた。桂内閣は、翌年に行政・財政整理を必ず行うことを公約したが、原はこの予算をめぐる攻防を、政友会の一方的敗北としてとらえた（井上馨宛原敬書状、一九〇一年一二月二六日、「井上馨文書」）。伊東巳代治の策動が成功した背景には、伊藤・井上馨の両元老が倒閣に反対だったことがあった。

こうして桂首相と内閣は、日英同盟を成立させ、第一六議会を乗り切ったことで、威信を増した。

政友会に妥協をのませる

第一六議会での桂内閣と政友会の妥協条件は、行政・財政整理を行うことだったので、一九〇二年（明治三五）三月一五日、桂内閣は行政整理のための政務調査委員会を設置した。桂首相が自ら指揮する形で、立案の中心は奥田義人《よしひと》法制局長官だった。

同年七月初旬に、奥田案は完成した。この特色は、大幅な官吏の削減を図るのみならず、天皇の統帥権や陸海軍省の組織にまで立ち入って整理を図ったり、文官任用令の緩和まで行ったりしようとする内容だったことである。

しかし、奥田案は桂内閣の閣僚たちの強い反対にあい、八月には桂首相は奥田案を放棄した。

この間、同年五月中旬段階で、桂首相は海軍拡張計画の財源を確保するため、一九〇三年まで五年の期限であった地租増徴を、一九〇四年度以降も継続しようと考えていた。

他方、同年九月、ロンドンで額面五〇〇〇万円（現在の七五〇〇億円）の公債を発行することに成功し、当面の財政難を切り抜けた。

しかし、先の議会で約束した行政・財政整理をほとんどできないのに、地租増徴継続法案を桂内閣が次の議会に提出しようとすることに、同年九月頃から政友会内に批判が強まった。すでに政友会は、八月一〇日に行われた総選挙で過半数を確保していた。

一〇月末、伊藤総裁と原は、桂内閣が行政・財政整理を十分に行っていないので、地租増徴継続や、それを財源とした第三期海軍拡張計画にも反対することを、次の議会の方針とすることでほぼ一致した。

同じ一〇月下旬、海軍の実力者である山本権兵衛《ごんべえ》海相は、元老山県有朋も海軍拡張計画を支持していることを確認した（桂宛山本権兵衛書状、一九〇二年一〇月二九日、「桂太郎文書」）。

一一月末には衆議院第二党の憲政本党（旧進歩党、大隈重信が事実上の党首）も、桂内閣を批判する政友会と同一の決議を上げることを約束した。

しかし、日露間の緊張が続く中、伊藤と政友会や、大隈および憲政本党ですら、海軍拡張計画自体に反対ではない。それにもかかわらず、このように衆議院（立法府）と内閣（行政府）が正面から対決するのは、伊藤総裁の「憲法政治」の理想ではない。また帝国主義の時代において、日露の対決を避けるためにも、伊藤は必要な軍備を確保し、ロシアの譲歩を引き出そうと考えたのだろう。

第三期海軍拡張計画を実現するため、伊藤総裁は、前年に続き、再度の妥協の道を探ろうとした。一九〇二年一二月一六日に衆議院の委員会が地租増徴継続案を否決すると、桂首相の依頼で、伊藤は一九〇二年一二月二五日に、桂・山本海相・曾禰蔵相と原・松田（政友会）および犬養毅・大石正巳（憲政本党）の会見を実現させた。この会見で地租増徴継続に関し、桂内閣は地価の三・三パーセントを三パーセントに下げる妥協案を提示した（増徴を継続しなければ地価の二・五パーセントに戻る）が、政党側は拒絶した（児玉源太郎宛伊藤書状〔写〕、一九〇二年一二月二四日、「伊藤博文文書」国立国会図書館憲政資料室所蔵。『原敬日記』一九〇二年一二月二一～二五日）。

スローガンとして、政友会が最も重視して掲げてきた行政・財政整理のうち、行政整理の方針がないまま地租増徴継続がなされる案では、伊藤といえども妥協に導くことはできなかった。一二月二八日、衆議院は解散となった。

その後、翌一九〇三年一月二日、伊藤は葉山御用邸の皇太子に拝謁したついでに、近くの桂の別荘を訪れ、両者の妥協交渉を始めた。一月末以降、山県も妥協交渉に関係し、二月二四日までに、伊藤と桂内閣の間に妥協の密約ができた。その内容は、(1)桂内閣は次の臨時議会に地租増徴継続案を提出するが、状況によっては撤回する、(2)海軍拡張費は行政整理で六〇〇〇万円（現在の約九〇〇〇億円）をひねり出し、鉄道事業は公債を募集して行う（「徳大寺実則日記」〔写〕一九〇三年二月二四日）、等だった。

伊藤はこの話を政友会幹部にも伝えず、三月一日の総選挙後、特別議会を前にした四月二五日になってようやく、政友会最高幹部である総務委員に、すこしぼかした形で妥協条件を示した。それは、内閣は地租増徴継続に固執せず新税も起こさず、他の方法で海軍拡張の財源を得るというものだった。翌二六日、総務委員たちは妥協の受け入れを決めた。これは、伊藤総裁は次の首相候補として政友会にどうしても必要だと、党幹部が思っていたからである。

五月二〇日、政友会と桂内閣の妥協は決まった。その内容は、海軍拡張財源として、地租増徴継続の代わりに、鉄道計画延期約四五〇〇万円、鉄道経費財源の流用五五〇〇万円など、主に鉄道関係財源から転用することである。

この妥協は、行政整理が約一〇〇〇万円と不十分だったにもかかわらず、政友会の積極政策に必要な鉄道財源からの転用が約一〇〇〇〇万円（現在の約一五〇〇〇億円）と多く、政友会側が桂内閣に譲るところが多かった。このため、政友会内には妥協に反対する空気が強く、五月一九日から緊迫した状況が継続した。

桂首相は伊藤の政友会統率力に疑いすら持ち、妥協が破棄された場合には再度の解散すら考えた（山県有朋宛桂太郎書状、一九〇三年五月一九日、『山県有朋関係文書』一巻）。再度の解散は再々度の解散につながる可能性があり、桂は事実上の議会（憲法）停止すら考慮していたといえる。

政友会に妥協をのませた最大の功労者は、伊藤総裁だった。五月二一日、伊藤は総裁辞任の意向すら党員に暗示し、妥協反対の動きを抑えた。議会指導の責任者だった原敬は、やむを得ず、伊藤の意を受け政友会を妥協にまとめていった。こうして、五月二四日の議員総会で、妥協案が承認された。

翌五月二五日、桂首相は、伊藤が妥協に尽力したので慰労として品料一万円（現在の約一億五〇〇〇万円）を下賜するよう、明治天皇に内願した。伊藤には品料とともに、なお東京に滞在して尽力せよとの内旨が伝えられた。

伊藤に下賜された品料には、妥協のための議員工作費も含まれていたと思われる。政友会と桂内閣の妥協は、天皇の意思でもあったのだった。

しかし、伊藤はこの妥協によって政友会内での威信を低下させ、政友会は伊藤よりも原と松田正久、とりわけ原が掌握する状況になってしまった（伊藤之雄『立憲国家と日露戦争』一七七～一七八頁）。伊藤は政友会総裁としてよりも、最有力元老として行動し、妥協をまとめたが、その代償は予想以上に大きかった。

第二一章　陛下との事は他人の容喙を許さず――日露戦争

ロシアの第二期撤兵不履行

前章でみたように、日本で第三次海軍拡張計画予算をめぐり、桂太郎内閣と政友会の対立が続いていた頃、ロシアにおいては、極東政策の再検討がなされていた。皇帝ニコライ二世は猜疑《さいぎ》心《しん》が強く、暗殺や部下に実権を奪われてしまうのを恐れていた。そこで、ヴィッテ蔵相の勢力が強まったことを警戒し、それを抑制するためベゾブラーゾフを重用するようになった。

ヴィッテは対日融和策を主導していたが、ベゾブラーゾフは満州と朝鮮半島を一体化させた開発構想を持っていた（Andrew Malozemoff, *Russian Far Eastern Policy, 1881–1904*, pp. 182–207, Dominic Lieven, *Russia's Rulers Under the Old Regime*, pp. 141–145)。このためロシアは、一九〇三年（明治三六）四月八日からの第二期撤兵を実行せず、清国政府に対し、満州における清国の行政権や他国の進出を制限する新しい要求を行った。また五月に入ると、満州と韓国との国境を流れる鴨緑江《おうりょくこう》の韓国側河口の土地を買収し、整地して家屋の建設に着手するなど、韓国内に拠点を設定する動きを見せ始めた。

これに対し四月二一日、京都市にある山県有朋の別荘「無隣庵《むりんあん》」で、元老山県と伊藤博文、桂太郎首相（陸軍大将）、小村寿太郎《こむらじゅたろう》外相の四人が集まり、対露方針を検討した。しかし、日露戦争後に脚色されて書かれている『桂太郎自伝』の叙述と異なり、この会議で日露開戦の方針が決まったわけではない。会議では、ロシアが満州から撤兵しない時は、日本から交渉を開始することや、朝鮮半島の問題では日本の優越権をロシアに認めさせること、等の申し合わせがなされた程度だった。

その後、四月末になっても、桂首相の他、寺内正毅《まさたけ》陸相・大山巌《いわお》参謀総長・山本権兵衛《ごんべえ》海相ら陸海軍首脳は開戦に慎重な姿勢だった（元老で海軍の長老西郷従道《つぐみち》は一九〇二年七月に死去）。日本海軍は極東配備のロシア海軍よりやや優勢であるが、ヨーロッパのロシア艦隊も含めると、ロシアは日本の約二倍弱の兵力となり、日本海軍が劣勢で、対露開戦を考慮した場合、勝つ見込みが十分に立てられなかったからである。

その後もロシアは撤兵する気配をみせなかった。そこで六月一七日、桂首相は大磯の「滄《そう》浪閣《ろうかく》」に伊藤を訪れ、日露交渉についての覚書を示し、伊藤の意見を尋ねた。伊藤は、まず、元老・閣員が参加する御前会議を開くことを提案した（伊藤之雄『立憲国家と日露戦争』一二五〜一二七、一七二〜一七四頁。『伊藤博文伝』下巻、五八三〜五八九頁）。

この頃までに陸軍の作戦計画の中心となる参謀本部の部長（少将〜大佐）クラスには、対露主戦論が高まっていた。大山巌参謀総長は、対露開戦に消極的であったが、御前会議の前日、六月二二日に大山参謀総長の名で、日本が戦略的に優位である現在が韓国問題解決の好機である、との意見書が内閣に出された。

強硬な日露交渉を黙認する

翌一九〇三年（明治三六）六月二三日、御前会議が開かれ、伊藤・山県・大山・松方正義・井上馨ら五元老と、桂首相・小村外相・寺内陸相・山本海相の主要四閣僚が出席した。桂首相と相談の上で、小村外相が御前会議に提出した意見書の特色は、第一にいわゆる満韓交換論の立場をとるように見えながら、ロシアの満州での利益は鉄道経営に限定し、日本は韓国の内政改革のため「専権」を持つ等、日本の韓国における「優勢なる利益」のみを強調していた。第二に、日本が朝鮮鉄道を満州南部に伸張し、東清鉄道や山海関―牛荘線に接続させるのを、ロシアが妨害しないことなど、満州南部への日本の経済進出をも目指すものだった。

外交交渉上の掛け値を考慮したとしても、この桂・小村らの交渉案は、満韓交換論の骨子すら逸脱した強硬なものである。

ところが二三日の御前会議では、井上が理論上の異論を唱えた他、「何の苦もなく決定」したという（伊藤之雄『立憲国家と日露戦争』二〇五～二〇七頁）。

一九〇一年一二月、伊藤が日露協商打診のために提示した案は、日本の韓国における勢力圏に限定をつけることで、ロシアの満州での勢力圏での権益を鉄道権益と新たに得るいくつかのものに制限しようとするものであった。それから一年半後、伊藤はどうしてこのような強硬な交渉案を黙認したのだろうか。

おそらく、政友会と桂内閣の妥協問題で、予想外に政友会を掌握することができず、威信をなくしたことで、伊藤が一時的に弱気になっていたからだろう。そのため、日露の交渉の過程で、妥協に導くよう内閣に助言すればよいと、問題を先送りする結果になったのであろう。

その後、御前会議の結果をほぼそのまま閣議決定し、一九〇三年八月一二日、桂内閣は交渉の基礎条件を栗野慎一郎駐露公使からロシアに提案した。日本側第一回提案は、御前会議と閣議決定に比べ、次の二点において、日本の韓国における占有権をさらに強化することを図る内容になっていた。

それは第一に、韓国における「改革」および「善政」のための助言および援助を与える日本の「専権」に、軍事上の援助を含むことを明記したことである。

第二に、閣議決定にあった、「朝鮮海峡の完全なる自由航通を支障すべき軍事設備を、韓国沿岸に為さざるべきことを相互に約すること」という条件を削除したことである。この条件は、ロシア側艦船が旅順港とウラジオストック軍港を最短で航行するのを保障するもので、ロシア側にとって必要なものだった。そこで、この第二の点は、ロシアのラムズドルフ外相が条項設定を求めた場合は復活させるよう、栗野公使に訓令が出されていた（『日本外交文書』三六巻第一冊、一一～一四頁）。

いずれにしても、このように桂首相・小村外相が強硬策を取ったのは、両者がロシアと交渉を開始する前に強いロシア不信に陥り、日露の衝突は避けられないと考え始めていたからだった。

ことである。

政友会総裁を辞任する

一九〇三年（明治三六）六月二三日の御前会議で日露交渉の条件の大枠が決まり、それを少し強硬にした案が八月一二日にロシア側に提示されるまでの間に、伊藤個人にとって、もう一つの大きな出来事が起こった。それは、政友会の総裁を辞任しなくてはならなくなったことである。

すでに述べたように、桂太郎首相は伊藤のおかげで政友会との妥協ができ、第一八議会を切り抜けることができた。それにもかかわらず、六月の初めには、桂首相が中心となって、山県系官僚たちと彼らの盟主の山県有朋は、何らかの形で伊藤に政友会総裁を辞任させ、政友会の解体をしようと、密かに動き始める。

その動きを、伊藤は六月二三日の御前会議の前に知っていた。この日、桂首相が翌日面会したいと伊藤に申し出ると、伊藤ははっきりと断り、遂に、君たちの陰謀を自分はすでに十分に知っているので、「自分は其手《そのて》には乗らぬなり」等と激しい言葉を浴びせた。山県が別室で、桂に会うだけでも会ってやったらどうか、と勧めたが、伊藤は聞き入れずに退出したようだった。また、桂首相の命で、山本権兵衛海相が会見を申し込んできたが、伊藤は、桂が望むように自分が政友会を退くことはとてもできない、と強く山本に述べたという（井上馨宛都筑馨六書状、一九〇三年六月二五日、「井上馨文書」）。

結局、山県と山本海相が証人になることを条件に、伊藤は桂首相との会見を承諾した。翌二四日、首相官邸で二人の会見が行われた。桂首相は、貴族院の態度や伊藤を相手に対抗する形になるといった衆議院の状況などをあげ、政権を投げ出すことを表明した。桂はこの時、伊藤に政友会を退いてほしいといった条件を、表面に出さなかった。

これに対し、伊藤・山県両人は、桂が辞職する理由がないと辞意を認めず、会議は物別れに終わった。桂は、妥協問題で伊藤の政友会への威信が低下し混乱しているのを利用し、伊藤が組閣を引き受けないことを見越して、辞任のポーズを示しただけだった。

六月三〇日、元老の山県は天皇に拝謁、桂内閣の維持が困難であるが、伊藤が代わりに組閣する見込みがないことを訴えた。これは、伊藤に枢密院議長に就任するのを命じる勅旨を天皇から得るためであろう。伊藤が枢密院議長に任命されれば、それまでの慣行から、政友会総裁を辞めざるを得ない。桂首相や山県にとっては、政友会つぶしの機会となる。

翌七月一日、桂首相は病気を理由に天皇に辞表を提出し、他の閣僚も続いた。こうして、伊藤と山県という最有力元老が対立すると、元老会議は機能しなくなり、明治天皇が自分で決断を下さざるを得なくなる。

七月二日、天皇は満州・韓国問題でロシアと交渉を開始するという困難な時期であるからと、桂の辞意を認めず、静養するように沙汰を下した。同様に、他の閣僚の辞表も認めなかった。

山県は遅くとも七月二日までには伊藤を枢密院議長にするように上奏したと思われる。七月三日付で徳大寺実則《さねつね》侍従長が山県に書いた手紙には、伊藤を政友会から切り離すべきかどうか、天皇が迷っていた様子が伝えられている。伊藤は「憲法政治」実現のため政友会を創設し、育成しようと力をふりしぼっている――。天皇には、伊藤の政友会にかける思いが痛いほどわかっている。

それでも山県は、七月四日に、天皇がすぐに決行しなくては時機を失い、収拾することができない情勢になる恐れがある、と徳大寺侍従長に圧力をかけた。そこで、同日、徳大寺は天皇に決行を勧め、ようやく天皇も同意した。

七月五日は日曜日だったので、同六日に伊藤は天皇から拝謁を命じられた。天皇は、⑴満州・韓国問題に関しロシアと交渉を開始するので、これからの談判が最も重要である、⑵そこで伊藤を手元において諮詢《しじゅん》したいので、枢密院議長に任命したい、と述べた。伊藤は、十分考えたい、と数日の猶予を願い出て退出した。

伊藤は政友会の前途について心配で、枢密院議長になりたくはなかったのだ。宮中から退出した後、「深く憂慮に沈み」、後継者の西園寺公望《きんもち》にのみ相談した。西園寺は枢密院議長就任を断るように勧めた。七日に西園寺からそれを聞いた原敬《たかし》も、同じ意見だった。

結局七月八日、伊藤は桂内閣が再び辞表を提出しないという条件で、枢密院議長になることを内諾した。この問題をめぐり、陸・海軍や元老松方正義も含め、元老山県や桂首相・山県系官僚閥側と、元老伊藤・井上馨や原ら政友会側とに、権力が二分された状況だった。伊藤が枢密院議長職を引き受けたのは、天皇が諸般の事情を考慮した上で、伊藤の枢密院入りを望んだからであった。

この問題に関する松方や盟友の井上馨両元老の意見に対し、伊藤は、「自分と陛下の事は他人の容喙《ようかい》〔横から口をはさむこと〕を許さざる」、「口を容《い》るゝ勿《なか》れ」等と、助言を拒絶した。

伊藤は七月一三日に枢密院議長に就任した。同じ日、山県・松方二元老も枢密顧問官に任じられ、形式上、伊藤の下についた。また七月八日に伊藤に下された勅語と一三日に山県・松方に下された勅語を比べると、後者の内容の方が簡略だった。政友会総裁を辞任して枢密院議長となる伊藤の無念を、天皇は最大の配慮で慰めようとしたのである。

後任の第二代政友会総裁には、伊藤の推薦で西園寺公望が七月一五日に就任した。桂首相や山県らの予想と異なり、七月二〇日頃には、伊藤が辞任したことで政友会が解体するなど大きな危機が起きる可能性はほとんどなくなった（伊藤之雄『立憲国家と日露戦争』一八〇〜一八五頁）。

ロシアの非能率な意思決定

話を日露交渉に再び戻そう。日本側の強硬な第一回提案が一九〇三年（明治三六）八月一二日に出された頃、ロシアでは、同月にベゾブラーゾフもヴィッテも失脚してしまう。これは、皇帝ニコライ二世は猜疑心が強く、部下の有力者が皇帝にまさる権力を握ることを恐れ、気まぐれに更迭したからである。

また実際にはニコライ二世は、日本の韓国における利益とロシアの満州における利益を相互に認め合えばよい、という満韓交換の立場だった。しかし、ロシアが弱腰だと日本に見られたくないとも考えていた。

そのため、日本の第一回交渉案は、ロシア側を憤らせた。ただ、ロシア側が回答するのに五〇日以上もかかったのは、ロシアが非能率な国家で意思決定に時間がかかったからである。韓国などへの南下を目指して戦争準備を整えるため意図的に遅らせたのではなかった。

しかし、九月末には、いつも慎重な山県有朋ですら、日露交渉に悲観的になっていった。一〇月三日、ようやくロシア側第一回回答が駐日ロシア公使から届いたが、日本側第一回提案とは隔たりの大きいものだった。ロシアは満州を日露交渉の範囲外とし、韓国に対しては日本の民政上の指導権しか認めなかった。しかも北三分の一は中立地帯とし、日本の勢力圏から外していこうとするものだった。これは日本側にとって、きわめて不満足な回答だった。

ところが伊藤は、この回答について、山県らとすぐに相談をしないばかりか、一〇月五日に東京を去って大磯の「滄浪閣」に向かう。九月一〇日以来ずっと東京に滞在していたから、四、五日大磯で過ごしたいというのである（山県有朋宛伊藤書状、一九〇三年一〇月五日、『山県有朋関係文書』一巻）。この時、伊藤の母の琴子の病気が悪化していた。一〇月七日、琴子は八四歳で永眠した。その後も、喪に服して伊藤はしばらく大磯に滞在した。こういう伊藤の余裕のある行動から、伊藤が日露関係の打開にまだ悲観的になっていないこともわかる。

他方、桂首相は小村外相と駐日ロシア公使との会談から、日本側が満韓交換レベルで韓国に限定して要求すれば妥協が可能であるとの期待を持った。一〇月三〇日、日本は満州南部への経済進出要求を取り下げ、日本の要求を韓国の軍事・民生両面での支配に限定する内容の、第二回提案を行った。

ロシア側の第二回回答も遅れ、日本側が数回督促した後、一二月一一日にようやく提出された。日本側は、ロシアが戦争準備のために時間かせぎをしていると、ますます不信を募らせた。しかし、ロシア側の遅れの原因は、皇后が病気になったため、家族思いのニコライ二世にロシア政府が回答作成の話題を持ち出せなかったことで、意思決定がさらに非能率になったからだった。

ロシア側の第二回回答は、第一回回答と基本的に同じ内容だった。ただし、満州及びその沿岸は日本の利益の範囲外である、という強気の文言は削除されていた。それは、日本がロシアと本当に戦争をする気ではないかと不安になり、ニコライ二世はじめロシア側が、初めて譲歩のサインを出したのだった。イギリスのランズダウン外相は、この変化に注目した。

日露開戦への決断

ところが桂首相も、伊藤を含めた元老たちも、ロシアが譲歩を見せたことに気づかず、大きく失望した。大国ロシアとの戦争の危機感にとらわれていた日本側には、余裕がなかったのだ。

一九〇三年（明治三六）一二月一六日、首相官邸に元老と主要閣僚が集まって、会議を開いた。桂首相・小村外相らは、まずロシアに再考を求め、それがだめなら満韓交換論で最後の交渉をする、という意見だった。それに対し山県元帥は、満韓交換論で最後の交渉を試み、それが成功しないなら開戦すべきだと主張した。

桂・小村と山県との意見の違いを調停したのは伊藤だった。一二月二〇日に山県に出した手紙で、児玉源太郎参謀本部次長（長州藩出身）がロシアとの外交断絶前に、戦争準備のため多少時間がほしいと希望しているので、それに応じ、ロシアに優柔不断の態度を見せ、陸海軍が協議と準備をし、一気に行動する必要がある、と主張した。

明治天皇も日露の開戦に慎重だったこともあり、その後の日露交渉も、桂首相・小村外相の主導で進んだ。一二月二三日、日本は第三回提案を行い、一九〇四年一月六日にロシア側第三回回答が来たが、前回同様に韓国北部に広い範囲で中立地帯を設定する内容が含まれていた。そこで一月一六日、日本は韓国全土を日本の勢力圏として再度要求する最後の提案を行った。その頃になっても、勝つ自信はなかった。

しかしロシアからの回答は来ず、二月四日、伊藤ら五元老と桂・小村ら主要五閣僚が集まって御前会議を行い、日露開戦を決定した。こうして、五日に戦時の動員が命じられ、八日に戦闘を開始、一〇日にロシアに宣戦布告をした（伊藤之雄『立憲国家と日露戦争』二〇七〜二二六頁。同『山県有朋』三三六〜三四三頁）。

ところで、ロシアが日本に戦争を仕掛けてくると思い込んで、日本が戦争の準備と覚悟をしていくと、その緊迫した雰囲気がロシアに伝わった。そこで元来、戦争を望んでいなかったニコライ二世や閣僚の態度が軟化した。

一九〇四年一月二八日、ロシアは中立地帯設定の条件を削除し、日本が韓国領土を軍事上の目的で使用しないという条件のみをつけた第四回回答案を決めた。これは、日本側の求める満韓交換という条件をほぼ満足させていた。しかしこの回答案がニコライ二世の承認を得て駐日ロシア公使のもとにようやく届いたのは、二月七日だった。翌八日には戦闘が始まったので、この回答は結局日本側に渡らなかった。

もしロシア側第四回回答が、二月四日の御前会議に間に合うように、もう数日早く届いていたら、伊藤・井上馨の両元老はそれをのむように主張し、元老山県も支持しただろう。仮に、桂首相・小村外相らが対露不信から開戦を主張しても、明治天皇の決断で戦争が避けられた可能性が強い（伊藤之雄『立憲国家と日露戦争』二二四～二二六頁。同『山県有朋』三四二～三四三頁）。

そうなれば、日本は極東においてロシアと対峙《たいじ》できる軍事力を維持する負担をすれば、その後も日露戦争のないまま、第一次世界大戦を迎えることになっただろう。日露戦争においては、日本軍だけでも八万四〇〇〇名の死者と四四万名の戦傷病者が出た。また戦争の疲弊で、第一次世界大戦が起こって日本が大好況となる以前は、日本経済は低迷し、外債の返済のため破産寸前だった。

これらを考慮する時、伊藤が過度のロシア不信に陥らず、ロシアを交渉可能の国とみなしたこと、また、まず近隣で対立している国との交渉を成立させ、戦争を避けるべきとの現実主義的外交観から、日英同盟を結ぶ前にロシアと新しい協商を結ぼうとしたことの意義は、今日においても小さくないであろう。

大本営の一員からはずれる

一九〇四年（明治三七）二月四日、御前会議で日露開戦が決定すると、伊藤は腹心の金子堅太郎貴族院議員（前農商相・法相）を招き、米国へ行って、米国の世論が日本に好意的になるように活動することを依頼した。セオドア・ローズヴェルト米大統領と金子は、ハーヴァード大学の同窓だった。

また同じく伊藤の腹心で、娘の生子《いくこ》の夫でもある末松謙澄《すえまつけんちょう》貴族院議員（前逓相・内相）も、イギリス・フランスに派遣された。末松は、イギリスのケンブリッジ大学で学んでいた。

金子と末松は、ドイツ皇帝のヴィルヘルム二世によって流された黄禍論《おうか》を鎮めようとした（松村正義『日露戦争と金子堅太郎』。同『ポーツマスへの道』）。黄禍論とは、将来、黄色人種の国々が連携して白色人種の列強に脅威を与えるという考え方である。

金子と末松は、日本人が清国人を教育して「文明の民」とするのは、日本のみならず、極東に利益を持つ各国のためにも有益である、と反論した。こうして、黄禍論は一九〇五年四月初頭には警戒する必要がないまでになった（伊藤之雄『立憲国家と日露戦争』二五〇～二五二頁）。日本が清国や韓国が近代化するのを助けるのは、貿易などが増大して、日本のみならず列強の利益にもなるというのは、伊藤の考え方でもあった。

他方、二月一二日に日露戦争の最高指導機関として、大本営が設置された。構成員は、参謀総長・陸相、海軍軍令部長・海相など軍人のみで、文官の伊藤博文枢密院議長は、日清戦争の際と異なり、一員とはなれなかった。憲法の統帥権独立規定（第十一条）が、陸・海軍が自立する形の運用として定着してきたのである。

韓国特派大使拝命

代わりに伊藤に与えられたのは、韓国に日本の方針を理解させ、日本の行動に協力させるという役割であった。

韓国に関しては、まず一九〇四年（明治三七）二月九日、林権助《ごんすけ》駐韓公使が韓国に兵を入れることを韓国政府に承諾させた。次いで、同月二三日、林公使は韓国政府との間に日韓議定書を結んだ。これは、日本が韓国の独立と領土の保全を保障する等の文言の下で、日本がロシアと戦争を行うため軍略上必要な地点を収用できるようにするためのものだった。

その後、三月七日、伊藤は韓国皇室慰問の特派大使に任命された。伊藤は一三日に東京を出発し、神戸から仮装巡洋艦「香港丸」に乗船、一七日に仁川《インチョン》から漢城（現・ソウル）に入った。伊藤は一八日に続いて、二〇日と韓国皇帝（高宗《コジョン》、李熙《イヒ》）に謁見した。

この日に伊藤は、⑴東洋の平和を維持する意義は、日本および清国・韓国の三国が、おのおのその「文明」を増進し、欧米諸国と進む道を同じくして、自立する主義である、⑵東洋の平和を維持し、その自立をしっかりするためには、人種や宗教の異種を排除し、同種を合併して、「欧米の文明に敵抗」しようということではない、⑶国家の存立を図るためには、各自の「風俗習慣」でも、存在のために害になるものは「改良し」たり、捨てたりする必要がある、⑷日本は「三十有余年間」とってきた主義で、日本の自立の基礎を定めた、⑸清国・韓国二国が、日本と「同一主義」をとって自立を図るなら、相互に助け合い、欧米文明の趣旨に反することなく、調和し並立し、「自強の道」を考えて行い、「東洋の人民」を生存させることができる、⑹以上の趣旨に反し、「固有の頑固排外主義」を国の方針とすれば、東洋の東西を問わず国が滅亡している、等と論じた（『伊藤博文伝』下巻、六三九〜六四二頁）。

伊藤は韓国皇帝高宗に、日本が明治維新以来行ってきた近代化のための改革と日本の援助を提案し、それを実施すれば韓国も清国も独立を維持できるとした。また、その主義は異人種や異なる宗教を排除する偏狭なものではない、欧米文明に敵対するものではないとも断じた。

伊藤の主張は、韓国を併合して、日本文明を強引に押しつけようとするものではない。韓国や清国の人種や宗教を尊重しながら、日本が行ってきたように、西欧をモデルに両国を近代化することである。

おそらく伊藤は、近代化された韓国や清国に対し、日本が主導する形で、連合していくのを理想としているのであろう。しかし、それは西欧諸国との貿易等を排除しない、ゆるやかな地域連合である。

また、韓国が日本の提案に抵抗し、近代化する道を選ばないなら、滅亡するしかないと、伊藤は言外に述べている。このことから、帝国主義の厳しい時代を考慮し、近代化が進展しない場合は、併合もありうると考えていたといえる。

韓国皇帝は、伊藤の提言を表面上受け入れ、伊藤が遠方より来韓した功績に対し、大勲位金尺大綬章を授けた。伊藤は三月二六日に漢城を去り、仁川から再び「香港丸」に乗った。二九日に佐世保に立ち寄り、海軍の重要軍事拠点の一つである佐世保鎮守府を視察、四月一日に東京に戻る。伊藤は直ちに参内して、明治天皇に高宗に謁見した次第を報告した。

対韓方針

その後、一九〇四年（明治三七）五月一日、日本軍は韓国と満州（中国東北地方）の国境にある鴨緑江を渡り、九連城を占領した。この勝利が外国に報じられると、初めてイギリスで外債募集が可能となった。こうした緒戦の勝利は、すでに述べたように、ロシア側が、日露戦争が実際に起こると想定しての十分な準備をしていなかったからでもあった。

さらに、八月一〇日の黄海海戦の勝利、九月四日の遼陽占領、一〇月一〇日から一四日の沙河《さか》会戦の勝利、翌一九〇五年一月一日には旅順のロシア軍も降伏した。また一九〇四年一二月中旬までに旅順港のロシア艦隊に、地上からの砲撃で大打撃を与えた。こうして、日露戦争の日本の勝利が、ある程度見えてくる。

この間、日本では、一九〇四年五月三〇日に伊藤ら元老の会議を、翌三一日には閣議を開き、「対韓方針」を決めた。その冒頭には、日本は韓国に対し、政治上および軍事上において「保護の実権」を収め、経済上において、ますます日本の「利権の発展」を図るべし、と明記されていた。

また、韓国の政治や人心は腐敗しており、「到底《とうてい》永く其《その》独立を支持する能《あた》はざるは明瞭」である、と論じている。さらに、日本は韓国問題をめぐり、ロシアと戦争する破目になったが、日本の地歩を韓国に確立し、将来再び紛糾が生じる恐れを断ち、日本の「自衛の途《みち》」を確かにせざるを得ない、とも主張している*（外務省編『日本外交年表並主要文書』上巻、「文書」二二四〜二二五頁）。

＊この「対韓方針」を根拠に、日本はこの時韓国併合の方針を決めた、という古典的見解がある（山辺健太郎『日韓併合小史』など）。またこの見解は、現在の韓国人が普通に持っている理解でもある。しかしここで述べているのは、韓国が独力で永く独立を保てないので、日本の安全保障のためには何かせざる

を得ない、ということにすぎない。この先にあるのは、(1)韓国を保護国とし、その自立に制約を加えながらも、その独立を維持するか、(2)韓国を併合する方向で準備をしていくか、の二者択一である。また、(1)の方針を実行するとしても、途中で無理だと気づいたら(2)に変わることもありうる。いずれにしても、「対韓方針」を根拠に、日本が一九〇四年五月から併合を決意していたとはいえない。現在の韓国の学界の通説を反映した見解として、方光錫「明治政府の韓国支配政策と伊藤博文」があり、統監就任後の伊藤の対韓政策は、日本政府の方針から逸脱することはなく、終始併合の可能性を認めていた、とする。

「対韓方針」に従う形で、八月二二日に第一次日韓協約が結ばれ、韓国政府は日本政府の推薦する日本人の財務顧問一人と、日本政府の推薦する外国人の外交顧問一人を雇うことになった。前者には一〇月に、目賀田《めがた》種太郎《たねたろう》(大蔵省主税局長)が就任した。

韓国を保護国化していくという桂内閣の方針は、日英同盟を結ぶ際の韓国全土を軍事面も含めて自由な勢力圏とする目標の延長にあった。

この方針は、アメリカ合衆国の支持も得ていた。中国の門戸開放・機会均等を主張していたアメリカであるが、遅くとも六月下旬には、セオドア・ローズヴェルト大統領は、日本は戦争前の日本の要求に限定される必要はなく、韓国はすべて日本の勢力圏としてよい、と考え、八月になると韓国が日本の保護国になることも認めた(Raymond A. Esthus, *Theodore Roosevelt and Japan*, pp. 42–46)。

戦争に積極的役割を果たせず

ポーツマス会談に臨む小村全権、ヴィッテ全権ら（毎日新聞社提供）

伊藤は、一九〇四年（明治三七）一一月段階では、日露戦争後に満州を中立化する考えを持っていた。アメリカ合衆国のセオドア・ローズヴェルト大統領も、満州を中立化し、列強の指導を受けて清国人総督が統治する考えを持っていた。しかし小村外相は一九〇四年七月段階で、満州での利権拡張に重点を置き、中立化に反対する意見書を出していた。

一九〇五年三月一日から一〇日までの奉天会戦は、日露戦争の最大の陸上戦闘であった。この戦いで日本軍は勝利を収めた。しかし、敗走したロシア軍を追撃し、大打撃を与える余力は残っていなかった。元老でもある山県有朋参謀総長・大山巌満州軍総司令官ら軍最高幹部の間でも戦争終結への気運が高まり、元老筆頭の伊藤枢密院議長も、桂首相・小村外相に講和を申し入れた。

そこで、四月一七日に桂首相・小村外相・山本海相・寺内陸相の間で講和の予定条件を相談した上で、一九日に伊藤・山県ら四元老と先の四人の閣僚が集まって審議した。さらに、二一日に閣議で決定し、天皇の裁可を得た。

その内容は、韓国の自由処分や満州からのロシア軍の撤退と、遼東半島の租借権を得るという従来の条件に加え、東清鉄道ハルビン支線を譲り受けることを絶対に必要な条件とした（実際は、ポーツマス講和条約では、ハルビンと長春間の鉄道は譲られていない）。また、事情の許す限り貫徹を図る条件は、軍費の賠償金や樺太《からふと》の割譲等であった。

三月の奉天会戦での勝利の結果、日本側に講和条件をつり上げる空気が強まり、元老伊藤が以前に主張したような満州中立化論は主張できなくなった。また講和条件決定への経過をみても、桂・小村を中心とする主要四閣僚がリーダーシップを握っていた。

しかし、ロシア皇帝ニコライ二世の期待するバルチック艦隊が、インド洋からシンガポール沖を越え、日本方面に向かっており、ロシアは直ちに講和交渉に入ろうとはしなかった。五月二七日から二八日にかけて、日本海軍とバルチック艦隊は、日本海海戦を戦った。日本はロシア側の主力である戦艦八隻すべてを沈めるか捕獲するかし、一隻の有力艦船をも失わなかった。日本の予想以上の大勝である。

バルチック艦隊が壊滅すると、講和への動きが急速に進展し、六月になると、ロシアがセオドア・ローズヴェルト大統領の講和仲介を受けた。米国東海岸のポーツマスで、講和会議が開かれることが決まると、桂首相らは日本側全権として伊藤の派遣を望んだ。しかし、政友会の実力者の原敬は反対だった。伊藤が行ったところで、講和条件が極めて有利になるとは考えられなかったからである。しかも、講和条件が悪くとも、前総裁の伊藤が結んだ講和に、政友会は賛成せざるを得なくなって、桂内閣との重要な取引材料を失うからである。

結局、元老と主要閣僚が、伊藤と小村外相が全権大使となることを提案したのに対し、伊藤は応じず、六月二〇日に小村ひとりが全権大使として派遣されることが決まった。伊藤は自分の限界を自覚し、原の判断のように戦後の政友会の成長に期待して、全権になるのを断ったのだろう。日露戦争は外交上において、桂首相・小村外相の主導で展開してきたのであり、彼らが最後まで責任を持ってやらなければならない、といった気持ちもおそらくあったにちがいない（伊藤之雄『立憲国家と日露戦争』二四七～二六一頁）。七月三日、高平《たかひら》小五郎駐米公使も加えられ、小村とともに、正式に講和条約の全権大使に任命された。

九月五日、日露講和条約はポーツマスで調印され、一〇月一五日に批准され、翌日公布された。この結果、日本は韓国の保護権、遼東半島の租借権、樺太の北緯五〇度以南、東清鉄道の長春―旅順口間、沿海州の漁業権などを得た。これは、元老伊藤をはじめ、日本政府首脳の要望をほぼ満たす内容だった。

西園寺公望内閣成立の証人

すでに述べたように、日露戦争は大国ロシアを相手とし、日本にとっては苦しい戦いであった。たとえ日本が勝利しても、ロシアや列強との関係で、国民の希望する賠償金などの講和条件がかなえられない可能性があり、桂内閣は政治のコントロールを失う恐れがあった。

そこで、旅順のロシア艦隊を壊滅させる見通しがつき、ある程度の戦勝の可能性が高まった一九〇四年（明治三七）一二月八日、桂首相は、衆議院第一党の政友会の最高実力者である原敬・松田正久・西園寺公望総裁との間に、日露戦争後に西園寺に政権を譲る密約をまとめた。見返りは、政友会が現桂内閣に協力することだった。この密約は、他の政友会幹部にも秘密にされ、桂内閣側では桂首相と曾禰《そね》蔵相・山本海相の三人のみが知っており、桂内閣の後援者の元老山県有朋には知らされなかった。

ところが原は、桂との密約を、一二月中に元老の伊藤博文・井上馨《かおる》に話した。桂が約束を実行しない場合の抑止力としたのである。

第二一議会は、桂内閣と政友会の密約が最高幹部の間で成立したのでスムースに展開し、一七日には増税案と予算を一気に可決した。

ポーツマスで講和会議が開かれていた一九〇五年八月一四日には、桂首相と原が会見し、後継内閣を西園寺に譲るのと交換に、原は、政友会はいかなる講和条約が成立しても率先して賛成することを確約した。八月二二日になると、桂は原に、西園寺内閣成立に向けた山県系官僚閥内や閣内の根回しについて話すようになった。

その後、日露講和条約の内容が明らかになると、九月五日から六日にかけて、東京市とその周辺で講和反対の暴動が発生し、戒厳令が施行されて騒動はようやく収まった。八月三一日から約一ヵ月の間に、各地で開かれた講和反対集会は一六五件に達した。国民は、戦勝の報道のみ知らされ、日本の苦しい内情は知らなかったので、過大な講和条件を期待していたからであった。この講和反対運動に対し、衆議院第二党の憲政本党（旧改進党・進歩党系）は積極的に関わったが、衆議院第一党の政友会の最高幹部は抑制する方針を出したので、政友会として積極的に同調することはなかった。

この結果、元老会議を開かずに西園寺が組閣する方向が定まり、翌一九〇六年一月七日、新内閣が発足した。

第一次西園寺内閣は、政友会から西園寺（首相）・原敬（内相）・松田正久（法相）の三人が入閣した。伊藤の希望で、阪谷芳郎《さかたによしろう》（前大蔵次官）が重要閣僚の蔵相となった。陸相は寺内正毅（山県系官僚）が留任し、海相は山本権兵衛の推挙で斎藤実《まこと》が就任した。この他、元老山県有朋や松方正義に配慮したり、桂の推薦に応じたりして閣僚が決まった（伊藤之雄『立憲国家と日露戦争』二六四〜二六七頁）。

伊藤を中心とするのでなく、西園寺内閣という形で政友会を中心勢力とする内閣が生まれ、実力者の原が内相という重要ポストに就いたことの意義は、大きい。こうして政友会は、伊藤から本当に自立したのであった。

第六部　老境編

1907年９月、韓国帰任の際「笠置」艦上にて（『藤公余影』より）

第二一章　韓国統治への抱負――伊藤韓国統監

第二次日韓協約の調印

前章で述べたように、日本はアメリカ合衆国・イギリスなどから韓国の保護国化を事実上承認された上に、ポーツマス講和条約で、ロシアから韓国の保護国権を認められた。

そこで、それに関する条約を韓国と結ぶ必要が出てきた。小村寿太郎《こむらじゅたろう》外相らが大磯「滄浪閣《そうろうかく》」に伊藤を訪れ、韓国への特派大使になることを求めると、伊藤は快諾した。

一九〇五年（明治三八）一一月五日、伊藤は漢城《かんじょう》（現・ソウル）に向け出発した。伊藤はこの日の朝、韓国の事は微力の及ぶ限り「平穏に処置」するつもりであるが、政情が安定しない国なので、予測できないことが起きれば、元老や政府に相談することもある、と元老松方正義に決意を示した（松方宛伊藤書状、一九〇五年一一月五日、「牧野伸顕文書」国立国会図書館憲政資料室所蔵）。伊藤は、平穏に条約を結び、韓国の近代化を韓国人とできるだけ対立せずに行うことを望んだが、そのように事態が展開しない最悪の場合も、考慮していたのだった。

伊藤は一〇日に漢城に着き、一一日、一五日と韓国皇帝（高宗《コジョン》）に謁見した。一五日には第二次の日韓協約案を提示し、日本への外交委任を求めた。

高宗は、外交委任をすれば、オーストリア皇帝がハンガリー王を兼ねるようなオーストリアとハンガリーの関係に同じであり、もしくは列強がアフリカに対するのと同じである。それでは韓国は最劣等国になる等と抵抗した。これに対し伊藤は、日韓両国はおのおの君主を持ち独立を維持するのであり、韓国が、オーストリアに併合されたハンガリーや、列強に植民地化されたアフリカのようになるわけではない、と反論した。

また伊藤は、韓国人民が「幼稚」で外交のことに暗く、「世界の大勢」を知らないのに、一部の者は人民に無益に日本に反対させせようとしているだけだ、と皇帝を名指ししない形で韓国の状況を批判した（『伊藤博文伝』下巻、六八〇～六九〇頁）。伊藤は、その時代の国際的な外交規範を受け入れ、それを意識して自国を生き延びさせて富強を図ることを信念としており、その基準からみると、皇帝も含め韓国人の行動が極めて未熟に思えたのだった。

この日、韓国側は、新協約を結ぶ決定を引き延ばした。そこで翌々一七日も、日本側は協約を結ぶようにと圧力をかけた。伊藤は長谷川好道《よしみち》韓国駐屯軍司令官を従えて参内、高宗に拝謁した後、大臣たちに協約を結ぶよう強く説得を行った。結局、伊藤は日本が韓国皇室の「安寧《あんねい》と尊厳」を維持するのを保証することを、条文に加えることを認めた。また前文に、「韓国の富強の実を認むる時」まで、という形で条約の期限を暗示する文句をいれる修正も承認した。こうして、伊藤が一八日午前零時二〇分に宮中を退出した後、同日午前一時に、林権助《ごんすけ》特命全権公使と朴齊純《パクゼスン》外部大臣との間で、協約は調印された。

その内容は、第一に、韓国の外交を東京の日本外務省が担当し、日本の公使・領事などが、外国での韓国人やその利益を保護すること等、韓国の外交権を日本が行うことである（第一条・二条）。

第二に、韓国での日本の代表者として一名の統監（レジデント・ゼネラル）を置き、統監は「専《もっぱ》ら外交に関する事項」を管理するため漢城に駐在し、韓国皇帝に内謁する権利を有することである。また、韓国の各開港場、その他日本政府が必要と認める地に理事官（レジデント）を置く。理事官は、従来の駐韓日本領事が行っていたことを行う（第三条）。

この他、すでに述べたように、韓国政府の修正要求を容れた、「韓国皇室の安寧と尊厳」を維持する保証もあった（第五条）。

韓国の可能性に期待する

第二次日韓協約は、日本が韓国の外交権を行うことを中心としている。しかし、統監の職務を「専ら外交に関する事項」と、外交以外のことも行えるような条文の工夫があった。

協約を結んだ後、一九〇五年（明治三八）一一月二二日、伊藤が水原《スウオン》八達山《パルダルサン》に遊猟した帰途の汽車に、投石があり、伊藤は窓ガラスの破片で軽い傷を負った。韓国人の第二次日韓協約への反感は強かったのである（『伊藤博文伝』下巻、七〇二頁）。

同月二八日、伊藤は、漢城（現・ソウル）と仁川《インチョン》の官民の日本人による歓迎会の席上で、次のことを述べ、伊藤なりに解釈した協約の精神を強調した。(1)現に韓国人が「未開」であっても、侮辱したり「瞞着《まんちゃく》〔だます〕」したりするのは天皇の「大御心《おおみこころ》」ではない、(2)韓国人を指導して、その発達を図るべきであり、「列国環視《かんし》」しているので、もし韓国人を侮辱するようなことがあれば、直ちに日本の「国威」を失い、日本の不利益は非常に大きい、(3)自分は新条約の遂行にためらわないと同時に、韓国人の境遇に対して真に胸中には「万斛《ばんこく》

〔多量〕」の涙があふれている（『伊藤公演説全集』二七七～二七八頁）。

この発言には、それが在韓日本人に向けてなされた演説であるだけに、韓国の可能性に期待しており、その近代化に日本が尽力したいという伊藤の気持ちが表れている。また列強の日本の韓国統治を見る目も強く意識している。さらに、外交権を奪われた韓国人たちの無念さも理解しようとしている。

伊藤はこの段階で、初代韓国統監に就任する決意をしていると思われる。この時、伊藤は六四歳になっており、すでに述べたように、数年前から体調が衰えてきていた。伊藤は枢密院議長という、老齢でも務められる栄職に就いており、そのまま日本にいる方が、冬の寒さの厳しい韓国に行くよりずっと楽であった。しかし、山県系官僚の陸軍軍人等を抑えて、右の理想を実現するには、自分がやるしかないと決意したのであろう。

一一月二九日、伊藤は漢城を出発し、仁川から軍艦に乗り、一二月三日に下関に着き、同地の歓迎会に臨んで、日韓関係について演説をした。

ここでも先の漢城・仁川歓迎会での演説と同様に、「外交権及国防権」を日本に譲り、独立も有名無実になった韓国民の心情への同情を示した。また、韓国人はアフリカの黒人、アメリカの「土人」、「南洋馬来《マライ》人種」などと同一視すべきものではなく、「三千年来」の文化を持って、文学上の造詣《ぞうけい》も浅くないと韓国人を評価した。その上で、馬関《ばかん》（下関）市民が韓国民に親切にし、互いに親しみあって、「共に発達して文明の恩沢」を受けることを望んだ（同前、二七八～二八一頁）。この演説は、伊藤が渡韓してから日本に戻って初めてのものであり、新聞に掲載されて全国に伝わることを意識したものであろう。

伊藤は翌日出発して、五日に大磯に戻り、八日に参内し、天皇に詳細に報告した。

初代韓国統監に就任

一九〇五年（明治三八）一二月二一日、伊藤は初代統監に就任した。その後、翌年一月一四日、明治天皇は寺内正毅《まさたけ》陸相と大山巖《いわお》参謀総長を召し、自分の手で寺内と大山に勅語を授けて、統監に韓国守備軍を使用する権限を与えるので、国防用兵の計画と支障しないように対応せよと命じた（『明治天皇紀』一一巻、四三五〜四六一頁）。これは、陸軍省や参謀本部内に陸軍が文官の統監の命を受けることに批判的な声があったのを抑えるためであった。

このように、天皇は、伊藤の統監としての韓国統治を積極的に助けようとした。

本書ですでに述べたように、かつて太政官制下において、大久保利通《としみち》・伊藤博文の両文官参議が西南戦争の戦争指導の中心であった。明治憲法制定後も、日清戦争まで、伊藤は戦争指導の中枢を担う大本営に列席し、また軍の主要人事にも関与していた（第六章〜一六章）。天皇からの強い信頼も含め、伊藤は自分の持っている特殊な立場を利用して、理想を実現すべく、責任をもって韓国統治を行おうとしたのである。

統監として韓国駐在の日本陸軍への命令権を得たこともあり、*伊藤は韓国駐在の憲兵隊から日常的に治安情報を得ることになった。一九〇八年（明治四一）二月からは、伊藤が韓国を離れているときにも、統監代理が受け取る治安情報が伊藤にも送られるようになる（古谷久綱宛明石元二郎書状、一九〇八年二月一八日、「古谷久綱文書」東京大学大学院法学政治学研究科付属近代日本法政史料センター原資料部所蔵）。

このような伊藤統監の権力について、在韓日本新聞の一つは、伊藤が不在中であっても副統監以下いちいち電報で伊藤の許可を得ないと何事も決行できない、と表現している（『朝鮮新報』一九〇八年四月一六日、九月一四日）。伊藤は統監府内では絶大な権力を持つようになったのだった。

＊　韓国南岸の鎮海湾に軍港が置かれるようになると、斎藤実《まこと》海相は、鎮海防備隊司令官に宮岡直記少将を兼任させてはどうかと、伊藤統監に尋ねた。伊藤が宮岡本人に打診すると、宮岡は斎藤海相の命に従うと答えた。そこで一九〇七年六月八日に伊藤は、宮岡任命が「至極適当」の措置なのでいつでも実施して下さい、と斎藤海相に手紙で回答した（斎藤宛伊藤書状、一九〇七年六月九日、「斎藤実文書」国立国会図書館憲政資料室所蔵）。同年九月九日に宮岡は実際に司令官に任命されている。このように、伊藤統監は韓国内のことであれば、海軍の人事にも関与していた。

伊藤の統治構想

政友会を与党とする第一次西園寺公望《きんもち》内閣ができて約二ヵ月、一九〇六年（明治三九）三月二日、伊藤は統監として漢城（現・ソウル）の地を踏んだ。伊藤の韓国統治構想の大枠は、⑴前年一一月一八日の韓国皇帝との謁見、⑵統監就任後、初めての日本の各新聞記者招待会での演説（一月三〇日）で、明らかにされている。

さらに、漢城に着任後に、⑶三月九日に行われた高宗《コジョン》への内謁、⑷三月一三日に韓国の閣僚を集めて行われた統監と大臣の会議（韓国施政に関する協議会第一回）、⑸三月二一日の同前会議（同前協議会第二回）にも表れている（『日韓外交資料集成』六巻上、一二一～一六二頁）。

それは第一に、日本が韓国に軍隊を駐在している費用や、韓国の「施政改善」のため、ますます経費が必要となるので、なるべく韓国人民に費用を負担させるべきだとする(2)、第二に、当面の資金は相当量を借款に求めて一時の急に対応すべきと、伊藤は考えた(3)。伊藤は借款の額を一〇〇〇万円（現在の約一三〇〇億円）とみた。伊藤統監と目賀田《めがた》種太郎《たねたろう》財政顧問は、借款の担保として関税収入を当てることを考えた。また、担保不十分でも実施する覚悟であった(4)。

第一のように、伊藤は韓国人が韓国の近代化のために自ら費用を負担するという自立心を重視する。しかし、当面必要な資金は日本が責任を持つとの考えだった。伊藤は韓国統治の財源を確保するため、一九〇七年度予算が確定する前に、書記官を東京の阪谷芳郎《さかたによしろう》蔵相のもとに派遣し、韓国統治の予算を説明させるので宜しく、と書いた手紙を持参させて圧力をかけた（阪谷宛伊藤書状、一九〇六年一〇月六日、「阪谷芳郎文書」国立国会図書館憲政資料室所蔵）。後述するように、最有力元老伊藤の影響力は強く、財源は確保できた。

ところで、一九〇六年一一月になると、税収を確保するため在韓の外国人に対する課税も問題になってきた。しかし、治外法権のあるうちは実施できないので、一九〇七年秋以降、伊藤は韓国の司法制度改革を熱心に進め、治外法権の撤廃も目指していった。それは、韓国の日本人居留民の特権もなくしていくものだった。

第三に、借款で得た資金を、まず農事改良・道路政策・排水・灌漑《かんがい》・植林のような農業生産力を高め、農民に利益を与えるものに使うことを、伊藤は考えた。韓国の工業は未熟な段階にあるので、限りある資金を農業に投資する方が効果があると見た(4)。

第四は、借款で得た資金を簡易な教育に使うことだった(2)。伊藤は、教育は幼年の子弟より施さなくてはいけないので、時間と負担がかかる、まず大部落に学校を設けるのが急務であり、その建築費や教師・教科書の費用が必要だ、しかし今すぐに日本のように政府、地方および人民が協同して教育費を負担することはできないので、まず政府の資金で学校を作り、少しずつ進んでいく他はない、と論じた。教育を施せば、なぜ国民が租税を負担しなければいけないのか、児童が自ら理解できる、とも伊藤は述べた(4)。

第三と第四から、韓国には工業や高等教育よりも、農業と初等教育が重要と考えていたように、韓国の発展の現実を重視し、伊藤は、まず近代化の土台を作ろうとしていたことがわかる。また、教育の力で租税を負担する意味を教えるような自立心を養うことを伊藤は重視した。

第五に、警察力を拡張し、治安を保持するべきとする。伊藤は日本軍を主として国防上の目的に用い、平時に十分の訓練をして有事に備えるべきで、治安上のことは警察に担当させたい、と考えた*。

＊　統監府時代から植民地時代の警察の研究は、近年進んだ。松田利彦『日本の朝鮮植民地支配と警察一九〇五～一九四五年』は、その代表的な成果の一つである。

第六に、治外法権下の領事裁判制度や監獄制度を改正して、韓国人の負担を軽減するとともに、列強の司法制度に近づけようとした。たとえば、従来は日本の領事裁判に関する控訴は長崎控訴院（現在の高等裁判所）に提出しなければならなかった。第二次日韓協約で領事制度がなくなると、領事の判決に代わる理事庁の判決に対する控訴を、漢城に設定する統監府法務院に訴える制度にしようと、伊藤は構想した（4）。近代的な司法制度と監獄制度は、治外法権撤廃の必要条件であり、伊藤は当初から治外法権撤廃も視野に入れていたのである。*

＊　統監府時代の司法制度改革や治外法権撤廃の研究も近年盛んである。主なものは、浅野豊美・松田利彦編『植民地帝国日本の法的構造』第Ⅲ部、李英美『韓国司法制度と梅謙次郎』、浅野豊美『帝国日本の植民地法制――法域統合と帝国秩序』第Ⅱ編、伊藤之雄・李盛煥編著『伊藤博文と韓国統治――初代韓国統監をめぐる百年目の検証』第Ⅱ部、などである。

この他、韓国皇室と政府の区別、とりわけ皇室財政と国家財政の区別をし、また地方官の権限を明確にし、地方官の俸給をふさわしいものに改正して、官吏の規律を厳正にしようとした（1、5）。伊藤は一八八〇年代の日本において、宮中と府中（政府）を分ける一方、明治天皇を君主機関説的天皇に教育していくことで、成果を挙げている（本書第九章〜一一章）。そのことを、韓国でも実施し、高宗《コジョン》の権力行使も抑制しようとしたのだった。

また、それなりに発達している韓国の諸都市には、近代化を目指す都市改良事業を行おうとした。たとえば、漢城の貿易港としての仁川《インチョン》に水道事業を行い、衛生・工業・商工業上の発展を図ることである。都市は行政や流通の中心であり、そこにコレラなど感染症（伝染病）が流行して都市機能が麻痺することを恐れたからだった。

伊藤は、以上の近代化事業に、韓国人の中には当初不平を唱える者が出ることを承知していた。しかし、三〜五年の後に実際の効果が顕れてくれば、彼らは必ず喜ぶだろうと確信していた（4）。

一九〇七年五月三〇日に、伊藤が李完用《イワンヨン》新内閣の閣僚らに行った演説は、伊藤の近代化に対するあまりに露骨で正直な気持ちを、次のように示している。

どの国でも他国のために自国の財力と国民の生命を提供するものはない。もしあるとすれば、第一は自国のためを思い、次に他国のためを思うものである。およそ国家は自ら独立する要素がなければ、単に他国にのみ依頼して存続できるものではない。今日のように韓国が進むなら、韓国を滅ぼすものは他国ではなく、韓国自身であろう。

（林外相宛伊藤統監通報、一九〇七年六月四日、『日本外交文書』四〇巻第一冊、五六三頁）

すなわち、伊藤は韓国の近代化が日本の利益になることを第一に考えつつも、それが韓国の利益にもつながると信じて、韓国人の抵抗を覚悟し、それを進めたのだった（伊藤之雄「伊藤博文の韓国統治」）。

満州問題も気がかり

日露戦争後、ポーツマス講和会議の翌年になっても、日本陸軍は清国領土である南満州を占領したままでいた。伊藤は列強や清国との関係を考えると、このことも気になった。

そこで、統監就任後に初めて漢城（現・ソウル）へ向けて大磯を出発する四日前、一九〇六年（明治三九）二月一六日、あわただしい中を山県・井上馨《かおる》の二元老、西園寺首相・加藤高明外相および大山巌《いわお》元帥（前満州軍総司令官）・児玉源太郎大将（前満州軍総参謀長）を大磯「滄浪閣《そうろうかく》」に招いて、南満州における陸軍の態度について議論した。

三月三一日にはイギリスの駐日大使から、南満州において日本軍がロシアの満州占領当時よりも欧米人に対し閉鎖的行動をとっていると、伊藤統監に善処を求めてきた。伊藤が漢城に滞在し、韓国施政に関する協議会等で、韓国の近代化について指示を与え検討している頃であった。清国側も、日本の軍政が続いていることに強い不満を持っていた（栗原健編著『対満蒙政策史の一面』一二～一四頁）。

四月三〇日に青山練兵場で開かれる予定の陸軍凱旋観兵式《がいせんかんぺいしき》に、明治天皇は陪覧《ばいらん》するようにと伊藤統監を特に召した。観兵式は、将兵三万人以上が参加する盛大なものであった（『明治天皇紀』一一巻、五三八～五四一頁）。天皇は、老いた身で韓国統監になって苦労している伊藤に、感謝の気持ちを表すと同時に、伊藤の軍に対する威信を少しでも強めようとしたのだろう。

この観兵式に出席するため、伊藤は四月二一日に漢城を出発、仁川―神戸間を軍艦「浪速《なにわ》」に乗り、二四日に大磯に戻った。

日本に戻ると、伊藤は外務省に命じて満州問題解決案を作成させ、元老でもある伊藤統監は、五月二二日に西園寺首相に「満州問題に関する協議会」を開かせた。出席者は伊藤・西

園寺や、元老の山県有朋《やまがたありとも》・松方正義・井上馨・大山巌元帥、寺内正毅陸相・斎藤実《まこと》海相・阪谷芳郎蔵相・林董《ただす》外相、桂太郎大将（前首相）、児玉源太郎参謀総長、海軍長老の山本権兵衛《ごんべえ》（前海相）ら、一三名だった。

会議では、西園寺首相よりも伊藤がリーダーシップを発揮した。そこでは、南満州の軍政の中心である関東総督を平時組織に改め、軍政署を順に廃止する等が決まった。西園寺内閣は、元老伊藤らの助けを借りて、南満州の軍政を廃止し、列強や清国からの批判を緩和できたのだった。

その後、六月二〇日、伊藤統監は大磯を出発し、二三日に漢城に着いた。それから五ヵ月滞在し、日本で正月を過ごすため、一一月二一日に日本へ向けて漢城を後にした。この伊藤統監の一年目に、韓国統治がどのように展開したのであろうか。次に見てみよう。

一年目の展開

統監府は、韓国と日本興業銀行との間に借款一〇〇〇万円の借入契約を結ばせ、半額を即時に、残りの半額を他日必要の際に韓国政府に受け入れることにした。利子を除いた手取りは約九〇〇万円（現在の約一二〇〇億円）である。この他、韓国政府は一九〇五年（明治三八）に第一銀行や日本政府を引き受け先として六五〇万円の国債を発行していた。先に述べた日本興業銀行からの借入の半額五〇〇万円と合わせて、一九〇六年末の韓国の国債総額は一一五〇万円となった。これは、韓国政府に入る一九〇六年の租税（地租・関税など）五六〇万円の約二倍にあたる膨大な額であった（度支部「韓国財政概況」〔一九〇八年二月一日

調査）」、「勝田家文書」七〇冊、財務省財政史室所蔵）。

この財源のうち一九〇六年は約一二五万円使用したのみであった。主なものは、農工銀行補助約一〇〇万円、学事拡張約一〇万円、仁川水道約一〇万円である。伊藤統監の意気込みにもかかわらず、一年目は財源があっても国債を使った実際の事業の展開ができなかったのだった。事業をするためには実情を調査し、計画を立てることが必要である。それに思った以上に時間がとられたのであろう。

なお、一九〇七年は前年の約二・三倍の約二九一万円使用できた。主なものは仁川水道約四五万円、農工銀行補助約四三万円、治道工事約三五万円、学事拡張約三五万円などであった。一九〇六年八月に普通学校（日本の小学校）令等が出され、学事拡張に五〇万円充てるうち、三四万円を普通学校の新築・改築のために使う計画ができた。伊藤の重視した初等教育の改革は、それなりに展開し始めた。

警察力の拡張に関しては、第一期警務拡張が一九〇六年六月から始まった。この結果、一三道観察府所在地に警務顧問支部を設けて警視を配置、全国二六の分遣所、一二二の分派所を設け、日本人警察官を配置した。韓国側では、一三道警務署の他、二六警務分署、一二二分派所を置いた。

しかし、韓国の全面積平均で、二〇平方里弱に一人の日本人巡査、四平方里に韓国巡検がいるのみで、一九〇六年秋から翌年にかけて義兵が蜂起すると、警察力の不足が明らかになっていく（『日韓外交資料集成』八巻、一三七～一三九、一七六～一七七頁。松田利彦『日本の朝鮮植民地支配と警察』第一部第一章）。

皇室と政府の区別に関し、伊藤統監は、高宗《コジョン》が排日主義の儒者の助言を入れていることを、苦々しく思っていた。そこで一九〇六年七月七日に宮禁令を発布させ、皇宮への六宮に日本人巡査を配置し、その出入りに制約を加えた。また同年一二月、日本人宮内府顧問が皇室財産と国有財産の整理や宮内府管理の冗員整理の調査に取り掛かった（『日韓外交資料集成』六巻上、二四二〜二四四頁、同八巻、一二三〜一三三頁）。

地方制度についても、一九〇六年韓国政府は、伊藤統監の指示や日本人警視の助言を得ながら、改革案をまとめ、新官制を一〇月一日から実施した。その特色は、日本の知事にあたる観察使（全国一三道に置く）・郡守（全国三三三郡に置く）の任命を、それぞれ、皇帝から閣議、閣議から内部大臣の任命へと変え、政府の監督権を強めた。これらは専制君主である皇帝の権限を弱め、責任内閣制にする目的があった。

また観察使・郡守の俸給を増加させた。観察使は行政権のみならず裁判権も有し、郡守も行政権とともにある程度の裁判権を持っていたので「不正」の原因とみなされていたからである。

また徴税は従来郡守の任務で、郡守の下に二〇〜六〇名の徴税を請け負うものがいた。彼らは世襲であった。一九〇六年一〇月に租税徴収規定が発布され、徴税は郡守の仕事ではなくなり、税は日本の通信管理局所管の郵便局に納付することになった。仕事を奪われた各郡の徴税請負人たちは、日本人が韓国人の税金を日本に持ち去るのだと批判し、「排日思想の助長」に少なからず影響した（韓国駐劄《ちゅうさつ》軍司令部「韓国暴動ノ景況」一九〇八年一月、防衛省防衛研究所戦史研究センター史料室所蔵）。

一九〇六年一一月一六日、日本への帰国を前に、伊藤統監は第一二回施政改善協議会で、今日までの成績で満足すべきでない、と述べた。さらに税制改革・増税・関税収入の増加、冗費を省くことが必要と論じた。伊藤は、韓国の近代化に韓国で用意できる財源が早急に必要であると、改革の意欲を示したのだった。

「アネキゼーション」(併合)は目標か

一九〇七年(明治四〇)三月二〇日、伊藤統監は正月を日本で過ごし、四ヵ月ぶりで漢城(現・ソウル)に戻った。伊藤はすぐに韓国の政情が一変していることを知った。

それは、韓国人の団体である自強会・教育会・青年会・西友会や、二、三紙の韓国字新聞、イギリス人が主宰する『大韓毎日新聞』などが、いたるところで韓国の内閣を攻撃していることであった。政府排撃に名を借りた排日の動きである(『日本外交文書』四〇巻第一冊、五五六〜五六一頁)。

また、伊藤統監が斡旋した国債を償還しようと、国債報償会が各所で募金活動を行っていた(李盛煥「伊藤博文の韓国統治と韓国ナショナリズム」)。

伊藤は日本に帰っている間も、義兵について、日本の警察官十数名を派遣すればたちまち四散するもので、「盗賊的窮民の群」に種々の「小野心家」が流れ込んで「政治的運動の真似」をしている、と見ていた。それほど危険だとは思っていなかったのである。しかし、韓国は長い間独立国だったので、一国という観念が強く、「猜疑《さいぎ》の深き人民」であるので、日本が韓国を併合しようとしていると疑う者も多い、と自覚していた(『朝鮮新報』一九〇七年二月二日、七日、八日)。

伊藤の韓国統治は、韓国人が伊藤を信用して彼の構想を理解し、主体的に協力するのを前提とするものだった。その基盤ができないばかりか、逆に排日の空気が強まっているのを知り、強い不安を感じたことであろう。以下に述べるように、併合をせざるを得ない可能性もある、と考えたと思われる。

その頃、第一回日露協商の交渉が展開していた。四月一三日、伊藤は林外相に宛て、日本と韓国との間の「『将来の発展』なる語は『アネキゼーション〔併合〕』迄も包含する旨を明らかにするを最も得策なりとす」と述べた。さらに、韓国の形勢が今のように推移すれば、年が経つにしたがって「アネキゼーション」は益々困難になるだろう。それで、今日において日本政府の考え方を明らかにし、前もってロシアの承諾を取り付けるべきである、と韓国併合へのロシアの承諾を取り付けるよう意見を述べた（『日本外交文書』四〇巻第一冊、一二四頁）。

この電報は、伊藤が韓国併合を積極的に考えているようにも解釈できる。* しかし、二年後の一九〇九年（明治四二）四月一〇日に伊藤が桂首相・小村外相に対し併合に同意する（本書第二三章）以前において、伊藤が併合に積極的な姿勢を示した史料は、今のところ見つかっていない。

＊　森山茂徳『日韓併合』（一〇六〜一〇八、一二一〜一三一頁）、海野福寿『伊藤博文と韓国併合』（一〇三、一〇六、一七三〜一七四頁）、小川原宏幸「伊藤博文の韓国併合構想と第三次日韓協約体制の形成」など。ただし森山氏は、伊藤は一九〇七年四月に併合を決意しているが、ロシアの同意が得られず、

同年七月に韓国の内政全般を掌握した第三次日韓協約の頃には「併合という形式的目標」を放棄した。しかし、同協約で「実質的な併合」を達成したと主張している（『日韓併合』一四〇頁）。

この見解を主張する人たちは、一九〇九年四月一〇日まで、桂首相と小村外相が伊藤は併合に反対だと思っていた事実について、ほとんど説明していない。

伊藤と桂とは、一九〇八年頃から韓国統治をめぐって連携を強めていき、互いの意思疎通はかなり良かった（伊藤之雄『伊藤博文の韓国統治と韓国併合』）。小村も外相として外務省の情報を掌握できる。伊藤が本当に一九〇七年四月に韓国併合を決意していたなら、桂や小村が、伊藤の真意を誤解していたとは不自然である。

また、一九〇七年四月に伊藤が併合を決意していたなら、なぜ併合を実行しようとしなかったのかについても、十分に説明していない。この点について、森山氏はロシアの同意が得られなかったことを、小川原氏は日本への財政負担の増加を挙げている。しかし、森山・小川原両氏とも、後に伊藤が桂首相らの併合策に同意した一九〇九年四月段階において、それぞれ、特にロシアから併合への同意を得ていないことや、日本の財政状況が特に好転していないことについて触れていない。すなわち、伊藤が韓国併合を望まない第一の理由は、両氏の主張とは別のところにあり、その条件が望めなくなったので併合に同意したと考えるのが自然である。その条件とは、本書で述べているように、韓国民がしだいに伊藤の統治構想を理解し、自発的に支持するようになっていくことへの期待である。

「アネキゼーション」の用語を使った理由

伊藤が「アネキゼーション」という用語を使ったことからみて、韓国内の状況に動揺し、その後以前に比べ併合の可能性を現実のものとして考えるようになったといえる。しかし、その後二年の間は併合に同意していないので、伊藤は必ずしも併合を目標としていないことも明らかである。*

＊　本章の元になった私の論文「伊藤博文の韓国統治」（二〇〇九年）において、小川原宏幸氏の説を、伊藤博文は一九〇七年四月頃から韓国併合を決意していたが日本への財政負担の増加を嫌って直ちに併合しなかったとする、と紹介した（本書五六一～五六二頁参照）。これに対し小川原氏は、伊藤之雄は「伊藤博文が一九〇七年時点で韓国を併合しなかった理由についての筆者〔小川原〕の分析を、財政負担を避けたことの指摘のみと解釈しているが」、「明らかな誤読である。筆者〔小川原〕は財政自立の問題とともに、伊藤が朝鮮社会から支配の合意を獲得することを重視していたことをすでに指摘している」と主張する（小川原宏幸「伊藤博文の韓国統治と朝鮮社会——皇帝巡幸をめぐって」）。しかし、小川原氏の論文「伊藤博文の韓国併合構想と第三次日韓協約体制の形成」のどこを読んでも、併合を実施しなかった要因として、「伊藤が朝鮮社会から支配の合意を獲得することを重視していた」との表現、あるいはそれに類する表現はない。それどころか、「併合にあたって特に伊藤が懸念したのは、日本への負担増加である」（小川原論文八九頁）、「伊藤の併合構想が意味するのは、併合の否定としての保護国ではなく、財政健全化を果たすための『過渡的』統治、すなわち併合への移行段階としての保護国という位置づけであった」（同前、九一頁）と、財政負担の問題が強調されている。また小川原論文のまとめにあたる「おわりに」においても、「本論で検討したように、同体制〔第三次日韓協約体制〕が志向する韓国併合方針は財政独立を果たした上で、将来において自治植民地などの形式で日本帝国に韓国を併合しようとするものであった。このうち重要な政策的柱であった『財政独立』は……〔以下略〕」等と、財政独立〔財政負担〕の問題が強調されている。小川原氏は、二〇〇五年に出した同論文では財政負担の問題を強調し、二〇一〇年に出した前掲論文で、初めて「朝鮮社会からの支配の合意を取り付ける」等の表現を使い始めたのである。二〇〇五年の小川原氏の論文について二〇〇九年に言及した私を、二〇一〇年に同氏の論文に初めて出てくる見解を見落とした、として小川原氏が批判するのは不当である。私の論文や著書が出た後に同氏

が行った見解の修正を、同氏の論文への私の「明らかな誤読」と書いて自己を正当化しようと試みるのは、研究者としてのモラルが欠如しているといえる。本書で以下に示していくように、伊藤は一九〇九年四月の直前まで併合に賛成でなかったのである。

それでは、なぜ伊藤は「アネキゼーション」まであらかじめロシアに承諾を得るように外相に指示したのだろうか。それは、その指示をすることで、陸軍や小村寿太郎駐英大使（前外相）などの関心を、韓国や満州南部に限定したかったからであろう。

陸軍や小村大使らは、モンゴルをロシアの勢力圏として認めるなら、満州全部を日本の勢力圏としてロシアに認めさせたいと考えていた。ところがロシアは、日本の勢力圏を満州南部と韓国に限定したいと考えていた。「アネキゼーション」の用語を含んだ同じ電報で、伊藤は、日本にとっては「韓国問題を根本的に解決すること目下の急務」であるので、「蒙古問題に関しては可成《なるべく》露西亜《ロシア》の要求を容るること緊要なり」と提言している。

伊藤は日本の指導者たちに根強くある大陸膨張欲を抑え、ロシアとの協調を維持し対決を避けるため、韓国について「アネキゼーション」という用語を使ったのだった（伊藤之雄「伊藤博文の韓国統治」）。

李完用内閣を作り調和を目指す

すでに述べたように、一九〇七年（明治四〇）春以降、韓国内で反政府・排日の空気が強まったので、朴齊純《パクゼスン》参政（首相）は、辞任したいと、再三にわたって伊藤統監に申し出た。

そこで伊藤は、学部大臣李完用《イワンヨン》を参政とする内閣を作り、韓国人を中心とした親日団体一進《いっしん》会と連携して、昨年来の「施政改善」を進めようとした。

李完用学部相は、一九〇五年一一月に伊藤が大使として第二次日韓協約を結んだ際に、外交権を日本が掌握するという伊藤の要求を「万止むを得」ないものと受け入れて、協力的であった人物である。それ以来、伊藤は李を韓国側の連携相手として注目していた。

また伊藤は、韓国の旧来のエリート層であった両班《ヤンバン》層を中心に、儒教を信じる幅広い層も支持基盤にしようと考えていた。そこで、新興の、いわば成り上がり者集団である一進会の代表を、直ちに入閣させようとは考えていなかった。

ところが、参政（首相）になることを期待された李完用は、一進会長の宋秉畯《ソンビョンジュン》を農商工部大臣にすることを、伊藤に求めてきた。

伊藤は宋の入閣を断った上で、五月二二日、李を参政にすることを高宗に奏聞した。高宗はそれを拒否した。そこで伊藤は、高宗が裏面で巨額の運動費を出してオランダのハーグの平和会議に向けて韓国の国権回復運動をしている事実を挙げ、日韓協約違反の責任を追及せざるを得ない、と脅した。すると高宗は、「頗《すこぶ》る狼狽《ろうばい》」の様子で弁明に努め、最終的に李の組閣を承認した。

ところが、宋秉畯が農商工部大臣に任じられるという噂が広まってしまった。伊藤は、宋や一進会の面子《メンツ》を考慮すると、宋を入閣させざるを得なかった。五月二五日、こうして李完用内閣が発足した（伊藤之雄「伊藤博文の韓国統治」）。

五月三〇日、伊藤は李新内閣の閣僚たちを統監官舎に招いて、演説をした。その中で伊藤は、第一に「今日の如くにして進捗《しんちょく》せば韓国は最早《もはや》自滅の外なし」と、併合への危険性を暗示した。また、韓国の存在にとって最も適当で緊要なる方針は、誠実に日本と親睦し、日本とその存亡を共にする決心をすることである、と述べた。

第二に伊藤は、「自分は何処《どこ》迄も人を欺《あざむ》かざる以上は人の自分を欺くを甘受することを得ず」と、自分の誠実さを強調し、高宗の面従腹背《めんじゅうふくはい》の姿勢を言外に強く批判した。

第三に、在韓日本人の中に悪事をなす者があれば退韓を命じたり処罰を行ったりする、と公平な取締りをする決意を示した。さらに、宋農商工部相に対しても、閣僚となった以上は、一進会の力を利用して内閣を脅迫するような行動は、自分は決して許さない、と警告した（『日本外交文書』四〇巻第一冊、五六一～五六五頁）。

このような伊藤の発言からも、伊藤の姿勢は併合を目的や前提としたものというより、韓国人の自発的な協力を取り付け、日本からの費用の持ち出しをできるだけ少なくして、効率的に韓国の近代化を図ろうというものだったことが確認できる。すでに述べたように、伊藤はそれが日本の利益であり、次いで韓国の利益になると確信していた。

臣下として最高の栄典

一九〇六年（明治三九）四月一日、伊藤博文統監（長州藩出身）は、山県有朋元帥（長州藩出身）・大山巌元帥（薩摩藩出身）とともに、大勲位《だいくんい》菊花章頸飾《きっかしょうけいしょく》を受けた。これは一八九〇年代半ば以降、ドイツのヴィルヘルム二世など、列強の元首クラスの人物や、一九〇〇年五月一〇日に、成婚を機に皇太子嘉仁《よしひと》親王（後の大正天皇）に授けられたもので、最高の勲章である。臣下に対しては初めての下賜だった。

さらに、一九〇七年九月二一日、伊藤は山県・大山両元帥と共に、公爵に陞爵《しょうしゃく》した。これらは日露戦争関係の栄典を授けられる中で、伊藤・山県・大山らに下賜されたものである。

伊藤は一九〇四年三月に特派大使として韓国に派遣され、翌年一一月に第二次日韓協約を結ぶなど、韓国統治に関係して日露戦争の後始末をしたことが評価されたのである。

もっとも伊藤は、大勲位菊花大綬章を、足軽という下級身分出身者として最も早く、一八九五年八月に授けられている。山県・大山らより七年近く早かった。侯爵の爵位は、一八九五年八月五日に山県・大山らと同時に授けられているが、儀式などの際の宮中席次は、勲章が重視されて決められる。このため、伊藤は宮中席次において、山県・大山に対し常に上であった（伊藤之雄「山県系官僚閥と天皇・元老・宮中」）。

しかし、同じ勲章という意味で、日露戦争後に伊藤は栄典で山県や大山に追いつかれる形になった。山県の権力が伸び、一九〇〇年前後から、伊藤と山県がほぼ対等の形になっていった。また、それとも関連するが日清戦争後、陸海軍が内閣から自立化していく。大久保利通の死後は、長州が薩摩に対して優位だったが、薩摩派は海軍を掌握し、陸軍にも力を残していたので、薩摩派への配慮も必要である。これらが大山への栄典という形で表れた。この栄典は、伊藤体制の崩壊を反映しているともいえた。

晩年の体調と家庭

伊藤の体は極めて強健だったが、一八九九年（明治三二）前後から腸と胃を悪くし、脳貧血を起こすようになった(末松謙澄『孝子伊藤公』四一一頁)。しかし、健康を気にして日本酒を控え始めたようで、一八九九年五月の旅行中に梅子夫人に宛て、日本酒は今日まで一滴も飲んでいない、と報告している。それにもかかわらず、一九〇一年秋から翌年三月はじめまでの、日露協商の可能性を探る欧州旅行に同行した医師は、今どこといって病気があるわけではないが、三、四年前に比べると何か元気がない、とロンドンから報じている(同前、三四〇~三四一、三五五頁)。

伊藤は六〇歳を前に、全体としてかつてのような健康な体ではなくなっていったのである。すでに述べたように、一八九八年の第三次伊藤内閣以来、それまでと比べて伊藤が政治力を減退させていくのは、このような健康上の問題も関係していた。

健康が気になってきたとはいえ、伊藤が好きな日本酒を自重するのは、困難だったようだ。日露戦争以前から伊藤の世話になっていた大阪の芸者「小吉」によると、伊藤は洋酒・日本酒どちらも飲んだが、どちらかといえば日本酒が主であった。食べ物は、洋食など「濃厚な物」が好きで、和食では鰻《うなぎ》が好きだったという(樋田千穂〔小吉〕『草もみぢ』七一頁)。

これに対し、自宅での食事は質素で、番茶と梅漬けが大好物であり、塩をいれた茶漬けも好きだった。自分は貧乏しても食物に困らぬ、と伊藤は常に言っていた。晩年には腸が弱くなり、茶漬けは粥《かゆ》に代わり、湯豆腐や「鮒《ふな》のせごし」も好物だったという。「せごし」とは、新鮮な鮒などを小さくはす切りにして三杯酢で味付けする料理法である。ところが、伊藤家の前料理人によると、家でも西洋料理、とくにフランス流の献立が気にいっていたという。

また伊藤の自宅の門の前には、公私・内外の訪問客が充満し、特に晩年は多かった。断られる人も少なくなかったが、面会者の数は非常に多く、普通の気力や体力の人ではとても耐えられないほどである。それでも伊藤は、快く引見して談話するのが普通であった、と伊藤の娘生子《いくこ》の夫の末松謙澄（前内相）が回想している（『孝子伊藤公』三三三、四〇九〜四一〇頁。『東京日日新聞』一九〇九年一〇月二九日）。

晩年の一〇年間、伊藤の体調は衰え気味で体力が消耗しているにもかかわらず、山県とは異なり、多くの客と面会し続けていたのである。家では質素な食物を好んだが、外では六〇歳代になっても好物の「濃厚な物」も食べていた。

日露戦争後、一九〇六年に伊藤が韓国に統監として赴任するようになってからも、梅子夫人は伊藤にせっせと家の様子を手紙に書き、伊藤も忙しい中で、こまめに返事を書いた。たとえば、一九〇六年九月に入って一八日間に、梅子は伊藤に三通の手紙を書いた。伊藤も九月一八日から二七日の一〇日間に、梅子に三通の手紙を出している。梅子の話題は、真一（伊藤と新橋芸者「歌」の間の子）の学校のことがうまくいったことや、西洋梨を送ったこと等、家庭のことである。

翌年四月二六日の伊藤から梅子への手紙には、「朝鮮はいつもごた〳〵暗殺騒ぎなどにて人心も静かならず、是は持前の病気ゆへ致方《いたしかた》」ない等、韓国情勢と伊藤の失望感を報じている。また、日本へ帰る人に託してスミレを少し送ったが、受け取ったでしょうか、など梅子

伊藤博文・梅子夫妻（『藤公余影』より）

への心配りもある（『孝子伊藤公』三八〇～三八三頁）。

伊藤の腹心であった小松緑（統監府書記官・同外務部外国課長などを歴任）がある時、現代の人物で最も尊敬する人物は誰かと伊藤に尋ねると、伊藤は即座に「天子様じゃ」と答えた。そこで、臣下の中で一番尊敬する人物は、と問うと、伊藤は少し考えて、「おかゝ位のものじゃ」、「その外には、今日我輩の尊敬するものはない」と、梅子夫人の名を挙げたという（小松緑『春畝公と含雪公』二九～三二頁）。

晩年になっても伊藤と梅子の精神的な絆は強く、夫婦仲が良かったことがわかる。

もっとも、伊藤は「滄浪閣」の洋館に住み、梅子は別棟の日本家屋で生活する、というように、二人は別居していた。これは梅子が病弱であるにもかかわらず、伊藤の日常が不規則だったからである。

日露戦争中に東京帝大生となった文吉（伊藤が行儀見習いの女性に産ませた子）は、梅子が、伊藤は何時でも所かまわず寝られるからよろしいが、「家人」にはそれができないので困る、とこぼしていたことを覚えている。伊藤の睡眠時間は、大変不規則なものであった。夜は毎日遅くまで起きていて、真夜中の二時三時もめずらしくなかったが、朝は非常に早く、それでも平気だったという（伊藤文吉「父博文の私生活」『中央公論』六一七号、一九三九年二月号）。

それまで大磯の伊藤家の外で育っていた、文吉と真一を伊藤家に入れるようになったのは、日露戦争中の一九〇四年から戦後にかけてである（伊藤真一「父・博文を語る」『日本文化を考える〈村松剛 対談集〉』三〇〜三九頁）。それで、たとえば一九〇八年一一月の梅子夫人の還暦記念の会にも二人は出席し、その記念の伊藤家の集合写真にも参加するようになった（『伊藤博文伝』下巻、写真50）。伊藤が他の女性に産ませた息子二人を伊藤家に入れることを、梅子が許したのであった。

明治憲法記念恩賜館。内部も宮中で憲法が制定された時のままに移された（毎日新聞社提供）

ところで伊藤は、一九〇七年一月一七日付で、明治天皇から旧仮御所宮殿の御会食所の建物と、その移転改築費として二万一〇〇〇円を下賜された。この建物は憲法制定のための枢密院での審議に使われたもので、天皇にも伊藤にも思い出深いものだった。赤坂皇居が皇太子の御殿となるため改築されたので、伊藤に下賜されたのである。

伊藤は東京の大井村（現・品川区）に土地を購入、旧御会食所を移築し、恩賜館《おんしかん》と名づけ、あわせて伊藤と嗣子博邦（勇吉）の住居（別邸）を建てた（稲葉和也「伊藤博文公の大井別邸について」）。ここで、一九〇八年二月の憲法発布二〇年の祝宴（『孝子伊藤公』四一八〜四二〇頁）や、同年一一月の、先に述べた梅子夫人の還暦記念の宴等が開かれた。*

その後、恩賜館は一九一七年六月に博邦より明治神宮奉賛会に寄付され、神宮外苑に憲法記念館として保存された。別邸は二〇〇一年に萩市に移築されている（萩市歴史まちづくり部文化財保護課柏本秋生「伊藤博文別邸移築に係る経緯」。稲葉和也「伊藤博文の大井別邸について」）。

＊ 娘生子の夫の末松謙澄が書いた『孝子伊藤公』は、恩賜館移築の場所を「大森」としている（四二〇頁）。新聞にも恩賜館の場所を「大森」と表記するものがある（『報知新聞』一九〇九年八月二九日）。当時、このような通称もあったのだろう。

芸者との晩年の日々

伊藤は日露戦争の前後という六〇歳代の半ばになっても、大阪の芸者小吉（一八七八年生まれ）・文公（安藤照述『お鯉物語』では文香《ぶんこう》）、広島の光菊などという芸者を寵愛していた。小吉は、伊藤より三七歳若い。

伊藤は小吉を「滄浪閣」に連れて行き、梅子夫人に引き合わせすらした。梅子はにこやかに挨拶し、「御前《ごぜん》さまは公務で大変お忙しい方だから、あなたが来て慰めて呉《く》れるのが、一番御前さまのお気休めになるのよ。御前さまはあなたを大変ご贔屓《ひいき》だから時々来て慰めて下さいね」と述べた。小吉はすっかり恐縮してしまった。

小吉が「滄浪閣」に泊まっている間、梅子夫人と顔を合わせることはめったになかったが、梅子夫人が非常によく気をつけて小吉をもてなしているのが身にしみてわかった。もったいないやら恐縮するやらで、若い小吉はかえって「滄浪閣」を訪れるのが心苦しい気がした。

梅子夫人は小吉が帰る時には必ず出て来て、「本当にご苦労でしたね」とねぎらい、何かしらお土産を小吉に持たせた。小吉は、初めて「滄浪閣」に行った時に梅子からもらった金地に水仙の彫りを入れた帯止めを、その後もずっと大切に持っていたという。

何十年か時が経ってから小吉は、在りし日の伊藤について、「黒つぽい無地の着物に紋付の羽織を召して、仙台平《せんだいひら》の袴を着けた伊藤公が、葉巻をくゆらせながら、温かい眼差をこちらに向けていらつしやる。思はず私は小吉の昔にかへつて、『御前さま』と寄り添ひたい錯覚を起します」と懐かしく回想している（樋田千穂『草もみぢ』六五〜七一頁）。

井上馨との友情

伊藤の生涯を通して、最も長い時期にわたって親密な交流があったのは、井上馨《かおる》である。井上のほうが伊藤より六歳近く年上だ。

一九〇八年（明治四一）八月末、伊藤は静岡県興津《おきつ》にいた井上の病気が急に悪化したと聞いて、あわてて興津に行き、十数日間親しく看病した。井上の具合が少し良くなったのを見届けてから、やっと井上のもとを去ったのである。翌年五月、井上が東京市内田山の井上邸で快気祝いの園遊会を催した時、伊藤は生涯を通じての井上との関係を回想し、次のような祝辞を述べた。

井上と私〔伊藤〕が交際したのは、五〇年前〔安政六年〕に私が一八歳〔数えで一九歳〕で江戸に出た時だった。それ以来五〇年間、時勢の推移や世態の変化はあったが、二人の友情は少しも変わらなかった。

ロンドンへの密航から二人で帰った後、「井上が斬《き》られて、死んだ」との急報に接し、私は「夜を日に継いで」、下関〔馬関〕から山口に行った。井上は重傷で虫の息であったが、「今吾々両人が亡ぶれば国事は去る、貴様だけは何んとかして生き延びろ、山口は危険だ、寸時もをつてはならぬ。速く馬関に行け」と私に忠告した。

五〇年の間に、井上と私が火花を散らして争ったことは数知れず、絶交しようとすら考えたこともあった。しかし、それは国政上の意見を異にしたためで、私人同士のつきあいでは「無二の親友」であり続けた。

昨年、井上は医師すら見離すような重病になったが、今日この席で再び無事な彼を見ることができた私の喜びは、申す言葉がありませぬ。私は私一身の死生存亡よりも、この席で、彼の昔ながらの声を聞き姿を見て、「万感交《こもご》も至り心緒《しんちょ》麻《あさ》の如く乱れざるを得ぬのであります」。

伊藤はここまで述べると、言葉が止まって、一座は静まり返った。見ると、伊藤は涙が頬を伝って、むせび泣いているようであった（伊藤博文述『伊藤公直話』二八三～二八八頁）。これから五ヵ月後、伊藤は暗殺される。

山県・大隈・桂太郎との晩年の交友

山県有朋と大隈重信（佐賀藩出身）は、伊藤より三歳年長である。すでに述べてきたように、伊藤は山県の危機を三度にわたって救っている。

文官の伊藤は、井上馨の助けも借りながら、山県らを通して陸軍を統制し、伊藤体制を形成・展開させたといえる。ところが、一八八八年（明治二一）二月に大隈重信を外相として入閣させる頃から、政党への対応をめぐって、伊藤と山県の間には亀裂が入る。さらに初期議会が始まる一八九〇年以降、二人の亀裂はますます深まっていった。

しかし、山県は誠実な性格で、自分を何度も救ってくれた伊藤には遠慮があり、両者が正面衝突することはなかった。また、憎しみ合う関係にもならなかった。

一九〇二年一〇月二五日、伊藤は「滄浪閣」で還暦の祝宴を開いた。伊藤の誕生日は、太陽暦に換算すると一〇月一六日だったが、祝宴は毎年一〇月下旬に開くのを常としていた。山県も招かれ、祝辞を朗読した。

そこでは、伊藤がイギリスに渡航中に、長州藩が列強と砲火を交えたのを聞き、井上馨と共に日本に帰り、「世界の大勢」を述べて「軽挙を止め」、他日の開国論の素地を作った「功績大なり」と、伊藤を評価した。また、憲法の起草、条約改正の成就、日清戦争での功績等、数十年間、皇室や国家のために心身を労してきたと持ち上げている（『伊藤博文伝』下巻、五六七〜五七〇頁）。

伊藤と対立することがあっても、山県は、日本の近代化や列強との対峙という維新の目的は、伊藤がいなくては達成が困難だったことを認めていたのだった。

伊藤と大隈の晩年の関係も興味深い。すでに述べたように、伊藤と大隈は明治初年から木戸孝允《たかよし》や大久保利通を支えて近代化を推進してきた。大隈は、佐賀の代表として伊藤より早く参議になり、三つ年長でもあり、当初は大隈の方が伊藤より格上の存在だった。ところが、一八七〇年代半ばより、伊藤が、大久保の代理や、病気の木戸に代わる長州の最有力者として台頭し、その権力は大隈をしのぐようになった。

一八八一年に大隈は、伊藤に相談することなく二年後に国会を開設することや政党内閣制を採用すべきであると上奏し、後で知った伊藤は、大隈に裏切られたと大隈とその一派を政府から追放した。これが明治十四年政変である。

その約六年後、伊藤は大隈を外相として入閣させた。条約改正の責任者とし、また大隈系の在野勢力を懐柔するためである。黒田内閣に代わっても、大隈は外相として条約改正に尽力した。ところが、大隈条約改正案には、問題が多いことがわかり、世論の批判も強くなり、伊藤や井上馨は大隈に条約改正交渉を中止するよう忠告する。しかし、大隈外相はそれを受け入れようとせず、列強への条約廃棄論という危険な手段さえ持ち出して、交渉を進めようとした。そこで伊藤は枢密院議長の辞表を出して、大隈を辞任させ、黒田内閣まで倒して、条約改正交渉を中止に追いこんだ。

二度の大きなトラブルを起こした大隈に対し、その後の伊藤が強い不信感を抱き続けたかといえば、そうではない。一八九八年（明治三一）六月、大隈と板垣退助の両者を天皇に後継首相として推薦し、第一次大隈内閣を成立させたことからも、それがわかる。

また、東京専門学校を早稲田大学と改称し、その開校式が一九〇二年一〇月一九日に行われた際に、伊藤は招かれて演説を行った。その中で伊藤は、東京専門学校が二〇年来少しも官費を受けずに隆盛をみるようになったのを、高く評価した（『伊藤博文伝』下巻、五五九～五六六頁）。

伊藤は死去する五〇日前に、ジャーナリストの野依《のより》秀一のインタビューに答え、「大隈か？　あれも無論人物さ、乃公《だいこう》〔自分、伊藤のこと〕が言はぬでも分《わか》つて居るが、何でも話を聴いて面白いのは大隈だね、全く大隈の話を聴いて居ると面白い」と、大隈について好意的に語った（野依秀一『短刀直入録』一四三頁）。伊藤は大隈の改革的構想に対し、現実主義の立場から批判的に活動することもあったが、構想自体は好意的に見ていたのである。

伊藤の死後二ヵ月くらい経った時に、大隈は伊藤について、次のように、事が進むと考えを変えることもあると、少し批判も込めて見ている。

「事をおこすときは、規則をたてて道理を正し、秩序整然としてはじめる。しかし終りまでその大道をつらぬくかといふと、時として、雲の中に道を失ひ、あきらかでないといふやうなことがあつた」（「我輩の伊藤井上両友比較論」『実業の日本』一九一〇年一月一日。『大隈重信は語る――古今東西人物評論』八六～八七頁）

大隈には、明治十四年政変での追放や、条約改正の中止など、伊藤に押し切られた苦い思い出がある。伊藤が大隈を評価するほど、大隈は伊藤を素直に評価できなかったのである。

伊藤は桂太郎に対しては、心の中にわだかまりを持っている。伊藤は体制変革の大きな抱負を持って第四次内閣を作ったが、元老たちの非協力のため、後輩の桂に内閣を奪われる形になった。また一九〇二年一二月から翌年五月にかけて、伊藤は桂内閣と政友会の妥協を成立させたが、一九〇三年七月、桂首相や山県のために枢密院議長にさせられ、政友会総裁を辞任せざるを得なかった（本書第一九章・二一章）。

ところが、次の章で述べるように、日露戦争後に伊藤が統監として韓国に赴任すると、桂は山県元帥からの自立を目指して伊藤に好意を寄せ、首相や陸軍の長老として伊藤の韓国統治に協力した。

ところで、東京市榎坂《えのきざか》に桂の愛妾「お鯉《こい》」が住んでいた。伊藤は桂を訪ねて、しばしば「お鯉」方を訪れる。これに関し、伊藤独特の面白い流儀があった。

まず、新橋の若い芸者の二、三人から、「お鯉」のところに電話がかかる。「昨晩、伊藤の御前《ごぜん》さんにお座敷でお目に掛《かか》りましたら、明日あなたのところへ行くから、おぬし達も来いよ、と仰《おつしや》いましたが、伺つても宜しう御座《ござ》いますか」。「お鯉」も元は新橋の芸者だった。伊藤は桂にも「お鯉」にも何の知らせもしていない。

翌日、「お鯉」は早くから支度をして伊藤を待つ。やがて伊藤は大勢の芸者を引き連れて「お鯉」のところへやって来る。桂と「お鯉」が玄関に出迎えると、伊藤はわざと意外な顔をして、「この家へ約束をして来た訳でもないのに、どうしたのだ」と問う。桂は「そんな香《におい》がしたからね」と答え、「前以《まえもつ》てお申込の無いお客様ですから、行届きませんが、まづ〳〵御通り下さい」と、「お鯉」が取りなす。

伊藤は、「前以て申し込むと、桂と云ふ亭主が出るだらうと思つてね、それが気に入らんからな」と、玄関先からすぐ冗談である。座に着くとすぐ、「さて、お風呂は沸いて居るかへ」と尋ねる（安藤照述『お鯉物語』四五四〜四五六頁）。

伊藤はこのような気ままなふるまいをすることで、桂とお鯉をちょっと困らせてやって楽しみ、すでに述べた、心の奥にある桂へのわだかまりとのバランスを取ったのだろう。

亡き先輩への思い

維新から明治前半において伊藤が仕え、共に尽力した四人の先輩、三条実美《さねとみ》・岩倉具視・木戸孝允・大久保利通に対して、伊藤は崇敬と感謝の念を抱いていた。とりわけ木戸・大久保の二人の「偉大なる性格」をほめ称《たた》え、「自分等の到底《とうてい》企て及ぶ所にあらず、唯々《ただただ》微力の在らん限りを尽し、両公の遺志に背かざらんと期するのみ」と、古谷《ふるや》久綱《ひさつな》に語ったことがある。古谷は伊藤の首相秘書官・統監秘書官・枢密院議長秘書官などとして、一九〇〇年（明治三三）以来一〇年近く晩年の伊藤に仕えた。

古谷は、伊藤が先輩の弱点を指摘することなくその美点を挙げ、自分がそれに及ばないのを恥じた姿勢を、伊藤が偉大になれた理由として論じている（古谷久綱『藤公余影』一六九〜一七〇頁）。若い頃は気性の激しかった伊藤であるが、六〇歳に近づく頃になると、維新前後の激動の中での先輩たちの苦労や忍耐がよくわかるようになり、素直に彼らを称揚するようになったのだろう。第三次と四次内閣の失敗などの挫折経験も作用したと思われる。

同じ長州の先輩で恩人の木戸は、すでに述べたように台湾出兵問題などで政府から離れた。そのため伊藤は、晩年の木戸とは距離をとり、むしろ薩摩の大久保に仕えた。これは伊藤が、政府に留まって苦労を背負っている大久保の姿勢の方が正しいと判断したからで、伊

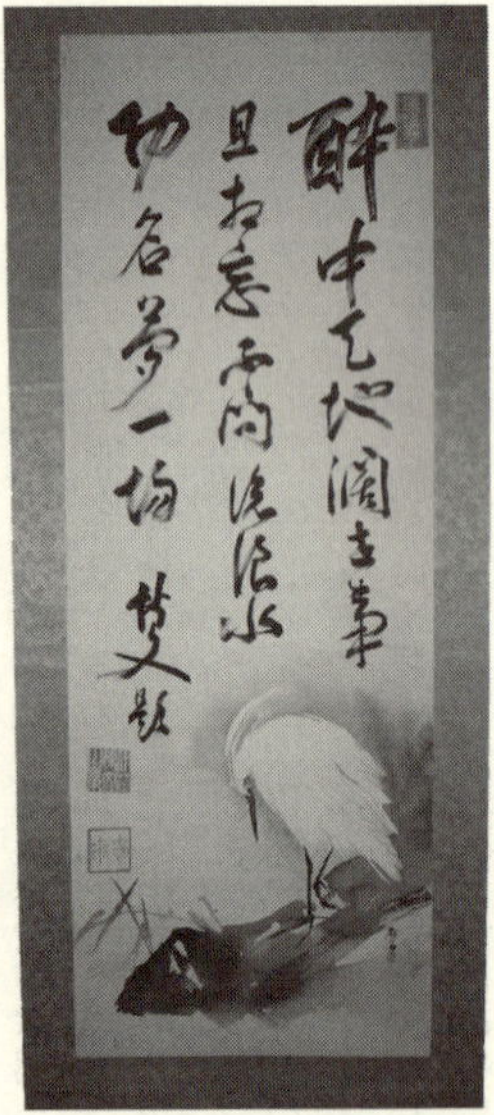
伊藤博文自筆の漢詩

藤のきっぱりとした性格を表している。こうした決断によって、伊藤は大久保の後継者の地位を確保し、一八七八年五月に大久保が暗殺されると、政府の中心となった（本書第五章〜七章）。

ところが、伊藤は晩年の一〇年間ほどになると、大久保よりも木戸に親しみを覚えるようになる。それは、木戸の晩年に大久保に近づいたという負い目もあったからであろう。

古谷秘書官によると、初めて伊藤に仕えるようになって以来、伊藤は京都に行くと必ず東山の霊山《りょうぜん》にある木戸の墓に詣でた。木戸の墓の次には木戸夫人松子（元は芸者幾松《いくまつ》）の墓を拝し、それから少し坂を下って、久《く》坂玄瑞《さかげんずい》ら維新前に京都で死んだ長州藩の知友数十名の墓を弔《とむら》った。

この間、伊藤は一九〇二年七月から一〇月の間に、大磯で次のような詩を作っている（末松謙澄『増補　藤公詩存』）。

酔中天地潤〔闊〕。世事且《しばらく》相忘。不問滄浪水。功名夢一場。（写真）

〔酒に酔えば天地は広々と感じられ、世間の煩わしさをしばらく忘れる。青く澄んだ水かどうかは問うまい（私は現実に応じてやるべきだと思うことをやってきたのだ）。功名などは夢の一場面にすぎない」

日英同盟が締結され、四月にロシアは東三省（満州）から撤兵する協約を清国と結んだ。日露関係はまだ緊迫していない。伊藤は、「憲法政治」の実現が達成されつつあることに、かなり満足しながら、夢のようだと過去を振り返っている。伊藤が老境に入っていることが改めて確認される。

伊藤は「滄浪閣」の洋館で起居し、当初、その応接間に三条・岩倉・木戸・大久保の肖像があった。その後、一九〇三年に「滄浪閣」の海岸側の庭の東部にある梅林の中に「四賢《しけん》堂《どう》」を作り、東西の両壁に四人の肖像を高く掲げた。また、南方の壁には皇太子嘉仁《よしひと》親王の筆になる「四賢堂」の大額が高く掲げてあった。

四賢堂内には、テーブルといすが一つずつあり、テーブルの上の花瓶には榊《さかき》を供え、毎月一日と一五日に取り替えた。伊藤が「滄浪閣」にいる時には、タバコを手に堂内に入り、ゆったりといすに座って四賢の像に向かい、瞑想に耽《ふけ》ったりした。

梅子夫人は伊藤の死後、東京市大井邸にある伊藤の霊を堂中に分祀《ぶんし》し、朝夕、神饌《しんせん》を供えて奉侍《ほうじ》した。こうして四賢堂は伊藤を加えて五賢堂となった（古谷久綱『藤公余影』二〇三〜二〇八頁）。

第二三章 「滄浪閣」の夢——韓国人と大磯町民

ハーグ密使事件

一九〇七年(明治四〇)六月下旬、オランダのハーグで開かれる第二回万国平和会議で、韓国皇帝高宗《コジョン》の派遣した密使は、保護条約の無効を列強に確認させようとした。しかし密使は、会議の主催当局から正式な代表として認めることを拒否された。このことは、日本の外務省から七月二日付で伊藤統監に伝えられた。

密使のことは前もって知っていたが(本書第二二章)、高宗に警告したにもかかわらず実行されたことで、伊藤は自分の誠意が韓国側に伝わらなかったと、かなり感情的になった。七月三日付の林董《ただす》外相宛の電報で、密使が高宗の勅命に基づいたことが確実となれば、税権・兵権または裁判権を日本に収める好機会だ、と伊藤は提案した。

その後、密使が高宗の委任状を持っていることを公言し、日本の韓国に対する行動を新聞紙上で批判したことが明らかになった。伊藤は七月七日付で西園寺首相に宛て、手紙を書く。それは、内政上の何らかの権利を譲与させる条約を結ぶ等の行動をとることに関し、元老と大臣たちで協議し、明治天皇の承認を得た上で、訓示を送るように求めるものだった。伊藤は高宗の譲位も考慮していた。

伊藤の求めに応じ、七月一〇日に山県元帥ら元老と、元老に準じる桂太郎、西園寺公望《きんもち》首相・原敬《たかし》内相・林外相・寺内正毅《まさたけ》陸相ら有力閣僚の会議が行われた。

原内相によると、決定したのは、(1)内政の実権を日本に収める、(2)それができないなら、日本人を内閣員とし、また内閣員は〔任免について〕必ず統監の同意がいるくらいにし、(3)大体の方針を適当に実行するのは伊藤に一任するといったことであった。

原は、高宗の譲位が必要なら差し支えないが、伊藤に一任すべきであると述べ、「終局の目的は保護国となしたるとき既に決定し居たるものなり」とのあいまいな言葉で、伊藤への一任論を強調した。原の言葉は、併合が合意されているようにも受け取れるが、それ以外の史料的根拠はなく、伊藤支援の修辞的発言と理解すべきだろう。

山県と寺内陸相は、韓国皇帝が天皇に譲位するという論を述べたが、今ただちに断行はできないというものだった（『原敬日記』一九〇七年七月一〇日）。山県や山県系官僚は、韓国併合を具体的な目標として考え始めたが、伊藤に遠慮していたのである。

高宗譲位の件は、李完用《イワンヨン》内閣が決定し、七月一六日に李参政（首相）がやむを得ないと奏聞した。高宗はすぐには受け入れなかったが、一九日にようやく同意した。

小川平吉（対外硬派の衆議院議員）は、高宗が譲位した翌日の七月二〇日に伊藤と面会し、次のような会話をしたと回想している。

併合を断行すべきという小川に対し、〔伊藤は〕「若《も》しどうしても遣《や》れと云ふならば、今日は列国の関係は無論面倒な事はないから随分《ずいぶん》合併もやることが出来る、又主権を全部委託させると云ふことも夫《それ》は六《む》づかしいことではない、容易《たやす》く出来る、出来るけれども乍併《しかしながら》合併と云ふやうなことを遣ると先づ第一此際《このさい》非常な金が要る」、朝鮮は古来一国をなしているので、「余り急に極端な処分をすると云ふと、後に至つて種々な困難を残して却つて不利益を招くと云ふことがありはせぬか」等と答えた。

（小川平吉文書研究会編『小川平吉関係文書』一巻、五五五頁）

この史料は、一見すると、併合を避けた方が日本からの財政持ち出しが少なくなるというのが、伊藤が併合を実施しない理由だ、と読める。

しかし、この後、一九〇九年四月に伊藤が桂首相・小村外相に併合に同意する時点でも、日本の経済状況は好転していない。したがって、この小川との会話を根拠として、伊藤は併合を決意していたが、財政負担の増加を嫌って併合しなかった、という見解は妥当ではない。

すなわち伊藤は、併合を避け、韓国民の自発的な協力も得て、伊藤が自らの強いリーダーシップで韓国の近代化と経済成長を達成し、統監府統治への韓国民の支持を拡大していこうとしたのである。そうすれば統治コストも安くなる。伊藤は併合論者の小川を、伊藤らへの批判勢力とならないように納得させようとしただけである。

第三次日韓協約を結ぶ

ハーグ密使事件の後始末として、一九〇七年（明治四〇）七月二四日、伊藤博文統監が主導し第三次日韓協約が結ばれた。その内容は、⑴詔勅はあらかじめ統監に諮詢《しじゅん》する、⑵「施政改善」は統監の指導を受ける、⑶法制の制定や重要な行政上の処分は、あらかじめ統監の「承認」を得る、⑷司法事務と普通行政事務の区別をする、⑸官吏の任免は統監の「同意」を以て行う、⑹統監の推薦する日本人を韓国官吏に任命する、⑺統監の同意なく外国人を「傭聘《ようへい》（招いて雇う）」しない、などである。また、この協約規定実行に関する覚書の中で、韓国軍隊の解散も決められた。

これらは、韓国の外交権に加えて内政権までも奪うものであるのみならず、伊藤が統監として進めてきた韓国人の自発性をかなり重視しようという統治策と大きく異なっていた。しかし、すでに述べたように、併合を目標としたものではなく、皇帝権力の削減、司法と行政の分離など残された「施政改善」の課題を、伊藤の強力なリーダーシップの下で行おうとするものだった。

すでにハーグ密使事件の直前にも、伊藤は、「此頃に至つて初めて自分も当初の考へが過《あや》まつて居つた」、と小川平吉（対外硬派の衆議院議員）に述べていた（『小川平吉関係文書』一巻、五五〇頁）。

高宗が譲位、その子の純宗《スンジョン》（李坧《イチョク》）が即位し、第三次日韓協約が結ばれた後も、伊藤の苛《いら》立《だ》ちは治まらない。七月二九日、京城日本人倶楽部《クラブ》で新聞記者らを前に、伊藤は、「世界では予を統監々々と煽《おだ》て上ぐるも、斯《か》かる没分暁者《ぼつぶんぎようしや》（物わかりの悪い者）を相手に政治を施《し》くと云ふ事は実に難事にて、予は最早《もは》や御免《ごめん》を蒙《こうむ》りたき程なりとす」と、韓国の儒者批判を行った（『伊藤公演説全集』一二三頁）。

高宗譲位から八月一日の韓国軍の解散以降、反日ゲリラ闘争である義兵運動が盛り上がっていったことで、伊藤の苛立ちは、韓国統治への不安も伴ってさらに強まっていった。このような中においても、八月三〇日、元老と西園寺内閣の閣僚との会議に臨んだ伊藤は、韓国政府の財源を充実させ日韓両国の財政は区別するなど、併合を前提としない統治策を述べている（「韓国経営ニ関スル元老大臣会議ニ於ケル伊藤統監演説要領」、「牧野伸顕文書」）。

その後、義兵運動は約一年間盛り上がり、日本軍と警察は鎮圧に努めた。このため、一九〇八年七月をピークとし、一九〇九年初めには、全羅南北道・京畿道・黄海道など特定の地域に局限されるようになり、同年半ばにはおおむね平静の状況となった（韓国駐箚《ちゅうさつ》憲兵隊「賊徒ノ近況」防衛省防衛研究所戦史研究センター史料室所蔵）。

憲法体制修正の失敗

統監として韓国統治やそれに関係する列強との関係に尽力しながらも、伊藤には、国内問題で気がかりなことが一つあった。それは陸・海軍、とりわけ陸軍が、日清戦争後に内閣からの自立化傾向を見せ始め、日露戦争後にはさらにその傾向が強まったことだった。満州からの撤兵をめぐっても、伊藤は西園寺公望首相をうながして、一九〇六年（明治三九）五月に「満州問題に関する協議会」を開き、ようやく軍政をやめさせることができた（本書第二二章）。

伊藤にとって最も望ましいのは、憲法を改正して、陸・海軍を内閣の統制下に置くことであったろう。すでに述べたように、一九〇〇年前後には、君主（天皇）の系統を変えられない点で日本とイギリスは異なる、と慎重に言葉を選びながらも、伊藤はイギリスの政党政治への強い関心と言外の理想を示すようになっていた（本書第一九章）。

大日本帝国憲法第七十三条には、改憲も規定されている。それによると、まず勅命で憲法改正の議案を帝国議会の議事にかける。次いで、貴・衆両院それぞれ総議員の三分の二以上の出席を得て議事を開き、それぞれ出席議員の三分の二以上の多数を得て改正が決定することになっていた。

すでに見たように、伊藤博文の指導で、明治天皇は君主機関説を理解し、憲法制定後も君主機関説的天皇として行動している。したがって、天皇個人の意思のみで憲法改正を帝国議会にかけることは考えられない。日露戦争後に政党が台頭したので、それに合うように憲法を改正するとすれば、まず伊藤など元老の一人または複数が天皇に改憲を提起する。それを天皇は元老に下問し、当時生存している伊藤・山県・井上馨《かおる》・松方正義・大山巌《いわお》の五元老で合議し、改正で意見がまとまれば、それを天皇に上奏することになるであろう。元老が一致して改憲を提案すれば、天皇はそれを帝国議会にかけることになる。これが予想される改憲の過程である。

ところが日露戦争後も、最有力元老の伊藤と、一九〇〇年頃には伊藤と並ぶ最有力元老となった山県とが、政党や陸・海軍を国家の中にどのように位置づけるかをめぐり、水面下で対立していた。したがって、改憲を提起する元老会議での一致は困難で、天皇は改憲を帝国議会の議事にかけることはできない。また、改憲について衆議院では総議員の三分の二以上の賛成を得ることができても、山県系官僚閥が主導する貴族院では三分の二の賛成を得ることは困難である。このように日露戦争後の時期において、現実に改憲はほとんど不可能な状態だった。

そこで伊藤は、憲法を補完する新しい法令を作ることで首相の権限を強化しようとした。こうすることで政党を背景とした内閣においても、陸海軍、とりわけ山県系官僚閥支配下の陸軍への統制を強めようとした。

帝室制度調査局の総裁でもあった伊藤は、副総裁の伊東巳代治《みよじ》に命じて、勅令の文書様式を定めた公式令《こうしきれい》を立案させた。勅令とは、帝国議会を通過した法律を補完するために天皇の命で出す法令である。公式令は一九〇七年二月一日に公布された。

公式令によって、従来、勅令には天皇の署名と担当大臣の副署（天皇の署名の左に記す署名）のみで良かったものが、首相の副署も必要となった。このことによって、陸海軍に関する勅令においても首相の副署が必要となり、文官の首相であっても、署名しないぞ、と脅すことで陸海軍への統制を強めることができるようになった。これは日清戦争まではっきりしていた、文官による陸海軍の統制を再確認しようとするものだった。

公式令は明治天皇の裁可を受けて公布されており、しかも天皇は山県ら軍関係者に特別に下問していない。このことから、天皇は伊藤の意図を理解し、暗黙に支援していたといえる。

不思議なことに、公式令のもつ意味を元老山県有朋《やまがたありとも》元帥は、当初気づかなかった。公式令が公布されて三ヵ月以上たった五月中旬、山県は寺内陸相に、首相の連署は軍令の性質のものには実施すべきでなく、もし実行されると、統帥の系統を錯乱し、軍政の根底を破壊する、と危機感を示した。

そこで山県らは、軍事に関し勅令に代わる軍令《ぐんれい》を新たに制定し、首相の副署がなくても担当大臣（陸相または海相）の副署のみで実施できるようにしようとした。このように公式令が公布された後、対立が生じてしまい、天皇も心を痛めた。しかし、伊藤と山県という両巨頭の対立には、天皇も不用意に介入できず、両者で妥協点を見つけ出す以外に解決の方法がない。天皇はこの問題を、伊藤・山県の二元老に諮詢《しじゅん》した。

九月二日、伊藤と山県が会見し、両者はほぼ妥協できた。山県は、細かい詰めを寺内陸相に任せた。こうして同年九月一二日に、軍令第一号が公布された。軍令の制度ができたことで、首相が軍事に関しても統制できるという、公式令の趣旨は骨抜きになった。

すでに述べたように、伊藤は韓国統監として、ハーグ密使事件がもとで高宗を退位させ、第三次日韓協約を結んだので、義兵運動の盛り上がりに悩んでいた。八月一一日に漢城（現・ソウル）を出て、一六日に大磯に帰っていたが、九月になって間もなく帰任しなくてはいけなかった（九月二六日に大磯を出発、一〇月三日漢城に帰任）。

義兵運動の鎮圧には、山県元帥や陸軍の全面的な協力が必要である。おそらく伊藤は、軍令を認めることで、公式令問題で山県や陸軍に譲ったのであろう（伊藤之雄『山県有朋』三五七〜三五八頁）。ハーグ密使事件が起こらなかったら、もしくは伊藤が統監になっていなかったら、軍令は公布されなかったであろう。そうすれば、首相による陸海軍の統制が公式令によって強められた、新しい明治憲法体制が展開していたことであろう。

韓国の宮中改革と皇太子の日本留学

第三次日韓協約で伊藤は統監専制体制を作ると、韓国の宮中と府中（政府）の区別を進め、同時に宮中を縮小するという、念願の宮中改革を本格化させる。まず一九〇七年（明治四〇）一二月一日の宮内府官制改革で、韓国人官吏の中で、勅任一八人、奏任八一人以下、総計四四〇〇人を罷免《ひめん》し（「李王職財産整理大要」一九二五年、「斎藤実文書」、国立国会図書館憲政資料室所蔵）、日本人の高等官一〇人を採用した。日本人の高等官は、いずれ二五人になるという。

同時に帝室財産整理局を設け、二名の日本人を任命して韓国帝室財産の整理を行うことにし、一二月には一八九九年以来宮内府の管轄になっていた開城人参《ケソンにんじん》専売を政府に移した（年平均収入二二万円余）。翌一九〇八年になると、六月には帝室財産のうち、宮殿・大廟・陵墓の中心部分である内垓字《ないがいじ》以外のもの（二七〇〇万円余）を政府に移した。また、一年に一五〇〇～一六〇〇回行われていた宮中の儀式を、三〇〇〇回余り減らし、祭典自体も簡易にして、祭官五〇〇〇人余を削減した。

また、一九〇七年一一月一三日に皇帝純宗《スンジョン》と皇太子（李垠《イウン》）を昌徳宮に遷宮し、同じ漢城市内ではあるが最も離れた慶運宮（徳寿宮と改称）の太皇帝（前皇帝の高宗）と引き離した。また新旧両皇帝の別居を機会に、太皇帝の経費を一年に三〇万円と限定した。これは、太皇帝の影響力をなくし、国家財政と宮中財政の区別をし、合わせて宮中財政の削減をしようとするものだった。

さらに伊藤は統監として、純宗と天皇の同意を得、日本の皇太子嘉仁《よしひと》親王（のちの大正天皇）の韓国訪問を、一九〇七年一〇月に実現させた。伊藤統監は、嘉仁親王を迎える準備をするため、一九〇七年九月二六日に大磯を出て、一〇月三日に漢城に帰任した。

義兵運動が盛んだった当時において、いつ爆弾が嘉仁親王に飛んでくるかもしれなかった。伊藤にとって嘉仁親王の渡韓を迎えるのは、命がけの行事だった。韓国民の支持を少しでも得て、韓国の近代化を達成したいとの伊藤の思いの強さの表れでもあった。

嘉仁親王は一〇月一〇日に東京を出発、宇品《うじな》港（広島市）から軍艦「香取」に乗り、一六日に仁川《インチョン》に上陸し、漢城の統監官舎に宿泊した。同行者は、天皇の信頼の厚い有栖川宮威仁《ありすがわのみやたけひと》親王であった（「金子子爵謹話」『「明治天皇紀」談話記録集成』四巻、二六頁）。桂太郎大将や日本海海戦の英雄の東郷平八郎大将らも随従した。一七日、嘉仁親王は韓国皇帝純宗や皇后に謁見、皇太子（李垠）にも会い、昼食を共にした。また太皇帝（高宗）にも謁見した。嘉仁親王は漢城での行事を済ませ、二〇日に出発、「香取」に乗り二四日に長崎に着いた。その後、鹿児島・宮崎・大分・高知の四県を視察し、一一月一四日、東京に無事帰還した。皇太子が海外に出たのは、日本史上初めてのことで、これは明治天皇が伊藤を深く信頼していたからこそ実現できたことであった（『伊藤博文伝』下巻、七七二～七七八頁）。

嘉仁親王の韓国訪問は、韓国皇太子李垠《イウン》の日本留学と関連していた。伊藤は李垠の日本留学を同年春から考えていた。嘉仁親王が漢城を去って約一ヵ月後の一一月一九日、まず伊藤は純宗から皇太子を輔導する太子太師職に任命された。

統監になってからの伊藤は、厳しい韓国の冬を避け、正月を日本で過ごして春に漢城に戻るようにしていた。これは健康面のみならず、帝国議会の会期中に日本にいることは政治的にも意味があった。統監一年目もそのようにし、二年目の一九〇七年は一二月五日に漢城を離れた。

今回は韓国皇太子李垠を伴っての帰国であった。今回も軍艦「満州丸」が使われた。伊藤は、前皇帝高宗の行動が韓国統治に大きな障害になったことを考え、李垠を日韓連携のシンボルにしようとしたのである。日本で李垠は、伊藤や明治天皇の意思で、日本の皇太子嘉仁に準じる高い扱いを受けた。

李垠を同伴して日本に戻った伊藤は、日本人は韓国で悪いことをしたが、日本の皇太子が韓国まで来たので韓国は日本の「分家」といってよい、と語っている(『報知新聞』一九〇七年一二月二四日)。日本の親族関係で本家・分家という場合、本家は分家に対して身分的に上位であり、指導権を持っているので、分家は本家に従う義務があるが、分家は一応独立した存在である。また本家は分家が没落しそうな時は助ける義務を負っており、まして本家が分家を収奪することはあり得ない。第三次日韓協約を結んだ後も、伊藤は専制権力を使って、韓国を日本の分家のように見て近代化と発展を助けようと思っていたのである(伊藤之雄「伊藤博文の韓国統治と韓国併合」)。

韓国の司法制度改革の進展

第三次日韓協約には司法・行政の区別が明記され、伊藤統監が韓国の内政に介入する権限が強められたので、宮中改革や李垠《イウン》の日本留学とならんで、司法制度改革が急速に進展するようになった。すでに伊藤統監は、前年六月二五日の第六回施政改善協議会で、梅謙次郎博士を統監府法律顧問として紹介しており、梅は法典編纂の準備を行っていた（李英美『韓国司法制度と梅謙次郎』第一章〜三章）。

一九〇七年（明治四〇）九月、法律通で東京控訴院検事長の倉富勇三郎が韓国法部次官に就任する。法典を整備し、司法権を行政権から独立させ、治外法権を撤去するというのは、第三次日韓協約以降の新体制の下でも内閣の目標とされた（浅野豊美『帝国日本の植民地法制』第Ⅱ編）。

一九〇七年一二月、裁判所構成法、同施行法、同設置法が公布され、翌一九〇八年一月より施行された。こうして、韓国の司法制度の骨格が定まった。それは大体日本をモデルとし、大審院（現在の最高裁判所）、控訴院（現在の高等裁判所）、地方裁判所および区裁判所を置くものであった。しかし、裁判所構成法などの実際の施行は困難で、大審院・控訴院および地方裁判所の全部、区裁判所一一二ヵ所のうち一六ヵ所で第一次開庁として同年八月一日からようやく実務を開始することができた（李英美『韓国司法制度と梅謙次郎』一〇四〜一一二頁）。

法部次官であった倉富は、伊藤統監が韓国の司法事務の改善のために多額の費用を日本政府に要求し、阪谷芳郎《さかたによしろう》蔵相は不必要と思ったが、伊藤の主張に屈して承認した、と約二〇年後に回想している（「倉富勇三郎日記」一九二八年八月六日、「倉富勇三郎文書」国立国会図書館憲政資料室所蔵）。韓国の近代化のための財源を得るため、外国人にも課税できるよう治外法権の撤廃を目指し、伊藤は西園寺内閣の阪谷蔵相に韓国の司法制度改革のための資金を出させたのであった。西園寺首相は伊藤の後継者であり、元老の伊藤は西園寺内閣の最有力後援者であった。この点も阪谷の決断に影響したと思われる。

なお、すでに述べたように、伊藤は統監として赴任して以来、韓国政府の租税収入を増加させることを重視していた。一九〇七年は前年に比べ、租税収入が三三四万円増加し、前年の一・六倍の八九四万円となった（度支部「韓国財政概況」〔一九〇八年二月調査〕、「勝田家文書」七〇冊、財務省財政史室所蔵）。この点でも伊藤の構想は進展した。

しかし伊藤にとって一番の問題は、多くの韓国民が彼を信用せず、彼の改革を支持しないことだった。

桂太郎との連携

ハーグ密使事件への対応に関し、元老山県元帥と寺内陸相は韓国併合論者であったことが確認された。伊藤統監は、併合せざるを得なくなる可能性があることを否定しないが、できる限り併合を避けたいと考えていた。

伊藤は明治天皇の厚い信頼を受け、西園寺首相や政友会実力者の原敬《たかし》内相ら政友会関係者を支持基盤としていたが、西園寺内閣がいつまでも続くとは期待できなかった。そこで、政友会関係以外で自らを支援してくれる相手を、日本に見つける必要があった。またこの頃の伊藤は、韓国駐箚《ちゅうさつ》軍への指揮権を特別に与えられていたとはいえ、内地の陸軍中枢への直接の影響力はほとんどなかった。

他方、桂太郎大将は、山県系官僚閥で山県に準じるほどの地位と実力を築きつつあった。しかし、日露戦争後の新状況に適応するという観点から、桂は山県に対して不満を強め、山県との関係も裏面では悪化しつつあった。一九〇七年（明治四〇）五月には、原内相にまで山県への批判を漏らすようになった（『原敬日記』一九〇七年五月二六日。伊藤之雄『山県有朋』第一二章。小林道彦『桂太郎』第五章）。

桂は元老の伊藤や政友会の支援を得て、山県系官僚閥内で立場を強化したいと考えるようになった。西園寺内閣の次は、桂が組閣することが有力視されており、伊藤や政友会の支援によって、それがさらに確固としたものになる。また伊藤統監は、桂との連携を深めれば、韓国統治に対し財政面などで政府から安定した協力を得ることができる。韓国統治への陸軍の協力についても、桂大将の影響力が期待できた。こうして、韓国統治をめぐっても、一九〇八年に伊藤と桂の連携が展開していく。

まず展開したのは、後に東洋拓殖会社となる拓殖会社設立問題だった。この会社は韓国の農業開発などを目的としたものである。

拓殖会社設立は、東洋協会会長でもあった桂大将の発議であった。一九〇七年一〇月、皇太子嘉仁親王に陪従して韓国を訪れた際、桂は伊藤統監にその話をしたが、伊藤ははっきりした意見を言わず、だいたい必要だろう、と述べるにとどめた。その後、一二月に大蔵省案ができると、翌一九〇八年一月一〇日付で、伊藤は同社の出資者・役員に韓国人を入れることや、両国で東拓法を公布して日韓共同管理とすることを政府に要求した。これは、韓国政府ならびに韓国民一般の「同情と協力」がなければ、会社はその目的を達することができないと、伊藤が考えたからだった（黒瀬郁二『東洋拓殖会社』一七〜五〇頁）。曾《そ》禰《ね》荒助《あらすけ》副統監も、拓殖会社を韓国法で設立すべきだ等の意見を持っていた。

桂は、伊藤と曾禰の意見をかなり受け入れ、⑴副総裁は日・韓一人ずつとする、⑵理事は日・韓二対一とする、⑶監事は五名中二名を韓国人とする、⑷日・韓双方より資本金を募集し、韓国においては土地での出資を認める、などの「覚書」を大蔵省に提出した。

同年二月、創立調査委員会は伊藤らの要望をかなり反映した桂の「覚書」の意見に従って、報告書を作成した。大蔵省案を作ったのは、山県系官僚というより、帝大を出た一般の官僚たちだった。大蔵省案に比べ、韓国人が積極的に関係できる法案に修正されたように、伊藤統監個人の権力は強い。しかし、一般の官僚たちまで韓国や韓国人を重んじない形で東拓法案を作成したように、一九〇七年末になると、日本国内でも韓国や韓国人をないがしろにする空気が強くなっていた（伊藤之雄「伊藤博文の韓国統治と韓国併合」）。

一九〇八年三月に、東拓法案は帝国議会に提出された。伊藤は修正された議会提出案にも不満だった。三月一〇日に桂に以下のように、三つの疑問を述べている。⑴韓国政府および韓国人民を眼中に置かない案である疑いがある、⑵前案の結果、実際に韓国民に利益を与えることがない疑いがある、⑶日韓両国は政治上の関係においては他国と異なるところがあるが、在地での所有権（個人の権利義務）の関係においては異なるところはない、それゆえ、日本人のみに土地所有権を許した場合は、他国の人民が同様の要求をしてきたときにどうするのか（桂宛伊藤書状、一九〇八年三月一〇日、「桂太郎文書」国立国会図書館憲政資料室所蔵）。

伊藤は修正された案でも、韓国政府や人民のことを考えておらず、韓国民に十分な利益を与えられないのではないかと批判し、韓国や韓国民の立場に立って、さらなる修正を行うよう求めているのである。

伊藤の意見は、韓国人はじめ一般には公開されない手紙において表明されている。このことから、韓国の近代化を目指す伊藤の改革は、韓国のためでもあるという、これまでの伊藤の公言は真意だとわかる。また、列強との関係の注意も含め、併合を前提としていないことが、改めて確認される。

しかし法案は、伊藤の理想のようには再修正されず、若干の修正を経て議会を通過し、八月に東拓法が公布された。すでに見たように、当初の大蔵省案は、伊藤らの要求を容れてかなり修正されていた。伊藤統監は実力者であるが、桂や西園寺内閣との連携を考えると、これ以上の修正要求を強い形で行えば、彼らとの関係にも大きな傷を残す恐れがあった。また老境に入っていた伊藤は、前年一二月に日本に戻っていたが、体調を崩し、十分に回復せず静養している状態で、東拓法の修正を目指して政界工作を行える状況ではなかった。

同じ頃、皇太子嘉仁親王の診察のため、伊藤の要請で、二年半ぶりに来日したベルツ（前東京帝大医科教授）は、一九〇八年三月二六日に伊藤に会った。その時の伊藤の変わりように、「それにしても伊藤公は間違いなく老けたと思う。特に言葉が聞き取りにくい。歯が一本もない人のように、発音が不明瞭だ」（『ベルツ日本再訪／日記篇』一九〇七年一一月一五日、一九〇八年三月二六日）と、驚いている。

さて、東洋拓殖会社は同年一一月一日から株式募集を始め、一二月に創立総会を行い、陸軍予備役中将で、長州出身の山県系官僚である宇佐川一正《うさがわかずまさ》が初代総裁となった。副総裁は、桂との関係も良かった曾禰副統監が、桂首相に吉原三郎（前内務次官）を推薦し、吉原が就

任した（桂宛曾禰書状、一九〇八年一〇月二七日、「桂太郎文書」）。

この他、義兵の鎮圧に関しても、伊藤総監は兵力増強や維持について桂首相（大将）との連携を重視して解決した。伊藤統監と関係の良くない長谷川好道《よしみち》韓国駐箚《ちゅうさつ》軍司令官（山県系官僚）は、一九〇八年一二月二一日に事実上解任される。この問題にも桂は深く関わり、後任の司令官も伊藤の意向を尊重する形で、「威圧」的でない人柄の人物が選ばれた（伊藤之雄「伊藤博文の韓国統治と韓国併合」）。

伊藤統監の辞意

一九〇八年（明治四一）六月一二日、伊藤統監は韓国駐箚軍の陸軍将校を招待し、(1)「韓国の暴徒」は決して内乱ではなく、地方の「騒擾《そうじょう》」にすぎないので、それを討伐する際に「良民」に危害を加えないようにすべきである、(2)「一般の国民」は、その「脳裏に多少の排日思想を抱くも公然干戈《かんか》〔武器〕を執《と》りて日本に反抗するものにあらず」、(3)「良民を愛護して我に悦服せしめ、我が陛下の徳化に浴せしむるの責任あり」等と、義兵鎮圧にあたっての注意を促した（「陸軍将校招待席上伊藤統監演説要領筆記」一九〇八年六月一二日、「倉富勇三郎文書」）。

統監として韓国に来て二年以上経ったにもかかわらず、一般の韓国人でも排日思想をもっていることを、伊藤は認めざるを得なかった。しかし、彼らを親日的にできるという希望を捨ててはいなかった。

ところが同年七月五日か六日頃に伊藤統監は、辞任して曾禰副統監を後任にしたい、という意向を突然、長谷川韓国駐箚軍司令官に述べた。この話は、直ちに長谷川から寺内陸相、寺内から山県元帥らへと伝えられた。辞任したいと伊藤が考えた理由の一つは、すでに同年冬から春にかけて病気をしたように、日本と韓国を往復する生活が伊藤の老体にこたえるようになってきたからであろう。また、同年七月をピークとして義兵運動が下火になっていった状況も、引退の潮時とみえたはずである。

伊藤は一九〇八年夏から秋にかけて帰国した間（七月二一日〜一一月一四日）に、統監の辞任を申し出た。しかし、薩摩系の有力者の山本権兵衛《ごんべえ》（前海相）がまず反対し、桂首相や小村外相も伊藤の留任を望んだ。さらに、先に山県は、伊藤が統監を辞めて日本に戻るなら枢密院議長を伊藤に譲るといっていたが、その山県まで、伊藤の留任に賛成したので、伊藤は辞任を撤回しないまま帰任した。

その後の伊藤の行動からみると、伊藤が統監を辞任するのは、韓国統治への意欲をなくしたからではない。統監を辞任しても、伊藤は元老であり、明治天皇の厚い信任を得ている。桂や西園寺らの協力を得て後継統監の後援者となり、これまで追求してきた韓国統治策を実行させるつもりだった。

同年一一月二五日に漢城（現・ソウル）に帰任すると、伊藤統監は約一ヵ月の間に四回の施政改善協議会に出席し、韓国の閣僚たちを指導するなど、精力的に仕事をした。その内の一二月八日の第六三回施政改善協議会で、伊藤は日本人の警察官を少しずつ減らしていき、韓国人巡査を増やしていく方針を出した。

それは日本から警察官を転入させると、給与や手当等で経費がかかり、「三年後に日本よりの補助」が来なくなると、財政面で窮地に陥るからだった。韓国人巡査は「人民に対する迫害」をする懸念があるという意見に対しても、伊藤は鉄道・電信・郵便等交通の便が良くなれば、日本人でも韓国人でも不正はすぐに知れ渡るようになり、あまり違いはない、と反論した（『日韓外交資料集成』六巻下、一二一九～一二二三頁）。

伊藤が併合を前提にしているなら、一九〇八年一二月の時点で、三年後に日本より補助が来なくなる云々の心配はしない。また、韓国人巡査採用問題で、伊藤が日本人と韓国人をなるべく近づけて考えようとしているのが、改めて確認できる（伊藤之雄「伊藤博文の韓国統治と韓国併合」）。

韓国皇帝の南北巡幸

伊藤は一九〇九年（明治四二）の元旦を、漢城で迎えた。統監になって初めてのことである。老いた身で、温暖な大磯ではなく寒さの厳しい漢城で正月を過ごすことにしたことに、伊藤の決意があった。義兵運動が収まっていく状況下で、伊藤の韓国統治策に対して、韓国人が仕方がないと積極的に支持する気持ちになり、変革を求めて変わっていくことへの、伊藤の願望でもあった。伊藤はその起爆剤として、皇帝の純宗《スンジョン》に期待した。

一九〇九年一月二日、伊藤統監は李完用《イワンヨン》首相を招き、明治初年に日本の天皇が各地を巡幸した例を挙げて、純宗の巡幸を提案、自分も陪従すると告げた。李は賛成して奏請、純宗も同意し、一月四日に巡幸の詔勅が出された。

巡幸はまず一月七日から一三日にかけ、南韓地方に行われた。漢城を出発し、大邱《テグ》・釜《プ》山・馬山等を訪れた。大邱は約五万人、釜山は約七万人、馬山は約三万人、沿道や駅とその付近にも一千～数千人の奉迎および拝観者があった。

皇帝は断髪しており、大田《テジョン》では旧来の文人指導者層の両班《ヤンバン》等に純宗の勅諭と伊藤統監の訓戒があり、その後断髪する者が多かった。韓国人の一部には、皇帝が日本に行くのではないかと不安に思う者や、前代未聞の巡幸は慣例を破るものだとして批判的に見る者もいたが、全体として目立った排日の動きはなかった（「南韓巡幸の部」、松田利彦監修『韓国「併合」期警察資料』）。

伊藤統監はこれに気を良くし、北韓（西韓）巡幸を皇帝に奏請し、同意を得た。こうして一月二七日から二月三日の巡幸が行われた。それに先立ち、一月二五日に伊藤は桂首相に手紙を書き、皇帝は気力が充実し、顔色は血色が良く、以前とは大いに違ってきており、本当に日本を信頼するという気色が顔にも表れている等と、喜びを示した。また、今回の南北巡幸の効果は十分にわからないが、「願《ねが》わくは南北の韓民をして一挙に我〔日本〕に信頼するの外、途なきを知らしめんと欲する」と、伊藤は統治への韓国民の協力を広げる期待を述べた（「桂太郎文書」国立国会図書館憲政資料室所蔵）。

なお、日本人の中にも南北巡幸に批判的な者がいた。それは親日団体一進会《いっしんかい》の顧問の内田良平（統監府嘱託）である。一進会は一般の韓国人からは嫌われていたので、伊藤統監は一九〇八年一二月には解散させることを考え、内田にも伝えていた（杉山茂丸宛内田良平書状、一九〇八年一二月九日、『内田良平関係文書』一巻）。内田は、一進会に頼らずに韓国人に基盤を拡張しようとする南北巡幸が、おもしろくなかった。

それで、行きには大邱で人民は皇帝と統監を「同一に歓迎」したが、帰路には皇帝に万歳を唱えたが統監には唱えなかった等と、有力支援者の一人に書き送っている(杉山茂丸宛内田良平書状、一九〇九年一月二〇日、『内田良平関係文書』一巻)。

北韓巡幸では、平壌《ピョンヤン》・新義州《シンウィジュ》・開城《ケソン》等を訪れた。ところが、厳重な警戒が敷いてあったにもかかわらず、爆弾騒ぎや伊藤統監の暗殺計画など、排日運動が見られた。また、学校生徒に対し、日韓両国旗を持って迎えるようにという統監府からの指示にもかかわらず、韓国側は日本国旗を持たず、日本側は韓国旗を持たずに出迎えた所も少なくなかった。行幸が通りすぎた後、韓国人が韓国旗のみを持ち帰り、日本国旗を捨てていくこともあった(「西韓巡幸の部」、「公立普通学校教監の西南韓巡幸ニ対スル民情及教育ニ対スル影響調査」、松田利彦監修『韓国「併合」期警察資料』)。

このように、北韓巡幸では、日本の統治への韓国人の反感が少なからず察知された。南韓巡幸と比べ北韓巡幸が不穏であったことは、在韓日本語新聞にすら報道された。伊藤統監は北韓巡幸に陪従した後、二月一〇日に漢城を出発し、一七日に大磯に戻った。おそらく、北韓巡幸後に韓国民が伊藤の統治策を積極的に支持していないことを改めて考え、伊藤は韓国併合をやむを得ないと考えるようになっていったのだろう(伊藤之雄「伊藤博文の韓国統治と韓国併合」)。

併合に同意し統監を辞める

一九〇九年(明治四二)三月三〇日、小村寿太郎外相は桂太郎首相に韓国併合に関する方針を提示した。四月一〇日、桂と小村は伊藤統監を訪れて併合について述べたところ、「意外にも」、伊藤は併合に異論はないと答えた。伊藤が韓国を併合することを承認すれば、これまでの発言と矛盾することになるので、統監を辞めることが必要となる。

伊藤は遅くとも四月一四日以前に桂首相に統監を辞める決意を改めて伝えた。桂首相はそれを認め、後任には寺内陸相が適当であるが、内閣の中で唯一の相談相手なので手放せない、と伊藤に述べている（『原敬日記』一九〇九年四月一四日）。

この年一〇月に伊藤が暗殺されるまでは、伊藤と連携している桂首相の権力も、山県のそれに見劣りしないものになっていた。寺内は山県の腹心であったが、勢いのある桂にも十二分に気を配って行動した。そのため、寺内はこのように桂からの信頼も得ていた。

その後、桂首相は寺内陸相・小村外相なども同意しているとし、四月一七日、山県に韓国併合と伊藤統監の辞任および曾禰を後任にしたいと相談した。翌日、山県は伊藤の辞任は当然であり、曾禰を後任にするしか仕方がない、と桂に返答した（桂宛山県書状、一九〇九年四月一八日、「桂太郎文書」）。

こうして桂の配慮で、曾禰を後任にするという前年七月以来の伊藤の希望は、山県も含めて合意された。伊藤は二ヵ月後の六月一四日に統監を辞任、曾禰副統監が統監に就任した。伊藤と桂とが連携すれば、一般政務については、多くの場合山県といえども無力であった。

約三年半の伊藤統監時代について、伊藤と対立する韓国統治観を持っていた大隈重信系の新聞ですら、植民地台湾のように官吏の腐敗を見ないのは、伊藤の「余風」であると、各方面とも承認しつつある、と評価した（『報知新聞』一九〇九年七月一七日）。伊藤は自分も含めて統監府の官吏を厳しく律したのだった。その後、桂内閣は七月六日の閣議で併合の方針を決め、同日、明治天皇の裁可を得た。

方針の内容は、適当の時期において「韓国の併合を断行」すること、併合の時期が来るまでは、「併合の方針」に基づき、十分に「保護の実権」を収めて実力を植えつけること、等である。方針には、実際に一九一〇年八月に実行されたように、早い時期に強圧的に併合するのか、じっくりと準備して韓国人にある程度の「自治」を認める形で併合するのか、等はあいまいにされていた。それは、次項で述べるように、伊藤と山県という両巨頭の意見が異なっていたからだった。

もう一つの併合

併合を承認し、それが日本の方針となった後、伊藤は一九〇九年（明治四二）八月一九日に山形市で、朝鮮は今日全然日本と親和して、ほとんど「一家」のようである（『伊藤公演説全集』三一七頁）と演説したように、韓国の独立を保つことへの含みをなくした発言をするようになる。伊藤は正直なのである。

ところで、併合せざるを得なくなったといっても、伊藤は韓国統治に対してそれまで持っていた理想をすべて捨て去ったわけではない。併合を前提に、伊藤は次のような新たな統治構想を考える。

それは、⑴韓国八道より各一〇人の議員を選出し、「衆議院」を組織する、⑵文武両班の中から五〇人の「元老」を互選で選び、「上院」を組織する、⑶「韓国政府大臣」は韓国人で組織し、「責任内閣」とする、⑷政府は「副王」の配下に属する（『公刊明治天皇御紀編修委員会史料・末松子爵家所蔵文書』下巻、三八九頁）。

この文章に続いて、「完全の合併なれば協商の必要なし、宣言にして足れり」、「韓皇室に〔を〕如何《いか》に処分すべき乎《か》」、「各国に対し執《と》るべきの処置は如何《いかん》」と、韓国併合を前提とした三つの条文が続く。

⑷の「副王」とは、伊藤が英語が得意でイギリスの植民地統治についてもよく知っていたことやインド統治等の例を考え合わせると、日本人の総督である。併合を前提としているので、この史料は一九〇九年四月以降に執筆されたものである。*

＊　海野福寿『伊藤博文と韓国併合』（一七三～一七四頁）、小川原宏幸「伊藤博文の韓国併合構想と第三次日韓協約体制の形成」は、伊藤が併合を決意した時期を、一九〇七年四月頃から七月頃という早い時期とする。そのため、この史料を、それぞれ一九〇七年一二月～翌年四月の一時帰国時、一九〇七年七月以降比較的近い時期のものと、本書よりも一年～一年九ヵ月ほど早い時期のものと見る。しかし本書で述べてきたように、伊藤が併合に同意した時期は、一九〇九年四月であるから、これらの推定は正しくない。

この史料について、きわめて杜撰《ずさん》な文書で、伊藤の「構想」と呼べるような文書でなく、そもそも伊藤が書いた文書なのかどうかさえ疑われる、との論文も出た（水野直樹「伊藤博文の『メモ』は『韓国統治構想』といえるものか――伊藤之雄氏の所説への疑問」『日本史研究』六〇二号、二〇一二年一〇月）。それについては、具体的に詳細に反論しておいた（伊藤之雄「伊藤博文の『メモ』は真筆の『メモ』の翻刻だ――水野直樹氏の所説への反論」『日本史研究』六一一号、二〇一三年七月）。

韓国を併合せざるを得ないと決心した後も、伊藤は韓国に「責任内閣」と植民地議会を置く形で、ある程度地方「自治権」を与えることにより、併合に対する韓国人の批判を緩和することを考えた。

このような伊藤の姿勢は、統監として伊藤が持っていた構想と類似している。それは併合せずに韓国人民の自発的な協力を得て、日本としてなるべく持ち出す費用を少なくして韓国の近代化を達成する。そうすることで日本が利益を得るとともに、日本に準じて韓国の利益も図る、というものだった。併合後に、植民地議会など韓国人に一定の「自治」を認める制度を作るためには、準備が必要で、実際に行われたような一九一〇年八月という、早期の併合はあり得ない。

これから十数年後であるが、朝鮮総督府の内務局長大塚常三郎《つねざぶろう》は、一九二〇年代前半に、朝鮮に衆議院議員選挙法を施行することの可否を検討している。大塚は植民地議会として朝鮮議会設置が必要であると提案するが、国政への参政権については、イギリスにおけるアイルランド人のように、朝鮮人がまとまって政党を作り、独立を要求して大きな影響を及ぼす恐れがあると、与えないという結論を出した（大塚内務局長私案「朝鮮議会（参議院）要綱」、「斎藤実文書」）。

伊藤が考えたのは、まず地方自治で参政権を与え、それから国政に及ぼしていこうというのであろう。伊藤は、イギリスの歴史やアイルランドなどその植民地のこともよく知っている。伊藤は、日本で最も早く朝鮮に植民地議会を設置することを具体的に考えたほどであるから、かなり先の話としてではあるが、朝鮮人を日本の国政に参加させることも考えていた可能性がある。結局、伊藤の死により、その後も朝鮮においては、植民地議会すら作られなかった。

気力をふるって司法権委任に動く

一九〇九年（明治四二）六月一四日に統監を辞任した後、元老伊藤は山県から枢密院議長の職を譲り受けた。山県は降格して平の枢密顧問官になった。しかし伊藤は、枢密院に活動を限定しようとはしない。

伊藤は、韓国の司法権を日本に委任させるために動き始めた。日本政府が韓国の司法権を代行しようというのである。韓国側からは、日本に司法権を奪われるように見える。伊藤は、韓国に独自の法典を整備しようとする路線を、一九〇九年二月に帰国した後に放棄した。これは、すでに述べた、韓国併合はやむを得ないと伊藤が決意したことと関係していた。

七月三日、伊藤は、韓国政府は日本への司法権委任を容易に承認しないだろうと、桂首相・小村外相に見通しを述べた。その上で、万一決答が延び延びになったなら、宣言的に申し残し、諾否にかかわらず、日本としては実行はやむを得ないと伝えるつもりである、と強い決意を示した（桂・小村宛伊藤書状、一九〇九年七月三日、「桂太郎文書」）。

二週間ほど後であるが、七月一七日、伊藤は司法権委任によって韓国の治外法権の撤去は当然実施することができる、と日本人記者に語っている。

これは、併合に合意した伊藤が最も心配していたことの一つが、韓国と列強との間に結ばれた不平等条約が長く存続することだったからである。併合後、伊藤が理想とする形で韓国の植民地経営を行うためには、費用がかかる。その財源を確保するために、韓国（または併合後の朝鮮）から早い時期に治外法権を撤廃し、在留外国人にも課税する必要があった。

韓国における司法制度の近代化なしに、無理に治外法権の無効を列強に通告すれば、列強との関係が悪化する。日本の司法制度を韓国在留の外国人に適用するとしても、それを運用する司法官や裁判所の整備を急がねばならなかった。

そのためには、韓国の司法制度を、これまで以上に強引な手段を使ってでも早急に整備し、列強に承認してもらう必要がある。このように伊藤は、あせり始めたのだろう。

伊藤は統監の事務引き継ぎという名目で、七月四日に下関を出発し、翌五日に漢城（現・ソウル）に着いた。七月一二日、伊藤は、韓国司法および監獄事務委託に関する覚書を、統監府と韓国政府の間で結ぶことに成功した。韓国の司法権は、日本に委託されたのだ。

漢城に滞在中、夏の暑さにもかかわらず、伊藤は極めて精力的に動き回った。各方面からの招待に応じ、韓国についての様々な講演を行った。その中の一、二で、伊藤は曾禰統監との関係について、「養父と養子」にたとえている（『報知新聞』一九〇九年七月一七日）。伊藤は、その後も韓国にかかわり続けていくことを公言したのである。七月一四日、伊藤は日本に向けて漢城をあとにした。

腹心の小松緑によると、伊藤が日本に帰った後は、「大風の跡に似て万事沈静」となり、特に外務部の事務は一段落がついて「至極閑散」となった（古谷久綱宛小松書状、一九〇九年八月一六日、「古谷久綱文書」東京大学大学院法学政治学研究科付属近代日本法政史料センター原資料部所蔵）。

伊藤は日本に戻ると、盛夏をものともせず、八月一日から二三日まで韓国皇太子李垠《イウン》らの東北・北海道行啓に同伴した。これは李垠の見聞を広めるためのみならず、政界実力者で明治天皇の信任の厚い伊藤が、李垠を大切にしていることを示し、各地の日本国民に併合後の日韓融合のあり方を示そうとしたのである。

このため、李垠は日本の皇太子嘉仁《よしひと》親王（のちの大正天皇）に準じる形で公式に扱われるようになった。たとえば、一九〇九年一〇月の李垠の一二回目の誕生日には、皇太子嘉仁親王や皇族たちが東京市鳥居坂の李垠邸に祝賀に訪れた。食堂での祝宴においても、中央に皇太子嘉仁が着席し、次に重いその左の席に李垠が座り、東久邇宮《ひがしくにのみや》、竹田宮《たけだのみや》と続いた。皇太子嘉仁の右には、朝香宮《あさかのみや》、北白川宮《きたしらかわのみや》の順に座った（『報知新聞』一九〇九年一〇月二一日）。

大磯町民とのふれ合い

一八九五年（明治二八）伊藤首相は陸奥外相の勧めで、大磯の西端の小磯に別荘を起工し、翌年に落成した。清国の李鴻章《りこうしょう》がかつて題贈《だいぞう》した小田原の「滄浪閣《そうろうかく》」の三字の額を、新しい別荘に移し、「滄浪閣」と称した。五月一三日に落成の宴を開き、その頃より「滄浪閣」を本宅とした（末松謙澄『孝子伊藤公』三三二〜三三三頁）。

一八九七年一〇月一日には東京より本籍を大磯町に移し、宮代謙吉《みやだいけんきち》町長に、今後は大磯町のために十分に尽力するので、町のことでお役に立つことなら遠慮なく申し出てほしいと述べたという（進藤玄敬『明治の元勲伊藤博文公と我大磯』一〇頁）。伊藤は約一年一ヵ月前に第二次内閣の首相を辞任しており、すでに当時としては老境の五六歳に入っていた。今後は気候の良い大磯に腰を落ち着けて、じっくりと政治に関わっていこうとしたのである。

その後、大磯小学校の拡張が必要となり、北本町から東小磯町に移転することになったが、多額の資金が要るとのことで、大磯町では困惑した。宮代町長が伊藤に相談すると、伊藤は寄付芳名簿の筆頭に五〇〇円（現在の約八〇〇万円）を記入し、自ら大磯在住の名士を訪れ、寄付金を勧誘した。三井や三菱もそれぞれ一〇〇〇円の寄付をするなど、別荘の人々の申し出で多額の寄付が集まった。こうして、一九〇一年に当時としては全国の模範となるような立派な二階建ての校舎が完成した。

大磯駅から「滄浪閣」のある海岸の小磯に通じる道は、狭くて不便であったが、伊藤の尽力で広い道が造られた。宮代町長はこれを「統監道《とうかんみち》」と命名し、今でも残っている。これらに加え、伊藤は大磯町の公共事業費として、少なからぬ金額の寄付をした。

また日露戦争中の一九〇四年五月、貯金思想を養成することが必要だと考え、伊藤は、一〇銭（現在の約一五〇〇円）ずつ入った郵便貯金通帳を、大磯小学校の全校児童のために作って、小学校に持ってきて贈った。その後も、自分の祝いや記念すべきことがあると、自ら贈って寄付したことが何度もあったという。

大磯小学校の生徒が「滄浪閣」を訪れる交流もあった。小学校の下級生は、毎年四月頃、先生に連れられて「滄浪閣」を訪問するようになった。生徒は、「滄浪閣」と書いた細長い額が掛かった門をくぐり、伊藤の居室や床の間の鎧《よろい》・兜《かぶと》や、明治天皇より下賜された八幡太《はちまんた》郎義家《ろうよしいえ》の奥州攻めの襖絵《ふすまえ》を外から見学した。

また、伊藤は天皇や皇族から祝い酒を下賜されると、町の主な人々を「滄浪閣」に招いて、梅子夫人とともに接待した。この他、小磯のお祭りに、四斗樽の酒を地元民に振る舞ったり、小磯の漁夫を邸前の松林に集め、酒樽を打ち抜いて与え、梅子夫人とともに漁夫たちの歌や踊りの中に入って歓談したりしたこともあった（『明治の元勲伊藤博文と我大磯』一一～一二頁。高橋光『ふるさと大磯探訪』九五～九八頁。古谷久綱『藤公余影』二五一～二五三頁）。

このような大磯の地元民との交流によって、伊藤は、中央政治での様々な憤懣《ふんまん》や韓国統治を韓国民がなかなか支持してくれない苛立《いらだ》ちを、なごませていたのであろう。いうまでもなく、「滄浪閣」には梅子夫人がおり、庭や穏やかな太平洋の景色がある。これらをあわせ、伊藤は大磯の駅に着くとほっとした気持ちになったに違いない。

ところで、「滄浪閣」は伊藤の暗殺後、梅子夫人の住居になっていたが、のちに梅子は、李王世子（李垠）に献じた（『東京日日新聞』一九二四年四月二六日）。これは、韓国皇太子李垠を日韓融合の象徴としようとした伊藤の遺志にかなった行動であった。

李垠は関東大震災での被害も受けていた古い「滄浪閣」を取り壊し、一九二四年に新しい「滄浪閣」を建築した。それは第二次世界大戦後にプリンスホテルの所有となり、一九九二年に大改造されたが、伊藤時代の木材も使用されている（米澤栄三氏談）。

二つの故郷に立ち寄れない

伊藤博文が生まれ故郷の東荷《つかり》村に立ち寄ったのは、慶応元年（一八六五）に萩の長州本藩より岩国支藩に対する使者となって向かった時、母琴子の実家の秋山家に一泊したのが最後である。伊藤はその時二三歳で、すでに二年前に準士分に近い身分に取り立てられ、馬に乗っての晴れがましい帰郷であった。当夜集まった人々が、西洋の事情を語ってくれるよう頼んだので、伊藤はロンドン動物園でライオンを飼育する様子を平易に物語ったという。

伊藤は嘉永二年（一八四九）三月、七歳の時以来、第二の故郷となった萩にも、維新後は二、三度位しか帰っていないという（『藤公余影』三六〜三八頁、中尾定市『伊藤博文公と梅子夫人』一九〜二〇、七八頁）。

一八九九年（明治三二）に伊藤が新政党（のちの立憲政友会）を創るための全国遊説の途次、六月二日に萩町歓迎会で演説した際、維新後に萩に立ち寄ったのは、毛利忠正《ただまさ》公（敬親《たかちか》の諡号《しごう》）の銅像を建設した時と今回と合わせて二回だけだ、と回想している（『伊藤公演説全集』七九四頁）。

最も有力な政治家となっていた伊藤が、どうして二つの故郷を訪れようとしなかったのだろうか。これまで、(1)日本を近代化することに忙しすぎた、(2)維新後、とりわけ萩は前原一誠《まえばらいっせい》による萩の乱に代表されるように、反中央政府や攘夷の空気が強く、訪れるのに危険で居心地の良い場所ではなかった、(3)伊藤は身分の低い出自であり、維新後に地元に帰っても、かつての身分からあまり尊重されないと思い面白くなかった、等の理由が言われている。

(1)は事実であり、伊藤自身も、萩町や生まれ故郷束荷村に最も近い柳井津の歓迎会で、そのように説明している。しかし、下関や山口などに立ち寄った際に、二つの故郷に遊ぶことは、それほど困難なことではない。(2)は、一八八〇年代以降、近代化の成功が目に見えてくると、攘夷の空気はなくなっていった。もっとも、廃藩置県で萩や士族は衰退しており、地元に残った人々に怨念が残った。最近まで地元では、萩の乱に肉親や先祖が参加したことを誇りに思う心情も続いていたという。しかし、萩でも公式には伊藤は大歓迎されており、生涯故郷と縁が薄い伊藤の生活スタイルの説明として十分でない。

(3)も、伊藤が身分の低い出自であることは全国周知のことであり、それでも全国に強い威信を及ぼしている。山口県といえども例外ではない。たとえば、徳山藩の下級士族に生まれた仲小路廉《なかしょうじれん》（後に山県系官僚として農商務大臣）は、数えで一〇～一一歳の頃（一八七五年か七六年頃）、伊藤も元は「微々たる」家の出であったが、同じ年頃に志を立てて立派な人物になったことを、母からしばしば聞かされた（仲小路廉『新旧一新』四一〇～四一一頁）。三〇歳代半ばで参議となり入閣した伊藤は、地元のあこがれとなっていたのである。

また、一八九九年六月九日、山口県徳山町の歓迎会で、日本のなすべき課題は多く、自分は「錦を着て故郷に帰るの心持は一点ももたぬ」が、「諸君の歓待厚遇に依て殆《ほとん》ど自分の体に着て来ぬ錦を掛けられたやうな心持」がすると、歓待を感謝している。同じ日の柳井津での歓迎会でも、「三郡の有志」に対し、「私は即《すなわ》ち此《この》三郡の中の一郡に於《おい》て生れた者である、故に此三郡の人とは最も親みの相深い訳である」と、親しみの感情を示している（『伊藤公演説全集』八〇六～八一七頁）。

明治維新とは、いわゆる下克上の時代であり、かつての身分を誇ることはむしろ時代遅れとみなされる風潮が強かった。

維新後に秩序が安定しても、伊藤が二つの故郷に特に帰らなかったのは、中央政府内に長州と薩摩の対立が残り、民権派や政党側から薩長藩閥と批判されていたからであろう。伊藤が東荷村や萩町という二つの故郷をたびたび訪れれば、長州閥の一員としての伊藤のイメージを強めてしまうので、むしろ伊藤は避けていたといえよう。伊藤は、薩長や藩閥になるべくこだわらない形で、新しい近代国家を作ろうと尽力した。一八九三年、第二次内閣の時に、文官任用令と文官試験規則を公布したのは、それを象徴している。この結果、高級官僚へのステップである奏任官になるには、試験を通らなければいけなくなり、藩閥などが人脈で派閥を再生産する道は断たれる。

ところが、一八九〇年代後半以降になると、薩摩派が衰え、政党が台頭したことで、藩閥という問題も相対的に小さくなってきた。また伊藤は、当時としては老境の五〇歳代後半に入る。日清戦争をはさんで、四年間も内閣を維持し、相当の仕事を成し遂げた達成感も加わり、伊藤には望郷の思いが強まってきたようである。

望郷

一八九六年（明治二九）九月一二日、伊藤は生まれ育った束荷《つかり》村の旧屋敷地を買い取る条件を承諾する手紙を、同村の親戚林文太郎に書いた。* 林文太郎は、買収の依頼を受けて動いていた（末松謙澄『孝子伊藤公』四二二〜四二三頁）。

＊『孝子伊藤公』に引用の九月一二日付林文太郎宛伊藤の手紙には、年が記入されていない。しかし、文中に「小子も去月末辞職の聖允を蒙り至極閑敢〔散カ〕に消光」している云々とあるので、第二次内閣が総辞職した一八九六年八月三一日直後のものとわかる。

一八九九年、伊藤は萩に立ち寄り、父十蔵を養子とした伊藤直右衛門夫婦と子供たちの墓を立て替えている。萩町報恩寺の墓地にあった墓は、本堂の前向かって左の目立つ場所に移され、墓碑も立派なものに替えられた（伊藤博文公記念事業実行委員会事務局萩市企画課「伊藤博文公没後一〇〇年記念　伊藤公建立の伊藤家先祖の墓碑の修復について」）。

その後一九〇六年二月、伊藤が統監として初めて韓国に赴任する途中、生まれ故郷の束荷村の一二キロメートル東に位置する柳井津駅で、地元の小学生徒が整列して伊藤を見送っているのに出会った。伊藤は、小学児童の貯蓄基金とするように、と校長に一〇〇円紙幣一枚を渡した（『藤公余影』一八八～一九一頁）。伊藤は郷里のことを気にかけていたのである。

また、一九〇九年に韓国皇帝の南北巡幸を終えて二月一七日に大磯に着くと、体調を崩していたので、復命の後、静養の休暇を得た。三月一一日に大磯を出発、愛媛県の道後温泉に行き、二〇日ほど滞在し、その間に祖先の河野氏の遺跡を探って、得る所があったという（『伊藤博文伝』下巻、八三六頁）。河野氏は、伊藤の遠祖の林淡路守通起の先祖の家である。六七歳の伊藤は、韓国統治でやり残した仕事に忙しいながらも、自分の先祖が気になってきた。

同年三月一日、伊藤は束荷村柳の出生地とその周辺に、洋館二階建四四坪等の伊藤博文別邸の着工をする。伊藤がここに別邸を建てようとしたのは、一九一〇年が遠祖の林淡路守通起の没後三〇〇年に当たっており、林家・伊藤家の一族を集めて三〇〇年祭をする場所にしようとしたのである。三〇〇年祭後は、図書館など公共の施設として使用してもらう意志だった。

伊藤自身の構想をもとに、二人の技師が設計にあたり、渡辺融《ゆずる》山口県知事などが監督となった。工事は清水店（現在の清水建設）が請負い、総工費は約二万一三〇〇円（現在の約三億三〇〇〇万円）であった。一九〇九年一〇月二三日に上棟式が行われたが、その三日後に伊藤はハルビンで暗殺されてしまった（山口県熊毛郡大和町『旧伊藤博文邸 保存修理工事報告書』一〜二、一〇一頁）。

日露戦争後になると、帝大で法律などを学んで専門知識を持った官僚が、藩閥官僚に代わって、本省の局長や次官にまで進出するようになり、藩閥はさらに限定的になっていった。もはや、伊藤が郷里と深く関係しても、伊藤の行動を長州閥としてとらえる者はいない。このような状況を見極めた上で、晩年になるにしたがって募《つの》ってくる故郷への思いを、伊藤は先祖の林淡路守の三〇〇年祭を機会に具体化しようとしたのだった。

伊藤が暗殺されず、あと一〇年ほど長生きしたなら、伊藤は束荷村や萩町など、山口県との関係を、大磯町と同じように深めていったことだろう。

ところで、伊藤は暗殺されたが、嗣子の伊藤博邦（勇吉）が遺志を継ぎ、別邸を一九一〇年五月に竣工させ、一一月一三日に林淡路守の三〇〇年祭を行った。

その後、一九一二年一月一三日、博邦は山口県に土地・建物を寄付した。現在は石城山《いわきさん》県立自然公園内となっており、別邸は旧伊藤博文邸として、伊藤博文生家（一九一九年に復元）等とともに公開されている。

木戸孝允墓前祭で京都に行く

一九〇九年（明治四二）五月二六日には、東京の木戸孝正公爵邸で、木戸孝允《たかよし》三三年祭が行われた。同家では、これより前の四月下旬に、京都市東山の霊山《りょうぜん》の木戸の墓所で、墓前祭を済ませていた。

ところが伊藤や井上馨《かおる》・杉孫七郎（長州藩出身、枢密顧問官）らは、東京の祭典に出席せず、同じ五月二六日に、霊山で木戸の墓前祭を行った。井上馨が羽織袴《はおりはかま》に白足袋《たび》姿なのに対し、伊藤は統監服の正装に日韓の勲章をつけて、古谷秘書官らを従えて墓前に出た。

本願寺の役僧の読経が終わり、それぞれ、墓前に焼香参拝して式は終わった。それから伊藤は、二、三の人々と共に、禁門の変で戦死した旧友、入江九一《いりえくいち》・久坂玄瑞《くさかげんずい》・寺島忠三郎《てらしまちゅうざぶろう》・有吉熊次郎《ありよしくまじろう》らの墓前に行き、一つ一つ丁寧に参拝した。当日、木戸家では高台寺方丈《こうだいじほうじょう》を借り受け、参拝者の休憩所とし、木戸孝允ゆかりの品など参拝者に見せた（『京都日出新聞』一九〇九年五月一四日、二六日、二七日）。

すでに述べたように、四月一〇日に伊藤は韓国併合に同意し、六月一四日に統監を辞任する。あえて統監正装に日韓の勲章をつけて木戸の墓前に参った伊藤は、韓国に植民地議会や責任内閣を作るなど、韓国人に少しずつ参政権を与え、日韓の融和を目指すという困難な道を歩んでいく決意を木戸に告げ、加護を祈ったのではなかろうか。それは、晩年の木戸が、日本国民に少しずつ参政権を与えて官民の調和を図ろうと急いでいた姿勢に通じるものがある。

第二四章　暗　殺

極東問題への関心と満州行き

一九〇九年（明治四二）八月、桂内閣の後藤新平逓相《ていしょう》は伊藤に、欧州を漫遊し関係列強の指導者と会見すれば日本の真意を了解させるのに多大の効果がある、と勧めた。またそれに先立ち、ロシアの東洋事務主管者で最有力閣僚であるココーフツォフ蔵相に会い、極東問題、特に韓国の処理について、あらかじめ日本の方針を暗示しておいてはどうかとも、伊藤に提案した。

伊藤はそれに同意し、後藤が外務省を通して手配、一〇月下旬にハルビンで伊藤・ココーフツォフが会見することになった。伊藤は九月末に桂首相・小村外相からもココーフツォフとの会談について了解を得た。

一〇月一一日、伊藤の霊南坂《れいなんざか》邸を山県有朋《やまがたありとも》元帥が訪れ、二人は後事について話し合った。その日の夜、桂太郎首相主催の晩餐会で、伊藤は英人記者の質問を受け、⑴何時に限らず身は危険にさらされている、⑵昔は少しくらいは命も惜しかったが、今日は余命はどれほどもないので、国のためなら何時でも喜んで死にたい、⑶心配する最後の問題は韓国であるので、それさえ片が付けば安心である、と述べた（『伊藤博文伝』下巻、八五五〜八六四頁）。

伊藤が心配する最後の問題が韓国であると答えたのには、理由があった。彼は「憲法政治」（立憲政治）の完成を目指して尽力してきたが、伊藤が理想の政党にすべく創立した立憲政友会は、いくつかの危機を乗り越えて、西園寺公望《きんもち》総裁の下で原敬《たかし》が党務を取り仕切って順調に発展していた。日露戦争後には、二年半以上にわたり、第一次の西園寺内閣を展開した。それに代わった第二次桂内閣は、山県系官僚を背景とした内閣であるが、政友会の実力を認め、政友会と連携して政権運営をするようになった。

右のように、「憲法政治」は定着しつつあり、この一九〇九年一〇月段階において、軍を統制する法制度を作るという厄介な問題を別にすれば、当面、伊藤にとって特に気になる内政問題はなかったからである。伊藤は韓国の問題が気になると自ら述べているが、伊藤の秘書官として最後まで仕えた古谷《ふるや》久綱《ひさつな》は、伊藤が暗殺されずに、あと数ヵ月の命があれば、「次に企てたるは、必ずや北京行なりしならんと信ずべき理由あり」と回想している（古谷久綱『藤公余影』二七七頁）。また伊藤は、側近の室田《むろた》義文《よしぶみ》にも、「来年は清国の顧問として」北京に行くので、一緒に来い、と言っていた（『室田義文翁譚《たん》』二五七頁）。

伊藤が北京へ行く理由を推定できるものとして、同年八月二八日、伊藤が清国の憲政大臣李家駒《りかく》を大井町（現・品川区）の恩賜館に招き、送別午餐会を開いたことがあげられる。李大臣は、日本の憲政の調査を終えて、帰国することになっていた。李の憲法調査には、伊東巳代治《みよじ》枢密顧問官・穂積八束《ほづみやつか》博士（東京帝大法科教授）・有賀長雄《あるがながお》博士らが伊藤の代理として協力した（『報知新聞』一九〇九年八月二九日）。

清国は、日露が戦争の講和に入った一九〇五年七月、立憲制導入のための海外視察団を派遣することになった。一九〇五年一二月には、載澤《さいたく》らの海外政府視察団が来日し、翌年一月四日に伊藤は団長の載と会談した。

伊藤は、天皇には大権はあるが、実際の行政上の責任は内閣にあると、載澤に説明した。日本の場合と同様に、まず君主が君主権を抑制した行政権の強い国家を目指すべきであると助言したようである。なお、清国の政治視察大臣らは、一〇～一五年後に立憲国家に移行する構想を持っていたようである。

このように、伊藤は韓国統監になった頃から、清国の立憲制への移行に関心を持っていた。伊藤は一九一〇年になれば、伊東巳代治と共に自らが清国に行くことを予定していたという（曽田三郎『立憲国家中国への始動』二九～八六頁）。

李大臣らを送別する当日の午餐会には、伊藤・李大臣と、伊東巳代治・穂積・有賀の他、陪賓として、桂首相・寺内陸相・小村外相も出席した。伊藤の挨拶に答え、李大臣は伊藤から受けた憲法上の指導などについて、感謝の言葉を述べた。

散会後、伊藤は李大臣を別室に招き、桂首相と伊東巳代治を列席させ、清国の憲政実施に関し、深く注意した。李大臣は伊藤の周到な注意に感謝して帰ったという（『報知新聞』一九〇九年八月二九日）。

同年八月一九日と二〇日、伊藤は清国で展開していた「改革論」や「立憲政体論」について、国が大きすぎて交通手段・収税・地方自治の発達が不十分で、「内攻内乱」が起きたなら世界にとって大変なことになる、と前途を楽観していない演説をしている。さらに、伊藤は、「極東の平和」が破裂すれば、日本が第一に損害を受けるのだから、「対岸の火として傍観」できないが、日本の行動が列強の利益を無視しているという疑惑を受けないように、

「平和維持」のために活動せざるを得ないと論じた（『伊藤公演説全集』三一六〜三二五頁）。

この約二年後に、清国で辛亥《しんがい》革命が始まり、一九一二年二月一二日、清朝は滅亡した。伊藤は清朝の憲政改革に危うさを感じ、自分で北京に乗り込んで改革に協力しようと考えていたのである。伊藤は、韓国は併合せざるを得ないが、とりあえず植民地に「責任内閣」と植民地議会を作り、少しでも「憲法政治」を韓国に及ぼそうとした。また清国には「憲法政治」の導入を手助けしようと考えたのであろう。伊藤は、困難なことであるが、日本から極東へ「憲法政治」を広めていくことが「極東の平和」につながる、という遠大な理想を持っていたのであった。

しかし、清国への指導を不用意に行えば、列強から清国まで保護国化しようとしているとの疑惑を招く。そこで伊藤はヨーロッパへ行き、関係列強の指導者と会い、清国に「憲法政治」を導入して近代化することが、列強や日本の貿易を安定させ、拡大させることができ、相互の利益になると説得するつもりだったのだろう。

満州で平和を決意する

一九〇九年（明治四二）一〇月一四日、元老の伊藤博文枢密院議長は、室田《むろた》義文《よしぶみ》（貴族院議員）・村田惇《あつし》中将（築城本部長、前韓国統監府付）・古谷久綱（枢密院議長秘書官）らや、医師小《こ》山善《やまぜん》及び漢詩人森槐南《かいなん》（泰二郎、宮内大臣秘書官）らを従えて、汽車で大磯を出発した。一五日に馬関《ばかん》（下関）春帆楼《しゅんぱんろう》に一泊、一六日に門司（現・北九州市門司）より乗船した（『伊藤博文伝』下巻、八六四頁。『藤公余影』二八〇頁）。

一八日に大連に到着した。伊藤にとって、満州は初めてである。翌一九日には大連の官民歓迎会に臨み、伊藤は次のような演説をした。

最近清国はようやく「鋭意文明の治」を収めようとしている。私は「清国が各種の改革に成功せんことを熱心に希望す」る。もし不幸にして不成功に終わるなら、「極東の平和に影響すること大なるものあるを恐る」。日本政府が清国の改革を成功させるために直接の援助ができないなら、間接にも援助すべきであると信じている。

（『伊藤公演説全集』八六七～八六八頁）

伊藤は清国の立憲制導入の改革を助ける熱意を、満州に上陸直後に、改めて表明したのだった。

二〇日、伊藤は旅順に行き戦跡を見て歩き、その感慨から三つの漢詩を作った（『藤公余影』二八三頁）。その一つは日露戦争の激戦地の「二百三高地」と題したものである。

久聞二百三高地。一万八千埋骨山。今日登臨無限感。空看嶺上白雲還。
〔二百三高地のことは以前から聞いていた。一万八〇〇〇体の骨を埋めた山だ。今日登って下を見渡すと無限の感がする。峰の上の白い雲が還るのを空しく看《み》る〕

伊藤の詩には、二百三高地を占領するために戦死した一万八〇〇〇の日本兵に対する痛恨の思いが込められている。

もう一つの詩も、激戦の地「二龍山」を詠んだもので、血痕が土と和していると、戦闘の跡をなまなましく想像している。三つ目は、「露国忠魂碑《ちゅうこんひ》」に花を捧げ、死んでいった名も知れない何万ものロシア兵士を思い、自然と涙が出たことを詠んだ詩である。伊藤には戦争のむなしさと、日本人のみならずロシア人の兵士たちの犠牲をも深く思いやる感受性があった。それが、すでに述べた韓国の秩序ある近代化と発展や、清国も含めた「極東の平和」を求める気持ちにつながるのである。

この日、伊藤は旅順官民歓迎会に出席し、戦闘がしばしば起こるのは、国家の不利益であるのみならず、人道のためにも好ましくない、と演説した。さらに、平和のうちに必要な設備を行って「国運の伸張」を計るのは、最も努力すべきことであるが、現在の世界は平和を主張しながら実際には競い合って軍備を強化して「国運の発達」を計っているので、「武装の平和」を免れず、「多大の軍資」は国民が負わざるを得ない義務と考える、と結論づけた（『伊藤公演説全集』八六八頁）。

伊藤は、第一次世界大戦後の国際協調の時代や現代にも通じる平和論や世界観にも通じるものを持ち始めていたが、現在の世界はそのような状態ではないと、現実主義の立場から、「武装の平和」を説くのであった。

その後、二一日に伊藤は旅順より乗車、遼陽・奉天・撫順を経て、二五日午後七時に長春に到着した。この日、車中より満州の風物を観望し、絶筆となる次の一首を詠んだ。

万里平原南満州。風光濶遠一天秋。当年戦迹〔跡〕留余憤。更使行人牽暗愁。
〔南満州にはどこまでも平原が広がっている。眺めは遠くまで広がり、空全体がまさに秋らしい。この年になっても戦場の跡はまだおさまらない怒りをとどめている。それがいっそう旅人を人知れぬ憂いにとらわれさせるのだ〕

この日も、伊藤は日露戦争の犠牲を思った。もう二度とあんなことが起きないようにしよう、と明日に予定されていたココーフツォフ蔵相との会見に臨む決意を新たにしたことであろう。

一〇月二六日朝のハルビン駅前

ココーフツォフ蔵相は、早くも一九〇九年（明治四二）一〇月二四日にハルビンに来て伊藤を待ちうけていた。二六日午前九時、伊藤の乗った汽車はハルビン駅に到着した。ココーフツォフは直ちにサロン車に入って伊藤を迎え、二人は初対面の挨拶をかわした。

それから二人は、プラットホームに降りる。ココーフツォフの希望により、伊藤らの一行はロシア軍守備隊を閲兵し、各国領事団が整列した位置に進んで握手をかわした（『伊藤博文伝』下巻、八七〇〜八七二頁）。さらに伊藤らは、日本人が並んでいる前にさしかかり、軍隊や歓迎の人々を右手に見ながら二、三歩前に進み出たあと、先頭の伊藤のみがくるりと回って、もと来た方に戻りかけた。

そのとき時刻は午前九時三〇分。軍隊の一端後方より青年が突然現れ、伊藤に近づき、ピストルを数発撃った。安重根《アンジュングン》*である。三発が右から伊藤に命中し、随員の森泰二郎秘書官・川上俊彦《としつね》総領事・田中清二郎満鉄理事の三人は、左から各一発ずつ弾を受けた。伊藤は直ちに列車内に抱え入れられた。主治医の小山善が、駅に出迎えていたロシア人医師と共に応急手当をした。しかし、二つの弾丸が肺を貫通したのが致命傷となり、伊藤は午前一〇時に死去する。** 享年六八。

他の三人は、腕や肩、脚部に被弾しただけで、命にかかわるものではなかった（小山善談「臨終の光景」『伊藤公全集』三巻、二九二〜二九三頁。古谷久綱『藤公余影』二八八〜二九四頁）。

ハルビン駅頭、伊藤公遭難30秒前

* 伊藤の暗殺については、安重根以外に射撃犯がいたという説がある。伊藤に随行していた室田義文は、駅の二階の食堂から斜め下へ向けてフランス騎馬銃で撃ったものがあるとしている（『室田義文翁譚《たん》』）。また、上垣外《かみがいと》憲一氏は、伊藤の列強との協調政策に反発して、右翼の杉山茂丸と明石元二《もとじ》郎《ろう》（韓国駐箚《ちゅうさつ》軍参謀長）らが計画の中心となり、寺内正毅《まさたけ》陸相・田中義一《ぎいち》大佐（陸軍省軍事課長）らも知っていたとする（『暗殺・伊藤博文』）。大野芳《かおる》は、杉山茂丸と後藤新平が狙撃計画者とする（『伊藤博文暗殺事件』）。これらに対し、海野福寿《うんのふくじゅ》は、上垣外・大野の両書は、日本の権力犯罪として二重狙撃の事実を解明する視角と手がかりを提供したとして評価し、「伊藤殺害によって利を得

たのは山県・桂・寺内・明石たち韓国併合推進派＝大陸侵略派であった」とする（『伊藤博文と韓国併合』一四四頁）。

これらの複数暗殺者説は、室田義文の三〇年近く後の回想をまとめた『室田義文翁譚』の、「小さな男〔安重根〕が恰度《ちようど》大きな露兵の股の間をくぐるような恰好をしながらピストルを突き出している」、「伊藤を撃つたのは、此の小男ではなかつた。駅の二階の食堂から、斜下へ向けて仏蘭西の騎馬銃で撃つたものがある、それが即ち伊藤暗殺の真犯人である」という記述（二七〇〜二七一頁）を前提に、室田の言う弾丸の射入角度は斜め下という証言（一九〇九年一一月二〇日、事件の一ヵ月近く後）をつなげて、安重根以外の「真犯人」探しをしているだけである。

事件当日の午後六時、伊藤に随行していた古谷秘書官が、電報で桂首相に、小山医師の診断書と古谷の事件の証言を送っている。それによると、一青年が伊藤に近づいて射撃し、弾丸は水平に射入したとしている（『藤公余影』二八七〜二九四頁）。伊藤の随行医師や秘書官らによる事件直後の情報として、小山医師や古谷の情報の方が、室田のものよりも信憑性《しんぴよう》がある。また、伊藤に射入した弾丸の方向が一方向からのみでないように見えるのは、伊藤が倒れる際に姿勢を変える形になったからである。暗殺犯複数説を唱える執筆者は、⑴伊藤と桂が連携していたこと、⑵伊藤と山県は韓国併合策などで意見を異にすることはあったが、山県は生涯に三度も伊藤に危機を助けられており、山県の真面目な性格から、伊藤に遠慮することが多く、相互に理解し補完し合える関係であったこと、⑶したがって、伊藤暗殺などを山県や桂に近い人物が考えるはずがないし、万一考えても漏れた場合、彼らはすべてを失うことになるので、そんなことを計画するはずがないなど、本書で述べたような基本的な権力構図を理解していない。これは、韓国問題以外も含め、伊藤・山県・桂・寺内など権力者相互にかわされた手紙などの一次史料をじっくり読まずに、伊藤暗殺の「真犯人」探しのみをしているからである。

＊＊　伊藤博文が暗殺されたときに着用していた、血痕《けつこん》の付着したシャツおよび袴下《こした》は、現在山口県立山口博物館に保管されている。それを収納した木箱の蓋の裏には、一九三六年七月付の室田義文による書付

がある。このため、これらは当初室田が所有していた、という誤解もある。しかしこれらは、伊藤の葬儀の際に喪主代理を務めた伊藤文吉の家に所有され、文吉が死去した約一年後、一九五二年一一月二二日に田中龍夫山口県知事らの斡旋により、伊藤家から山口博物館に寄贈されたものである（伊藤博昭氏談、および山口県立山口博物館の台帳）。

ココーフツォフは、ロシア警察において審問した結果の報告として、古谷久綱秘書官に、(1)「犯人」（安重根）の「兇行《きようこう》」の目的は、伊藤のために「韓国は政治上の名誉を汚《けが》されたる」故に、伊藤を殺害して幾分かその名誉を回復しようとした、(2)犯人は、一個人としては伊藤に対し何等「怨《うらみ》」はないが、自分の友人中には伊藤のために重刑にされた者が数人いる、(3)「犯人」は、何の政党にも関係なく、この兇行は全く独断で何人とも共謀していないというが、その言は信じることができない。昨夜遅く、当地より数里南方の「サイカコウ」駅で、他に二名の韓国人を捕らえたところ、いずれも「ピストル」を所持していたとの報がある、(4)「当犯人」は「カトリック」教徒で、身に十字架を付け、検事の前に引き出された際に、跪《ひざまず》いて、その目的を達したことを「上帝」に感謝した、と述べた（桂太郎首相宛古谷久綱電報〔写〕一九〇九年一〇月二六日午後五時五〇分長春発、「故枢密院議長公爵伊藤博文国葬書類」下、一九〇九年、国立公文書館所蔵）。このように、安重根は狙撃後も冷静であり、意志の強い確信犯だったといえる。

さらにココーフツォフは、「犯人」の国籍は韓国人であることは明白であるので、日本を経て韓国に引き渡すべきものであるので、報告は日本の総領事に回付する、と古谷に伝えた

（同前）。

伊藤の死の衝撃

伊藤に随行した古谷久綱は、二六日午前一〇時、伊藤がハルビン駅で韓国人にピストルで数発撃たれ、「生命覚束《おぼつか》なし」との電報を、桂首相と大磯の梅子夫人に打った。次いで、午前一〇時三〇分、伊藤が一〇時に絶命したので直ちに長春に引き返す等との電報を桂首相に打ち、梅子夫人には伊藤の死と引き返すことのみを伝える電報を発した（古谷久綱『藤公余影』二八四〜二八五頁）。

これらの電報が大磯の「滄浪閣《そうろうかく》」に届いた時、梅子夫人は一ヵ月前より全身の皮膚病を病んで、二〇日余りも病床で苦しみ、ようやく治りかけたところであった。梅子の病気見舞いのため、末松謙澄に嫁いでいた生子《いくこ》も「滄浪閣」にいた。梅子夫人は、伊藤が狙撃されたとの第一報を受けたときは、非常に狼狽《ろうばい》したという。

しかし、西源四郎（伊藤の娘朝子の夫）に同道して、夜七時過ぎに「滄浪閣」を訪れた侍医の岩井禎三《ていぞう》によると、梅子夫人は、弔問に訪れた元老井上馨らと今後のことの協議をしっかり行い、少しも取り乱すところがなかった。その「男優《まさ》りの気丈」に敬服し、岩井は梅子夫人の脈を診ることもなかった。

他方、大井町の恩賜館には嗣子の博邦《ひろくに》（勇吉《ゆうきち》、宮内省式部次長）が玉子夫人や博精《ひろよし》（博邦の子、一〇歳）ら伊藤の六人の孫と共に住んでいたが、博邦は宮家の用務でヨーロッパに出張し、イタリアのジェノバに着いたところであった。

また伊藤の子の文吉は、前年に東京帝大法科を卒業、農商務省の官僚になっており、桂首相の娘寿満子《すまこ》と婚約をしていた（『報知新聞』一九〇九年一〇月二七日、二八日）。

一〇月二六日付で、伊藤は従一位に叙せられた。また翌二七日、伊藤の葬儀は国葬で行われることになった。伊藤は死んで、従一位の岩倉具視《ともみ》（前右大臣）や長州藩主であった毛利元徳《もとのり》公爵に並んだ。また、これまで国葬になったのは、岩倉が最初で、有栖川宮熾仁《たるひと》・北白川宮能久・小松宮彰仁や三条実美《さねとみ》（前太政大臣）・島津久光《ひさみつ》（前左大臣）・毛利元徳公爵など、宮と最有力公家と薩長の諸侯だけであった。諸侯に仕えた陪臣出身者としては、伊藤が初めてで、破格の待遇である。これらには伊藤に対する明治天皇の評価が、大きな影響を及ぼしたのだろう。また桂首相が、山県系官僚であるものの伊藤と関係が良く、伊藤に憧れすら抱いていたことも、国葬の決定を促進したことだろう。

伊藤の死に動揺したのか、桂は新聞記者に、伊藤の志を受け継ぐ、といった発言すらしてしまった（『報知新聞』一九〇九年一〇月三一日、「桂侯の宣言」）。これは山県に桂への警戒を強めさせる発言である。

さて、伊藤の遺体は大連まで特別列車で運ばれ、大連から軍艦「秋津洲《あきつしま》」に移され、一一月一日に横須賀港に着いた。横須賀港には、末松謙澄《すえまつけんちょう》（前内相、娘生子の夫）・伊藤文吉・西源四郎ら近親者のみならず、桂首相・斎藤海相ら閣僚が出迎えた。

また、この日に明治天皇と皇后は、伊藤の生前の勲功を深くほめ、嗣子博邦に公爵位を受け継がせるのに先立って、文吉に男爵を特別に授けた。

国葬

伊藤の国葬は、四万五〇〇〇円（現在の約五億九〇〇〇万円）を国庫より支出し、一九〇九年（明治四二）一一月四日に日比谷公園で実施された。葬儀掛長《かかりちょう》には、長州出身で伊藤と親しい杉孫七郎枢密院顧問官が任じられた（「故枢密院議長伊藤博文国葬書類」上、一九〇九年）。嗣子の博邦が帰国できないので、喪主は文吉が代理を務める。前日は明治天皇の誕生日である天長節《てんちょうせつ》で、澄み渡った秋空が、五七歳になった天皇を祝った。ところが一一月四日は、朝から雲が低くたれ込め、物寂しく風が吹き、天も伊藤の死を悲しんでいるようであった。

午前九時、遺体を収めた柩棺《きゅうかん》を載せた車は、霊南坂の宮内省官邸を出発した。陸海軍軍楽隊・近衛歩兵一連隊・第一師団歩兵二連隊・海軍銃隊二大隊等、数千人の陸海軍人が柩車の前後に従い、あるいは途中に整列して見送った。一〇時過ぎから柩車の列の先頭が日比谷公園に入った。

斎場に待つ遺族の前に、「枢密院議長従一位公爵伊藤公柩《ひつぎ》」という一四字の銘旗が来ると、娘の末松生子はハンカチを終始眼に押し当て涙を流していたが、梅子夫人は気丈に感情を押し殺すように唇を結び、悄然《しょうぜん》と立っていた（『報知新聞』一九〇九年一一月五日）。伊藤と気心が合い最も可愛がられた生子は、父と二度と会えないと思うと、悲しみをこらえきれなかったのだろう。

その後、柩が五〇人の輿丁《よてい》に担がれて静々と入ってくると、生子はたまらなくなって立ったまま急にうつぶせてしまい、さすがの梅子夫人も涙を流し始めた。嗣子博邦夫人の玉子や、もう一人の娘の西朝子も、涙で袂《たもと》をぬらしていた。

一一時一〇分に葬儀が始まった。明治天皇は侍従を勅使として式場に派遣し、皇后も皇后宮の宮内官僚に代拝させて玉串を捧げた。一二時一〇分に葬儀が終わると、低い雲間から急に大粒の雨が落ちてきた（同前）。

伊藤の子の真一によると、たくさんの参列者や群衆は我先にと付近の天幕や軒下に逃げ込んだが、乃木希典《のぎまれすけ》大将のみは、雨に打たれながら軍服姿で突っ立っており、厳粛で真摯《しんし》な姿に「貴い軍神」として感動したという（中尾定市『伊藤博文公と梅子夫人』七七頁）。近代化論者で合理主義者の伊藤は、乃木大将とはかなり考え方が違っていた。それにもかかわらず伊藤には、乃木をも引き付ける強い精神性があったのである。

式が終わると、午後一時に柩は日比谷公園を出発し、午後二時四〇分に大井町谷垂《たにだれ》に用意された一四〇〇坪余りの墓地に着いた。読経の後、遺族らが最後の別れをし、柩が埋葬された。すべては夕方四時頃に終わった。

伊藤の葬儀は、東京市民の強い関心を集めた。たとえば、柩の出発地の霊南坂官邸から榎《えのき》坂《ざか》・溜池《ためいけ》・葵橋《あおいばし》方面にかけて、早朝五時頃より人垣ができ始め、どこも人の山だらけになって、混乱は激しかった。日露戦争の「凱旋《がいせん》騒ぎ以上」とも評された。日比谷公園から大井町の墓地までも、小中学校生徒、大学・専門学校学生、消防組、町内会などが整列して見送った。墓地内の空き地も、寄贈の生花・造花数千対でほとんど埋め尽くされた。伊藤の絵葉書も、沿道各所の露店で売られ、いずれも午前一〇時前には一枚も残らず売り切れた（『報知新聞』一九〇九年一一月五日。『東京日日新聞』一九〇九年一一月五日）。

伊藤の葬儀のこのような様子から、天皇や高官のみならず、伊藤が多くの日本国民に親しまれた政治家だったことがわかる。冒頭（六頁）で述べたように、とりわけ日露戦争以降、各界で伊藤の評価が高まってきたのである。

伊藤の暗殺で変わったこと

直接に最も大きな影響を受けたのは、韓国併合のあり方と時期とであった。

すでに伊藤が暗殺される一ヵ月半ほど前には、桂首相・杉山茂丸・一進会《いっしんかい》顧問の内田良平の間で、親日団体の一進会や大韓協会・西北学会という韓国の三政派を合同させる話が始まっていた。しかし、各人・各政派の思惑は様々で、三派合同と「併合」・「合邦」が直接結びつけられていたわけではない。また、すでに述べたように、桂は山県系官僚ながら、山県から自立する動きをしていた。

その後、一九〇九年（明治四二）一〇月二六日に伊藤が暗殺され、一ヵ月ほどすると、一進会が日韓「合邦」の請願書を日本政府に提出しようとし、同じ韓国人の政派である大韓協会・西北学会との対立が激しくなった。この機会を利用し、李完用《イワンヨン》内閣も現状維持の立場から一進会を抑圧しようとした。副統監から伊藤の後継者となった曾禰荒助《そねあらすけ》統監は、一進会が韓国人の有識者などに嫌われていたので、それに特に肩入れしようとしなかった。

これに対し、一進会顧問の内田良平らは、元老の山県有朋元帥に、一進会の支援を訴えた。山県は山県系官僚の寺内正毅陸相と連携して、一進会の「合邦」の請願を受け取るように、曾禰統監に指示した。山県らの方針は、一二月三日に曾禰に伝えられた。しかし、曾禰は山県から自立しようとしている桂首相と連携し、山県の指示をかわそうと考えた。曾禰は桂首相から一進会の請願を却下する同意を取り付け、李完用内閣に請願を却下させた。

伊藤の生前は、山県は伊藤への遠慮から、それまで韓国統治政策に直接介入することを控えていた。伊藤と山県の間で、併合に向けての韓国統治策の大枠ですら合意ができていなかったが、伊藤が桂首相らの協力を得て主導する形になっていた。

ところが、伊藤暗殺後、山県が寺内に指示して攻勢をしかけた。寺内も、山県と桂に中立的な姿勢をやめ山県に従うようになった。こうして、一進会の日韓「合邦」請願をめぐって、山県・寺内陸相路線と、桂首相・曾禰統監路線という形で、日本の韓国統治策に関わる中枢に対立と混乱が生じた。

そこで山県は、一九〇九年一二月一〇日までに、寺内陸相の支持を前提に、一進会の日韓「合邦」論に肩入れする形で、場合によっては曾禰統監を辞任させても良いと決意した。この頃には、韓国政策は山県と寺内が主導するようになっていった。

そのため、伊藤が持っていた、併合後の朝鮮に公選制の植民地議会を作り、朝鮮人に一定程度の「自治」を認め、朝鮮人による「責任内閣」を組織し、日本は間接的に統治する、という構想が実施される可能性はなくなっていった。それは早期に強圧的に併合していく路線が強まってきたことでもあった。

山県元帥と寺内陸相は、一九一〇年一月初頭までに、韓国併合は一進会などの韓国人政派や、韓国在住の日本人の意向を特に考慮することなく、韓国の状勢を見て、日本政府独自の判断で実行することを決めた。また、一進会などの韓国人政派や漢城（現・ソウル）の日本人記者団などはなるべく解散させる、という方針を固めたらしい（大久保春野宛寺内正毅書状、一九〇九年一月三日〔推定〕、「寺内正毅文書」国立国会図書館憲政資料室所蔵。伊藤之雄「伊藤博文の韓国統治と韓国併合」）。

これに対し、桂首相や曾禰統監は山県・寺内路線に不満で、桂と曾禰は明治天皇の助力を得て、対抗しようとすら考えていた。

山県元帥と寺内陸相は、一九一〇年一月から二月にかけて、近い将来に韓国を併合することを大きな課題とするようになり、山県は韓国情勢を非常に気にした。この冬から春にかけ、曾禰統監の病気が悪化していったことで、桂と曾禰らの劣勢が決定的となった。

山県は、四月になると曾禰統監を更迭する意思を示した。こうして、五月三〇日に寺内が統監（陸相兼任）、山県の養嗣子で前逓相の山県伊三郎が副統監となった。この新しい体制で、八月二九日に併合を実施した。それは、朝鮮総督府が官僚機構のみを通して植民地朝鮮を統治するという併合で、伊藤の構想とは著しく異なったものだった（伊藤之雄「伊藤博文の韓国統治と韓国併合」）。

もう一つ影響を受けたのは、最晩年の伊藤が考えていた、清国に「憲法政治」が展開するよう助言し、極東の秩序を安定させ、平和を維持するという課題であった。伊藤が北京に行って清国に助言し、伊藤の指示で日本から顧問団が派遣されたとしても、清国は巨大すぎて変わりきれず、二年後に同じように辛亥《しんがい》革命が始まって、清朝が倒れる可能性は少なくない。しかし、清国（中国）のあるべき姿について、伊藤が主導して清国と関係する列強と話し合いを進め、辛亥革命後も日本の対中国政策に大きな影響力を振るうことができたなら、第一次世界大戦中から戦後の日中関係や列強との関係は、もっとスムースなものになったであろう。

また生活習慣病で、明治天皇は日露戦争以降さらに体調を悪くしていた。その上伊藤が暗殺されたことで気落ちし、ますます体調を崩していった（伊藤之雄『明治天皇』第七章3）。天皇は、一九一二年七月二九日夜（公式には七月三〇日）に、尿毒症からくる心臓麻痺で死去した。享年は、伊藤より九歳も若い五九歳だった。

伊藤と明治天皇がいなくなったことで、二人が作った大日本帝国憲法（明治憲法）の改正を推進する人物がいなくなってしまった。また、日清・日露の両戦争に勝ったため、天皇の死後、偉大な明治天皇が発布した憲法として権威がつきすぎ、改正を発想することすら政治的に危険となった。

伊藤は、日露戦争後に公式令《こうしきれい》で、陸海軍大臣に対する首相の権限を強めようとしていたように（本書第二三章）、明治憲法の不備を意識していた。この憲法が改正されたり、他の法令で事実上の修正が行われたりすることがないまま、日本は昭和初期を迎えることになる。憲法上の問題が残されたため、日本が満州事変・盧溝橋《ろこうきょう》事件から日中戦争、そして太平洋戦争へと進んでいく一因となったのだった（伊藤之雄『昭和天皇と立憲君主制の崩壊』第Ⅰ部）。

伊藤博文と日本・東アジア——おわりに

政党内閣と議会政治の父

本書の冒頭で述べたように、日本が第二次世界大戦に敗れた後、伊藤博文は、戦争の一因となったドイツ風の憲法を作った保守主義者で、初代韓国統監になった植民地主義者として、批判の対象になった。

しかし、伊藤は慶応三年（一八六七）初頭にはすでに藩意識を克服しており、翌明治元年（一八六八）に廃藩置県を最も早く建言した。また、明治初年には、イギリスの立憲君主制やアメリカ合衆国の共和制にまで関心を持つほど急進的であった。伊藤は、それらを含めた欧米社会について、当時としては、最もよく理解していた日本人のひとりであった。

そのもとになったのは、密航による約半年のロンドン滞在、大蔵官僚としての明治三年秋から四年春まで半年間のアメリカ合衆国出張である。この二回の海外渡航は合計一年ほどで、西欧を理解するためには必ずしも長いとはいえない。それを補ったのが、この間に伊藤がパークス公使、アーネスト・サトウ、グラバーなどイギリス公使館員や商人たちと、親しく交わったことであろう。

また、イギリス密航以来、明治四年春にアメリカから帰国するまでに、英語の読解力も含め、伊藤は英語の十分な実力をつけていった。

ところが伊藤は、明治四年（一八七一）一一月からの岩倉使節団で西欧と日本のレベルの差を思い知った。彼は一八八〇年頃には、西欧の憲法を真似て条文を作っただけの憲法では、日本でうまく機能しないことを理解していた。当時の日本人の中で、伊藤がそれに気づいた唯一の人間だったことは、これまで注目されていない事実である。

伊藤の憤りは、イギリス風の憲法を理想とする大隈重信《おおくましげのぶ》や福沢諭吉、民権派も、ドイツ風を目指す岩倉具視《ともみ》や法制官僚の井上毅《こわし》ですら、大隈が二年後の国会開設を唱えていたように、憲法が簡単にできると思っていたことだった。

伊藤は、憲法の条文を作るだけではなく、それを機能させるためには、国民意識の成熟、官僚制・教育制度・地方制度など様々な改革が、同時に必要であると考えた。また、それらの制度制定のみならず、運用の困難さを予知していた。とりわけ日本の歴史と伝統を背負った天皇にどのような役割を与えるかも、注意深く検討する必要があった。

一八八一年の明治十四年政変で、伊藤ら政府は一八九〇年に国会を開くと約束せざるを得なかった。そこで伊藤は一八八二年から翌年にかけ、ドイツを中心に約一年半にわたる憲法調査を行う。伊藤は主にオーストリアで、君主権を抑制する君主機関説の考え方をシュタインから学んだ。その後、イギリスにも二ヵ月間も滞在して調査したように、伊藤は議会の権限の弱いドイツモデルに固執していたわけではなく、議会の権限が強いイギリスモデルも将来の視野に入れていた。

一八八九年に大日本帝国憲法（明治憲法）が制定され、伊藤や伊藤の考えを理解した明治天皇の尽力で、数度の憲法停止の危機が乗り越えられ、憲法は機能した。一八九九年、伊藤のいう「憲法政治」（立憲政治）が一〇周年を迎えた。そこで伊藤は、理想の政党として、翌年、立憲政友会を創立した。憲法制定二〇周年を迎える頃には、伊藤の後継者の西園寺公《さいおんじきん》望《もち》・政友会と、山県系の桂太郎（長州藩出身）・山県系官僚が交互に政権を担当するまでに、政友会の勢力は強まった。「憲法政治」が進展し続けたのであった。ドイツですら一度憲法を停止しており、イギリス等西欧諸国で、伊藤への評価は高まり続けた。

国際秩序の習得から創造へ

伊藤が国際秩序に対して、リアリズムの外交観を身につけていったのみならず、理想主義者であったことも、本書で明らかにした。

伊藤は、万延元年（一八六〇）一二月に恩師の長州藩士来原良蔵《くるばらりょうぞう》に、昨年以来「英学修業の志願」を持っていると手紙で書いているように、十七、八歳頃から欧米への関心を持っていた。その後、二一歳でイギリスに密航し、ロンドンに半年滞在しただけで、翌年帰国した。伊藤は攘夷主義者であったが、圧倒的なイギリスの国力を見て、長州藩に攘夷論を捨てるように説得するため、命がけで帰国したのだった。

しかし幕末から維新後数年までの、伊藤の列強観や外交観は未熟である。たとえば、幕末に、幕府が二度目の長州征討を行うならイギリス軍艦に馬関（下関）を守ってもらったらよい、と木戸孝允《たかよし》（桂小五郎）に提案したように、幕府と長州の戦いに列強を関わらせることの危険性を、まだ理解していなかった。明治四年（一八七一）一一月に西欧に派遣された岩倉使節団でも、副使伊藤ら最も西欧通のグループが、不平等条約の改正交渉がすぐにできる、との甘い見通しを最初は抱いていた。

岩倉使節団の経験を通し、伊藤はじめ日本政府の要人たちは、西欧諸国と日本との国力の大きな差を身にしみて知るとともに、列強との外交の厳しさを知る。

ペリー来航以来、日本人はまず列強を怖いと思い、次いで西欧には「万国公法」（国際法）があり、きちんと西欧諸国と接すれば、法が日本を守ってくれると考えた。岩倉使節団の際も、条約改正についてアメリカ合衆国の助言を得ようとしていたほどである。列強が、日本をできるだけ長く不平等条約下において貿易上の利益を得たい、と考えていることを、日本は感得できなかったからだ。

一八八一年の明治十四年政変後、一八八二年三月から翌年八月まで、伊藤はドイツなどヨーロッパに憲法調査に出かけた。その際、憲法調査の成果に加え、伊藤は、西欧はキリスト教国であるが、必ずしも一枚岩となって非キリスト教世界である東アジアを支配しようとしているわけではない、と初めて理解した。こうして、岩倉使節団以来の列強への不信を克服できた。

伊藤は、法制度を整えるなど日本の近代化をした上で、列強のルールを守り、列強と粘り強く合理的に交渉すれば条約改正等の交渉が妥結する可能性があることを、ようやく理解した。伊藤がイギリスへ密航してから、二〇年近く経っていた。英語に堪能で西欧人とも上手に交際できる伊藤ですら、西欧の国際ルールを理解するのに、これくらいの時間が必要だった。

その上で、伊藤は一八八〇年代に、条約改正を盟友の井上馨《かおる》参議（外務卿から外相、長州藩出身）・大隈重信外相（佐賀藩出身）などに託したが、外国人判事任用問題で、在野のみならず政府内からも攻撃され、両回とも自ら幕を引いた。次いで、第二次伊藤内閣で腹心の陸奥宗光《むつむねみつ》外相（和歌山藩出身）に交渉を託し、日清戦争の直前、一八九四年に治外法権を撤廃し、関税も増加させるイギリスとの条約改正に成功した。さらに、日清戦争の講和から三国干渉への対応なども、陸奥外相と連携し、リアリズムの外交で切り抜けた。

日露戦争の勝利の結果、一九〇五年、日本が韓国を保護国とする権利を列強から認められると、伊藤は自ら初代韓国統監になることを希望し、任命された。人生五〇年といわれた当時において、六四歳という老境に入っていながら、どうして冬の寒さの厳しい韓国に赴任し、異民族を統治するという、困難な道を選んだのだろうか。

それは、列強が公使館を置き利害関係も持つ韓国で、山県系陸軍軍人・官僚等が列強の国際ルールを無視する統治を行って対立を引き起こすことを防ぎ、日本の利益と共に韓国の利益をも図る理想の統治をするためだった。伊藤は、軍事力を背景に一時的に領土拡張しても、列強が認めないならそれは保持できない、という信念を持っていた。

伊藤は、韓国駐劄《ちゅうさつ》軍を十分にコントロールしようとした。日清戦争後、文官は軍の統帥や人事に関与できないようになっていたが、伊藤統監のみには、韓国駐劄軍の指揮権が与えられた。

伊藤は、韓国の秩序ある近代化を望んだ。しかし、異文化間の相互理解は困難で、伊藤の韓国統治は、韓国の収奪・併合への一歩として、多くの韓国人から反発・警戒された。できるなら併合を避けたいと思っていた伊藤も、一九〇九年（明治四二）四月には併合に同意し、六月に統監を辞任した。

その後も伊藤は、併合するにしても、植民地朝鮮に、朝鮮人の責任内閣と地方議会（植民地議会）を作ろうと考えていた。

ところが、一〇月二六日にハルビンで安重根《アンジュングン》により狙撃されて死去する。この結果、併合の時期は一九一〇年八月に早まり、植民地朝鮮は山県系軍人と官僚らを中心に、新たに設置された総督府により、直接に支配されるようになった。

この間、ハルビンへの途上に初めて満州（中国東北地方）を訪れた時、日露戦争での両国の犠牲を反省し、現在列強の間で行われている「武装平和」を脱皮し、清国等も「憲法政治」へ向けて近代化して、日露両国と共同で真の平和を築くことが必要だ、と考えた。これは第一次世界大戦後の国際平和思想にすらつながっている。

なお、伊藤が以上のように、政治改革を推進したり、国際規範の習得の上に条約改正を成功させたりした背景には、一八八一年から一八九六年まで約一五年間続いた伊藤体制ともいえる、伊藤の権力掌握があった。また伊藤は、藩閥官僚の中での自分の権力が衰退する危険を冒しても、政党の台頭を容認し、「憲法政治」を発達させた。

「剛凌強直」な生涯

本書では、如才ない軽い人間という、世間に普及した伊藤博文像を否定し、木戸孝允が伊藤を表現した「剛凌強直《ごうりょうきょうちょく》」（強く厳しく正直）な人柄であることを示してきた。

伊藤の性格の強さを示す例は、枚挙にいとまがない。長州藩の攘夷を止めさせるため、密航先のロンドンから井上馨とともに死を覚悟して帰ってきたこと、「俗論派」を倒すため、高杉晋作の挙兵要請に最も早く応じたこと、長州藩内でさえ嫌われることを覚悟で、明治元年（一八六八）に誰よりも早く廃藩論を建白したこと、明治四年に大蔵省改革を強く主張し、大久保利通《としみち》すら敵に回してしまったこと、征韓論政変の過程で朝鮮国への使節派遣を阻止するため、気が強いことで有名な岩倉具視さえ突き上げて強行突破させ、逆に岩倉から感謝されたこと、台湾出兵で木戸が参議を辞任しても、それに追随しなかったこと、一八八一年に政府内外ともにすぐに憲法を制定すべきだという空気が強い中、憲法制定はそんなに簡単なものではないとの自らの信念を押し通したこと、等である。

このように強い性格は、持って生まれた資質が、破産してどん底を味わいながらも克服していった父の姿を見て、少年期に育成されたのだろう。さらに、来原良蔵《くるばらりょうぞう》による厳しい修業に鍛えられ、幕府により斬刑に処された吉田松陰の悲惨な姿に憤慨したり、イギリスへの密航で辛苦《しんく》を味わったり等の経験を経て、強化されたと思われる。またそれと同様に、海外渡航や日本での西欧人との接触によって、伊藤が自らの理想や、現実への対応構想に、自信を持っていたことも重要であろう。

さらに、維新の過程で倒れていった志士たちに対する、生き残った者としての責任感も関係していたと思われる。本書でも触れたように、一八八九年に憲法を制定する頃までの危機において、伊藤が維新の成果を受け継ぐことに言及するのは、そのことを示している。

伊藤博文と安重根

伊藤を評価する著作に対し、たとえそれが実証的なものであっても、韓国の多くの人々は警戒感を示すのが普通である。安重根に暗殺された伊藤は、韓国併合を先頭に立って推進した植民地主義者と批判されてきた。もし、そうでないとすると、韓国独立運動の英雄として、韓国のナショナリズムの基幹である安重根が貶《おとし》められるのではないか、と考えるからである。

こうした結果、韓国人は安重根を称《たた》え伊藤を批判して満足し、多くの日本人は伊藤や日本の近代を韓国人に批判され、フラストレーションをためることになる。他方、韓国人は、安重根が「東洋平和論」を唱え、正義感の強い知性的な青年であることを日本人が十分に認めないことに対し、フラストレーションを持つ。

大切なことは、安重根が伊藤の理想を十分に理解できずに、伊藤の暗殺に至ったのだとしても、独立運動家としての安重根の評価は、貶められるわけではないことである。一般に、異文化間の相互理解は、かなり困難である。一独立運動家が、統治国の最高権力者伊藤の考えや人柄を理解できなくても、それは安重根の責任ではない。

他方、安重根が伊藤を暗殺した動機については、「統監府の命令に依り祖国の圧虐された人の処刑せられたるが為《た》め復讐したる」等と、比較的客観的に報道された。しかし、安については、常に「兇漢《きようかん》」等の見出しの下に報じられた(『東京日日新聞』一九〇九年一〇月二八日、一一月一日、二日、三日、五日など)。

伊藤没後一〇〇年という歳月を経て、まず植民地統治を含めた伊藤の全生涯が、できる限り史料にもとづいて実証的に描かれ、二〇一〇年の安重根没後一〇〇年を契機としても、安について同様のことがなされることが大切であると思われる。その上で、日韓両国民が、伊藤と安重根について、従来よりも理解を深め、帝国主義の時代における植民地支配に関係して交差した、二人の人生の意味について考えるべきではないか。

奇妙なことであるが、伊藤の伝記を書く作業を進める中で、安重根の人柄を知るにつれ、立場こそ異なるものの、正義感や意志の強さ等、伊藤のそれと似ている面が多いことがわかってきた。そのため、伊藤の暗殺者である安重根に、信念に生きた人間として、伊藤と共通する親しみすら感じる。

本書が、伊藤博文や日本の近代化を理解するためのみならず、日韓や東アジアの相互理解と永続する連携のための一助になれば、幸いである。

あとがき

伊藤博文のことが気になりだしてから、もう二〇年になる。初期議会から日露戦争までの政党の発展と議会政治の定着、それに絡む近代外交の展開といった、新しいテーマで研究を始めてから、一、二年経った頃である。既存の研究では、その時期の伊藤について、明確な像を提示していなかった。伊藤は主役であるはずなのに、脇役に追いやられている、と違和感を持った。また、伊藤という大物政治家について、一次史料を使った本格的な伝記が書かれていないのも、奇妙に思えた。

その後、一九九四年、私は名古屋大学文学部（日本近代史担当）から京都大学大学院法学研究科（日本政治外交史担当）に転任することになった。憲法学など法律の先生方との交流を深め、大日本帝国憲法等についてもっと学び、伊藤の伝記を書きたい、というのもスカウトに応じた一つの理由だった。

それ以来、私は法学部の講義では、伊藤博文を重要な主題の一つとして毎年のように論じてきた。また、大学院の演習では様々な活字の素材を取り上げながら、伊藤や伊藤が中心となって作った明治国家の誕生から敗戦による結末までや、改革について語ってきた。また、当時は出版されていなかった「山県有朋関係文書」、現在も未刊行の「桂太郎関係文書」「寺内正毅関係文書」「陸奥宗光関係文書」等の崩し字の書状を大学院生たちと講読する中で、伊藤や明治国家について議論してきた。瀧井一博氏（現・国際日本文化研究センター准教授）は、最初の受講生の一人で、その後、画期的な伊藤博文研究を発表し続けている。

私は並行して、国立国会図書館等、各地の文書館で、伊藤関連の史料を収集した。数年後、冒頭に述べた新しいテーマに関し、二冊の研究書を出版したものの、伊藤の多彩な生涯を考えると、なかなか伊藤の伝記を書く作業に踏み切れなかった。

その頃、同僚である憲法学教授大石眞氏が京都を拠点に「憲法史研究会」を始められ、そこに参加し、議論するなかで、伊藤の憲法制定についても論じる自信のようなものが出てきた。

また同じ頃、親友の高橋秀直氏（当時は京都大学大学院文学研究科助教授）が、幕末・維新期の研究を次々と発表するようになり、同氏との議論等を通し、私にも幕末・維新期に対する土地勘がついてきたように思われる。痛恨の極みであるが、高橋氏は病を得て、二〇〇六年一月二二日、まだ五一歳という年齢で永眠された。

高橋氏の遺著『幕末維新の政治と天皇』（吉川弘文館、二〇〇七年）をまとめる作業は、大学の本務が多忙を極めた時期だった上に、一周忌に間に合わせるため時間的余裕がない中で、心身の限界を見るような辛い作業だった。しかし、彼の大著を編集するため、関連文献も読むうちに、私なりの幕末・維新像も見えてきたような気がする。

また私が三〇歳前後の頃に、明治前期の政治史をめぐって、坂野潤治《ばんのじゅんじ》先生（現・東京大学名誉教授）・御厨貴《みくりやたかし》氏（現・東京大学先端科学技術研究センター教授）・三谷博氏（現・東京大学大学院総合文化研究科教授）らと議論した感覚も、よみがえってきた。

さらに幸運にも、二〇〇六～二〇〇八年度の科学研究費補助金を得て、李盛煥《イスンハン》氏（韓国・啓明大学校国際学部教授）と連携し、日韓合同で「伊藤博文と韓国統治」の研究会を三年間にわたって行えたことは、この伝記を書く上で大きな勇気を与えてくれた（成果として、伊藤之雄・李盛煥編著『伊藤博文と韓国統治』ミネルヴァ書房、二〇〇九年、を刊行）。同研究会の研究分担者であり、事務局を務めた奈良岡聰智氏（現・京都大学大学院法学研究科准教授）は、伊藤関連の史料を幅広く収集し、個人的に集めた史料の一部も提供してくれた。

この他、飯塚一幸氏（現・大阪大学大学院文学研究科准教授）が、大阪大学に転任し、「吉田清成関係文書研究会」に再び参加するようになったことも、本書に寄与している。同氏との明治前期の政治史についての議論によって、私は自分の伊藤像に確信を深めることができた。

以上のように、本書を書くにあたり、準備期間はかなり長かった。しかし、いざ書き始めると、執筆とは関係がない様々の理不尽な問題が降りかかってきた。そのような時、誰よりも私を励ましてくれた人は、史料を読むうちに私の心の中に像を結んできていた、伊藤博文その人であった。

「剛凌強直《ごうりょうきょうちょく》」と木戸孝允から表現された伊藤ですら、明治十四年政変で憲法を作り国会を一八九〇年までに開くと国民に約束せざるを得なくなった後、欧州へ憲法調査に旅立つ前には、精神的に不安定になっている。

その理由は、西欧とまったく違った文化の中を歩んできた日本に、西欧風の憲法を真に根付かせるということがどんなに困難か、理解しているのは伊藤だけだったからである。イギリス風を理想としていた大隈重信・福沢諭吉らも、ドイツ風を理想としていた岩倉具視・盟友の井上馨・井上毅らも、憲法さえ作れば憲法に基づいた政治が簡単にできると思っていた。さすがの伊藤も孤独と責任感に押しつぶされそうになった。これに気づいたとき、私の置かれた状況を毅然として打破する覚悟が定まった。

伊藤のリーダーとしての資質は、⑴しっかりとした学識にもとづき、長期的な展望を持っており、⑵また当時の日本がおかれていた現実の厳しさもよくわかっていた、⑶それにもかかわらず、現状の厳しさに絶望しない楽天的な性格を持っていて、強い決意で、しかも現実的な手法で問題を一歩一歩解決していったこと、にあるといえよう。

このような伊藤博文と日本の近代の歩みの中に、厳しい状況にある現代の日本を改革していくにあたって、政治家などのリーダーや私たちの生き方がどうあるべきか、というヒントが見出せるように思えてならない。

最後に、最近出版される伝記としてはかなり大部な本書を、自由に書かせてくれた講談社と、献身的に編集にあたった担当阿佐信一氏に謝辞を述べたい。また、いつも筆者の手書き原稿の解読者となり、本書が形になるまで二四時間体制で協力した妻にも感謝している。

二〇〇九年九月

萩市での「伊藤博文公没後一〇〇年記念シンポジウム」の余韻の中で

伊藤之雄

学術文庫版へのあとがき

二〇〇九年一一月に本書『伊藤博文――近代日本を創った男』が刊行されてから後の、伊藤博文に対する日韓での評価や伊藤博文像の変化を、拙著に関連する範囲でまず振り返りたい。

二〇一〇年四月には、瀧井一博『伊藤博文――知の政治家』（中公新書）が出版された。拙著が憲法制定も含め、伊藤の外交・内政構想と政治活動や私生活までも対象とした生涯にわたる伝記であるのに対し、瀧井氏のは、憲法制定や公式令制定などを中心に、近代日本のかたちを作った伊藤を論じたものである。また私が伊藤について、知性を前提としながらもその「剛凌強直《ごうりょうきょうちょく》」な性格を重視するのに対し、瀧井氏は「知の政治家」の側面を強調する。

瀧井氏は私の京都大学大学院法学研究科での最初の受講生の一人で、『伊藤博文』刊行後、国際日本文化研究センター教授に昇進した。私は瀧井氏の大学院生時代から、彼と共同で伊藤像を深めてきたと思っており、伊藤に対する基本的評価は同じである。瀧井氏の本も是非併読していただきたい。

二〇一〇年には伊藤に関し、もう一つうれしいことがあった。瀧井氏も含めた日本人研究者一〇人と韓国人研究者五人で行った研究会の成果である、伊藤之雄・李盛煥編著『伊藤博文と韓国統治』（ミネルヴァ書房、二〇〇九年）の韓国語版が、韓国文化体育観光部（日本の文部科学省にあたる）の優秀学術図書に選定されたことである。

この縁もあって、私は韓国人に向けて、伊藤博文の理想と生涯を伝えるべく、新たに伊藤博文の伝記を執筆した。それを先の研究会の中心メンバーであった李盛煥教授（韓国・啓明大学国際学部教授）が韓国語に翻訳してくださった。その『伊藤博文』は、二〇一四年一二月に韓国の先仁出版社から出版された。

なお、私や瀧井氏が打ち出した新しい伊藤博文像をめぐって、韓国統治を中心として日本の一部の植民地史研究者との間で論争が起きた。それらに対する私の見解は、伊藤之雄『伊藤博文をめぐる日韓関係——韓国統治の夢と挫折　一九〇五～一九二一』（ミネルヴァ書房、二〇一一年）、同「伊藤博文の『メモ』は真筆の『メモ』の翻刻だ——水野直樹氏の所説への反論」（『日本史研究』六一一号、二〇一三年七月）を参照されたい。

この間、司馬遼太郎氏原作の『坂の上の雲』がNHKでドラマ化された際に、加藤剛氏演じる伊藤博文が日露戦争を避けるために必死でロシアと交渉する姿が放映された。テレビドラマではたいてい軽佻浮薄《けいちょうふはく》に描かれていた伊藤博文であるが、NHKが全力で取り組んだ大作ドラマに、私たちの伊藤像が間接的に取り入れられたような気がして、うれしかった。

最後に、伊藤のめざした「憲法政治」の理想のその後について述べたい。伊藤は一九〇九年に暗殺され、外交・内政への理想の実現は、道半ばで終わった。しかしその遺志は原敬に受け継がれ、一九一八年に本格的な政党内閣を作ったことにより、かなり実現している。第一次世界大戦を境にアメリカ合衆国が世界のリーダーとなったことに鑑み、原は、国際法や国際規範に基づいた国際協調外交を、アメリカ合衆国を中心とした新しいものに変えていった。また、原首相が率いる内閣が、陸軍や宮中・宮内省まで含めて政治や行政を制御するイギリス風の立憲政治を実現させ、国際環境の変化に対応した内政改革を行った。こうした原の生涯を、伊藤との関係にも注目しながら描いた伝記を、私は二〇一四年一二月に出版することができた（『原敬――外交と政治の理想』上・下巻、講談社選書メチエ）。

このたび文庫版化に際しての若干の加筆を終え、『伊藤博文』刊行後に展開したさまざまの事柄を思い返すとき、ようやく伊藤博文の伝記の執筆が本当に終了したという思いがする。

二〇一五年正月

伊藤之雄

付記

本書は台湾でも翻訳され、二〇一七年三月に『伊藤博文――創造近代日本之人』（李啟彰・鍾瑞芳訳、広場出版）として出版された。また、中華人民共和国でも出版に向けて翻訳中である。

二〇一七年五月

主要参考文献

史料

（『日本外交文書』や外務省外交史料館、国立国会図書館憲政資料室および防衛省防衛研究所図書館所蔵史料など、私の著書や論文で使用し、本書で直接言及しなかったものもある）

【未刊行のもの】

青木周蔵外相「条約改正記事」（「陸奥宗光関係文書」〔本文中では、以下の「関係文書」の「関係」を省略して表記〕所収）国立国会図書館憲政資料室所蔵

「伊東伯爵家文書・朝鮮王妃事件関係資料」（「憲政史編纂会収集文書」所収）国立国会図書館憲政資料室所蔵

伊藤博文「清国事件に関し大命を奉したる以来の事歴」（「伊藤博文関係文書」所収）国立国会図書館憲政資料室所蔵

「伊藤博文遺書」一八九八年、伊藤博昭氏所蔵

「伊藤博文遺書」一九〇七年、伊藤博雅氏所蔵

「伊藤博文書状」伊藤公資料館所蔵

「伊藤博文書状」萩博物館所蔵

「伊藤博文関係文書」国立国会図書館憲政資料室所蔵

「伊東巳代治関係文書」国立国会図書館憲政資料室所蔵

「井上馨関係文書」国立国会図書館憲政資料室所蔵

「井上伯財政整理意見」（「井上馨関係文書」所収）

「岩倉具視関係文書」（写）〈川崎本〉マイクロフィルム、国立国会図書館憲政資料室所蔵

「岩倉具視関係文書」（写）〈岩倉公旧蹟保存会対岳文庫所蔵〉マイクロフィルム、国立国会図書館憲政資料室所蔵〔本文中では、「岩倉具視文書」〈対岳〉と省略〕

「大江卓関係文書」国立国会図書館憲政資料室所蔵

「大木喬任関係文書」国立国会図書館憲政資料室所蔵

「大山巌関係文書」国立国会図書館憲政資料室寄託

「桂太郎関係文書」国立国会図書館憲政資料室所蔵

韓国駐箚軍司令部「韓国暴動ノ景況」防衛省防衛研究所戦史研究センター史料室所蔵

韓国駐箚憲兵隊「賊徒ノ近況」防衛省防衛研究所戦史研究センター史料室所蔵

「倉富勇三郎関係文書」国立国会図書館憲政資料室所蔵

「黒田清隆関係文書」国立国会図書館憲政資料室所蔵

「故枢密院議長公爵伊藤博文国葬書類」上・下、国立公文書館所蔵
「斎藤実関係文書」国立国会図書館憲政資料室所蔵
「阪谷芳郎関係文書」国立国会図書館憲政資料室所蔵
佐佐木高行「佐佐木高行日記」（写）（「憲政史編纂会収集文書」所収）国立国会図書館憲政資料室所蔵
「三条家文書」国立国会図書館憲政資料室所蔵
「杉孫七郎関係文書」国立国会図書館憲政資料室所蔵
「寺内正毅関係文書」国立国会図書館憲政資料室所蔵
「寺島宗則関係文書」国立国会図書館憲政資料室所蔵
「徳大寺実則日記」（写）〈旧渡辺文庫所蔵〉早稲田大学図書館所蔵
度支部「韓国財政概況」（「勝田家文書」所収）財務省財政史室所蔵
中田敬義記「条約改正事件日記」第一冊（「陸奥宗光関係文書」所収）国立国会図書館憲政資料室所蔵
「年度別書翰集」山口県文書館所蔵
「野村靖関係文書」国立国会図書館憲政資料室所蔵
平田東助「伊藤内閣交迭《ママ》事情」（未定稿）（「憲政史編纂会収集文書」所収の「平田東助関係文書」）国立国会図書館憲政資料室所蔵
平田東助「山県内閣」（未定稿）（「憲政史編纂会収集文書」所収の「平田東助関係文書」）国立国会図書館憲政資料室所蔵
「古谷久綱文書」東京大学大学院法学政治学研究科付属近代日本法政史料センター原資料部所蔵
「牧野伸顕関係文書」国立国会図書館憲政資料室所蔵
「松方家文書」（「憲政史編纂会収集文書」所収）国立国会図書館憲政資料室所蔵
「松方正義関係文書」国立国会図書館憲政資料室所蔵
「三島通庸関係文書」国立国会図書館憲政資料室所蔵
「陸奥宗光関係文書」国立国会図書館憲政資料室所蔵
「山本権兵衛関係文書」国立国会図書館憲政資料室所蔵
「吉井友実関係文書」国立国会図書館憲政資料室所蔵
「芳川顕正関係文書」国立国会図書館憲政資料室所蔵
「渡辺国武関係文書」国立国会図書館憲政資料室所蔵

【刊行されたもの】

安在邦夫・望月雅士編『佐佐木高行日記・かざしの桜』（北泉社、二〇〇三年）
伊藤博邦監修、平塚篤編『続伊藤博文秘録』（原書房、一九八二年）〔原本は春秋社、一九三〇年〕
伊藤博文編『秘書類纂・兵政関係資料』（原書房、一九七〇年）
伊藤博文関係文書研究会編『伊藤博文関係文書』全九

巻（塙書房、一九七三〜一九八一年）
伊東巳代治著、広瀬順晧監修・編『伊東巳代治日記・記録　未刊翠雨荘日記　憲政史編纂会旧蔵』全七巻（ゆまに書房、一九九九年）
伊東巳代治自筆「憲法第六十七条に関する井上毅子の意見」（『井上毅伝　史料篇』二巻、三三三〜三三七頁）
伊東文書を読む会「『伊東巳代治関係文書』所収伊藤博文書翰翻刻」上・下（『参考書誌研究』四七・四八号、一九九七年三月・一〇月）
井上馨関係文書講読会「『井上馨関係文書』所収伊藤博文書翰翻刻――明治一五年三月から明治二六年四月まで」正・続（『参考書誌研究』五六・六八号、二〇〇二年三月・二〇〇八年三月）
井上馨談話・末松謙澄編『伊藤井上二元老直話　維新風雲録』（哲学書院、一九〇〇年）（復刻は、マツノ書店、一九九四年）
井上毅伝記編纂委員会『井上毅伝　史料篇』四・五巻（国学院大学図書館、一九七一年、一九七五年）
内田良平文書研究会編『内田良平関係文書』一巻（芙蓉書房、一九九四年）
エルヴィン・ベルツ著、若林操子監修・池上弘子訳『ベルツ日本再訪――草津・ビーティハイム遺稿／日記篇』（東海大学出版会、二〇〇〇年）
大山梓編『山県有朋意見書』（原書房、一九六六年）
大山梓・稲生典太郎編『条約改正調書集成』上・下（原書房、一九九一年）
小川平吉文書研究会編『小川平吉関係文書』一巻（みすず書房、一九七三年）
外務省編『日本外交年表並主要文書』上（原書房、一九六五年）
我部政男他編『大津事件関係史料集』上・下（山梨学院大学社会科学研究所、一九九五、一九九九年）
神川彦松監修・金正明編『日韓外交資料集成』六巻上・中・下、八巻（巌南堂書店、一九六四〜一九六七年）
木戸孝允関係文書研究会『木戸孝允関係文書』一〜四巻（東京大学出版会、二〇〇五〜二〇〇九年）（本文中では、『木戸孝允関係文書』〈東〉と省略）
木戸公伝記編纂所編『木戸孝允日記』全三巻（日本史籍協会、一九三二〜一九三三年）
慶応義塾編『福沢諭吉全集』全二一巻（岩波書店、一九五八〜一九六四年）
小林龍夫編『翠雨荘日記』（原書房、一九六六年）
坂根義久校注『青木周蔵自伝』（平凡社、一九七〇年）
尚友倶楽部山県有朋関係文書編纂委員会『山県有朋関

係文書』全三巻（山川出版社、二〇〇五～二〇〇八年）
末松謙澄『増補　藤公詩存』（博文館、一九一一年）
妻木忠太編『木戸孝允文書』全八巻（日本史籍協会、一九二九～一九三一年）
東京大学史料編纂所編『保古飛呂比――佐佐木高行日記』四～一二巻（東京大学出版会、一九七三～一九七九年）
日本史籍協会編『大久保利通日記』全二巻（日本史籍協会、一九二七年）
日本史籍協会編『大久保利通文書』全一〇巻（日本史籍協会、一九二七～一九二九年）
日本史籍協会編『大隈重信関係文書』四巻（日本史籍協会、一九三四年）
沼田哲・元田竹彦編『元田永孚関係文書』（山川出版社、一九八五年）
野村治一良『米寿閑話――言論の自由と「二十六世紀」事件』（私家本、一九六三年）
原奎一郎（貢）編『原敬日記』全六巻（福村出版、一九六五～一九六七年）
原敬「山県侯爵との対話筆記」、「松方伯との対話要概」（原敬文書研究会『原敬関係文書』六巻、日本放送出版協会、一九八六年）
原田熊雄述『西園寺公と政局』全九巻（岩波書店、一九五〇～一九五六年）
堀口修監修・編集『「明治天皇紀」談話記録集成』全九巻（ゆまに書房、二〇〇三年）
堀口修・西川誠監修・編集『公刊明治天皇御紀編修委員会史料・末松子爵家所蔵文書』下（ゆまに書房、二〇〇三年）
松田利彦監修『松井茂博士記念文庫旧蔵　韓国「併合」期警察資料』3・5・8巻（ゆまに書房、二〇〇五年）
山川雄巳編注『児島惟謙　大津事件手記』（関西大学出版部、二〇〇三年）
山口県教育会編『吉田松陰全集』全一一巻（大和書房、一九七二～一九七四年）
立教大学日本史研究室編『大久保利通関係文書』全五巻（吉川弘文館、一九六五～一九七一年）〔本文中では、『大久保利通関係文書』〈立〉と省略〕
早稲田大学大学史資料センター編『大隈重信関係文書』一～五巻（みすず書房、二〇〇四～二〇〇九年）〔本文中では、『大隈重信関係文書』〈早〉と省略〕

【新聞・雑誌】
『大阪朝日新聞』／『大阪毎日新聞』／『時事新報』／『京都日出新聞』・『日出新聞』／『東京朝日新聞』／『東京日日新聞』／『報知新聞』／『東京横浜毎日新聞』／『官報』／『国民新聞』／『日刊人民』／『中央新聞』／『朝鮮新報』／『朝鮮日報』／『実業の日本』／『太陽』／『中央公論』／『二十六世紀』／『日本』

伊藤博文を直接取り上げた文献
阿部眞之助「伊藤博文」（同『近代政治家評伝』文藝春秋新社、一九五三年）
「伊藤博文公」（『太陽』臨時増刊号一五巻一五号、一九〇九年一一月一〇日）
岡義武「初代首相・伊藤博文」（同『近代日本の政治家』旧版、文藝春秋新社、一九六〇年、新版は岩波書店、一九七九年、所収）
伊藤真一『父逝いて五十年』（伊藤博文追頌会、一九五九年）
伊藤真一「父・博文を語る」（村松剛他『日本文化を考える〈村松剛対談集〉』日本教文社、一九七九年）
内藤憲輔編『伊藤公演説全集』（博文館、一九一〇年）
伊藤博文述、小松緑編『伊藤公直話』（千倉書房、一九三六年）
伊藤文吉「父博文の私生活」（『中央公論』一九三九年二月号）
金子堅太郎述『伊藤公を語る』（興文社、一九三九年）
小松緑編『伊藤公全集』全三巻（昭和出版社、一九二八年）
春畝公追頌会編『伊藤博文伝』上・中・下巻（同会、一九四〇年）
末松謙澄『孝子伊藤公』（復刻版、マツノ書店、一九九七年、初版は、博文館、一九一一年）
鈴木安蔵『評伝伊藤博文』（昭和刊行会、一九四四年）
中村菊男『伊藤博文』（時事通信社、一九五八年）
馬場恒吾『伊藤博文』（潮文閣、一九四二年）
古谷久綱『藤公余影』（民友社、一九一〇年）

単行本
浅野豊美『帝国日本の植民地法制——法域統合と帝国秩序』（名古屋大学出版会、二〇〇八年）
浅野豊美・松田利彦編『植民地帝国日本の法的構造』（信山社、二〇〇四年）
有泉貞夫『星亨』（朝日新聞社、一九八三年）
安藤照述、小久江成子稿『お鯉物語』（福永書店、一九二七年）
李英美『韓国司法制度と梅謙次郎』（法政大学出版

局、二〇〇五年）
家永三郎・松永昌三・江村栄一編『新編　明治前期の憲法構想』（福村出版、二〇〇五年）
五百旗頭薫『大隈重信と政党政治――複数政党制の起源　明治十四年～大正三年』（東京大学出版会、二〇〇三年）
石井孝『明治初期の国際関係』（吉川弘文館、一九七七年）
伊藤博文『憲法義解』（丸善、一八八九年）
「伊藤文吉」（吉野信次追悼録刊行会『吉野信次』同会、一九七四年）
『伊藤文吉君を偲ぶ』（日本鉱業株式会社、一九五二年）
伊藤之雄『立憲国家の確立と伊藤博文――内政と外交一八八九～一八九八』（吉川弘文館、一九九九年）
伊藤之雄『立憲国家と日露戦争――外交と内政　一八九八～一九〇五』（木鐸社、二〇〇〇年）
伊藤之雄『昭和天皇と立憲君主制の崩壊――睦仁・嘉仁から裕仁へ』（名古屋大学出版会、二〇〇五年）
伊藤之雄『明治天皇――むら雲を吹く秋風にはれそめて』（ミネルヴァ書房、二〇〇六年）
伊藤之雄『元老西園寺公望――古希からの挑戦』（文春新書、二〇〇七年）
伊藤之雄『山県有朋――愚直な権力者の生涯』（文春新書、二〇〇九年）
伊藤之雄・李盛煥編著『伊藤博文と韓国統治――初代韓国統監をめぐる百年目の検証』（ミネルヴァ書房、二〇〇九年）
稲田正次『明治憲法成立史』上・下巻（有斐閣、一九六〇～一九六二年）
稲生典太郎『条約改正論の歴史的展開』（小峯書店、一九七六年）
井上馨侯伝記編纂会『世外井上公伝』全五巻（内外書籍、一九三三～一九三四年）
井上勝生『幕末維新政治史の研究――日本近代国家の生成について』（塙書房、一九九四年）
井上光貞他編『日本歴史大系』四巻（山川出版社、一九八七年）
海原徹『高杉晋作』（ミネルヴァ書房、二〇〇七年）
梅渓昇『増補版　明治前期政治史の研究――明治軍隊の成立と明治国家の完成』（未来社、一九七八年）
海野福寿『伊藤博文と韓国併合』（青木書店、二〇〇四年）
大石一男『条約改正交渉史　一八八七～一八九四』（思文閣出版、二〇〇八年）
大石眞『日本憲法史　第2版』（有斐閣、二〇〇五年）
大磯町教育委員会『伊藤博文と大磯町（逝去五十年に

当って)』(大磯町教育委員会、一九五九年)
大谷正『近代日本の対外宣伝』(研文出版、一九九四年)
大津淳一郎『大日本憲政史』全一〇巻(宝文館、一九二七〜一九二八年)
大野芳『伊藤博文暗殺事件』(新潮社、二〇〇三年)
大庭みな子『津田梅子』(朝日新聞社、一九九〇年)
大橋昭夫『後藤象二郎と近代日本』(三一書房、一九九三年)
小川原正道『西南戦争』(中公新書、二〇〇七年)
笠原英彦『天皇親政——佐々木高行日記にみる明治政府と宮廷』(中公新書、一九九五年)
笠原英彦『明治国家と官僚制』(芦書房、一九九一年)
柏原宏紀『工部省の研究——明治初年の技術官僚と殖産興業政策』(慶応義塾大学出版会、二〇〇九年)
桂太郎著、宇野俊一校注『桂太郎自伝』(平凡社東洋文庫、一九九三年)
上垣外憲一『暗殺・伊藤博文』(ちくま新書、二〇〇〇年)
木戸公伝記編纂所編『松菊木戸公伝』上・下巻(明治書院、一九二七年)
木村毅監修『大隈重信は語る——古今東西人物評論』(早稲田大学出版部、一九六九年)
楠山永雄『伊藤博文公と金沢別邸』(金沢郷土史愛好会、二〇〇九年)
宮内庁編『明治天皇紀』全一三冊(吉川弘文館、一九六八〜一九七七年)
栗原健編著『対満蒙政策史の一面』(原書房、一九六六年)
黒瀬郁二『東洋拓殖会社——日本帝国主義とアジア太平洋』(日本経済評論社、二〇〇三年)
小林和幸『明治立憲政治と貴族院』(吉川弘文館、二〇〇二年)
小林道彦『日本の大陸政策 一八九五〜一九一四——桂太郎と後藤新平』(南窓社、一九九六年)
小林道彦『桂太郎——予が生命は政治である』(ミネルヴァ書房、二〇〇六年)
小松緑『春畝公と含雪公』(学而書院、一九三四年)
財団法人文化財建造物保存技術協会編『山口県指定有形文化財　旧伊藤博文邸　保存修理工事報告書』(山口県熊毛郡大和町、二〇〇四年)
斎藤聖二『北清事変と日本軍』(芙蓉書房出版、二〇〇六年)
坂根義久『明治外交と青木周蔵』(刀水書房、一九八五年)
坂本一登『伊藤博文と明治国家形成』(吉川弘文館、

一九九一年）
酒田正敏『近代日本における対外硬運動の研究』（東京大学出版会、一九七八年）
佐々木克『幕末政治と薩摩藩』（吉川弘文館、二〇〇四年）
佐々木隆『藩閥政府と立憲政治』（吉川弘文館、一九九二年）
佐々木隆『伊藤博文の情報戦略』（中公新書、一九九九年）
清水伸『明治憲法制定史』上・中・下（原書房、一九七一～一九七四年）
清水唯一朗『政党と官僚の近代――日本における立憲統治構造の相克』（藤原書店、二〇〇七年）
ジョージ・アキタ『明治立憲政と伊藤博文』（東京大学出版会、一九七一年）
進藤玄敬『明治の元勲伊藤博文公と我大磯』（私家本、一九三八年）
曽田三郎『立憲国家中国への始動――明治憲政と近代中国』（思文閣出版、二〇〇九年）
高橋光『ふるさと大磯探訪』（郷土史研究会、一九九一年）
高橋秀直『日清戦争への道』（東京創元社、一九九五年）
高橋秀直『幕末維新の政治と天皇』（吉川弘文館、二〇〇七年）
瀧井一博『ドイツ国家学と明治国制――シュタイン国家学の軌跡』（ミネルヴァ書房、一九九九年）
瀧井一博『文明史のなかの明治憲法――この国のかたちと西洋体験』（講談社、二〇〇三年）
田中彰『岩倉使節団の歴史的研究』（岩波書店、二〇〇二年）
田谷広吉・山野辺義智編『室田義文翁譚』（常陽明治記念会東京支部、一九三八年）
徳富蘇峰『東西史論』（民友社、一九三三年）
内藤一成『貴族院と立憲政治』（思文閣出版、二〇〇五年）
中尾定市『伊藤博文公と梅子夫人』（亀山八幡宮社務所、一九九六年）
仲小路廉『新旧一新』（紅陽社、一九一九年）
中西洋『日本近代化の基礎過程――長崎造船所とその労資関係　一八五五～一九〇〇年』中（東京大学出版会、一九八三年）
中原邦平『井上伯伝』全三巻（マツノ書店、一九九四年）（原本は著者刊行、一九〇七年）
奈良岡聰智『加藤高明と政党政治――二大政党制への道』（山川出版社、二〇〇六年）

野崎広太『らくがき』（宝文館、一九三二年）
野依秀一『短刀直入録』（実業之世界社、一九一〇年）
萩原延壽『遠い崖――アーネスト・サトウ日記抄』一〜六巻（朝日新聞社、一九九八〜一九九九年）
坂野潤治『明治憲法体制の確立――富国強兵と民力休養』（東京大学出版会、一九七一年）
樋田千穂（小吉）『草もみぢ』（生活百科刊行会、一九五四年）
藤井宗哲編『自伝音二郎・貞奴』（三一書房、一九八四年）
藤田嗣雄『明治軍制（一）』（藤田嗣雄、一九六七年）
藤原明久『日本条約改正史の研究――井上・大隈の改正交渉と欧米列国』（雄松堂出版、二〇〇四年）
保谷徹『戊辰戦争』（吉川弘文館、二〇〇七年）
堀口修編著『明治立憲君主制とシュタイン講義――天皇、政府、議会をめぐる論議』（慈学社出版、二〇〇七年）
前田愛『幻景の明治』（朝日選書、一九七八年）
升味準之輔『日本政党史論』全七巻（東京大学出版会、一九六五〜一九八〇年）
松尾正人『木戸孝允』（吉川弘文館、二〇〇七年）
松田利彦『日本の朝鮮植民地支配と警察 一九〇五〜一九四五年』（校倉書房、二〇〇九年）
松村正義『日露戦争と金子堅太郎――広報外交の研究』（新有堂、一九八〇年）
松村正義『ポーツマスへの道』（原書房、一九八七年）
御厨貴『明治国家をつくる――地方経営と首都計画』（藤原書店、二〇〇七年）（原本は、同『明治国家形成と地方経営』東京大学出版会、一九八〇年）
宮地ゆう『密航留学生「長州ファイブ」を追って』（萩ものがたり、二〇〇五年）
室山義正『近代日本の軍事と財政――海軍拡張をめぐる政策形成過程』（東京大学出版会、一九八四年）
毛利敏彦『明治六年政変の研究』（有斐閣、一九七八年）
毛利敏彦『明治六年政変』（中公新書、一九七九年）
森山茂徳『日韓併合』（吉川弘文館、一九九二年）
森山茂徳『近代日韓関係史研究――朝鮮植民地化と国際関係』（東京大学出版会、一九八七年）
山口玲子『女優貞奴』（新潮社、一九八二年）
山辺健太郎『日韓併合小史』（岩波新書、一九六六年）
山本四郎『初期政友会の研究――伊藤総裁時代』（清文堂出版、一九七五年）
山本四郎『評伝原敬』上・下（東京創元社、一九九七年）
レズリー・ダウナー『マダム貞奴――世界に舞った芸者』（集英社、二〇〇七年）

Andrew Malozemoff, *Russian Far Eastern Policy, 1881-1904*, Octagon Books, New York, 1977
Dominic Lieven, *Russia's Rulers Under the Old Regime*, Yale University Press, 1991
Ian Nish, *The Origins of the Russo-Japanese War*, Longman, 1985
Keith Neilson, *Britain and the Last Tsar: British Policy and Russia, 1894-1917*, Oxford, 1995
Raymond A. Esthus, *Theodore Roosevelt and Japan*, University of Washington Press, 1967

論文・パンフレット

李盛煥「伊藤博文の韓国統治と韓国ナショナリズム——愛国啓蒙運動と伊藤の挫折」（伊藤之雄・李盛煥編著『伊藤博文と韓国統治』ミネルヴァ書房、二〇〇九年）
伊藤博文公記念事業実行委員会事務局萩市企画課「伊藤博文公没後一〇〇年記念　伊藤公建立の伊藤家先祖の墓碑の修復について」（二〇〇九年九月）
伊藤之雄「元老の形成と変遷に関する若干の考察」（『史林』六〇巻二号、一九七七年三月）
伊藤之雄「立憲政友会創立期の議会」（古屋哲夫他編『日本議会史録』第一巻、第一法規出版、一九九一年二月）
伊藤之雄「日清戦後の自由党の改革と星亨」（『名古屋大学文学部研究論集・史学39』一一六号、一九九三年三月）
伊藤之雄「元老制度再考——伊藤博文・明治天皇・桂太郎」（『史林』七七巻一号、一九九四年一月）
伊藤之雄「山県系官僚閥と天皇・元老・宮中——近代君主制の日英比較」（『法学論叢』一四〇巻一・二号、一九九六年一一月）
伊藤之雄「韓国と伊藤博文」（『日本文化研究』一七輯、二〇〇六年一月〔韓国〕）
伊藤之雄「伊藤博文の韓国統治と韓国併合——ハーグ密使事件以降」（『法学論叢』一六四巻一～六号、二〇〇九年三月）
伊藤之雄「伊藤博文の韓国統治——ハーグ密使事件以前」（前掲、伊藤之雄・李盛煥編著『伊藤博文と韓国統治』）
伊藤之雄「伊藤博文の『メモ』は真筆の『メモ』の翻刻だ——水野直樹氏の所説への反論」（『日本史研究』六一一号、二〇一三年七月）
稲葉和也「伊藤博文公の大井別邸について」（萩市役所所蔵）
大石眞「井上の憲法私案について」（『国学院法学』一

九巻二号、一九八一年九月)
小川原宏幸「伊藤博文の韓国併合構想と第三次日韓協約体制の形成」(『青丘学術論集』二五集、二〇〇五年三月)
小川原宏幸「伊藤博文の韓国統治と朝鮮社会——皇帝巡行をめぐって」(『思想』一〇二九号、二〇一〇年一月)
川口雅昭「吉田松陰の天皇観」(『藝林』五八巻一号、二〇〇九年四月)
桐原健真「吉田松陰における『忠誠』の転回——幕末維新期における『家国』秩序の超克」(『日本思想史研究』三三号、二〇〇一年三月)
須賀博志「大津事件という『神話』」(一)・(二)(『法学論叢』一四二巻三号、一四四巻一号、一九九七年一二月、一九九八年一〇月)
鈴木由子「慶応四年神戸事件の意味——備前藩と新政府」(『日本歴史』七三三号、二〇〇九年六月)
高橋秀直「廃藩政府論——クーデターから使節団へ」(『日本史研究』三五六号、一九九二年四月)
高橋秀直「征韓論政変の政治過程」(『史林』七六巻五号、一九九三年九月)
高橋秀直「防穀令事件と伊藤内閣」(朝尾直弘教授退官記念会編『日本国家の史的特質　近世・近代』
思文閣出版、一九九五年)
奈良岡聰智「イギリスから見た伊藤博文統監と韓国統治」(前掲、伊藤之雄・李盛煥編著『伊藤博文と韓国統治』)
萩市歴史まちづくり部文化財保護課柏本秋生「伊藤博文別邸移築に係る経緯」(二〇〇九年六月)
方光錫「明治政府の韓国支配政策と伊藤博文」(前掲、伊藤之雄・李盛煥編著『伊藤博文と韓国統治』)
檜山幸夫「明治天皇と日清開戦」(『日本歴史』五三九号、一九九三年四月)
堀口修「侍従藤波言忠とシュタイン講義——明治天皇への進講に関連して」(『書陵部紀要』四六号、一九九四年)
水野直樹「植民地期朝鮮における伊藤博文の記憶」(前掲、伊藤之雄・李盛煥編著『伊藤博文と韓国統治』)
水野直樹「伊藤博文の『メモ』は『韓国統治構想』といえるものか——伊藤之雄氏の所説への疑問」(『日本史研究』六〇二号、二〇一二年一〇月)

や行

ら・わ行

ま行

た行

な行

は行

さ行

か行

人名索引

(「伊藤博文」は頻出のため省略した)

あ行

本書の原本は、二〇〇九年に小社より刊行されました。

伊藤之雄（いとう　ゆきお）

1952年，福井県生まれ。京都大学大学院文学研究科修了，博士（文学）。名古屋大学文学部助教授等を経て，現在，京都大学大学院法学研究科教授。主な著書に『日本の歴史22　政党政治と天皇』『元老 西園寺公望―古希からの挑戦』『山県有朋―愚直な権力者の生涯』『明治天皇―むら雲を吹く秋風にはれそめて』『昭和天皇伝』（司馬遼太郎賞受賞）『原敬―外交と政治の理想』などのほか，編著に『原敬と政党政治の確立』などがある。

講談社学術文庫

定価はカバーに表示してあります。

伊藤博文《いとうひろぶみ》　近代《きんだい》日本《にほん》を創《つく》った男《おとこ》

伊藤之雄《いとうゆきお》

2015年3月10日　第1刷発行
2017年7月10日　第3刷発行

発行者　鈴木　哲
発行所　株式会社講談社
　　東京都文京区音羽2-12-21 〒112-8001
　　電話　編集（03）5395-3512
　　　　　販売（03）5395-4415
　　　　　業務（03）5395-3615

装　幀　蟹江征治
印　刷　凸版印刷株式会社
製　本　株式会社若林製本工場
本文データ制作　講談社デジタル製作

ISBN978-4-06-292286-9

「講談社学術文庫」の刊行に当たって

これは、学術をポケットに入れることをモットーとして生まれた文庫である。学術は少年の心を養い、成年の心を満たす。その学術がポケットにはいる形で、万人のものになることは、生涯教育をうたう現代の理想である。

こうした考え方は、学術を巨大な城のように見る世間の常識に反するかもしれない。また、一部の人たちからは、学術の権威をおとすものと非難されるかもしれない。しかし、それはいずれも学術の新しい在り方を解しないものといわざるをえない。

学術は、まず魔術への挑戦から始まった。やがて、いわゆる常識をつぎつぎに改めていった。学術の権威は、幾百年、幾千年にわたる、苦しい戦いの成果である。こうしてきずきあげられた城が、一見して近づきがたいものにうつるのは、そのためである。しかし、学術の権威を、その形の上だけで判断してはならない。その生成のあとをかえりみれば、その根は常に人々の生活の中にあった。学術が大きな力たりうるのはそのためであって、生活をはなれた学術は、どこにもない。

開かれた社会といわれる現代にとって、これはまったく自明である。生活と学術との間に、もし距離があるとすれば、何をおいてもこれを埋めねばならない。もしこの距離が形の上の迷信からきているとすれば、その迷信をうち破らねばならぬ。

学術文庫は、内外の迷信を打破し、学術のために新しい天地をひらく意図をもって生まれた。文庫という小さい形と、学術という壮大な城とが、完全に両立するためには、なおいくらかの時を必要とするであろう。しかし、学術をポケットにした社会が、人間の生活にとってより豊かな社会であることは、たしかである。そうした社会の実現のために、文庫の世界に新しいジャンルを加えることができれば幸いである。

一九七六年六月　　野間省一